高等学校教材

北京市优质教材

户外运动基础教程

第二版

□ 主编　鹿志海

钱俊伟

徐　鹏

邹本旭

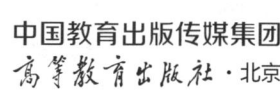

中国教育出版传媒集团

高等教育出版社·北京

内容提要

　　本书是高等学校户外运动课程配套教材、北京高校优质教材,分为上下两篇共二十章。上篇介绍户外运动的基础通识知识,主要内容包括户外运动绪论、户外运动基本装备、绳结技术、户外领队、户外运动策划与组织实施、户外运动教学与训练、户外运动安全与管理;下篇为项目实战知识,主要内容包括徒步与露营、野外生存、拓展训练、定向运动、攀岩运动、攀树运动、自行车运动、登山运动、山地越野跑、皮划艇运动、飞盘运动、户外营地教育,以及其他时尚类户外运动。

　　本书是休闲体育、社会体育指导与管理、体育旅游等专业学生的必修课教材,也是运动训练、体育教育、体育新闻、体育管理、运动康复等体育相关专业学生的选修课教材,还可以作为体育研究生、体育教师、相关研究人员,以及从事休闲体育、全民健身指导工作人员的参考书。

图书在版编目（CIP）数据

　　户外运动基础教程 / 鹿志海等主编. -- 2版.
北京 : 高等教育出版社，2025. 8. -- ISBN 978-7-04
-064668-9
　　Ⅰ. G806
　　中国国家版本馆CIP数据核字第2025M953C0号

Huwai Yundong Jichu Jiaocheng

| 策划编辑　陈　海 | 责任编辑　陈　海 | 封面设计　王　鹏 | 版式设计　明　艳 |
| 责任绘图　于　博 | 责任校对　吕红颖 | 责任印制　刘思涵 | |

出版发行	高等教育出版社		网　　址	http://www.hep.edu.cn
社　　址	北京市西城区德外大街 4 号			http://www.hep.com.cn
邮政编码	100120		网上订购	http://www.hepmall.com.cn
印　　刷	三河市华骏印务包装有限公司			http://www.hepmall.com
开　　本	787mm×1092mm　1/16			http://www.hepmall.cn
印　　张	22.25		版　　次	2021 年 3 月第 1 版
字　　数	530 千字			2025 年 8 月第 2 版
购书热线	010-58581118		印　　次	2025 年 8 月第 1 次印刷
咨询电话	400-810-0598		定　　价	49.50 元

编委会名单

主　编：

鹿志海　钱俊伟　徐　鹏　邹本旭

副主编：

周林清　宋学岷　李　炎　李照祥

韩　羽　罗　锐　张毅恒

编　委（以姓氏笔画为序）：

马　腾	王凤春	王法涛	王建达
王晨宇	王博伟	方　银	布　和
叶卫东	朱超杰	朱　露	刘　娟
刘玉祥	刘传海	刘军良	孙启宏
孙艳芳	李　勇	杨　彬	杨凯强
杨晨飞	吴　迎	吴　畏	吴全岗
吴雪玲	何　欢	张　玮	张　挺
张　源	张茂林	张国文	张树敏
张晓蕊	陈　超	陈帅杰	陈津梁
陈淑红	武　陈	周季玉	郑达雄
赵建峰	胡旭东	姜晓天	晁国栋
殷东升	高亚坤	郭远钊	常洪标
崔　建	景俊杰	曾启非	蔡　卿
谭　飞			

前　言

随着生活水平的不断提高，越来越多的人开始走出城市、走进自然。人们在享受户外运动的同时，户外运动事故也越来越多，户外专业人才的社会需求越来越强烈。本教材第一版出版后，广受好评，并于2024年获得北京市高校优质教材称号。教育部2022年发布的《全国普通高等学校体育课程指导纲要》将户外运动项目列为本科体育教育的主干课程，2022年义务教育阶段新课标将定向运动、野外生存、远足、登山、攀岩等户外运动项目列为新兴体育类项目纳入中小学课程内容。国家体育总局等部委2022年发布《户外运动产业发展规划（2022—2025年）》、2023年发布《山地户外运动安全操作规范》。新政策的发布和行业标准的更新，尤其是运动技术的迭代和装备技术的革新，迫切要求对第一版教材进行修订。因此，我们在第一版教材的基础上，组织全国三十几所高校的一线教师和有关专家，认真查阅、研读国内外相关书籍、文献，反复研讨，删减了一些过时的运动项目，新增了一些新兴项目如飞盘、桨板、越野跑等。同时，原教材偏重理论，第二版增加"技能分解图示""地形模拟训练"等实操模块，并新增了大量项目的技术示范视频。

本教材的特色：

1. 构建了高校可开展的户外运动项目体系。户外运动是一个项目群，由于条件限制，其所包含的项目并不都适合在高校和社会广泛开展。因此，本教材选取各高校已经开展和社会广泛开展的项目进行优化，为已开设的相关课程的学习提供理论、技术操作参照，为即将开设户外运动课程的高校提供指导和参考。

2. 增强了技能的实用性和操作的规范性。本教材在每章内容的设置中着重对项目的具体技术和操作规范进行讲解，并配以图片和技术示范视频，使读者能够通过阅读本教材对该技术建立一个科学、规范的认识，能够对照教材进行正确的操作。

3. 结合了基础知识与前沿理念。本教材不仅深入浅出地介绍各户外运动项目，还介绍了相关领域的前沿知识与理论，使读者可以了解该项目最新的变化及趋势。

4. 突出了知识的基础性和技能的通识性。本教材面向户外运动专业的学生和广大户外运动爱好者，以户外运动项目的基础知识和技能学习为主，偏向于基础知识和技能的普及，一方面便于参与户外运动的人群建立户外运动的大概念，另一方面通过技能学习，为使用者奠定户外运动的实践基础。

本书共二十章，各章具体分工如下：第一章徐鹏（成都体育学院），鹿志海（首都体育学院），王法涛（北京体育大学）；第二章姜晓天（沈阳体育学院），刘军良（太原工业学院），张晓蕊（山西体育职业学院）；第三章马腾、王建达（山东体育学院），鹿志海；第四章吴雪玲（遵义医科大学），杨晨飞（玉溪师范学院），李勇（深圳技术大学），殷东升（巅峰户外运动学校）；第五章景俊杰（上海师范大学），杨彬、刘娟（湖南第一师范学院），张玮（晋中学院）；第六章王凤春（广东海洋大学），刘传海（北京科技大学天津学院），张玮，谭飞（湖南第一师范学院）；第七章杨晨飞，罗锐（四川旅游学院），陈淑红（广东工业大学）；第八章叶卫东、韩羽、朱超杰（广西体育高等专科学校）；第九章邹本旭（沈阳体育学院），布和（北京体育大学），胡旭东（国防科技大学）；第十章周林清（首都体育学院），高亚坤（河北工程大学），晁国栋（三峡大学），崔建（中国地质大学［北京］）；第十一章陈津梁（中国地质大学［北京］），朱露（成都体育学院），吴雪玲（遵义医科大学）；第十二章李照祥（首都体育学院），孙艳芳（南京体育学院），张源（中国地质大学［北京］），吴全岗（湖北体育职业学院）；第十三章李炎（温州大学），周季玉（湖南财政经济学院），曾启非（中南财经政法大学）；第十四章吴畏（金陵科技学院），张挺（首都体育学院），武陈（西安翻译学院），杨凯强（浙江财经大学东方学院）；第十五章钱俊伟（北京大学），蔡卿（中国登山协会），张国文（广州体育学院）；第十六章郑达雄（厦门大学），陈超（西北大学）；第十七章张树敏（对外经济贸易大学），陈帅杰（河北工程大学），李照祥，吴迎（北京体育大学），曾启非（中南财经政法大学）；第十八章常洪标（湖南农业大学），刘玉祥（廊坊师范学院），郭远钊（湖南财政经济学院）；第十九章宋学岷（沈阳体育学院），孙启宏（北京体育职业学院），赵建峰（山西大学）；第二十章张毅恒、方银（中国地质大学［武汉］），何欢（武汉工程科技学院），王晨宇（北京景山学校大兴实验学校），王博伟（北京体育职业学院），张茂林（云南开放大学）。鹿志海、李照祥、杨凯强进行了统稿，鹿志海、钱俊伟、徐鹏、邹本旭负责最终定稿。

　　鉴于户外运动是一门不断发展的项目集群，各项目的技术操作方法并不唯一，有些技术操作可能存在其他安全、科学、高效地实现方法，加之作者团队的水平所限，如果读者关于教材中的理论、技术、操作有其他见解或更好的方法，可以与作者团队联系、探讨，以便在今后修订教材时能够惠及更多的人，共同促进我国户外运动的普及和发展。如有不当之处，请读者给予批评指正。

鹿志海

2025 年 2 月

目　　录

下篇　项目实战篇

上篇

基础通识篇

【章前导言】

为了减轻现代社会高速度、快节奏所带来的强压力,人们纷纷走出家门,脱离狭小空间的束缚,投入大自然的怀抱,开展形式多样的体育活动,以疏解心理压力,维护身心健康。户外运动既能满足参与者好奇、求新的心理需求,又能使参与者在艰苦的自然环境中得到锻炼,提高克服困难的能力,突破自我,超越自我,从而体现自我价值,培养集体主义精神。

【学习目标】

1. 了解户外运动的起源及其特点。
2. 了解户外运动的分类与发展。
3. 了解国内外的户外运动组织管理机构。

第一节 户外运动的起源与特点

一、户外运动的起源与定义

(一)户外运动的起源

户外运动的历史起源众说不一。早期人类为了生存和生产生活,不可避免地需要户外活动,如狩猎、采药、战争等。发展到一定时期,游历山河、增加阅历成为一种社会需要,如中国古代的登高就可看作这一类活动。到了 18 世纪中期,越来越多的科学家开始关注阿尔卑斯山复杂的山体结构、气象和丰富的动植物资源。1786 年 8 月 1 日,阿尔卑斯勃朗峰下的沙漠尼村的医生帕卡尔邀约当地石匠巴尔玛,于当年 8 月 8 日结伴攀上勃朗峰。1787 年,德索修尔携带仪器,请巴尔玛做向导,率领一支 20 多人组成的队伍登上了勃朗峰,验证了帕卡尔和巴尔玛的首攀事实。这一事件是现代登山运动诞生的标志。

基于现代登山运动兴起于阿尔卑斯山区的史实,登山运动又被称为"阿尔卑斯运动",并由此不断拓展出越来越多的户外运动项目(表 1-1-1)。

表 1-1-1　部分户外运动项目的起源

项目	起源时间	起源地	在我国开展的时间
登山	作为专门的一项体育运动项目,起源于18世纪末期。人们把登山运动称为"阿尔卑斯运动",把1786年作为登山运动的诞生年	欧洲	20世纪50年代
攀岩	作为体育项目起源于20世纪50年代	欧洲	20世纪80年代
漂流	作为专门的体育项目起源于第二次世界大战后	美国	20世纪70—80年代
溯溪	作为专门的体育项目起源于18世纪末期	欧洲	20世纪90年代
滑雪	4 000多年前	北欧	不详

选编自:李红艳. 户外运动的理论与实践研究[D]. 北京:北京体育大学,2006.

1857年,世界上最早的户外运动俱乐部在德国诞生。这个以登山、徒步为主要运动项目的民间组织,是现代户外运动俱乐部的雏形。18世纪90年代,高山滑雪运动的出现吸引了一批新的冒险旅游者。随着人们对山地环境认知的改变,登山运动也开始受到关注。登山成为新的旅游方式以后,首登(某座山被人类第一次登顶)就成为登山者追求的目标。在阿尔卑斯山区,随着一个个比较平缓且容易登顶的高山被逐一首登后,为了能够登上难度更大的高山,登山者不仅开始摸索登山技术,也逐渐开始重视登山装备的研发与应用。第二次世界大战前后,为了适应在各种复杂地形上的作战需求,不仅登山技术得到了进一步发展,攀岩、拓展训练、野营等项目也应运而生,户外运动由民间探险旅游逐渐演变为拥有众多单项的体育运动项目群。

（二）户外运动释义

户外运动是什么?外国学者大都认为,在余暇时背起行囊结伴去自然领域开辟新道路,挑战身体极限,感受一种超乎寻常的体验,这种走进大自然去探索有趣、神秘、有价值的东西,享受征服自然的感受的旅行活动即是户外运动。国内学者一般从广义和狭义两个方面来理解户外运动。广义的户外运动是指在室外进行的运动或活动,包括室外球类、射箭、骑马、登山、探险等,甚至晚饭后的散步和野外的郊游都可归为户外运动。显然,广义的户外运动定义过于宽泛,在认识和理解上容易和其他体育运动项目混淆,同时也不能彰显户外运动独特的魅力和鲜明的个性。因此,大多数学者在使用户外运动的这一概念时,特别强调户外运动中自然、野外与体育的紧密关系,明显地朝狭义的方向发展。例如有学者认为,户外运动是一组以自然环境为场地(非专用场地)的带有探险性质或体验探险的体育运动项目群。

基于此,本书将户外运动定义为:为了满足增进健康、愉悦身心、亲近自然、挑战自我、寻求刺激和冒险等需求,人们在陆地、水域和空中等特定的自然环境中,以体育运动的方式开展的具有探索性、挑战性、休闲性和健身性的户外体验活动。

户外运动
的价值

二、户外运动的特点与理念

（一）户外运动的属性

1. 具有体育运动的性质

户外运动需要参与者具备一定的运动技能和身体素质,借助专业的装备和器材,在活动中会消耗一定的体能,活动具有一定的健身性和娱乐性,有助于维护人体的健康和增强体质。

2. 具有旅游和休闲的属性

基于户外运动的全过程具有休闲性、异域性、非职业性、暂时性和综合性等特点,有学者认为,户外运动是具有旅游和休闲属性的体育运动。

（二）户外运动的特点

1. 在特定的自然环境下进行

"特定的自然环境"与"自然环境"是有区别的,室外的一小片草地属于自然环境,但人们并不认为在室外草地上做体育运动就是户外运动。所以说"特定的自然环境"指的是与自然环境保持充分的联系,尤其是野外,而非人工修建的专门的体育运动场所。这一点是它区别于传统的体育运动项目的一个很重要的特征,即传统的体育运动需要专门的场地和特定的设施,并且场地和设施都是人工而非自然的。

2. 朝着时尚性和休闲性的方向发展

户外运动以其亲近自然、融入自然和回归自然的特性,为人们摆脱城市的烦恼与喧嚣、释放工作与生活压力等提供了契机,并日渐成为一种健康的生活方式。

3. 具有一定的探索性和挑战性

户外运动既是一项大众化的休闲运动,也是一种极限或亚极限运动,具有鲜明的探索与挑战性质。

4. 参与过程伴随着人们的"高峰体验"

人们在参与户外运动过程中,会切身感受到一种发自心灵深处的超然、满足、欣喜,甚至是战栗等情绪体验。尤其是站在"高山之巅",人们的感觉经常是无法言表的,虽可能是短暂的,但所带来的兴奋与欢愉却是长久的。故此,心理学家称其为"高峰体验"。

5. 参与过程中人与自然高度融合

户外运动产生之初就强调人与自然的高度融合,它是建立在对自然的理解和尊重的基础上所开展的人类活动。这种融合体现在两个方面:一是在户外运动过程中参与者找到了回归自然、真实自我的状态,完全脱离生活的烦恼和压力,以自然为镜,映射出在纷杂的社会中迷失方向的真实自我;二是对自然环境和规律的尊重,以及接近和了解自然,而非征服自然。

6. 活动过程受环境影响和制约

户外运动场地对活动方式具有强烈的制约性,户外运动与自然的高度融合性代表了自然环境条件对活动方式的选择具有决定作用。同时,自然环境条件对活动的过程和结果也具有高度的控制性。

（三）户外运动的理念

1. 科学

户外运动应顺应自然环境发展规律,学会认识和把握科学规律,科学地使用装备,科学地进行技术操作。理智面对自然的诱惑和遇到的困境,冷静地制定活动计划和处理危机。

2. 安全

户外运动不同于旅行,更不是旅游。户外运动以自然环境为活动区域,而自然环境千差万别、变幻无常。因此,了解户外运动的基本知识,掌握户外运动的基本技能,增强自然环境下的适应与生存能力,识别和评估户外运动风险并合理应对,是参与户外运动的前提和保障。

3. 环保

一名合格的户外运动参与者应具备的最基本的品质是在享受大自然的同时,自觉肩负起保护大自然原本面貌的责任。

4. 文明

户外文明是现代社会的重要体现。它既是文化传统的延续,也是集体行为准则的实践。每位徒步者自觉带走垃圾、保护生态、尊重自然,以个人微小的文明举动来助力社会整体素质的提升,让人与自然在良性互动中共生发展。

第二节　户外运动的分类与发展

一、户外运动的分类

关于户外运动的分类,目前的观点见仁见智。本教材依据不同的分类标准,主要介绍以下五种分类方法(表1-2-1)。

表 1-2-1　户外运动分类

分类依据	大项		系列或项目
按照目的划分	休闲时尚类户外运动		漂流、扎筏、宿营、滑沙、滑雪等
	探险越野类户外运动		洞穴探险、翼装飞行、定向运动等
	野外生存类户外运动		沙漠生存、戈壁生存、海岛生存
按照组织形式划分	竞技比赛类户外运动		定向、越野、攀岩、山地越野赛
	大众健身类户外运动		登山、徒步、穿越
	教育培训类户外运动		拓展训练、野战运动
按照身体能力划分	体能主导类户外运动		沙漠穿越、戈壁穿越、登山等
	技能主导类户外运动		定向运动、探险、丛林穿越、溯溪等
按照地理条件和自然场地划分	陆地户外运动	山地户外	露营、攀岩、飞拉达、探洞等
		荒漠户外	沙漠生存、戈壁穿越等
		海岛户外	海岛生存、海岛救援等
		高原户外	滑雪、登山、高海拔徒步等
	空中户外运动		滑翔、跳伞、热气球、翼装飞行等
	水上户外运动		漂流、扎筏、泅渡、潜水、皮划艇、桨板、帆船等
按照户外运动方式划分	享受自然类		轻奢露营、户外摄影等
	路行类		自行车、徒步、定向运动、越野等
	攀登类		绳降、攀岩、攀冰、高山探险、探洞、溯溪等
	划桨类		皮划艇、独木舟、漂流等
	拓展类		户外拓展、场地拓展等

二、户外运动的发展

（一）国外户外运动的发展

户外运动的发展既得益于工业化生产技术的逐步推广与应用，也得益于世界范围内人们对竞技体育的崇尚。由此，推动户外运动向着大众娱乐休闲和体育运动竞赛两个方向不断发展。

在大众娱乐休闲方向，登山运动发展最早最快，在1855—1865年的10年间，阿尔卑斯山脉20座4 000米以上的高峰相继被征服。随后，户外运动逐渐扩展至荒野、丛林、沙漠、雪原、溪流和峡谷等地，并由此产生出内容丰富、形式多样，适合于普通大众自由、随意选择的户外运动项目。

在体育运动竞赛方向，挑战人类潜能与征服严酷自然是催生户外运动蓬勃发展的主要因素。

（二）国内户外运动的发展

户外运动在我国的发展历程大致可以分为以下三个阶段：

1. 学习与探索阶段（20世纪50年代至90年代初）

户外运动在我国的发展是从登山探险运动开始的。1956年，第一支国家级登山队——中华全国总工会登山队组成，1958年中国登山协会成立，之后组织了一系列在国内外有重大影响的高山探险活动。1960年，人类首次从北坡登上珠穆朗玛峰（以下简称珠峰）；1975年，我国登山运动员再次集体登上珠峰；1988年中国、日本和尼泊尔三国联合登山队实现在珠峰顶峰会师和南上北下、北上南下大跨越等。20世纪80年代，在欧美国家盛行的诸如攀岩等户外运动项目也逐渐传入我国，相关机构在户外运动专业人员的培养、场地器材设备的建设，以及专门技术与竞赛规则的学习等方面进行了积极的准备。例如，1987年，中国登山协会派出人员到日本学习攀岩运动的攀爬技术和竞赛规则；同年，在北京举办了第一届全国攀岩比赛。1990年，在北京怀柔国家登山队训练基地建立了国内第一座大型人工攀岩场并举办比赛等。

2. 兴起与初步发展阶段（20世纪90年代至2003年）

户外运动在我国民间有规模地开展始于20世纪90年代中后期。最初我国部分高等学校相继组建了登山队（如1989年成立的北京大学山鹰社），为登山运动在我国民间的逐步拓展奠定了人员培养基础。之后，中国最早的有偿服务户外探险组织——昆明市登山探险协会于1990年成立。1997年，三夫户外运动俱乐部在北京成立。从1998年开始，户外运动率先在北京、广州、昆明、上海等城市悄然兴起，国内本土户外用品品牌涌现，行业实现规模化、规范化发展，并在电视、杂志、报纸和互联网等媒体的强力推介下，迅速成为一项时尚的都市运动。

3. 规范化发展阶段（2004年至今）

户外运动现已成为全民健身运动的重要项目之一。教育部颁发的《全国普通高等学校体育教学指导纲要》和《全国普通高等学校体育教育专业课程方案》将攀岩、定向运动、野外生存等户外运动项目作为素质教育的重要内容。

中国地质大学（武汉）于2004年开设了社会体育专业（户外运动方向），成为我国最早设置社会体育（户外运动方向）本科专业的院校。2005年国家体育总局正式批准山地户外运动为国家正式开展的体育运动项目，标志着我国户外运动正式进入规范发展的道路。2006年,我国将高山探险、攀岩、山地户外、拓展等项目正式纳入国家职业社会体育指导员系列。2007年以来,野外生存、拓展训练等户外运动类课程逐渐开始在我国大中小学推介和开设,深受学生的喜爱。

2011年国务院颁布的《全民健身计划(2011—2015年)》中,把广泛组织登山等群众喜闻乐见、简便易行的健身活动作为目标任务之一;把遵循"因地制宜、业余自愿、小型多样、就近就便"的原则,组织开展以户外运动、群众登山、江河横渡、元旦登高等具有品牌特色、形式多样、丰富多彩的全民健身活动作为工作措施之一。2011年国家体育总局印发的《体育事业发展"十二五"规划》中提出,支持建设"全民健身户外活动基地"(指由国家体育总局命名和资助建设,与公园、绿地、广场和山水等自然条件相结合,具有特色、规模较大、体育设施种类多样的户外运动场地,包括户外体育营地、大型体育公园、文体广场等),保持"青少年户外体育营地"数量稳步增长,为户外运动在我国健康、持续发展注入了新的活力。

2016年11月,教育部等11部门印发了《关于推进中小学生研学旅行的意见》,对全国中小学研学旅行工作的推进提出明确要求,将研学旅行纳入中小学课程方案,要求各地采取有力措施,推动研学旅行健康快速发展。中小学研学旅行作为青少年户外教育的一种重要形式,是学校教育与校外教育衔接的创新和综合实践育人的有效途径。

第三节　户外运动的组织管理机构

一、我国户外运动的组织管理机构

在我国,户外运动的组织管理机构主要包括国家体育总局登山运动管理中心(以下简称"登山中心")和中国登山协会。

(一)国家体育总局登山运动管理中心

登山运动管理中心是国家体育总局直属单位,主要职责包括以下8个方面:

(1)全面负责所辖运动项目的业务管理,研究和制定项目的发展规划、计划和方针、政策。

(2)负责和指导所辖项目优秀运动队建设和后备人才的培养,管理所辖项目的国家队。

(3)研究制定所辖项目的全国竞赛制度、计划、规则和规程,负责所辖项目全国竞赛的管理,组织实施重大竞赛活动,负责对外开放山峰登山活动的统一管理。

(4)组织所辖项目的科学技术研究,进行器材的研发和创新,提高科学训练水平,组织宣传和出版刊物。

(5)开展国际交往和技术交流,提出所辖项目的国际活动计划,负责国际竞赛队伍的组织、集训和参赛事项,负责和指导在我国举办的国际比赛的审批和有关组织工作。

(6)积极开展与所辖项目有关的经营和服务活动,广开经费来源渠道,增强自我发展的活力和后劲。

(7)做好中国登山协会的组织建设,广泛联系和团结社会各界人士,充分发挥协会的桥梁和纽带作用。

（8）完成国家体育总局交办的其他事项。

（二）中国登山协会

中国登山协会成立于 1958 年,是中华人民共和国组织、管理和推进登山运动的唯一全国性机构。中国登山协会简称"中国登协",英文译名为"Chinese Mountaineering Association",缩写为"CMA"。中国登山协会是具有独立法人资格的全国性群众体育社团,是由热爱登山运动及其相关运动的集体和个人自愿结成的专业性群众组织,是中华全国体育总会团体会员,是代表中国参加国际登山联合会及相关国际组织的唯一合法组织。

中国登山协会主要负责建立全国登山运动及其相关运动的统一规范,并进行业务指导和行业管理。早期中国登山协会主要进行登山运动(海拔超过 3 500 米的登山探险运动)的组织和管理。近年来,户外运动成为中国登协重要发展的项目之一。2001 年,中国登山协会正式成立了户外运动部,专门负责户外运动的竞赛和行业规范。

近年来,中国登山协会联合各省、区、市登山协会,顺应社会需求,因势利导,依靠各级体育部门,运用市场、社会力量,开拓创新,在全国范围开始大力推进群众登山活动及与户外运动相关项目的发展,积极致力于户外运动在我国的普及与发展,在打造国内外品牌赛事的同时,引导户外运动服务于全民健身计划的实施。

二、国际登山联合会

国际登山联合会(Union Internationale des Associations de l'Alpinisme,简写为 UIAA)成立于 1932 年,总部设在瑞士。国际登山联合会目前拥有 97 个成员协会,以及来自 68 个不同国家和地区的 2 500 万名注册者和成千上万的爱好者。国际登山联合会的机关刊物为《国际登联公报》,每年出版 5 期。中国登山协会于 1985 年 10 月成为其会员。

国际登山联合会主要职责是组织全球专家研究和帮助登山者在登山方面遇到的各种问题。负责建立世界登山运动及其相关运动的统一规范,进行业务指导和行业管理;负责研究和制定世界登山运动及其相关运动的发展规划、计划和法规建设;负责建立世界登山运动及其相关运动的救援章程和组织、行业规范,并进行业务指导和行业管理;负责协调和指导世界登山运动及其相关运动的开展,并促进其规范化;负责大力发展登山运动俱乐部;负责研究、制定登山运动及其相关运动的竞赛规程和规则;负责审批、组织国际性、世界性和跨地区的登山运动及其相关运动项目的竞赛、审定运动成绩;负责组建和管理登山运动及其相关运动的世界登山队等。

国际登山联合会每年召开一次协会代表参加的会议,讨论国际登山的重要事宜;每两年召开一次更大规模的会议,检查各委员会的工作进展,并为登山运动制定发展战略。

【学 用 检 验】

1. 谈谈你对户外运动的理解。
2. 参与一项户外运动并说明你是如何贯彻户外运动理念的。
3. 简述户外运动的历史现状及发展方向。

【章前导言】

户外运动项目众多,特定的运动服装和装备是保证参与者安全、舒适参加运动、实现活动目标的前提条件之一。户外运动服装与装备种类繁多,不同的户外运动需要穿戴的服装、携带的装备也不同,本章将着重介绍常见的户外运动装备。

【学习目标】

1. 掌握三层着装的原理及方法。
2. 了解户外着装系列物品的使用方法。
3. 掌握背包的结构及选择方法。
4. 了解户外常用工具的功能,掌握户外常用工具的使用方法。

第一节　户外运动基本着装

一、衣服

（一）环境与着装

户外环境变化多样,随着季节和海拔的变化,环境温度都会产生较大的波动,甚至在一天中昼夜温差也较为显著。在山上,无风条件下每爬升 1 000 米,环境温度会降低 6 ℃。在有风情况下,风能不断把热量从人的体表带走,这种风寒效应使体感温度明显降低。气温越低,风寒效应越显著。如遇寒风,尤其在高山环境,冻伤的可能性会明显增加。因此,登山者必须准备防风、防水和透气的服装。

人体热量散失的途径有四种:对流、传导、蒸发、辐射。在寒冷地区活动时,需针对上述人体的几种散热形式,选择适当的衣物进行保暖。

（二）三层着装法

在寒冷环境中,推荐采用三层着装法,从里到外分别对人体起到排汗、保暖和保护作用。

1. 里层排汗层

里层的贴身衣物主要功能是排汗,以保持皮肤表层的干爽。因此,选择的内衣应能够迅速将体表汗水吸到内层衣服的里面,保持皮肤干爽舒适。

2. 中层保暖层

中间层服装主要提供保暖功能,因此需要其比较蓬松,主要是靠聚集在衣服内的空气层,来达到隔绝外界冷空气与保持

三层
着装法

体温的效果。聚积的空气层越厚,保暖的效果也越好,因此穿几件轻而宽松的衣服会比单穿一件厚重的衣服更加保暖。

选择中间层服装时,应注意调节性与方便性,既要保暖,又要能排汗、透气,可选择抓绒、羽绒、羊毛、人造棉类衣裤等。

3. 外层保护层

外层服装,也就是通常所说的冲锋衣裤(图 2-1-1,图 2-1-2),提供防刮、防风、防水、透气的保护功能,除了能够将外界恶劣天气对身体的影响降到最低之外,还能够将身体产生的水汽排出体外,避免让汗水凝聚于中间层,使得保暖效果降低。选择冲锋衣裤时应注意:冲锋衣裤必须足够宽大,能容纳多件保暖服装,最好有可拆卸的帽子,且空间容得下头盔;其次,冲锋裤的侧面要有长拉链,且拉链外部有可粘的保护层;冲锋裤的臀部及膝盖处最好有附加层,因为这两个部位与冰雪面接触最多。

 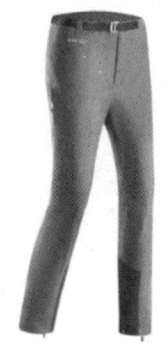

图 2-1-1 冲锋衣　　　　图 2-1-2 冲锋裤

二、鞋子

登山鞋应具备防水、防滑、保护脚踝、耐磨抗扎等功能。

户外活动中,长时间、大运动量在复杂地形上的活动,给足部造成了巨大的负荷,所以登山鞋需具备良好的缓冲性、防滑性和足部保护功能。

(一)登山鞋的分类

按照适用地形的不同,一般将登山鞋分为五大系列:登山系列、穿越系列、徒步系列、休闲系列及其他系列。

1. 登山系列

这一系列登山鞋分两种:一种是重型登山靴,比较重,适合海拔 6 000 米以上雪山的攀登,这种登山鞋的靴帮很高,一般都会超过 20 厘米,鞋底的强度很大,鞋底上可安装冰爪,用来攀爬冰雪峭壁。鞋面采用硬塑树脂或厚牛皮,内衬有保暖鞋套。另一种适合攀登6 000 米以下的山峰,一般称为重型攀登鞋,特别适合攀爬冰壁或冰雪混合的岩壁,重量比重型登山靴要轻一些,鞋帮高度一般为 15~20 厘米。

2. 穿越系列

这一类的登山鞋大多是高帮鞋,鞋帮高度通常在 15 厘米左右,具有较强的支撑力,可以有效地保护踝关节及周围组织,鞋底较硬,有较强的抗冲击能力。鞋面通常采用牛皮、羊皮或皮革混合材料,重量比登山系列要轻得多。为了解决防水问题,大部分款式都选用防水材料,这类登山鞋适用于长距离及复杂路段的穿越。

登山鞋
详解

3. 徒步系列

徒步鞋亦称轻型登山鞋或中帮登山鞋（图2-1-3），鞋帮比穿越系列的矮一些，是户外运动中比较常用的类型。适用于中短距离、负重较轻的徒步，如在较为平缓的山地、丛林进行的活动；一般郊游或野营进行的活动等。

图2-1-3 中帮登山鞋

这类登山鞋的鞋底采用耐磨橡胶，有较好的抗冲击力和减震作用；鞋帮由全皮、革面或皮革混合材料组成；大部分款式用防水材料做衬里。这种登山鞋的优势在于质轻、柔软、舒适、透气性好。

4. 休闲系列

这个系列又称为矮帮鞋，适用范围较广，可以日常穿着或者进行一些无负重的运动时穿着。这类鞋常选用皮鞋面或尼龙网面，透气性较好，质地较轻，鞋底结实，有弹性，缓冲效果好，且有很好的柔韧性。

5. 其他系列

其他系列登山鞋有溯溪鞋、越野跑鞋、徒步攀爬鞋等。

（二）登山鞋的选购与试穿

由于人的脚在下午时会略微有些膨胀，所以选择登山鞋时在下午试鞋比较合适，试穿时要穿上袜子，而且两只脚都要试穿。试穿时，松开鞋带，将前脚掌与鞋前端贴合后，在脚后跟与鞋后跟之间能够放进一个手指的大小较为合适。然后把鞋带系紧，穿鞋来回走一走，感受一下舒适程度，再把脚绷起来踢一踢地面、墙面，以此来感受舒适程度及安全防护性能。

（三）登山鞋的保养

清洁时先将鞋内杂物清理干净，鞋垫取出，然后用软毛刷将鞋上的泥土灰尘刷掉。一般的污渍也可以用橡皮擦去除。顽固污渍用软刷蘸些肥皂清洗并用湿巾擦净即可。注意皮质的鞋子切不可用水直接冲洗，以免皮革中的硝等溶出；擦干后置于阴凉通风处晾干，然后在皮面涂上保革油。

在野外，鞋子若涉水或被雨水完全浸湿，最好采取风干的形式自然干燥，不要暴晒或在篝火上烘烤。鞋子内里若潮湿，晚上睡觉时可将一团手纸塞入鞋内吸水。

三、袜子

（一）登山袜子的分类

（1）衬袜：衬袜非常薄，穿在外袜和脚之间。

（2）轻量级徒步袜：比衬袜厚、暖和、耐用，一般在较温暖的天气和进行较轻松的户外活动时穿着。

（3）中量级徒步袜：一般在秋冬季穿着，保温性比较好，在寒冷环境中能提供可靠的舒适度及保温性，这类袜子大多在其脚跟和脚掌等易磨损的区域进行了特别的加厚处理，其舒适度和耐磨性能较好，最好和衬袜一起穿。

（4）登山袜：在严酷的环境中使用，登山袜是所有袜子中最厚、最暖和、最软的，一般在高海拔登山、滑雪、攀冰，或者冬季穿越等活动中穿着。其袜筒比较长，有的可以到小腿的上部。

（二）登山袜子的材质

1. 棉

棉的特点是穿着非常舒适，穿上以后不臭脚，吸湿性极好，但排湿效果差，会引起脚部的不适,在低温条件下容易引起脚部冻伤甚至人体失温,所以在户外活动中尽量不要穿纯棉袜子。

2. 羊毛

羊毛也是一种传统的天然纤维,比较柔软,它的保暖性能极佳,即使受潮后其保暖性能依然不错。但纯羊毛的袜子易引起脚部瘙痒,与其他纤维混纺或混织后,袜子触感相对柔软也耐磨,是非常好的冬季保暖袜。

3. 弹性材料

一般是莱卡、氨纶和橡筋,很多户外品牌的袜子都选用莱卡提高其弹性。

4. Coolmax

一种特殊的空心纤维,具有很强的吸湿性和排湿性,一般和别的织物混在一起使用,会使其具有很好的透气性。

5. Thermolite

Thermolite 是专门的保暖纤维,结构也是中空的。独特的结构可以提高纤维的蓬松度,从而达到保暖、排汗的效果,是冬季制作保暖袜比较理想的材料。

6. 尼龙

又叫锦纶,有一定的弹性,比较结实。该材质可以增强袜子的耐磨性,尤其在袜子的脚掌和脚跟部位添加得较多,可以延长袜子的使用寿命,不易损坏。

(三)袜子的作用及选择

袜子可以保持脚部的温暖,缓冲走路时地面带来的冲击力,减少脚和鞋子之间的摩擦,防止摩擦出水泡。

1. 根据活动所处的环境及季节进行选择

冬季或者环境温度较低时,可以选择厚的保暖袜,里面要有衬袜;爱出脚汗的人要选择排汗性能好的袜子,最好多备几双。在环境比较潮湿的地方活动,可以选择防水袜,这样即使鞋湿了,脚也不会湿。

2. 根据活动的内容进行选择

不同的户外活动,最好使用专用的袜子。如前文介绍的各种徒步袜、登山袜及不同材质和功能的袜子。

四、帽子

(一)帽子的功能

在低温环境下进行户外活动,尤其要注意头部的保暖。因为头部缺少较厚的脂肪层,散热快,易被冻伤。此外,头部热量大量散失,也会影响颅内血管的充血效率。

1. 保暖功能

在寒冷的天气或大风天进行户外活动时,裸露的头部会带走部分身体的热量,导致人体失温或者面部、耳朵等部位被冻伤,此时,最好的办法就是戴帽子。

2. 防护功能

帽子在头部的外面增加了一层防护,可以防止树枝的挂擦及一些轻微的磕碰。

3. 防晒功能

夏季去户外时,选择帽檐较大的帽子,或者选择带"屁帘"的帽子,可以有效防止紫外线的直射。

（二）户外帽子的种类

1. 大宽檐帽

防晒功能较好，不仅能防晒，还能防止树叶、昆虫等掉进头发里，缺点是帽檐太大，活动起来不够方便。

2. 遮阳帽（图2-1-4）

遮阳帽是户外运动中使用最广的帽子。一般由速干、防紫外线的布料制成，能快速吸收汗水、散发湿气，保持头部干爽。

3. 抓绒帽、针织帽（图2-1-5、图2-1-6）

抓绒帽柔软轻便，可折叠收纳，是户外运动爱好者冬季的首选。针织帽弹力大，有的里面配上抓绒，保暖效果也较好，在户外运动中也经常使用。

图2-1-4　遮阳帽　　　　　图2-1-5　抓绒帽　　　　　图2-1-6　针织帽

（三）帽子的选择及注意事项

速干材质的帽子透气性好，面料轻薄，排汗速干，非常适合在户外使用。除此以外，还要重点考虑帽子的防紫外线功能，最好和防晒霜配合使用。

在寒冷的冬季，如果不是在极端的温度下活动，最好选择抓绒帽或者针织帽，和头巾相配合使用，既能护头又能护耳。

五、手套

（一）手套的分类

（1）按照材质分：棉纱手套、毛绒手套、皮革手套、超纤手套、布料手套、橡胶手套等。

（2）按照指部外形分：分指手套、连指手套、三指手套、直型手套、半指手套、无指手套。

（3）按照户外运动形式分：攀冰手套（图2-1-7）、骑行手套（图2-1-8）、徒步手套（图2-1-9）等多种专用手套。

图2-1-7　攀冰手套　　　　　图2-1-8　骑行手套　　　　　图2-1-9　徒步手套

（二）手套的材质

（1）皮质：主要有牛皮、猪皮、羊皮，以及人造皮革等。

（2）布料：主要是针织布料、帆布，以及功能性面料，如防火布、防割布、防滑布等。

（3）胶类：主要是橡胶、天然乳胶等。

（4）手套添加材料：如棉花、羽绒、隔热材料、防滑材料、防震材料、防毒材料、防辐射材料等。

（三）手套的功能与作用

1. 保暖

除夏季外，进行户外活动时都要考虑手部的保暖。在寒冷的环境中，由于手处于肢体的末端，血液"供暖"能力较差，容易被冻伤。即使不被冻伤，因低温而导致的手部灵活性下降也会在一定程度上影响技术操作，容易引发一些户外伤害事故。

2. 防护

手套可以有效防止夏季紫外线的伤害；在穿越的过程中，手套可以防止手被尖锐的岩石或者树枝刮伤；可以防止摔倒时手撑地造成的伤害；岩壁下降时可以有效地防止手被绳子磨伤等。

3. 透气

一些高品质的手套为了避免戴手套时手部的闷热，手套的表面采用多层材料，由最外层的网布、中层的防水透气膜与里层的刷毛布构成，除透气外，也防渗水、防寒，北方严寒地区较常使用。

4. 防滑

防滑手套一般都在手套的手掌及手指部位增加了一层耐磨、防滑的材料，可以有效防止因为戴手套抓握物体而产生的滑动。

5. 吸震

骑行手套在手套内衬里添加了吸震材料，可有效消减骑行过程中来自车把的震动。

6. 擦汗

一些专用手套的大拇指处设计有毛巾布材质，主要用来擦掉头上流下来的汗水。

（四）手套的选择

选用户外手套时，要根据活动的性质以及季节选择专用类型。夏季为了防晒，可以选择较薄的有防紫外线功能的透气效果较好的手套；野外攀冰时，可以选择防水、防滑的保暖手套；高海拔登山时，可以选择防风、防水、透气的羽绒手套；攀岩保护时，可以选择防滑的手套等。

六、眼镜

运动眼镜主要起到保护眼睛的作用，可防止户外运动过程中沙尘、雪粒、雨水、大风、树枝等异物冲击，也可防止太阳光直射或者反射对眼睛造成伤害。

为了防止运动眼镜镜片破碎伤到眼睛，大多数运动眼镜都选用 PC 材质制成的镜片，这种镜片还有很好的抵抗紫外线的功能。镜框要选择柔软有弹性、耐撞击的，这样可以在产生碰撞时保护脸部不受损伤。镜框的贴面设计可使眼睛紧贴镜框边缘，防止快速运动中强风对眼睛的刺激。

户外运动项目繁多，不同的活动对于运动眼镜的要求是不同的。在挑选运动眼镜时，要考虑运动的形式、镜片功能以及适合的运动环境。如高海拔登山时，紫外线及暴风雪对眼睛的伤害是最大的，因此，这类运动眼镜一定要防风、防雪、防紫外线，而且要具备偏光功能。在自行车骑行等户外活动时，由于运动形式剧烈，所佩戴的运动眼镜镜框一般要柔软、具有弹性、耐撞击,以免镜片在受到冲击时镜片破碎使眼睛受到伤害。若在沙漠地区进行户外活动,可以选择防风、防沙的眼镜。

七、雪套

雪套(图2-1-10),也叫脚套。雪套在户外运动中使用广泛,功能多样:第一,在登雪山或者在深雪地带行走时,雪套可防止积雪灌入鞋中;第二,在雨天户外运动时,雪套可以用来防止雨水、泥沙、露水灌入鞋中;第三,在沙漠地区行走时,可防止沙子灌入鞋中;第四,雪套可以用来防止小石子、植物枝叶等进入鞋内;第五,雪套可以用来防止裤脚与鞋帮被刮坏;第六,雪套可以用来防虫、防蚂蟥、防蛇。同时,雪套可以保暖。尤其在雪山或高山环境,雪套和鞋之间形成一定的空气隔离层会起到一定的保暖作用。

图2-1-10 雪套

雪套的面料一般采用高强度的防水尼龙布,或采用带防水涂层的尼龙布。有的雪套采用Gore-Tex防水涂层,大部分雪套从上至下有一根拉链贯通,也有的采用魔术贴式,或者防水拉链,防水效果更好。

第二节 户外运动常用装备

一、背包

(一)背包的分类

背包的分类方法很多,按功能可分为高山探险类、徒步类、攀登类、骑行类、滑雪类、休闲类等。按容量可分为大、中、小三类:小型包容积在30升以下,一般用于单日徒步使用;中型包容积在30~50升,一般用于多日的非露营活动,或者一些需要带较多物品的活动;大型背包一般在50升以上(图2-2-1),常用的在50~70升,主要用于多日的户外露营活动。除此以外,还有很多专用背包,如探洞包、水袋包等。

(二)背包的结构

背包主要包括装载系统、外挂系统、背负系统三大结构(图2-2-2)。

背包详解

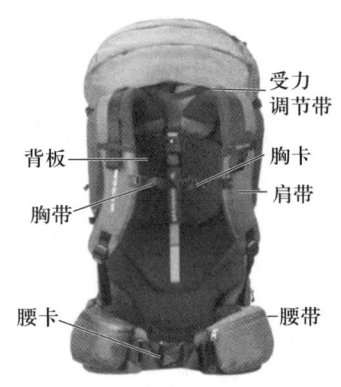

受力调节带
背板
胸卡
胸带
肩带
腰卡
腰带

图2-2-1 大型背包　　　　图2-2-2 背包的结构

（1）装载系统：用来装载野外出行所需要的装备，设计上一般由主袋、顶包和侧包构成。大型包的主袋设计多采用上下分层式，即上端和下端各设一个开口，中间有一个活动隔层，可连通亦可断开，其优越性在于使用者可依据需要分装物品，用时方便取出，下面的隔层为睡袋仓，用于装填睡袋。

（2）外挂系统：该结构是为增加携带物品数量，方便钩挂不规则物品设计的。不同的设计（织带、装备环、松紧绳）适用于不同物品的钩挂。合理地使用外挂系统，可使背包容量增大许多。

（3）背负系统：背包最重要的部分，是背包主要承受重量的部分，其中，重力传递的合理性是背负系统的关键，重力传递可将背包的重量分散在人体的整个背部，使得背部的受力更加均匀，与背部贴合性更好。背包最大的差别就在于背负系统，背负系统性能好的背包在设计上，不仅要考虑通风及重力传递的合理性，还要考虑背负的舒适性和承重强度。

登山包的背负系统包括：背负支撑结构、调整装置、双背肩带、受力调整带、腰带、胸带。背负系统调整装置可分为固定式和可调式，固定式的尺码不可变化，可调式的尺码能根据背负者高矮调整背包的位置。

专业登山包的肩带都附有受力带，有调整支点，其作用是调整背包上方与肩部的距离，承受背包上部的外张力。肩带的支点应大体与肩平，这样才便于受力带的调整和受力，背起来才舒服。合适的尺码调整好后，背包会自然贴在背上，背负起来舒适度高。

腰带是分摊背包重量的重要一环，大约承受整个背包重量的80%，其余的重量分担在两个肩带上。因此，一个厚实、舒适的腰带极其重要。背上包以后，可通过调整腰带的位置，让它正确地包裹在髋骨上，然后拉紧腰带即可。

胸带的主要作用是调整两条肩带之间的距离，起到固定背包以及防止肩带过宽导致不适的作用，使用时应调节到让背包既能贴紧身体，又不会有压迫感为最佳。

（三）背包的选择与使用

选择背包时应注意以下几点：

（1）根据出行天数及装载物品的数量来选择背包的容量。一般来讲，一天左右不露营的活动，可选30升左右的背包；若出行时间较长，且在野外露营，就要选择50～70升的大型背包。

（2）选择时重点考虑背包的功能，是否防水、是否防撕耐磨、拥有几个舱室，是否具有外挂系统等。

（3）根据身材的大小选择不同尺码的背包。有的背包分男女，区别主要是肩带和腰带。另外，同样容积的背包会有大小不同的尺码。

（4）在品牌或款式已经选定的情况下，还要考虑背包的用料、做工、设计等因素。

（5）背上背包走一走，试一试。按照上述要求选择好背包后，可在背包里装填10千克左右的重物，背起来试一试。

户外运动时除准备双肩背包外，还可根据需要准备腰包、挂包、驮包、洗漱包、旅行包、技术攀登包等，切忌过分使用背包装载重物，每次出行无论路途远近背包的最终重量不允许超过自身体重的40%。

二、帐篷

（一）帐篷的分类

按季节分，有四季帐篷、三季帐篷；按用途分，有高山帐篷、露营帐篷；按产品结构分，有单层帐篷、双层帐篷；按容积分，有单人帐篷（图2-2-3）、双人帐篷、多人帐篷等。

单层帐篷结构较简单，质地轻，但帐篷内层易结露或霜，弄湿睡袋衣物。双层帐篷内帐壁很薄，网眼设计既可以防蚊虫，又起到透气作用。四季帐篷的内帐网眼部位有两层，除网眼外，还有一层帐可以拉上进行封闭，寒冷的天气可以起到保暖作用。高山帐篷外帐一般都有雪裙，可以防止雪花从下面吹进帐篷里，起到保暖作用，但不利于通风。

图2-2-3　单人帐篷

（二）帐篷的结构

帐篷是临时庇护所的主体，它可以防风、防雨、防寒，保证使用者具有一定的活动空间。其主要材质多选用聚酯纤维和尼龙，材质轻、强度大、防水好、透气且耐磨，可满足不同户外露营的需求。帐篷的结构组成通常包括内帐、外帐、帐杆、地钉、风绳、帐篷袋六部分，除此之外，雪地露营帐篷会增加雪裙等部件。

（1）帐杆：帐篷的帐杆就像房屋的架构，用来把帐篷支起，帐杆可分节拆分，折叠存放，中间由松紧绳穿起来携带便捷。其材质主要分为玻璃纤维、铝合金、钛合金三种类型，作用是支撑稳定的空间，帮助内外帐维持固定形状。三种帐杆中，玻璃纤维重量最大，强度最小，钛合金帐杆重量最小，强度最大，铝合金帐杆重量与强度居中，鉴于帐杆横向受力易断裂的缺点，多日徒步活动中须准备帐杆修复套件。

（2）外帐：外帐就如同外套一般，是帐篷的防护层。通常色彩鲜艳，多为涤丝纺面料，有的用尼龙绸。外帐表面有合成材料形成的防雨涂层。外帐的主要功能是防风、防水、防寒，抵御小型动物的入侵，弥补内帐防御性不足的缺点。

（3）内帐：内帐一般比较轻薄，由于外帐没有底，所以内帐帐底的防水性一定要好。

（4）帐钉：在沙漠或者海滩等地方宿营时，帐钉一定要很长，能够深深地打进地里面，才能牢牢地固定帐篷。

（5）防风绳：防风绳由尼龙绳制成。在有风的天气一定要拉防风绳，固定好帐篷。防风绳可以固定在树干、岩石和重物上，牵拉好防风绳后须在风绳上做明显标记，提醒夜间过往的同伴留心脚下。

（6）帐篷袋：帐篷袋是收纳帐篷所有部件的袋子，同时也起到保护帐篷的作用。帐篷所有的部件须整齐打包放置其中，帐篷搭建时所剩的配件和包装袋也可以临时存放在其中。

修补装置是一小块帐篷布料和胶水，一旦发生帐篷刺破或者刮坏等情况，可以马上进行修补。

（三）帐篷的保养与维护

每次使用完毕后，都要对帐篷进行检查，必要时进行清洗。清洗帐篷时，可用温水，利用水冲或手搓的清洗方法，手法一定要柔和。使用中性洗涤剂，特别脏的部分可以用海绵球擦洗，不能使用硬毛刷子去刷洗帐篷，也绝对不能用洗衣机清洗，这会损坏帐篷外帐的防水涂层，破坏其防水性。清洗完毕后，不能烘干，也不能暴晒，应该在通风处自然晾干。

三、睡袋

睡袋是进行户外运动时人们用于睡眠的保护性的"袋状物"。睡袋利用蓬松的填充物形成一层静止的空气层,静止的空气层能将外界的冷空气与人体所产生的热气隔开,以减少身体热量的散失。睡袋的保暖效果,主要取决于填充物隔离层的品质和厚度。

（一）睡袋的分类

1. 按外形分

可分为信封式、木乃伊式和混合式三种。

（1）信封式（图2-2-4①）:其外形和信封相似,大多用于温暖条件下的野外宿营,这种睡袋一般能够拉开拉链作为垫子使用。信封式睡袋一般没有专门的头兜,比较大且重。

（2）木乃伊式也叫妈咪式（图2-2-4②）:此种睡袋保温效果最好,是户外运动时最常用的睡袋。睡袋的脚部比较窄,然后向上至肩部渐宽,在肩部以上带有一个隔温束紧的头兜。有的下部设计有加厚的脚垫。

（3）混合型:在信封式睡袋的头部加了个头兜。

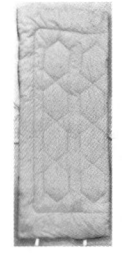 

① 信封式　　　　② 木乃伊式

图2-2-4　睡袋

2. 按填充的保温材料分

（1）棉睡袋:应用比较广泛,优点是价格便宜,可多次洗涤,维护方便。在潮湿的情况下,保暖性能依然较好。缺点是重量大,且不易压缩。

（2）抓绒睡袋:可在夏季使用,也可在棉或羽绒睡袋温标不足时叠加使用,叠加后睡袋温度可提高5度左右。

（3）羽绒睡袋:优点是蓬松度高、保暖、易压缩、体积小、重量轻、不变形、经久耐用。缺点是价格贵、维护比较麻烦,在潮湿的情况下易吸水导致羽绒的蓬松度下降,失去绝缘效果,保暖作用会大大降低。

（4）棉绒混合睡袋:综合了羽绒和棉睡袋的特点。睡袋底部用棉,保证了睡袋的舒适度;睡袋上面部分用羽绒,起到了比棉更好的保暖效果。

（二）睡袋的选择

（1）根据户外活动地区的环境、季节和气候情况进行选择。

（2）合适的温标:睡袋上一般标有睡袋使用环境的最低温度指数、舒适温度指数、最高温度指数,也就是我们所说的温标,即建议睡袋在所标示的温度范围内的环境下使用。最低温度指数指该睡袋使用的最低极限温度,低于这一温度对于使用者来说是危险的;舒适温度指数指该睡袋使用时最舒适的理想温度;最高温度指数是指温度使用范围的上限,高于这个温度,使用者将感觉到热。

（3）考虑隔温层的材料:睡袋采用的隔温层由何种材料制成很大程度上决定了睡袋的重量、体积、可压缩性和耐用程度。经常在比较潮湿的地区活动,可以选择使用棉睡袋,在比较干燥的地区使用,可以考虑羽绒睡袋。

除以上选择外,还要考虑品牌、价位、售后服务、习惯等因素。

（三）睡袋的使用与注意事项

（1）睡袋务必保持干燥,平时应风干,不可暴晒,更不能烘干。羽绒睡袋除必须清洗外,应尽量避免清洗主体,因为多次清洗会降低睡袋羽绒的蓬松度。可采用局部清洗或清洗内袋的方法处理脏污部分。

(2)在晾晒或者清洗时,注意避免锋利、坚硬的物体碰到睡袋,防止睡袋被刮破。

(3)睡袋应避免长时间放在压缩袋内,采用悬挂或无压缩的收纳方式进行收纳,这样才能保持睡袋的蓬松度,更好地保持它的性能,使用前最好能晾晒一两天。

(4)在寒冷地区宿营时,睡袋上的胸隔和帽子上的收紧带一定要收紧。

四、睡垫(防潮垫)

睡垫,也叫防潮垫,是户外宿营活动必备的物品。户外宿营时,地面会返潮,硬且凉,将睡垫铺在睡袋下面,可起到隔凉、防潮、保暖、防硌的作用。

(一)睡垫的分类

睡垫按结构大致分为两大类,泡沫防潮垫和充气垫。睡垫越厚就越保暖,同等厚度的睡垫,泡沫睡垫要比充气睡垫更保温。

防潮垫的主要功能是防潮防硌,按材质可分为锡箔防潮垫、闭孔泡沫防潮垫、充气式防潮垫(图2-2-5)。

锡箔防潮垫 闭孔泡沫防潮垫 充气式防潮垫

图2-2-5 防潮垫

(二)睡垫的选择

选择睡垫时可参考以下几个因素:隔绝性(保暖度)、舒适度、使用体积、重量和耐用度。

(三)睡垫的使用与注意事项

(1)睡垫在使用时应用垫套包好,防止被磨损,在野外穿行时,尽量不要外挂以防止野外穿越中被刮坏或者丢失。

(2)不要折叠睡垫,泡沫防潮垫卷起来保存即可,充气垫可以拧开气嘴进行放气后保存。

(3)自动充气睡垫使用时应该让其自动充气,尽量不要用嘴补气,以防湿气进入影响睡垫的使用寿命以及使用效果。

(4)使用睡垫前,一定要将地面处理平整,清除地面上的尖锐石子、树枝以及露在地面上的草茎等杂物,再铺开睡垫,避免划伤。

(5)睡垫易燃,使用时注意远离火源,不要在睡垫上使用炉具、抽烟等。

(6)若睡垫有破损和污垢,要及时修复和清理。如果选用充气垫,一定要带上修补用的胶和贴布。

五、地布

地布通常是一块纤维较粗的防水布,牛津布或PE布,用来铺在帐篷下面,起到保护帐篷的帐底不被石头等尖锐的物体划破的作用。此外,地布的防水功能可避免地面的水汽或者雨水弄湿帐篷。在雪地里,地布可防止帐篷底和雪冻在一起。高温环境下,地布也可以用来遮阳避暑,雨天还可以用来遮雨。

六、灯具

户外使用的灯具较多,常用的有头灯、营地灯、手电等。

(一) 头灯

无论是一天还是多天的户外出行活动,都需要准备头灯(图 2-2-6)。头灯可以让人们在走夜路时解放双手,以应对突发状况。

头灯的性能好坏有以下几个指标:

图 2-2-6 头灯

(1)亮度:流明是一个很重要的参照指标。流明越高,头灯越亮,往往耗电量也高。

(2)续航时间:头灯续航时间是一个非常重要的参考因素和性能指标。在使用同样电池条件下,头灯的续航时间越长性能就越好。

(3)防水性:头灯必须具有防水性,否则浸水就会引起电路短路,损坏头灯。

(4)抗摔性:一款性能良好的头灯必须具有一定的抗摔性、抗冲击性。

(二) 营地灯(图 2-2-7)

营地灯的亮度较大,可以吊在空中或者放在较高的地方。营地灯的外壳通常由具有防水功能、坚韧且有弹性的塑料制成。大多数营地灯自带可充电式电池,也可以用充电宝进行充电,非常方便,续航时间长。

图 2-2-7 营地灯

(三) 手电

手电的优点是亮度较大、照射距离远、握持方便、防摔性能好、应用性好等。手电的发光材料一般为 LED,因为 LED 有超长的使用寿命,一般可达到 5 万小时至 10 万小时,比传统钨丝灯寿命高出 5 至 10 倍。手电多是冷光源,发热度低,安全性比较高,省电、节能,反应速度快。

七、水具

(一) 水壶

运动水壶分保温水壶和一般运动水壶。

1. 保温水壶(图 2-2-8)

常用于高海拔或环境恶劣的情况。选购保温水壶时,可根据个人喜好和活动性质选择不同容量和样式,总的来说就是要外壳坚固耐用、涂层安全可靠、壶盖方便保险。

图 2-2-8 保温水壶

2. 一般运动水壶

主要有以下三种:

(1)带过滤功能的运动净水壶:便携式净水壶是近年较流行的运动水壶,这种水壶的内部有过滤功能的滤芯,能够将户外河水、溪水等淡水快速过滤成直饮水。

(2)普通运动水壶:一般由塑料、不锈钢、铝合金、硅胶等材料制成,能够储存运动需要的饮用水,如太空杯。

（3）折叠运动水壶：水用完后瓶身可折叠，不占地方，方便携带。

（二）水袋

户外水袋结合专业的水袋背包使用，背负轻松自如。灌水简单，饮用方便，携带舒适，能多次使用。水袋的重量轻，不怕挤压，可以随意变形，但不保温。适合长距离的穿越或跑步等户外活动。

八、刀具

（一）刀的分类

刀有很多不同的分类方法，一般分为直刀和折刀两大类。

（二）刀的用途与选择

户外活动时，刀可以用来自卫、劈柴、生火、做餐具、做开罐器，做挖掘工具、改造工具、制作工具等。普通的穿越、登山等一些低难度的户外活动，或者在沙漠地区活动，建议选择折刀或者是一把多用途的工具刀。时间较长、环境复杂、对安全性要求高的户外活动，建议选择25厘米以内的小型直刀。如果是在雨林或是草木茂盛的山地，可以选择一把野外的开山刀，刀刃的长度要在40~60厘米，主要用于在行进中开路，以及搭建营地和遇到野兽时的防身之用。

（三）刀具的使用与注意事项

（1）没有可靠的刀鞘就不要带直刀，没有可靠的锁定和保险（或刀鞘）就不要带折刀。

（2）用刀前一定要观察身边人的位置，提醒大家注意，以免发生不测。

（3）在参加户外活动时，一定要遵循环境保护的原则，除非情势紧迫，否则应避免劈砍树木、宰杀野兽，平时不携带刀具，做一个遵纪守法、爱护环境的文明出行者。

九、火种

野外生存活动时，取火的方法有很多，如古老的钻木取火、凸透镜取火、枪弹取火、简易刨子取火、打火石取火、电池取火等。一般来讲，户外火种包括火柴、打火机、打火镁棒（图2-2-9）等。鉴于火柴使用比较麻烦，易潮、携带不方便、受风的干扰大、点火时间有限等缺点，目前使用的已不多。人们更加青睐打火镁棒，其价格便宜，携带方便，不怕潮湿，而且可靠性极高，可以多次使用。

图2-2-9 打火镁棒

十、通信工具

在户外，常用的通信工具有手机、对讲机、卫星电话等。

（一）手机

手机是使用最为普遍也是最为重要的通信设备，在有信号覆盖的情况下，首选手机与外界联系。但手机仍存在信号、续航能力等限制因素。

（二）对讲机

对讲机可以保持稳定畅通的通信，特别是在没有手机信号的区域可以保持通信，随时了解户外活动队伍的整体情况，因此是危急时刻重要的通信工具。

（三）卫星电话

卫星电话可以提供语音通话、短消息、GPS 定位、语音信箱、电子邮件、卫星互联网等服务项目。卫星电话的覆盖范围广泛，无论是深山野林还是沙漠海洋，都能随时通话；卫星电话通信质量良好，带有定位功能，可随时查询位置信息；体积小重量轻，携带方便；但卫星电话的价格比较昂贵，资费也比较贵。

十一、定位工具

户外常用的定位工具有手机、手持 GPS、指北针。

（一）手机

手机主要是利用其内置软件的定位、导航功能来实现定位。

（二）手持 GPS

手持 GPS 是指全球卫星定位系统等终端，是户外活动中专业的定位工具，具有多种功能：

（1）测量功能：移动数据采集、野外制图、航点存储坐标，以及长度、面积角度（测量经纬度，海拔高度）等各种野外数据测量，具有双坐标一键转换功能。

（2）地图功能：内置各种比例尺、各种主题的详细地图，可详细至乡镇村落。

（3）地图定制：用户可根据需求自主下载各种专题地图。

（4）定位导航：既可实时定位，也可测出一个点的位置坐标，指引到达目的地。

（5）轨迹记录：记录行进过的路线轨迹。

（三）指北针

指北针是一种用于指示方向的工具，利用地球磁场作用，指示北方方位，使用指北针来定位时常配合地图识图才能明确身处的位置。使用指北针时应注意：要将指北针水平放置；远离金属物品、磁场或有磁电区域。金属物品或磁电会影响指北针的判读，所以在进行定位或判读方向时应尽量远离车辆、高压线、音箱、变压器、收音机、手机、对讲机或者其他金属物品。

十二、炊具

（一）炉具

户外活动时使用的炉具有许多种类，包括：

（1）燃气炉具：户外装备市场上最常见的品种。燃料罐可分普通气罐和高山气罐，形状上有扁罐和长罐（卡气罐）等。燃气炉具的炉头分为一体式（整体式）和分体式。

（2）燃油炉具：包括汽油、煤油等炉具，有专用的油瓶配合使用。

（3）酒精炉具：其燃料分为液体酒精和固体酒精。

（4）柴薪炉具：不需要带专门的燃料，只要有枯枝即可，使用时有浓烟，炉子携带起来比较麻烦。

（5）野外烧烤炉具：重量和体积比较大，燃料耗费多，而且不环保，一般自驾车和房车露营应用较多，普通野外露营很少使用。

（二）餐具

野外常用的餐具有套锅、碗、水杯、勺子、筷子等。

套锅的材料有许多种，各有特点：铝锅很轻，导热快，但容易变形，容易把饭烧糊，清洗不方便;不锈钢锅质地坚硬,耐用,易清洗,但重量大,导热慢;钛合金材料的套锅不易损坏,重量轻,导热快,但价格较高。考虑到热能的有效利用,市场上出现了带有聚能环的锅,这种锅在一定程度上可节约燃气,但体积和重量较大。

野外餐具的选择,需要考虑活动强度、活动环境、食物的烹饪方法、饮食习惯、用餐人数等因素。选择时可以遵循以下几个要点:

(1)轻量:轻量是基本要求,选料一定要轻且坚硬耐用,这样可以减少出行负重。

(2)套合体积小:炊具大多是使用大锅套小锅的设计,尽量节省携带空间。

(3)耐用:在易磕碰的户外环境中,炊具的耐用性是一项基本指标。

【学 用 检 验】

参加一次社会实践,去你所在城市的任一户外俱乐部调查 1~2 天,实地了解户外俱乐部中户外运动基本装备的种类和使用方法、相同装备的优缺点、经营装备的定位等,进一步了解户外装备,并写一篇实践报告。

第三章
绳结技术

【章前导言】

　　绳索是户外运动时最为常见的保护装备之一，绳结是利用绳索打成的结。绳结技术是户外运动必须掌握的基本技能之一。掌握绳结技术不仅需要掌握各种绳结的知识和原理，更需要不断地实践提高熟练度。先锋工程①是绳结在现实中运用的典型范例，也是营地教育很好的课程，是借用绳结、现实材料培养动手、动脑和创造力的平台。

【学习目标】

　　1. 掌握绳索的分类、使用优缺点及注意事项。
　　2. 掌握户外运动常用绳结的基本打法、用途。
　　3. 掌握几种先锋工程的实物搭建方法。

第一节　绳结概述

一、认知绳索

　　户外运动中使用到的绳索主要是指用于攀登、下降等活动中的保护绳索，又被称为攀登绳、主绳、登山绳、保护绳等。绳索是户外运动中极其重要的技术装备，对绳索的基本认知是学习绳结技术的前提。

　　目前为止，我国尚未出台针对户外运动装备的标准，绳索的质量标准以国际登山联合会及欧盟器材安全认证标准为准（图 3-1-1）。

① UIAA 标识

② CE 标识

图 3-1-1　UIAA 与 CE 标识

---

　　①　先锋工程：指利用树、竹、绳、桩等原始生态材料进行野外生存的活动，因如开路先锋而得名。

【拓展阅读】

UIAA 与 CE 介绍

UIAA 的全称是 Union Internationale des Associations de I'Alpinisme,中文全称"国际登山联合会",它是国际公认的能为攀岩器材订立标准的权威组织。UIAA 标识是指这项产品通过 UIAA 规定的测试,并达到 UIAA 所制定的标准。

CE 英文全称为 Conformite Europeenne,中文全称为"欧盟安全认证标准",CE 是比 UIAA 更常见的标识,其使用的范围不限于户外运动装备。CE 表示本产品适合于依照它所设计的用途使用。

(一) 绳索的历史与发展

专门用于户外攀登、下降保护的绳索起源于 20 世纪前半叶,主要由大麻、马尼拉麻、西沙尔麻等天然纤维交织缠绕成股使用,其延展性小,耐磨、耐热性差,安全性低。1930 年,美国塞拉俱乐部研制出了动力绳,攀登者可以通过绳索的保护,大大降低攀登中坠落产生的冲坠力,极大地提高了攀登的安全系数,动力绳的发明标志着现代攀岩运动的产生。第二次世界大战后,战争的消耗导致天然纤维供应短缺,一种新的人工合成材料——人造聚酰胺纤维(尼龙)出现了。使用尼龙制成的绳索不仅重量轻、拉力强,还有一定的延展性和耐腐蚀性,尼龙绳逐渐成为户外运动中绳索的主流,并一直沿用至今。1951 年,德国爱德瑞德公司生产出了由绳皮和绳芯结合组成的绳索,即在绳皮保护下,由绳芯承载力量,进一步提高了绳索的实用性和安全性,该生产方式最终成为一种标准体系延续至今。

(二) 绳索的材质与结构

1. 绳索的材质

目前制造绳索的材料主要有聚酰胺纤维(尼龙)、聚酯纤维(涤纶)、聚丙烯等。目前,尼龙已经衍生出许多种类,常用作登山的为尼龙 6,有很好的韧性、伸展性和弹性,非常适合做动力绳。尼龙 66,熔点高,伸展性差,适合用于洞穴探险、救援和下降时的静力绳。

2. 绳索的结构

目前,户外运动中使用的绳索不论是绳皮还是绳芯,都由人工纤维通过交织成股制作而成,纤维的数量及交织方式都会影响到绳索的质量。绳芯承受绝大多数力量,绳皮主要起到保护绳芯的作用,因此绳皮需具备一定的抗摩擦性、耐久性和耐热性。绳索表皮的厚度和纱线环绕的圈数决定了其抗磨性和耐久性,绳皮可保护绳芯的纤维。

(三) 绳索的分类

最常用的分类方式是根据用途的不同,将绳索分为动力绳、静力绳和辅绳。

动力绳是攀登保护系统中的核心,最主要的特征是具有一定的延展性,动力绳的静态延展性约 6%～9%,但动态延展性(如突然坠落)可以达到 30% 以上。动力绳优越的弹性可以吸收攀登者坠落时的冲击力,避免冲击力传导至人体导致严重受伤。UIAA 对于动力绳的标准为:当一名 80 千克攀登者在坠落系数(衡量坠落严重程度的数值,数值越大越严重,一般为 0～2)为 2 的情况下,对自身所产生的冲击力不得大于 12 kN(实验表明人体在短时间内最大承受 12 kN 的力量)。

【拓展阅读】

动力绳保护原理

具有冲坠或坠落发生可能性的活动均需要使用动力绳,如攀岩、高空拓展活动等,其保护原理为利用绳索自身延展性,为人员或物体提供受力缓冲。

假如攀登人员从10米的高空坠落,在坠落过程中高度差形成的势能转化成动能,坠落高度越高,势能越大,着地的瞬间的速度越快,即动能越大。根据动量定理公式 $MV=FT$, M 为坠落者的质量, V 为绳索开始受力时的速度(即坠落者自由落体到底端的速度), F 为坠落者承受的力, T 为绳索开始受力到坠落者完全停止的时间。根据自由落体公式 $2gh=V^2$,由此可知当坠落高度一定时, MV 是固定的, F 的大小取决于绳索受力的时间 T,时间 T 越短坠落者承受的力越大,时间 T 越长坠落者承受的力越小,因此绳索的延展性越好,有效保护绳索长度越长,缓冲时间越长, F 就越小;从前文知: F 应 ≤ 12 kN,并且 F 越小越好。

静力绳的性能同动力绳相反,静态延展性较低(仅3%~5%),无法有效吸收坠落冲击力,如果坠落系数过大,在坠落时可能造成身体严重伤害或使锚点遭到拔除。但静力绳稳定性好,能够长时间承载救援人员与器具的重量,在沿绳上升、下降、移动过程中发挥防坠保护的作用,静力绳直径通常在9~11毫米,CE对静力绳的认证要求为:静力绳必须有一种主色覆盖率达到80%,且整条绳子不能超过两种颜色,动力绳则需要两种以上且较为鲜艳的颜色相互交叠组成,这也是直观判断绳索种类的方式。

辅绳即为辅助攀登和保护的绳子,辅绳的结构和外观与动力绳区别不大,但直径小于9毫米,一般在4~8毫米,主要用来做绳套、备份保护点、保护站。

(四)坠落系数

坠落系数(图3-1-2)是衡量坠落严重程度的数值,数值越大,坠落越严重,坠落系数的值通常为0~2。坠落系数是由坠落距离和有效保护绳长决定的,是坠落距离与起到保护作用的绳子长度的比值,即

$$坠落系数=\frac{坠落距离}{有效绳长}$$(坠落距离指物体竖直方向的下落距离。有效绳长指吸收冲击所用到的总绳长。)

计算出的坠落系数只是一个理论参考值,在实际运动中由于保护点上的拐点和保护者对于绳索的长度和角度的控制,数值会有所偏差,甚至会出现大于2的情况。

(五)绳索的使用注意事项

(1)不弄脏绳索:脏污是导致绳索损坏的主要原因,也会使其强度变差。在实际运动中不要将绳子直接置于地面,避免接触酒精、汽油、油漆、油漆溶剂和酸碱性化学物品。

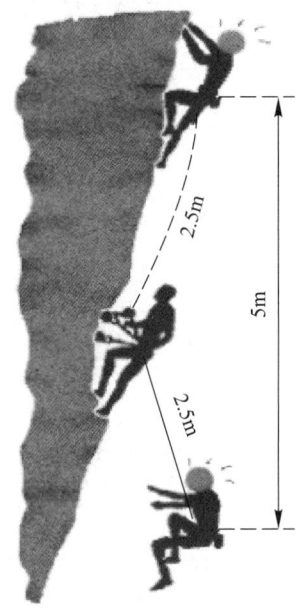

$$坠落系数=\frac{5\text{ m}}{2.5\text{ m}}=2$$

图3-1-2 坠落系数

（2）不踩踏绳索：绳索会因踩踏改变其绞合形态，此外，若是有细砂、岩屑等进入绳子内部，会对绳索内部纤维产生缓慢切割。

（3）不弄湿绳索：即使是防水加工的绳索，也要尽量避免在容易将绳子弄湿的状况下使用，吸了水的绳子不但重，而且滑，非常难用。

（4）不接触火源及高温物体：火源或高温物体会改变绳索材料的性质，使其丧失保护功能。

（5）不让绳索接触锐利物品：使用过程中，必须防止绳索与尖锐岩石、墙角之间的摩擦，以及落石、冰镐、冰爪等尖利物对绳索外皮和内芯的伤害。极端情况下实在非用不可，须用垫布加以保护，避免让绳子直接与锐利的物品接触。

（6）固定绳子末端：在将绳索剪成适当的长度使用时，必须先将绳索的两端加以固定。

（7）使用前检查绳索：使用前仔细检查绳索，用手将绳索从一端到另一端仔细捋一遍，若有伤痕、鼓包、明显变软或变硬的部分，或者是发生扭结情形的绳子都可能在使用时断裂。

（8）使用后整理绳索：使用后解开所有绳结，清理绳索上的污渍，散开存放于阴凉、干燥、通风处。

（9）不挪作他用：避免用绳索捆扎物品、晾晒衣物、拖拉重物。

（10）不转借他人使用。

（六）绳索的使用寿命

绳索的使用寿命与使用环境、使用强度等因素有关，即便一根完整的绳索从未使用，存放 10 年后，因其自然风化、老化，该绳索的安全性能也存在巨大的隐患。因此，使用绳索登记卡对绳索施行编号管理是至关重要的，应详细记录购买时间、使用时间、使用环境、使用时长、使用地点、是否发生冲坠等问题（表 3-1-1）。

表 3-1-1 绳索登记卡

购买时间：_____			绳索编号：_____						
绳长：_____			直径：_____						
颜色：_____			品牌：_____						
序号	日期	用途	使用时长	使用地点	事件	使用环境	可能的损坏	其他	登记人

通常情况下，绳索的使用寿命无法达到理论值，往往会提前报废。这基于以下几个方面的原因：

（1）承受过几次冲坠系数接近 2 的冲坠。

（2）经过野蛮使用，如拖拉重物、汽车等。

攀登绳
使用寿命

（3）被落石或重物击中过，经检查有明显的伤痕。

（4）绳索中有明显变软、变硬的地方。

（5）绳皮明显破损。

二、结绳的用途

结绳技术又称为结绳方法，是指通过各种绳索打结方法使绳索之间、绳索与固定点及其他装备之间相互连接的方法，是户外运动必须掌握的基本技术之一。绳结在户外运动中具有连接固定点、连接绳索、辅助保护、整理收纳绳索等作用（表3-1-2）。

表3-1-2 绳结的作用

作 用	含 义	代表绳结
连接固定点	将绳索与固定点连接，制作保护点，起到保护作用	"8"字结、布林结、双套结、"蝴蝶"结
连接绳索	绳索与绳索之间的连接	渔人结、平结、水结、交织结
辅助保护	在进行绳索活动中，用于帮助主保护进行备份保护和辅助保护	抓结、绳尾结
整理收纳	对绳索进行整理、收纳，便于存放、运输或下次使用	单绳收绳、双绳背绳
其他	特殊用途绳结	意大利半扣、止坠结

三、结绳术语

（1）绳头：绳子的两端（图3-1-3）。

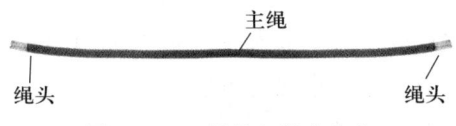

图3-1-3 绳子各部分名称

（2）主绳（结绳口语）：一根绳索中用于结绳后的剩余绳子，或者结绳后绳头相对方向剩余的绳子。

（3）绳环：绳索交叉成圈的部分（图3-1-4）。

（4）绳耳：绳索对折，让两股绳子平行靠拢约成180°，绳子上的弯曲或者折叠处所形成的部分称为绳耳（图3-1-5）。

图3-1-4 绳环   图3-1-5 绳耳

（5）绳尾：主要包含两层含义——第一，在绳索的一端完成结绳后，留下的一小段绳索就叫绳尾；第二，在使用绳索时，一端定义为绳头，相对另一端即为绳尾。

（6）正向缠绕：即按照绳头原来的方向围绕某个物体缠绕。反之即为反向缠绕，反向缠绕是户外绳结中最为常用的缠绕方式。

四、结绳注意事项

（一）绳尾处理

部分绳结（如"8"字结、布林结）在结绳完成后需要进行必要的末端处理——防脱结（单边双渔人结），此外为保证安全在结绳完成后还需将绳尾留出绳索直径 8～10 倍的长度。

（二）绳结强度

绳索在结绳后，绳索的结构会发生一定的扭曲，绳芯和绳皮纤维因受力不均，削弱了绳索原有的强度。如果一条绳索在不打结情况下的拉力强度是 100%，那么结好绳结后，其相对强度会发生改变（表 3-1-3）。

表 3-1-3 绳结强度变化一览表

绳结	强度变化（%）
无绳结	100
布林结	70～75
"8"字结	70～75
双渔人结	65～75
双套结	60～75
水结	60～70
中间结/阿尔卑斯蝴蝶结	60～70
平结	43～47

绳结强度变化是一个测量值，测量的结果会根据各种因素发生较大的改变，因此，绳结强度变化无固定值，其测量值在一个强度范围内。

（三）绳索与绳结使用安全系数

绳结在使用时，除了要考虑绳结的相对强度外，还需要考虑安全系数（K）。

安全系数（K）是将施加到绳索上的力与绳索的最小破断拉力（F_b）之间的比率，用来充分保障绳索的使用安全，使绳索使用过程中能够有足够的强度和可靠性，现阶段绳索出厂的最小破断拉力（F_b）通常为 30 kN 左右（具体大小详见绳索说明书）。在不同绳索技术体系或者不同的绳索比赛中都会明确安全系数值，如山地搜救人员在绳索救援系统中采用了 10∶1 的静态系统安全系数，大多数救援队使用的静态安全系数在 5∶1 和 15∶1 之间。

允许工作负荷（F_s）是可应用于绳索的最大载荷，例：某绳索的破断拉力为 30 kN，安全系数取 10，则其安全工作负荷：$F_s = F_b/k = 30/10 = 3$ kN。

结合绳结的相对强度后，允许工作负荷（F_s）应为 $F_s = F_b/k×P$，例如绳索结合布林结使用时的允许工作负荷（F_s）= 30/10×70% = 2.1 kN。

第二节　户外常用绳结

一、连接固定点类绳结

（一）布林结

布林结（bowline），有"绳结之王"的称号。通过这种绳结可将绳索一端与物体固定连接在一起。

1. 布林结的打法（图 3-2-1）

① 取绳头与主绳交叉形成一个绳环。

② 将绳头从绳环内穿过。

③ 穿过绳圈的绳头围绕主绳绕一圈，再次从绳圈内穿过。

④ 将穿过绳圈的绳头拉出，并预留出防脱绳结的距离，收紧绳结。

⑤ 打好防脱结，调节好绳尾长度，即完成布林结。

布林结
打法

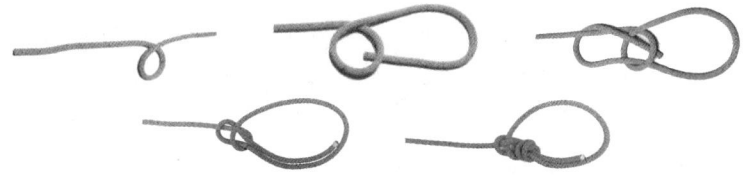

图 3-2-1　布林结打法

2. 布林结的特点

优点：宜结宜解，安全性高，用途广泛，实用性强，打法多样。

缺点：一松一紧受力不稳定时容易松动以至完全脱开，因此一定要打绳尾结。

（二）双套结

双套结（clove hitch）可以提高保护和操作效率，用途广泛。如做临时保护点，在多段攀登或设置、拆除保护系统时做自我保护等。

1. 双套结的打法

双套结一般分为两种打法，一种是开放式打法，另一种是闭合式打法。

（1）开放式打法（图 3-2-2）

① 将绳头与主绳交叉成为绳环。

② 绳索的主绳侧再次反方向绕一个绳环，使两个环成逆向分布。

③ 将左边绳环交叉相叠在右边绳圈上，双套结完成。

双套结开
放式打法

图 3-2-2　双套结开放式打法

（2）闭合式打法（图 3-2-3）

① 取绳头绕过物体。

② 将绳头从主绳后绕过。

③ 将绕过的绳头从物体后再次绕过。

④ 将绳头绕过物体后从右侧绳圈中穿出。

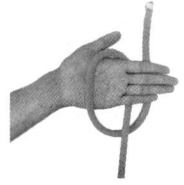

图 3-2-3　双套结闭合式打法

2. 双套结的特点

优点：打结简单、快速，可以在绳索间任意地方打结；受力后绳索两端均可承重；绳结的位置调节便利。

缺点：在不受力的情况下容易松开，双套结极易打成意大利半扣，要反复检查。

（三）蝴蝶结

蝴蝶结（butterfly），又叫中间结，任何一端或绳环均可受力，即可以三方受力。蝴蝶结可以在绳索中任何一个部位结绳，户外运动中常用于攀登结组、路绳架设等，注意蝴蝶结打完结后两绳头要成一条直线。

1. 蝴蝶结的打法

（1）蝴蝶结打法一（图 3-2-4）

① 取绳头对折成为绳耳或直接选取绳中部分。

② 将绳耳拧成两个绳环。

③ 将第一个绳环顶部往下折，绳环顶端落在交叉点后方。

④ 再从第二绳圈内穿出。

⑤ 将穿出的绳环收紧。

⑥ 将绳结下方两根绳索横向拉紧即可。

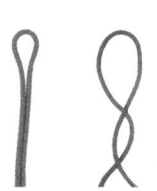

图 3-2-4　蝴蝶结打法一

（2）蝴蝶结打法二（图 3-2-5）

① 将绳索放于手掌中。

② 将绳索在手掌中正向缠绕一圈。

③ 再绕第二圈，注意第二圈缠绕于手掌中两根绳索中间。

④ 将手掌中最外侧一圈绳拉向手内侧。

⑤ 将拉过的绳环从掌心中两股绳索底下穿出。

⑥ 将穿出的绳头收紧,并将两根绳索横向拉紧。

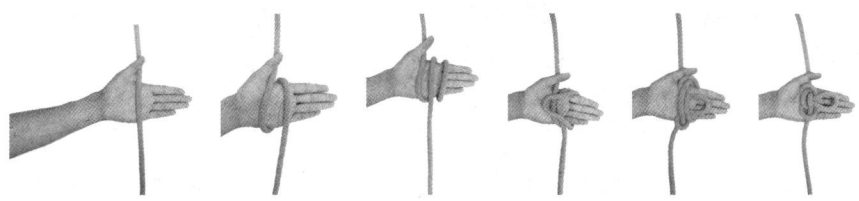

图 3-2-5 蝴蝶结打法二

2. 蝴蝶结的特点

蝴蝶结是一种非常实用的绳结。它的优点在于形状完全对称且强度很大,无论哪一边受力都不会导致绳结变形,因此在户外运动中若出现绳索破损,可用此绳结将破损部位隔开。

(四)"8"字结

"8"字结(figure-eight knot),其绳结因其形状酷似阿拉伯数字 8,故得名。攀登时通常使用 8 字结连接攀登者,而且这个绳结可以直接与安全带连接。"8"字结也是目前攀岩比赛中唯一允许连接攀登者的绳结。

1. "8"字结的分类

"8"字结可以分为单"8"字结、双"8"字结、双环"8"字结、穿"8"字结、单边"8"字结,使用者可根据具体环境使用最为适宜的"8"字结。

2. "8"字结的打法

(1)单"8"字结打法(图 3-2-6)

① 取绳头。

② 将绳头与主绳交叉。

③ 将绳头绕过主绳,并将绳头穿过第一个绳环。

④ 拉紧绳头与主绳。

单"8"字结打法

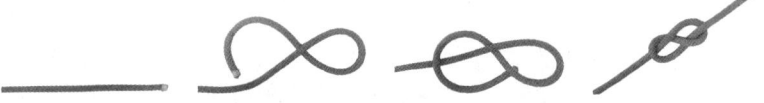

图 3-2-6 单"8"字结的打法

(2)双"8"字结打法(图 3-2-7)

① 取一定长度的绳头并对折成绳耳。

② 将绳耳围绕主绳缠绕一周。

③ 将绳头穿过绳圈并拉紧。

④ 穿出后收紧。

⑤ 将绳结整理平顺。

双"8"字结打法

图 3-2-7 双"8"字结的打法

穿"8"字结打法

（3）穿"8"字结打法（图3-2-8）

① 首先打出单"8"字结，注意多留出一定距离的绳头长度。

② 将绳头沿着其穿出的方向反穿回去。

③ 将绳头沿着其穿出的方向继续反穿回去。

④ 将绳头沿着其穿出的方向继续反穿回去。

⑤ 直至绳头与主绳平行，并将绳结整理平顺（同双"8"字结）。

注意：穿"8"字结可以用来固定不能直接套入的物体，例如攀岩时用穿"8"字结与安全带的保护环相连接。

图3-2-8 穿"8"字结的打法

双环"8"字结打法

（4）双环"8"字结打法（图3-2-9）

① 同双"8"字结打法一样，将绳耳围绕主绳缠绕一周；绳耳长度要比双"8"字结长。

② 将绳耳的两条绳索穿过绳环，但不要全部穿出。

③ 将穿过绳环的两条绳，再次从绳耳内穿过，并将绳耳拉至绳结尾部，同时收紧整个绳结。

④ 整理整个绳结，使之整齐顺畅。

图3-2-9 双环"8"字结的打法

3. "8"字结的使用注意事项

"8"字结打好后需要将各个部位调整通顺，以保证均衡受力并易于检查；打好结后要将绳结收紧。使用前将绳尾做好末端处理后，还要留出绳索直径8倍的长度；使用前一定要再次检查并确认无误。

二、连接绳索类绳结

（一）平结

平结（reef knot）是连接绳结中最为常用的一种，平结打法简便，只能用于绳索间的临时性连接，不能用于攀登或其他参与承重的操作。

1. 平结的打法（图3-2-10）

① 将需要连接的两个绳头放在一起。

② 将其中一个绳头对折成一个绳耳。

③ 将另外一个绳头以图示的方式穿过绳耳。

④ 绕绳耳一周后，从绳耳内穿过。

平结打法

⑤ 两边收紧即可。

图 3-2-10　平结的打法

2. 平结的使用注意事项

（1）此绳结只能临时用于连接绳头，不能用于攀登。

（2）绳索粗细、材质不一时不能用平结相连接，绳索太滑或太硬也不能用平结连接，因其会导致绳结松脱。

（二）渔人结

渔人结（fisherman's knot）是用来连接两根直径相近的绳索。根据缠绕圈数可分为单渔人结（图 3-2-11）、双渔人结（图 3-2-12），其中双渔人结是户外运动中常用的绳结。

图 3-2-11　单渔人结

图 3-2-12　双渔人结

1. 渔人结的打法（图 3-2-13）

① 将需要连接的两个绳头放在一起。

② 将其中一个绳头围绕另外一个绳索反向缠绕两圈，并从所形成的双层绳圈中正向穿出。

③ 将另外一个绳头按照第一个绳头环绕的方式缠绕绳索两圈，并从形成的双层绳圈中穿过。

④ 两个绳头穿出后预留一定的绳尾，同时收紧两根主绳使两绳结紧靠一起。

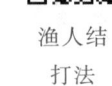

渔人结
打法

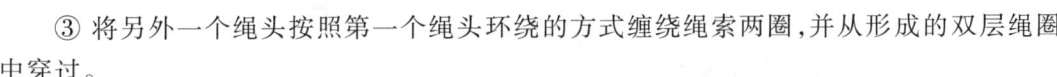

图 3-2-13　渔人结的打法

2. 渔人结的特点

优点是简单易打、强度大、安全性高。缺点是受力后不易解开，尤其是湿的、细的和变软的绳索。渔人结仅限于绳索直径相似的绳索连接。绳尾长度应符合绳索操作标准，使用主绳时，应最少留 10 厘米的绳尾。

（三）交织结

户外活动时，当遇到主绳和辅绳进行连接时就需要使用交织结（sheet bend）。交织结是连接直径相差较大的绳索时用到的绳结。

1. 交织结的打法（图 3-2-14）

① 将主绳一端绳头对折成绳耳，辅绳的一端绳头从绳耳下穿过。

② 辅绳围绕主绳缠绕一周，并从辅绳自身穿过的绳索下方穿过。

③ 将穿过的绳头留一定的距离，绳索双方收紧即可。

交织结
打法

图 3-2-14　交织结的打法

2. 交织结的变形——双页弯结的打法（图 3-2-15）

① 在进行交织结第二步骤时，将辅绳绳头围绕主绳绳耳，反方向缠绕一周。

② 将绳头仍然从辅绳自身穿过绳耳的下方穿过，并留一定的绳头。

注意：双页弯结是交织结常规打法的一种变形，比常规方法更为牢固。不同材质不同粗细的绳索都可以利用双页弯结来连接，安全程度高。

图 3-2-15　双页弯结的打法

3. 交织结的使用注意事项

交织结在使用时，不可用于任何保护人员的承重操作；辅绳的绳尾以及主绳绳耳的绳尾一定要预留足够长，防止在使用时滑脱。

（四）水结

水结（water knot），常用于连接散扁带两端并使之形成一个绳套。

水结的打法如下（图 3-2-16）：

图 3-2-16　水结的打法

① 两根需要连接的扁带。

② 将其中一个扁带头打一个单结。

③ 将另一个扁带头沿单结穿出扁带的方向逆向反穿进去。

④ 继续按照单结扁带穿出的方向逆向反穿。

⑤ 将穿出的扁带和单结扁带同时收紧，两个扁带预留出 5~8 厘米的长度。

三、辅助保护类绳结

（一）绳尾结

绳尾结（stopper knot），即打在绳索尾部的绳结，目的是防止在保护或下降过程中，因绳索长度不够而突然从下降器中脱出。该绳结在遇到恶劣天气或者天即将变黑无法看到下降地面时使用，对于欠缺经验的攀登者、初次体验或学习下降的攀登者能起到很好的保护作用。

1. 绳尾结的打法（图 3-2-17）

① 将绳头端反向缠绕（同渔人结类似）。

② 绳头端反向缠绕 4 圈以上。

③ 将绳头从缠绕所形成的绳环内穿过。

④ 将穿出的绳头绳尾收紧。

⑤ 打好以后,绳尾留出 8 厘米以上的长度。

绳尾结
打法

图 3-2-17 绳尾结的打法

2. 绳尾结的使用注意事项

在抛绳前将绳尾结打好,每个绳头均要打上;根据不同的下降器或保护器灵活使用,板状保护器比管状保护器更容易脱出,因此需要缠绕更多圈数。

（二）抓结

抓结(prusik knot)的打法有很多,叫法也不同,常用的抓结有法式抓结、克氏抓结、普鲁士抓结、巴克曼抓结等。

1. 抓结的打法

（1）法式抓结的打法（图 3-2-18）

① 将绳套放置在主绳上,围绕主绳正向缠绕。

② 缠绕 3 周。

③ 将缠绕好的绳套两端扣入主锁内即可。

法式抓结
打法

图 3-2-18 法式抓结的打法

（2）克式抓结的打法（图 3-2-19）

① 同法式抓结一样,将绳套放置在主绳上正向缠绕 3 周。

② 将绳套中带有绳结的一端,自下而上穿过绳套处于上方的另一端,并扣入主锁内。

克式抓结
打法

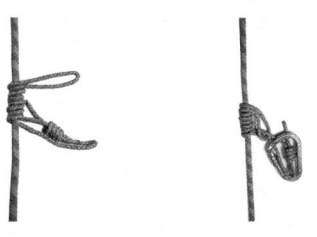

图 3-2-19 克式抓结的打法

（3）普鲁士抓结的打法（图 3-2-20）

① 将绳套放置于主绳上。

② 将绳套带有渔人结的一端围绕着主绳从绳套的另一端的绳耳内进行缠绕。

③ 围绕主绳缠绕 3 周。

④ 将缠绕主绳的一端绳,拉紧缩在一起。

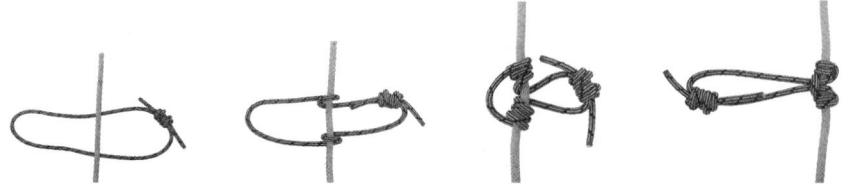

图 3-2-20 普鲁士抓结的打法

(4)巴克曼抓结的打法(图 3-2-21)

① 锁扣入绳套一端,将带有锁的绳套放置于主绳上。

② 将绳套的另一端围绕着主绳及锁同时正向缠绕。

③ 缠绕 3 周。

④ 用另一把锁扣进缠绕好的绳套一端即可。

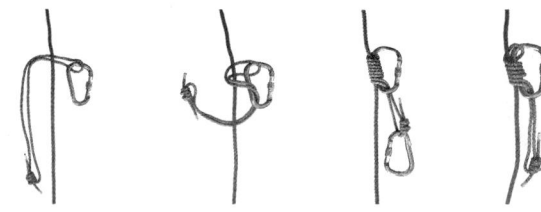

图 3-2-21 巴克曼抓结的打法

2. 抓结的使用注意事项

(1)抓结在使用前一定要进行受力测试。

(2)制作抓结的绳套必须用双渔人结连接。

(3)绳套上的绳结(双渔人结)切记不能缠绕到主绳上,也不可在锁的受力点。

(4)为保障安全性和便利性,制作绳套的辅绳直径与主绳直径差应控制在 2~5 毫米。

(5)抓结缠绕的圈数取决于所作用的主绳直径和质地,通常均不少于 3 圈。如作用于单根主绳时,一般使用直径 6 毫米的绳套缠绕 3 圈,如果质地较硬则需要多绕几圈。

四、整理收纳

绳索在使用后,需对其进行整理收纳,整理收纳不仅有助于绳索的保养,而且方便下次使用。常用到的绳索收纳方式有两种:单绳收绳和双绳收绳(双绳背绳)。

(一)单绳收绳

单绳收绳就是从绳的一端开始,边检查边整理、收存使用完的绳索,其具体步骤如下(图 3-2-22)。

① 用手从绳索的一端开始捋绳至绳尾,用于整理绳索和检查绳索是否有损坏。

② 开始盘绳,每股收同样的长度并且独立分开,即一左一右分开置于肩膀上,可用手臂作为丈量手段。

③ 同上步骤,收至最后预留 1.5~2 米绳长。

④ 将预留绳索分别取第二步一半距离分别左右放置。

⑤ 将余下绳索在收好的绳索中间反向缠绕 5~6 圈,边缠绕边收紧。

⑥ 将绳头从紧邻一侧的半绳圈内穿过。

⑦ 将另一侧半个绳距拉紧。

⑧ 在绳头打上一个单结,防止脱落,即可完成。

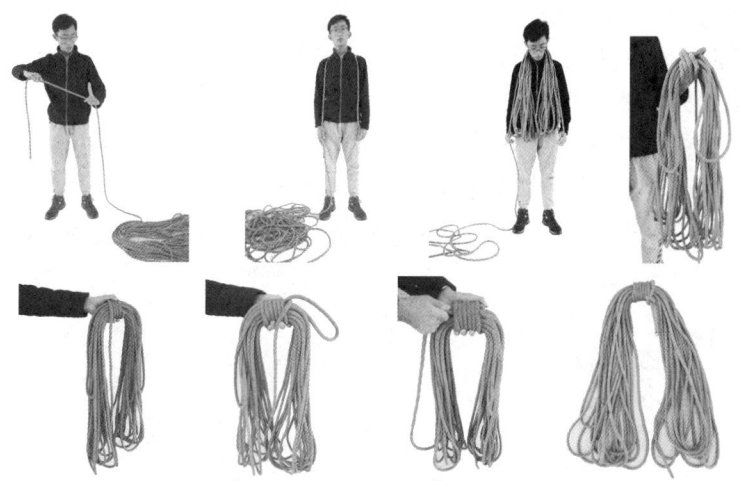

图 3-2-22 单绳收绳

(二) 双绳收绳

双绳收绳,又称双绳背绳,具体步骤如下(图 3-2-23)。

双绳收绳

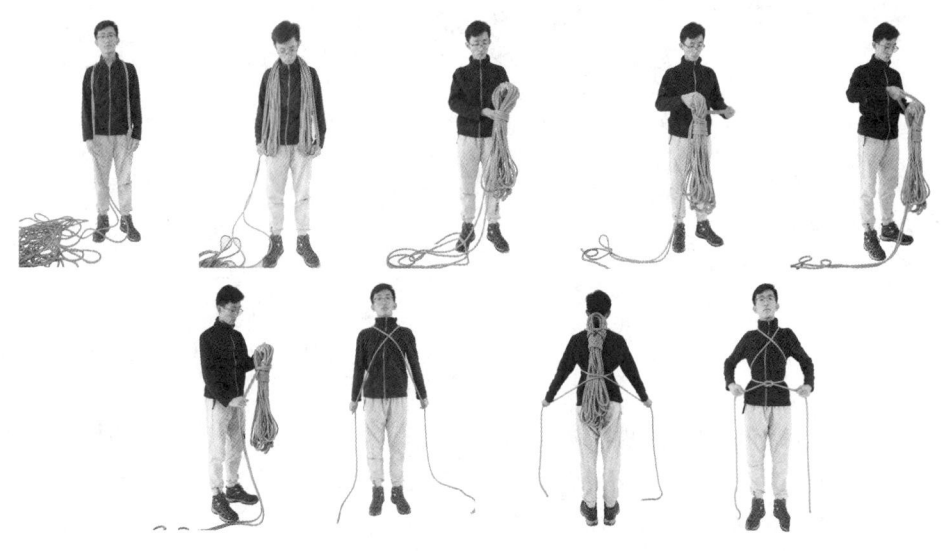

图 3-2-23 双绳背绳

① 同单绳一样,从绳索一端检查完后将两个绳头放置一起再次捋绳直至绳索中间,在绳索中心位置打一个单结作为标记。

② 以绳索中间打好的单结为起点,左右手各持绳索置于肩上,长度均等。直至绳尾留有 2 米左右绳长。

③ 将盘好的主绳从肩上取下,并握紧所盘绳的中心,然后用预留的绳索在主绳上向上缠绕。持续缠绕 3~4 圈,并收紧。

④ 将预留的绳索从缠绕好形成的主绳绳圈中穿入,注意不可完全穿出。

⑤ 将穿过的绳头所形成的绳圈回拉套入主绳。

⑥ 套入绳眼,并收紧;将绳索整理平顺。

⑦ 将绳索背上肩膀;两个绳头在胸前交叉一次。

⑧ 将两个绳头背后再次交叉压住背后绳包。

⑨ 将穿回前方的绳索在腰间打一个平结用于固定即可。

(三) 整理绳索的注意事项

(1) 整理绳索前,捋绳程序不可缺少,其目的是检查绳索是否损坏。

(2) 整理绳索时应尽力保持每股绳索同样的长度。

(3) 整理绳索可在手中进行,也可放在肩膀上进行,如果绳索太重,还可以放在地面上进行。

五、其他绳结

(一) 意大利半扣

意大利半扣(italian hitch)不是一种闭合的绳结,这个结必须有锁具配合才能完成。其原理是通过绳子扭曲后产生的摩擦力从而达到制动效果。

1. 意大利半扣的打法(图 3-2-24)

① 将锁扣进将要结绳的绳索,如图 3-2-24。

意大利
半扣打法

图 3-2-24　意大利半扣的打法

② 将锁上方的绳索自上而下压一个绳环。

③ 将绳环拿起扣进锁内。

④ 锁好锁门,收紧即可。

2. 意大利半扣的用途

意大利半扣用途广泛,在没有保护器和下降器时可以用意大利半扣来下降,在结组攀登时可保护跟攀者。

3. 意大利半扣的使用注意事项

(1) 意大利半扣可代替下降器使用,但对绳索磨损较大,使用时易搅在一起。

(2) 制作意大利半扣使用的锁必须使用"HMS"型锁。

(3) 使用前要检查制动端绳索方向,避免制动端绳与锁门同侧(图 3-2-25)。

错误　　　　　正确

图 3-2-25　意大利半扣制动端绳的位置正误示意图

（二）止坠结

止坠结是在绳索上升时使用的绳结,可防止在上升过程中人员的坠落。

1. 止坠结的打法（图3-2-26）

① 位于保护器下方的绳索。

② 上下交叉成绳环。

③ 将绳环下方绳索穿过绳环,注意穿出部分长度在10~15厘米。

④ 锁好锁门,收紧即可。

止坠结
打法

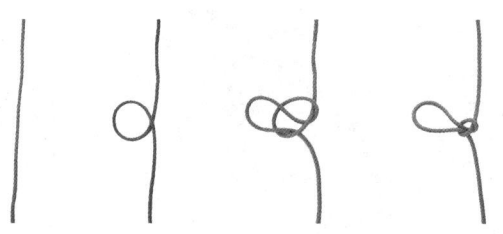

图3-2-26　止坠结的打法

2. 止坠结使用注意事项

上升过程中离开地面2米就需要打止坠结,之后每上升2米左右打一个结。

第三节　先锋工程

一、先锋工程概述

先锋工程原意是指部队先锋或开拓者,深入不毛之地,为随之而来的队伍开路辟地,建设和构架工事的工程项目。部队先锋利用竹、棍、绳索、滑轮、桩钉及其他物件去建造一些简单但实用结实的构筑物、高台、浮筏、起重或移动重物装置,以及凌空横越两地的设施等,这些结构物和工事统称先锋工程。

先锋工程是由一些绳索和物料结合而成的结构,通常由一个方结、十字结或接棍结开始。其作用与意义能否有效发挥,主要在于使用者是否擅于运用它。先锋工程是青少年实践绳结和绳扎技术的重要途径。制作先锋工程的过程,涉及策划、采购、搬运和建造等实践过程;这些实践经历是促进青少年发挥创造力、学习团结协作和提高实践策划能力的良好机会。

二、先锋工程常用绳结

实施先锋工程需了解绳索的构造、材料材质,以便在极端环境和缺乏后勤保障情况下利用植物纤维制作绳索;需熟记并掌握绳艺和绳结技术,以便根据现场需要灵活运用绳结;需熟练运用术语,以便在远距离或黑暗环境中通过喊话和其他通信手段协作实现工程目标。除第二节讲述的户外常用绳结外,先锋工程常用绳结还有以下几种:

（一）曳木结

1. 曳木结的定义

曳木结既简单又实用。它拥有一个可以随意调校大小的绳圈,越拉越紧,又非常容易解开,适合捆绑木材或树枝等物体。

2. 曳木结打法(图 3-3-1)

(1) 将绳身绕过所绑物件,留长绳头。将绳头拉起,捆在绳身上,形成绳圈。

(2) 把绳头从后穿过绳圈。

(3) 再绕绳身数次(绳头最少要在绳身上卷绕三圈)。

(4) 将绳头藏在所绑物件及绳身之间。

(5) 拉紧绳身,使被绳头缠绕的绳身贴紧物件。

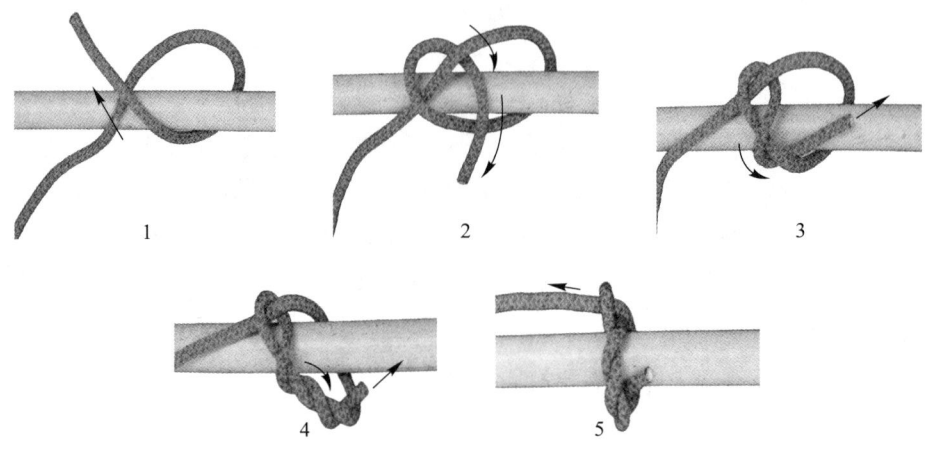

图 3-3-1 曳木结打法示意图

(二)猫爪结

1. 猫爪结的定义

猫爪结也叫螺旋挂结、麻花结、X 结等。这是将重物挂起的常用绳结,好处是左右两个挂圈平均受力,即使其中一个挂圈断了,重物也不会突然下坠。因为另一个挂圈只会慢慢扭开,而重物要待绳索转到断裂处才会跌下。

2. 猫爪结的打法(图 3-3-2)

(1) 在绳身做一 U 形。

(2) 把 U 的顶部向下拉下,将绳身做成左右方向两个绳圈。

(3) 将两个绳圈由外而内扭转。

(4) 重复步骤(3)(2~3 次),两边扭数一样。

(5) 把两个绳圈面对面套入钩内。

(6) 绳索因有重物在其下而拉紧。

(7) 用细绳以钩口结捆绑钩口,防止钩内绳索脱出,可安心使用。

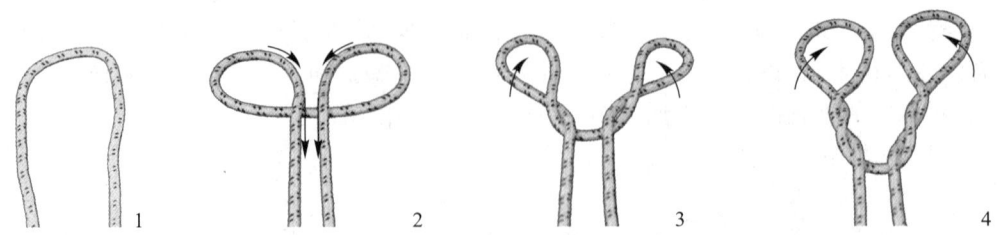

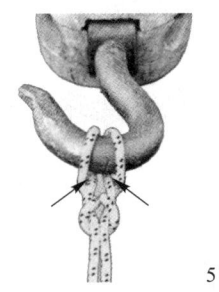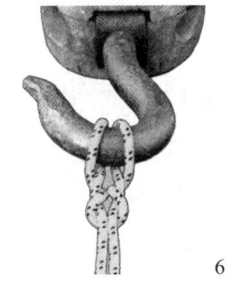

5　　　　　　　　　　6　　　　　　　　　　7

图 3-3-2　猫爪结打法示意图

（三）石锚结

1. 石锚结的定义

石锚结又称拉索结,用以拖曳长条形物件,如木材等。它是在曳木结上加一个半结而成。

2. 石锚结打法（图 3-3-3）：

（1）把绳头从后面绕过所绑物件,横过绳身。

（2）绳头绕过绳身由绳圈穿出。

（3）把绳头扭转过来,再穿过绳圈（绳头至少要在绳身上卷绕三圈）。

（4）做成一个曳木结。

（5）将绳头带至物件的另一边做一半结,拉紧便成。

（6）拖拉时,要注意方向。

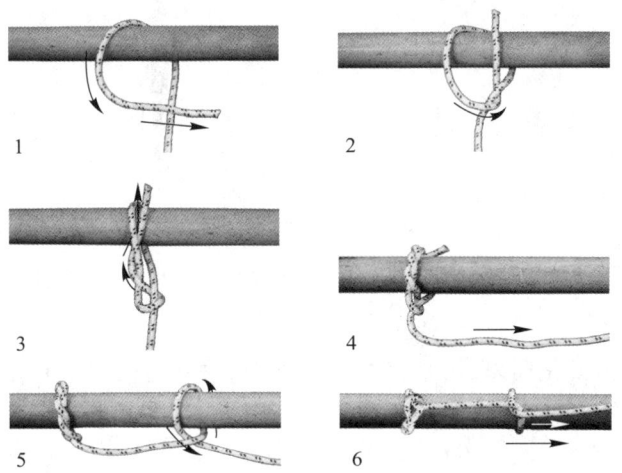

图 3-3-3　石锚结打法示意图

3. 注意事项

半结套法（图 3-3-4 圈内）的方向若与步骤 6 方向相反,则拖拉负荷力时,拉力便会朝曳木结方向施力,这样会导致此结松开。

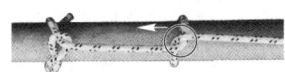

图 3-3-4　石锚结错误打法

（四）雀头结（牛索）

1. 雀头结的定义

雀头结也称牛结、牛索、马肚带结等。雀头将绳索系于圆柱或铁环上，但它并不牢固，只有两条绳身同时承受同样的力度才能稳固。

2. 雀头结的打法（图3-3-5）

（1）将绳由前至后绕过竹身。

（2）把绳横过绳身。

（3）绳在竹身的下方绕过做成一个绳耳。

（4）把绳绕过竹身，穿进刚形成的绳耳中，拉出。

（5）收紧绳身，完成。

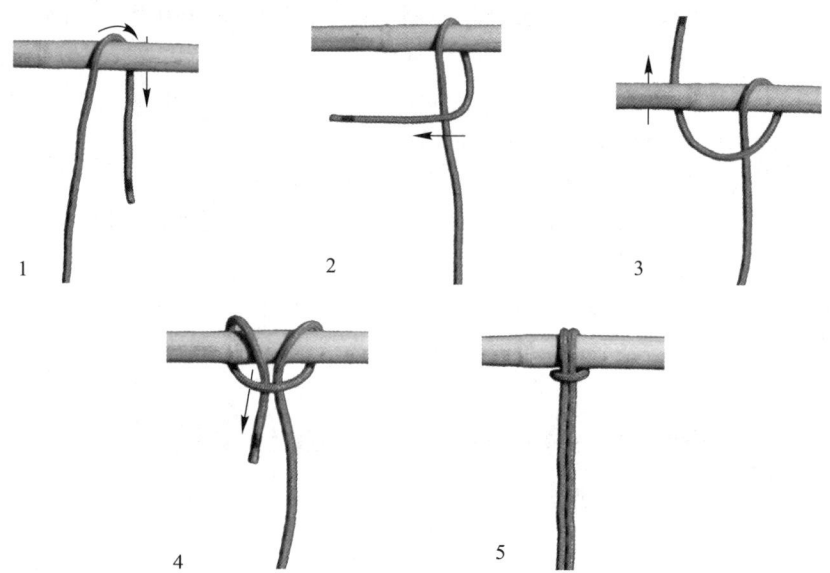

图3-3-5 雀头结的打法

（五）三套结

1. 三套结的定义

三套结由双套结变化而来，用来将绳缚在柱上，故称为柱结。此结也可将一条细绳缚紧于一条较粗的绳缆上，以便将粗缆扯高。

2. 三套结的打法（图3-3-6）

（1）将绳身在所绑的柱子上绕圈，绕时注意平衡摆放。

（2）将绳翻过来斜放在绳身上，成交叉形。

（3）将绳绕过柱子返回前方。

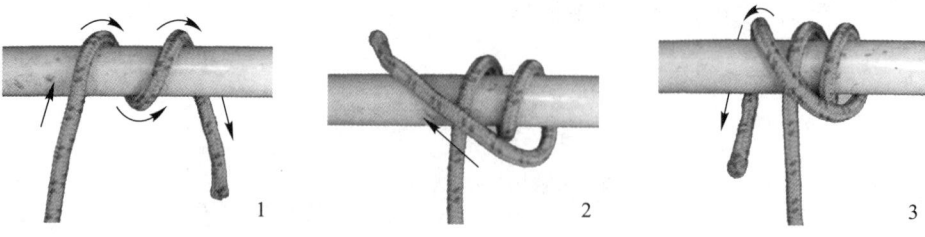

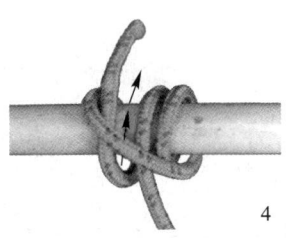

4　　　　　　　　5

图 3-3-6　三套结的打法

（4）穿过刚形成的斜绳圈内,拉出。

（5）拉紧两边绳身,完成。

（六）系木结

1. 系木结的定义

系木结又称营钉结,可用此结将营绳捆绑在营钉上。它又称系物索,表示可将物件缚紧在圆柱或圆环上。系木结由一个绕圈和两个半结组成,容易调校绳的长度,具有可迅速松解、调校和结扎的优点。

2. 系木结的打法（图 3-3-7）

（1）将绳绕过所绑的物件两圈。

（2）将绳绕过绳身返回前面,作一半结。

（3）再将绳绕过绳身一次。

（4）作另一个半结。

（5）拉紧,完成。

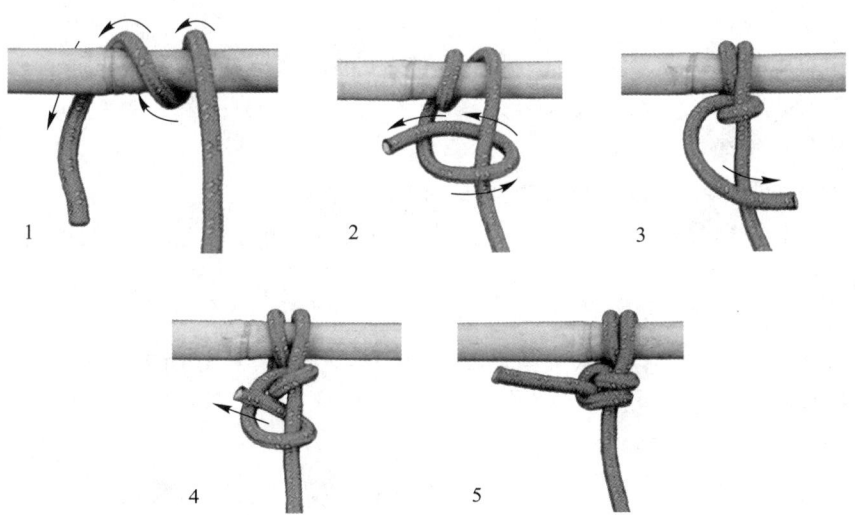

图 3-3-7　系木结的打法

（七）缩绳结

1. 缩绳结的定义

缩绳结可用来缩短绳索、或将不用的绳索部分收藏起来、或用来避开绳索受损的部分。

2. 缩绳结的打法(图 3-3-8)

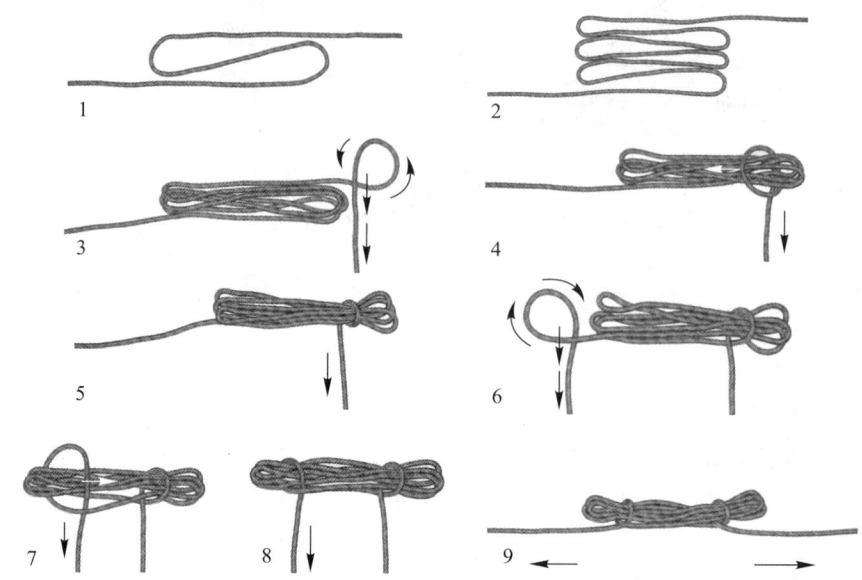

图 3-3-8　缩绳结的打法

(1)将绳索要收缩的部分折叠起来。

(2)折叠由两次至数次,按需要而定,让两个绳端顺其自然分向两边,向外伸展。

(3)用左手握住折叠好的绳索,然后用右手拿起右手绳端部分,打一个半结。

(4)将折叠好的绳索右端套入半结。

(5)拉紧绳端,将绳索束起。

(6)用右手握住折叠好的绳索,用左手在左手绳端部分,打一个半结。

(7)将折叠好的绳索左端套入半结。

(8)拉紧左手绳端。

(9)将左右两个半结整理好,拉紧两边绳端,完成。

注意:完成后可将两边绳圈在常备段上做一个束绳捆扎以加强绳结的稳固性。

(八) 十字编结

1. 十字编结的定义

十字编结是将两根交叠的木棍结合在一起避免它们分离,以加强稳固性。打此结时,不需理会棍的交叉角度。

2. 十字编结的打法(图 3-3-9)

(1)将两棍交叉,用绳头在交叉的地方直打一个曳木结,套紧两棍。

(2)将绳顺曳木结的走势,直绕两棍交叉点 3 圈,绕时拉紧并将 3 圈绳排列好。

(3)3 圈后,将绳摆放在右边两棍之间。

(4)将绳横绕两棍交叉处三圈,绕时拉紧,并将之整齐地排列,勒捆两棍贴合之处。

(5)用绳在两棍中间勒紧绳索,使刚才直绕及横绕的绳圈大力收紧。

(6)再勒捆两棍两圈,一面勒,一面拉紧。

(7)在任何一根棍的上方打一个双套结收尾。

（8）将绳尾收好，或整理，如继续缠绕，或用缩绳结缩短绳索长度，最后在棍上打一个双套结收尾，完成。

图 3-3-9　十字编结的打法

（九）8 字编结

1. 8 字编结的定义

8 字编结是用来将三根木棍制成三脚架的方法之一。它的名称来源于其编结方法。

2. 8 字编结的打法（图 3-3-10）

（1）将三根木棍并排放在地上，在最右边木棍上接近棍头处打一个双套结，绳头如扭麻花般绕在绳身上。

（2）连同绳身一同搭在中间木棍上，之后从底走向左边木棍，再绕回前面。

（3）绳索如数字"8"的形状那样在棍与棍之间来回绕圈，绳圈的排列方向往上走。

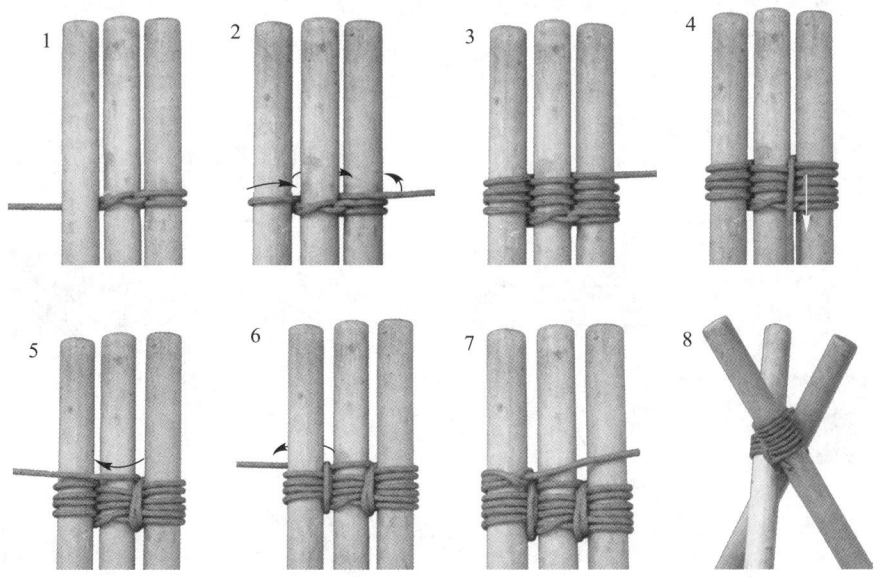

图 3-3-10　8 字编结的打法

（4）一般绕6~8圈，以绳索回到起结的木棍上为1圈，每次绕圈时都要拉紧绳索并排列好。

（5）完成绕圈后，绳索回到最右边木棍，将绳顺方向绕到底部，在右边和中间木棍之间穿出来，垂直地搭在绳圈上，并绕2圈。

（6）目的是将横绕的绳圈收紧，加以稳固，绳索由上横过中间木棍，穿过中间与左边木棍上面的空隙。

（7）同样，垂直绕2圈，绳尾最后走到左边木棍的顶部。

（8）打一个双套结或两个半结收尾，将多余的绳头剪去或收好。

（9）撑开架时，将右边木棍靠在中间木棍上，中间木棍靠在左边木棍上，左边木棍靠在右边木棍上，做成一个三脚架。

注意：用绳圈绕两棍或桩柱时不要圈得太紧，太紧会使棍脚展开有困难。

（十）接棍编结

1. 接棍编结的定义

接棍编结是将两根粗细相同的木棍接驳起来，从而增加木棍长度。

2. 接棍编结的打法（图3-3-11）

（1）将要接驳的两棍平放在一起，两棍重叠的长度视需要而定，但最少是木棍长度的四分之一，以三分之一长度为最佳。

（2）用双套结或曳木结在一端近棍头处开始，将两棍一同捆起，并将短绳头楔入两棍中间，将绳顺向绕捆两棍，绕时拉紧。

（3）继续绕捆两棍。

（4）绕捆两棍8~10圈，将绳索整齐地排列，绕捆的圈数并无限制，但不宜过少，绕捆圈的阔度的最低限度是超过两棍直径总和。

（5）然后用双套结在两棍上结尾。

（6）继续步骤（5）。

（7）完成一边（这时尚不能称为接棍编结）。

（8）在两棍的另一端近棍头处，同样按步骤（1）—（7）步打一次，完成后才称为接棍编结。

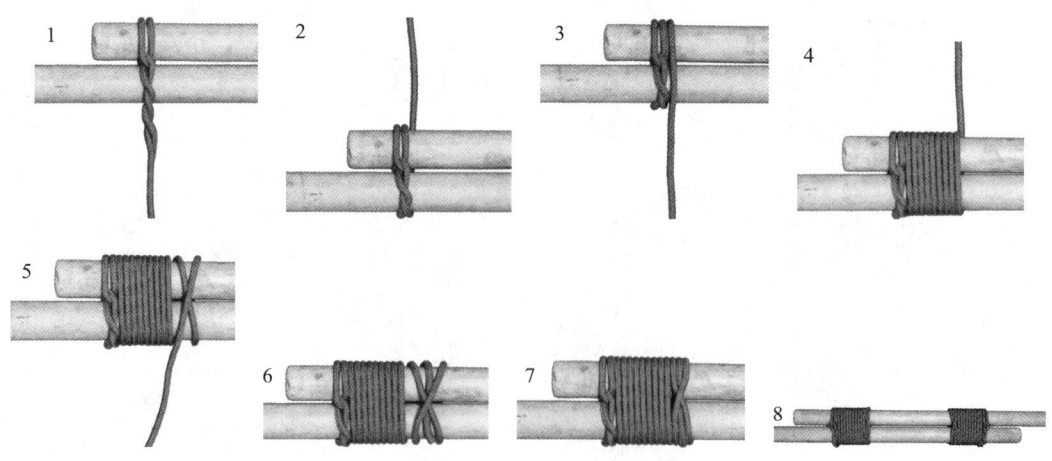

图3-3-11　接棍编结的打法

（十一）四方编结

1. 四方编结的定义

四方编结是用来扎紧横竖两根木棍的绳结。一般而言，两根木棍成十字架形，但有时两棍相交角度会因环境而超过或低过 90°。

此编结多用来做支撑架，将一根垂直在地上的木棍和另一根横架的木棍捆扎起来。打结时须注意哪根木棍是受力的。因为开始编结时，应将双套结打在受力的木棍上，而结尾则在另一根木棍上。

2. 四方编结的打法（图 3-3-12）

（1）将一根木棍横架在直棍上，在直棍上贴近横棍下方，打一个双套结。绳头以 8~12 厘米为佳，但也要视绳索的粗细而定，将绳头缠绕另一端绳身。

（2）横棍位置应在直棍的双套结的上方，将绳向上从右方搭在横棍上，绕过直棍后方，再向前搭在横棍左方，然后在横棍下绕过直棍后方，回到起点，一面绕，一面用力将绳索拉紧。

（3）重复步骤（2），并将两次绕圈的绳索排列整齐，排列方法是在横棍上，后圈的绳放在前圈的绳里面，在直棍上，则后圈的绳，放在前圈的绳外面。

（4）重复步骤（2）—（3）（如有需要，可以再绕横棍一次，但以绕棍 3 圈为佳）。

（5）勒捆两棍之间的绳索，即将绳在绕过横棍后，转向 90°，在两棍中间绕捆，一面捆一面用力拉，勒紧在两棍之间那三个绳圈，使绳圈的绳向内收缩。

（6）再勒捆 1~2 次，次数视绳索而定，勒时拉紧。

（7）将绳带到横棍去（任何一边），并在横棍上打一个双套结收尾，防止编结松散。

（8）如剩下的绳头不长不短，可将它绕在横棍上，排列整齐，最后在棍上多打一个双套结或半结收尾。

（9）完成。

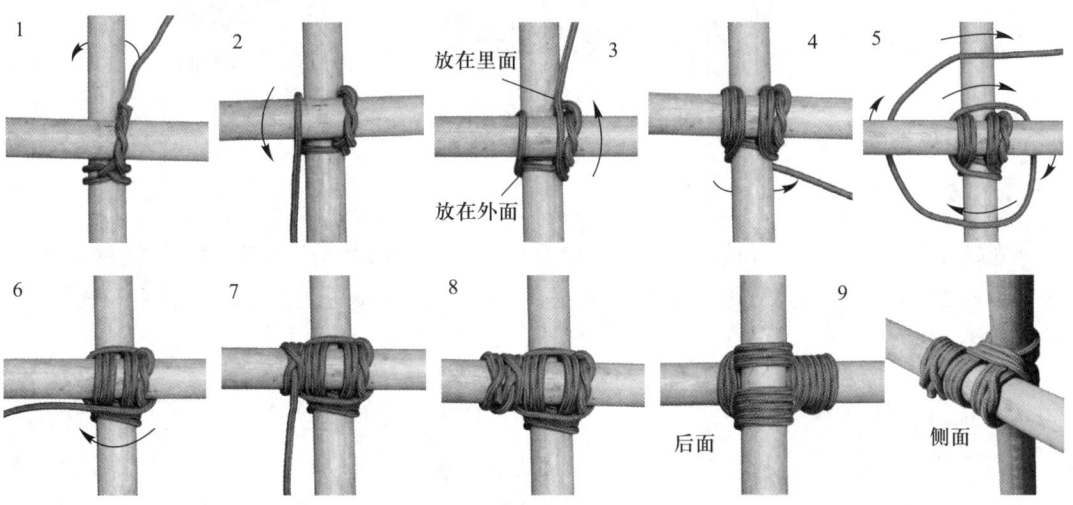

图 3-3-12 四方编结的打法

（十二）三脚架编结

1. 三脚架编结的定义

三脚架编结用来作一个三脚架，它的结法和 8 字编结不同，但效果一样。

2. 三脚架编结的打法(图3-3-13)

(1)将三根木棍并排放在地上,在最右棍近棍头处打一个双套结,绳头如扭麻花般绕在绳身上。

(2)将绳索围绕三根木棍缠绕6~8圈,绕时方向由下而上,绳圈要排列整齐,不要出现重叠,否则会削弱绳结受力的效果。

(3)完成绕圈后,绳索回到右棍与中间棍之间的间隙,用力将绳索垂直向下绕2圈,以勒紧横向的绳圈。

(4)绳索由后面横过中间木棍,穿过中间与左边木棍上面的间隙,同样绕2圈并用力收紧。

(5)最后绳尾走到左边木棍的顶部。

(6)在木棍顶部打一个双套结或两个半结收尾,将多余的绳头剪去或收好。

(7)撑开架时,将右边木棍靠在中间木棍上,中间木棍靠在左边木棍上,左边木棍靠在右边木棍上,做成一个三脚架形。

注意:用绳圈绕两棍或桩柱时不要圈得太紧,太紧会使棍脚展开有困难。

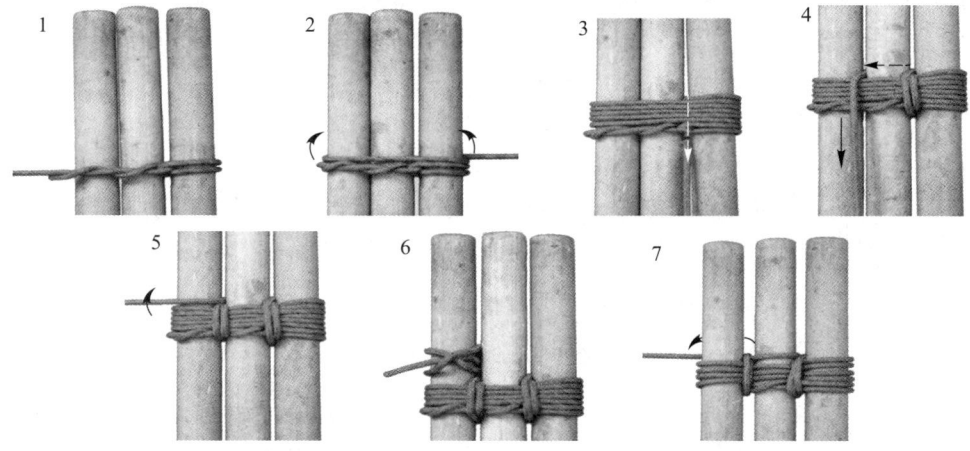

图3-3-13 三脚架编结的打法

三、先锋工程的其他材料与器具

先锋工程的主要材料和器具除了绳索和绳结外,还有树、竹、木柱、木棍,辅助器材有营钉(或尖桩)、滑轮、钩环、嵌环、麻布、木板等;工具有铲、锄、锯、刀、斧、大槌和手槌等。

(一)竹

在南方,毛竹和篙竹都是建筑棚架的主要材料。

1. 毛竹(茅竹)

直径7~13厘米,长4~5米,毛竹是广泛生长于中国南方山区的经济作物,属于禾本科竹子的一种。它较粗大,坚韧耐用,适合在先锋工程扎作中作为主干用。

2. 炖竹

直径5~8厘米,长约16米,竹身较长,虽然坚韧不及毛竹,但也适合作为主干用。

3. 篙竹

直径4~5厘米,长约6米,搭棚常用,耐用性较低,较轻巧,不可用火处理。

4. 茶风竹

直径3～4厘米，长约3～5米，一般的晾衫竹轻巧便宜、容易破裂、不宜久藏，只适合作临时营门、旗杆。

5. 花竹

直径小于2.5厘米，数米长，一般用作篱笆来围营区或制作模型。

（二）树

在北方云杉和落叶松都是做桅柱的常用木材。特别是在我国北方的温带地区，因无竹生长，故多用树干作桅柱。其优点是坚实和稳固，缺点是树干非常沉重。

（三）滑轮

滑轮又称滑车，主要用来省力或改变施力方向。如要省力，可用一个（或多个）动滑轮将施力的绳有规则地连起来，所用滑轮数目越多越省力，但重物被移动的速度会减慢。动滑轮虽可省力但不可改变施力方向。如想改变施力方向，就只能使用定滑轮了，但定滑轮不能省力。

（四）粗布做垫

粗布主要用来做垫，保护树木、绳及器材，以免它们受到损害。

（五）锯

（1）横切锯：用来锯断粗大树干，锯路较阔，锯齿较大。

（2）弓锯（图3-3-14）：锯齿较细，锯路较窄，多用来锯较细的树干。

（3）修辑锯/手锯：比弓锯更精巧，方便携带，价钱便宜。

（4）链锯/电锯：工作效率高，但未经训练的人使用时具有危险性。

（六）斧头（图3-3-15）

斧头是砍伐树木，修削树枝和破枝成柴的工具。在先锋工程中，也可以用来砍断粗缆索，方便打绳端结或织结。

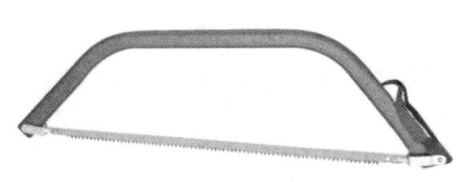

图 3-3-14　弓锯

图 3-3-15　斧头

1. 斧头的分类

常用的斧头大致分为两种：

（1）手斧，也称短柄斧，斧柄用坚硬木材造成，长约25～31厘米。斧头部分宽约12.5厘米，整把手斧的重量为0.7～1千克。适合单手操作，主要用来砍修树枝，破开树枝作为薪，或削尖树枝作尖桩。

（2）长斧，称长柄斧，斧柄用坚硬木材制造。斧头嵌入木柄的顶端，然后用楔子嵌紧在斧眼上。木柄长约88厘米。斧头部分净重1.1～1.6千克，要用双手去运作，长斧的主要用途是砍伐树木。

2. 斧头的选择

选择斧头要注意以下几点：

（1）斧头部分要紧紧地嵌入木柄，不能有任何空位和松动。

（2）斧锋要锋利，使斧头能有效地伐木。一把钝的斧头，会增加砍伐难度，且反撞力高。

（3）木柄要光滑，或油上光漆，保护木材，防止木刺出现。

（4）斧锋要和木柄末端成一直线，可以用眼检视。

（七）嵌环和钩环（图3-3-16）

嵌环的主要作用是保护绳索，主要起连接作用，可连接绳与绳，绳与金属环等，它可提供一个快捷、稳固、安全的连接。钩环有一个螺丝钉，螺丝钉松开后打开钩环方便连接及拆卸。用时要留意施力是置中的。

（八）营钉

营钉除了建造桩叠之外，还可作固定用途（图3-3-17）。

  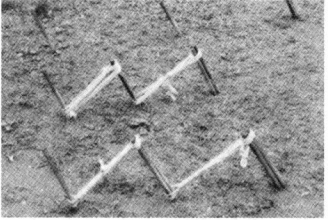

图3-3-16 嵌环和钩环　　　　　　　　　图3-3-17 营钉

（九）先锋工程工具的安全

1. 竹、棍、杆

竹、棍和杆主要是用来负重的，所以每次用前要小心地检查它们的完整性，如果有损坏就要及时更换。此外，要衡量它们的大小是否能够承托所负的重量，用粗的竹比用幼竹好。

2. 刀、斧、锯、锤、锄、铲

打开的刀、斧、锯、锤、锄和铲等都属于利器，用的时候除了要注意自己的安全外，还要留心别人的安全。进行大动作的时候，要提醒旁边的人小心，必要时要远离有人的地方。

斧头不用时要套上保护装置。用前检查它们本身的完整性，有没有损坏，如有问题就要修补或修理。

四、先锋工程实用范例

（一）测量距离（图3-3-18）

在没有仪器而要测量一条河的宽度时（或两地的距离），可利用三角学原理来估算。测量者先要从对岸找出一个容易辨别的参考物件 E（如树、屋、电缆杆等），然后站在 E 的正面对岸 A（即 AE 和河的走向垂直），测量者沿着河岸直线由 A 点向 B 点方向走60米（即 AB 垂直 AE），在 B 点留一个记号。再沿河直线向前走，由 B 点走往 C 点。再在 C 点留一记号。然后转向90°背着河直走到 D 点，使测量者、B 点和 E 点参考物件成一直线

（即 *DBE* 成一直线）。

由于△*DCB* 和△*EAB* 是相似三角形，因此可以计算出 *EA* 的距离（即河的宽度）。

注：每个人的四肢、步幅的长度即尺子，只要将自身数据铭记于心，当在野外没有量尺时，也可凭此进行测量工作。

（二）测量高度

亦可以利用三角学原理测量高度。如想量度图 3-3-19 中树的高度 *x*，可从树底开始向与树垂直的水平方向步行 *b* 的距离，其长度最好是 9 个长度单位。用手竖起一根刻有尺寸的棍，然后再向同一方向继续行 *a* 的距离（1 个长度单位）。

把眼睛紧贴地面望向树顶，然后请另一人持棍，手在棍上上下移动，直到他的手在树顶和眼睛的直线上，即树顶、手和眼睛成一直线。

假设这时持棍人的手和地面的距离是 *c*（可从棍上的刻度知道），*x* 便可从图中的公式计算出来。为方便计算，我们设 *a* = 5 米、*b* = 45 米、*c* = 4.8 米，这样只要把 *c*（4.8 米）乘大 10 倍就是 *x* 了（*a* 和 *b* 可用踱步的方法估计，或用量尺，或个人自备尺）。

如 *c* 是 4.8 米，则 *x*（树高）

= （*a*+*b*）×*c*÷*a*

= （5+45）×4.8÷5

= 48（米）

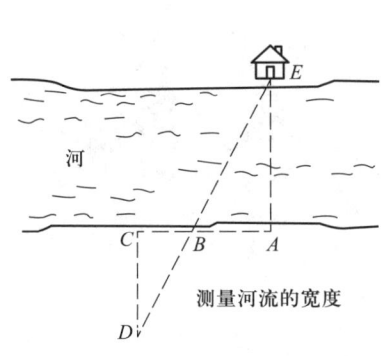

图 3-3-18　测量河流宽度

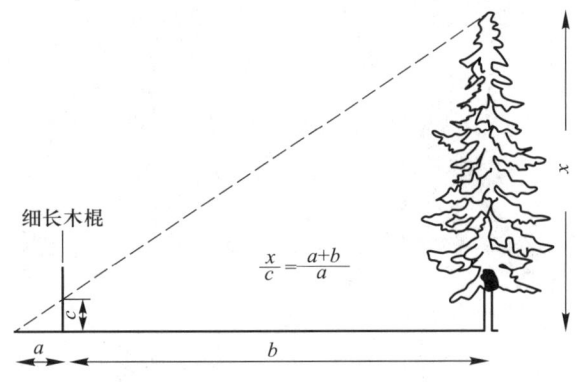

$$\frac{x}{c} = \frac{a+b}{a}$$

图 3-3-19　树木高度测量

（三）桩聂

如图 3-3-20 所示，第一组尖桩有 3 条桩钉合组一起。此组桩钉是用于连接先锋工程的主力缆。第二组尖桩有两条，而第三组尖桩只有一条。三组尖桩都用绳紧紧绑扎在一起，使其变成一体。绳和尖桩要成 90°。尖桩入地长度为其长度的 2/3，角度为 45°～75°。地面部分斜向工程的另一方，而三组尖桩应和主力缆成一直线。

图 3-3-20　桩聂法

（四）先锋工程项目实例

图 3-3-21 为先锋工程常见实例，分别为罗马炮架、旗杆架、三角高架灶、吊桥、索桥、双脚瞭望塔、三脚瞭望塔、四脚瞭望塔、四脚餐桌、摇摆木马、支架桥。

图 3-3-21　常见先锋工程实例图

【学 用 检 验】

1. 简述连接固定点类绳结的名称及其特点。
2. 如何区分连接绳索类绳结中的四种绳结？
3. 整理绳索时应注意哪些事项？
4. 用细绳和木棍,完成本章节学过的先锋工程实例2~3项。

【章前导言】

领队是户外活动中的重要角色。户外领队不仅需要具备基本的户外知识和实操技能,而且需要有很强的户外领导能力,包括出色的沟通能力、关键时刻的判断和决策能力、团队管理能力,以及冲突处理能力。一名优秀的户外领队在具备领队基本素质的基础上,还需要大量的一线带队经验积累,形成适合自己的领队风格,提升职业素养。

【学习目标】

1. 了解户外领队的职责、基本素质。

2. 了解户外领队的角色定位及风格类型。

3. 掌握户外领队的管理策略。

第一节　户外领队的职责与素质

一、户外领队的定义

户外领队也称户外运动社会体育指导员。《中华人民共和国职业分类大典》对"社会体育指导员"职业的定义是:社会体育指导员是指在群众性体育活动中从事运动技能传授、健身指导和组织管理工作的人员。借用此定义,户外领队就是在户外运动项目中从事户外基本技能传授及指导的专业人员,以及在户外运动相关机构中从事项目研发及组织管理的专业人员。

二、户外领队的职责

户外领队的基本职责包括以下四个方面的内容:

(一)确保户外活动参与者的安全及保证活动目标的实现

一名合格的户外领队,时刻要把确保每个队员的安全作为首要职责,要将风险最小化,通过有效的领导将风险降到可接受的程度。唯有确保团队成员的身体、财产等全方位的安全,才能顺利带领团队完成预定活动。具体来说,要做到以下四个方面:① 合理规划线路,做好活动线路的评估和预案,随时关注气候、环境变化;② 充分了解每个队员的体能、技能等情况,并随时关注每个队员的身心状态;③ 保证活动按计划进行,避免做计划外的事情;④ 做好紧急预案,具备紧急情况的处理技能。

（二）遵纪守法

第一，保证户外活动的合法规范性，活动组织机构和工作人员都要具备相应的工作资质。活动前告知队员活动的风险，签署相关协议，为领队和队员购买正规保险等。第二，遵守活动地的法律规定。户外领队一定要通过正规审批获得许可才能进入高危户外区域，高海拔登山要向相关部门申请报备，切勿私自闯入禁区。

（三）践行户外最小冲击法则

户外最小冲击法则指要具备环保意识，整个活动过程要做好充分动员，将活动中对户外环境的冲击降到最低。活动准备期间，积极向队员普及环保理念、知识，做好活动前食品、装备的精简化。出发前向队员介绍目的地的风俗习惯、地理环境，以及营地、徒步线路的选择等事项。活动中指导队员如何才能对环境形成最小的冲击，及时制止不良行为。注意收集活动过程中队员积极参与环保的典型案例，对正确的行为进行表扬、讲解，进而提升团队成员的环保意识。

（四）促使队员获得有价值的体验

让团队成员感受户外活动的价值和意义是组织户外运动活动的重要目标之一。户外领队作为团队的核心，可通过以下四个方面帮助成员获得价值体验：

1. 发挥多重身份作用

在队员遇到困难和危险时，领队要发挥向导教练的作用，挺身而出；到达营地后，领队要充当健身教练，教队员们如何消除疲劳；扎营休息时，领队要扮演厨师的角色，与队员们一同准备食物；餐后领队可扮演主持人的角色，即兴组织大家讨论某个话题，分享活动过程中的感受。

2. 共享知识与经验

在活动过程中适时地向队员介绍户外运动的技术操作、气象、动植物、人文地理等相关知识。引导有户外活动经验的队员给团队做分享，让队员之间互相分享户外活动经历，在分享中学习知识、增进队员感情、提高团队凝聚力。

3. 获得美学体验

户外环境是人与自然和谐相处的媒介。在活动过程中，领队可选择合适的地点驻足，让队员欣赏自然美景、拍照留念，引导队员倾听大自然的声音。领队还可进一步引领队员在丰富的美感体验中构建情景交融、物我同一的意象世界，进而丰富户外活动的内涵和价值。

4. 建立良好的团队氛围

领队应始终发挥组织协调作用，通过关心队员、组织活动来营造轻松、和谐的团队氛围，增强队伍的凝聚力，在团结协作中克服困难。良好的团队氛围对后期的活动开展有着积极的作用，可使大家在活动过程中培养深厚的感情。

三、户外领队的素质和态度

户外领队是集多种技能于一身的职业，应该具备的能力有：

（1）良好的计划组织能力。

（2）自信且值得信赖。

（3）较强的技术能力，包括户外急救、识图并确定路线、识别天气等。

（4）关照他人的能力。

（5）良好的判断决策能力。

（6）良好的沟通能力。

（7）鼓舞士气的能力。

普里斯特和加斯（2018年）开发了砖墙模型（图4-1-1），该模型涵盖了户外领队所需的技能。砖墙模型将技能分为三类：硬技能、软技能、元技能。硬技能指坚实的、有形的和可衡量的技术技能，可分为技术活动技能、安全和风险技能以及环境技能；软技能是指难以评估、表现领导力和人际交往能力的技能，如组织、指导和促进活动的能力、提前的计划与准备等；元技能是将硬技能和软技能结合起来的一种核心能力，有效的沟通、职业道德、问题解决、判断与决策能力等都被视为元技能。

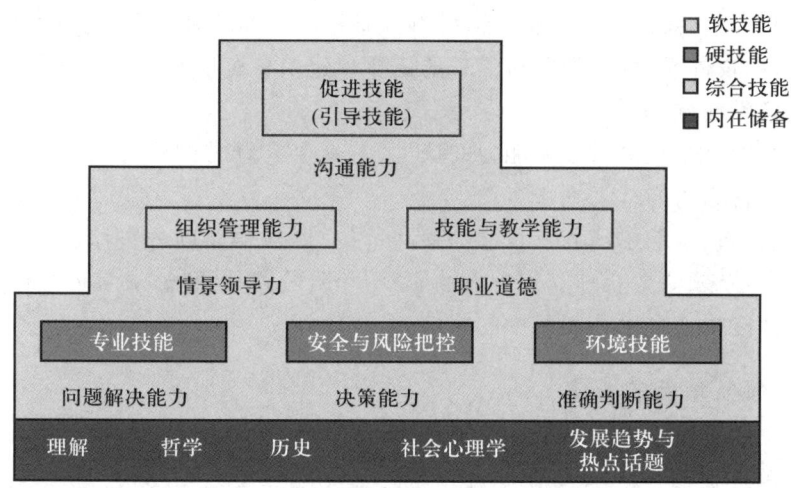

图4-1-1 户外领导力砖墙模型

户外领队的硬技能在活动过程中至关重要，尤其在活动线路难度较大的地方。但是软技能也不可忽视，领队的组织管理能力在一定程度上也会影响到活动的质量，对活动的成功与否起决定性作用，在某些特定的活动中领队的组织才能比户外技能更为重要。

第二节 户外领队的角色与风格

一、户外领队的权威

户外领队首先是团队领导者，复杂多变的户外环境、潜在的风险、突发的状况等都需要领队迅速应对，因而领队作为户外活动进程中的指挥官和守护者，应拥有权威地位。这种权威表现在地位权威、强制性权威、奖赏性权威、信息权威、专家权威和参照性权威等方面。

（一）地位权威

指领队拥有控制和使用队伍资源的权力。领队发布的命令，队员必须遵照执行。如遇到特殊情况，领队有权利取消行程，或者终止行程。

（二）强制性权威

指领队对队员的行为有允许及否决的权利。若队员按照自己的想法新开辟线路行径，领队有权制止。

（三）奖赏性权威

指队员在活动过程中的表现符合领队的预期，或者超过预期时，领队给予的认可和肯定。奖赏可以是口头的一句话，也可以是物质性的。

（四）信息权威

指对活动和成员信息的掌握，这些通常是其他人难以获得的。

（五）专家权威

指领队户外运动技能的专业性。户外领队是经过专业培训学习并获得资质认证的专门人才，因此，在户外活动中，领队对活动的指导和建议具有权威性。

（六）参照性权威

指在活动过程中，队员对领队能力的认可，对其个人魅力的赞赏，进而产生认同感或崇拜感，将领队视为榜样。

领队树立权威，不能单纯依赖自己的领队地位，更需要高度的自律、及时的自省以及过硬的职业素养。领队要合理利用自己的职权，和队员同甘共苦，从全队的利益出发为所有队员着想，才能树立自己在团队中的威信。

二、户外领队角色的养成

在树立权威，保障执行力的前提下，领队在团队中还扮演着多重角色，这就需要领队要具备多面性，在平时活动中用心磨炼自己适应多重角色的能力：首先，领队平时应多学习、勤思考，做好计划和实施者的角色；其次，户外过程中要多观察、善调整，做好安全护卫和教师教练的角色；最后，与队员接触过程要多沟通，勤协调，做好协调者、环保者的角色。

三、领队的风格

作为一名领队首先要根据自己的性格特点，确定自己的领队风格，并发挥其优势。领队的风格决定了其在开展户外活动时的领导方式。

（一）按照个性特点划分领导风格

（1）强制型：领队决定做什么，队员就必须做什么。

（2）民主型：领队在做决定之前和队员一起探讨，征求队员的意见，共同商量做出最后的决定。

（3）混合型：处于强制型和民主型之间，有时候直接发布命令，有时候和队员沟通，征求大家的意见。

（二）按照情景领导力理论划分领队行为特点

（1）指令性行为：围绕领队的指令来开展活动，以单向沟通为特点，由领队来明确任务和目标，指导、管理队伍和活动。

（2）支持性行为：以队员为主导开展活动，以双向沟通为特点，领队多限于提供反馈意见、指示方向和范围、教导、引导，不参与具体决策。

（三）根据领队在决策时所起的作用划分领队风格

（1）象征型：领队象征性地参与决策，基本由队员自己内部决策。

（2）参与型：支持性行为多，领队和队员共同做决策，在领队的引导下建立决策机制。

（3）教练型：领队的指令性行为比支持性行为多，一般在征求队员意见的基础上做出决定，解答各种问题，监督、指导队员活动。

（4）指令型：以指令性行为为特点，领队做决定并给出各种活动指示。

在带队过程中要根据团队成员的技能水平、团队的协作能力以及面临的情形灵活应用领导力模型（图4-2-1）。当参与者能力、经验很低，或者风险很低时，队员的支持行为也低，领队给予队员的自由度很大，此时领队风格属于象征型；如果队员的能力较强，领队可以参与队伍活动中，教练风格呈现为参与型；但当团队遇到超越团队能力的困难与挑战，而队员学习能力足够强时，教练可借机进行教学指导，此时领队风格表现为教练型；但如果队员学习能力较弱，风险又难以承受时，领队就要控制风险的发生，并给予很高的指令行为，此时教练风格就转化为指令型。

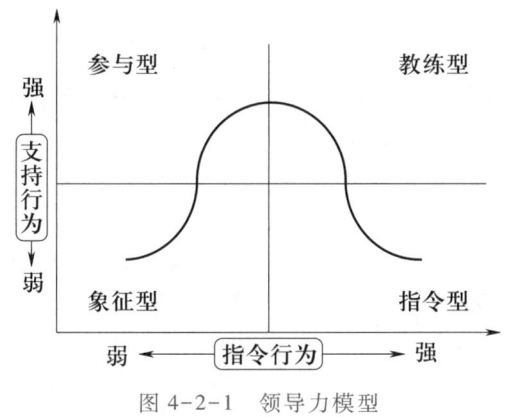

图 4-2-1　领导力模型

领队风格需要根据领队的学习特点、社会智能、冲突管理风格和其他个人优势及倾向，包括个人的知识储备、技能水平、户外经验以及对环境和团队的判断评估能力等来确定。

第三节　户外领队管理策略

户外环境变化多样，为了保证户外活动的顺利开展，需要领队在活动前做好充分的准备，活动中根据变化及时调整管理策略。户外领队的管理策略包括以下几部分内容：

一、计划与准备

一次高品质的户外活动需要前期大量的计划与准备，活动前期花费必要的时间和精力做出周密的计划与准备可帮助活动顺利进行，达成预期目标，避免意外风险发生。前期的计划与准备是非常复杂烦琐的过程，户外活动的计划包括以下五个方面：参与人群分析、活动目标设定、活动资源测评、活动计划评估、计划实施准备。

（一）参与人群分析

仔细分析参与人群,通过电话问询队员的身体情况、有无特殊病史,长线、难度级别高的活动必须开行前会,当面沟通了解每一位队员的具体情况,是否有过敏史、心脏病、哮喘、癫痫等病史;了解每一位队员是否有过户外活动的经历,参加过活动的难度,是否接受过相关的培训,了解队员的活动目标。了解队员的年龄结构、男女比例、身体状况以及团队规模,制定与之相匹配的目标计划,避免活动难度过大无法完成或是难度过小缺乏体验感。活动目标制定要与大部分队员的实际情况相匹配。

（二）活动目标设定

任何一次活动都有目标,优秀的户外领队往往会根据参与人群的情况制定活动目标。在活动过程中随时对照目标,更好地完成任务。目标可以参照 SMART 原则设定。"SMART"代表的是:

Specific(明确性):目标设定应明确、具体,不能模棱两可。

Measurable(可衡量):目标设定的标准是可衡量、可量化的,便于后期评判进度、反馈结果。

Attainable(可达成):目标设定应有挑战性,但不宜过难或过于简单。

Relevant(相关性):目标设定应符合实际,即符合领队、参与者、环境等实际情况。

Time-bound(时限性):目标设定应设定期限,在合理的时间范围内完成相应的任务目标。

（三）活动资源测评

在户外活动的计划与准备中,对活动资源的全方位测评对于活动安全、顺利开展至关重要。活动资源评测的内容包括主观因素和客观因素。

1. 主观因素

在活动之前,根据参与人群、数量情况确定领队、副领队的数量。根据线路难易程度、队员能力、数量,合理安排领队比例保证服务和活动的品质,切勿因节省成本压缩领队的配比。

2. 客观因素

客观因素包括户外活动环境、场地设施和装备等方面的内容。

（1）户外活动的背景资料。

（2）搜集活动当地的自然环境资料和线路资料。

（3）与当地负责人或向导取得联系,了解当地实时情况,在不熟悉线路的情况下请当地向导是非常有必要的。

3. 合法性

（1）活动区域是否需要购买门票、办理许可证。

（2）露营地有无相关规定,是否可以用火。

（3）活动区域有无特殊规定(是否是动植物保护区、军事禁区等)。

4. 线路情况

（1）线路长度、爬升难度、线路走向、道路的通过性、活动时间。

（2）活动区域的地质情况,是否有悬崖、峡谷等危险路段,活动时间内是否有暴雨、雷暴发生的可能性,有无野兽出没等。

（3）是否有露营点、水源补给点。

（4）活动区域的气候、天气情况。

（5）特定季节发生的自然灾害如泥石流、沙尘暴、暴风雪等的频率。一旦出现恶劣天气，其对活动的影响有多大，能否接受。

5. 装备

保证所带的装备、食品能够满足此次活动的需求，适当备份。

6. 紧急预案

遇到紧急情况时需要备用方案，如最近的下撤线路、医院、救援队的电话等。

（四）活动计划评估

重复确认计划中的内容，领队内部讨论分析活动的可行性、风险大小，找出计划中不足的地方，加以讨论修正。

（五）做好行前准备

对于新领队来说，制定一份详细的实施方案是保证活动顺利进行的好方法。最好做出统一的流程表，活动前对每个细节进行检查、确认，尤其是领队个人要做好身体、心理、技术、装备等方面的准备。

出行前确认装备情况。不同季节、不同的户外活动对装备的需要也不同。出发前检查自己的装备，尤其是新买的装备要提前试用。

（六）明确活动流程

（1）脑海中反复回想活动的流程。

（2）把握活动目标，完善活动计划。

（3）根据实际情况作出适当调整。

（4）领队内部分工明确，各司其职，保证效率。

（七）计划再确认

活动出发前的再次确认是十分必要的，提前确认以防出现突发情况影响活动顺利进行（如和司机确认集合的时间、地点，确认食宿安排等事项）。

（八）制定备份计划

预测可能发生的情况，针对性的制定预案，以防不时之需（如提前规划下撤线路，预防队员体力不支、受伤等情况）。

二、有效沟通

沟通是领队的重要技能，尤其是在复杂的户外环境中。领队所做出的决定，给予队员的关心与鼓励等信息要完整、准确、及时地传达给队员。在一次活动出发之前领队需要向所有队员传达活动相关信息，并且要再次确认其是否收到。

（一）沟通过程

1. 确保沟通信息准确完整

（1）在沟通之前，必须明确要传达的核心内容，并尽可能用清晰、准确的语言、文字、动作等表达出来。

（2）避免使用模糊、含糊或可能产生歧义的词汇、句子、动作等。

（3）考虑信息的全面性和完整性，确保接收者能够获得所有必要的信息，以便做出正确的理解和回应。

2. 选择恰当的方式传达信息

（1）不同的沟通场景和对象可能需要不同的沟通方式。在户外环境下会使用通用动作、手势、信号等进行沟通。

（2）根据接收者的喜好、习惯和沟通能力来选择最合适的沟通方式。

（3）考虑信息的紧急性和重要性，选择能够确保信息及时、准确传达的方式。

3. 信息确认和反馈

（1）沟通不是单向的，而是双向的。在发送信息后，需要确认接收者是否已接收了信息并正确理解。

（2）鼓励接收者提供反馈，无论是正面的还是负面的，这都有助于发送者了解沟通的效果，并及时调整沟通策略。

（3）对于接收者的反馈，要给予积极的回应，以促进更有效的沟通。

4. 学会倾听

（1）倾听是沟通中的关键环节，它不仅是接收信息的过程，更是理解和回应对方情感、需求和观点的过程。

（2）在倾听时，要保持专注和开放的态度，避免打断或过早下结论。

（3）通过点头、微笑等肢体语言或简短的口头回应来表明自己在认真倾听，并鼓励对方继续表达。

（4）尝试站在对方的角度理解问题，这有助于建立共鸣和信任，从而推动沟通向更深层次发展。

（二）沟通技巧

1. 活动前的沟通

（1）队员是否了解活动风险。

（2）队员装备是否按要求准备齐全。

（3）队员对出发时间、地点、目的地信息是否了解。

（4）领队分工是否明确。

2. 活动中的沟通

（1）活动开始前要再次确认活动装备、食品是否配齐；领队向队员问好并介绍活动安排；领队介绍活动要求、行为准则。

（2）活动中要随时关注队员状况，危险路段及时提示、帮助队员通过；观察队员反应，及时与有问题的队员沟通。

此外，活动后对活动要进行总结、回顾。

三、团队建设与管理

户外运动是一项非常注重团队精神的活动，这也是户外运动的魅力所在。按照团队建设理论，一个团队的发展要经过五个阶段，即形成阶段、震荡阶段、规范阶段、执行阶段和重组（或解体）阶段。无论是单日还是多日的户外活动都会经历这样的过程。如果领队能把握每个阶段的特征并注重解决突出问题，团队活动就能更有效率地开展。Kosseff把户外队伍在每个阶段的特征以及领队所采取的策略做了很好的总结（表4-3-1），对领队工作具有积极的指导意义。

表 4-3-1 户外队伍各个阶段的特征及领队策略

发展阶段	特征	领队策略
形成阶段	团队成员对户外活动及团队成员之间了解有限，更多地依赖领队 ① 礼貌、友好、坦率 ② 想知道队伍的行程安排 ③ 了解活动的基本任务，具备基本的登山常识 ④ 成员之间建立基础关系，与其他成员寻求共同点，试探是否合得来以及是否值得信任 ⑤ 探寻活动是否符合自己的基本需要和安全需要，关心安全感和可靠程度	通过沟通、观察、了解、关心来建立队内信任关系 ① 提供活动的具体信息 ② 确认每个人都清楚团队目标 ③ 明确沟通规则与标准 ④ 守信 ⑤ 练习所需技能：倾听与解决冲突 ⑥ 观察个人和团队的行为方式 ⑦ 鼓励公德心 ⑧ 观察成员的强项和弱点
震荡阶段	可能出现的各种冲突 ① 成员对抗领队或相互挑衅。这是一个必然的过程，若不出现这个过程可能意味着仍然隐藏着危机 ② 成员发现眼前的任务比他们想象的要困难 ③ 团队成员试图找到自己在团队中的位置，明确自己在决策方面的影响力 ④ 成员逐渐清醒，对是否能够带给他们归属感和尊重产生疑问，可能会怀疑他们所付出的努力是否值得，可能会产生指责	冲突管理，局面控制 ① 锻炼冲突解决能力 ② 主动承担责任 ③ 关注所有成员的内心需求 ④ 说明疑难问题、目标和期望值
规范阶段	建立相互依赖关系，形成沟通和解决问题的标准 ① 友好关系重新建立起来，团队又会专注于活动目标 ② 团队越来越少地依赖领队的指示，若与领队在行程路线上发生分歧，可能会与领队抵触；这时，活动成为团队成员的，而不是领队的，成员希望与领队共同进行决策 ③ 多数成员在此阶段对身体、安全感和归属感基本满意，成员会在团队中寻求尊重和自我价值	提高判断、决策能力，开发团队潜力 ① 为团队提供自我运行策略的机会和条件 ② 在决策与问题解决上充当推动者的角色 ③ 在重要问题上以征得团队同意为目标进行协商 ④ 给予充分的反馈意见
执行阶段	团队开始高效运行 ① 发挥团队潜力 ② 团队处于稳定状态 ③ 团队成员为完成任务协调合作，共同解决问题 ④ 成员之间能容忍不同意见，互相支持 ⑤ 确定并充分发挥每个人的优势 ⑥ 领队此时可能只被看作顾问，而不是绝对的权力象征 ⑦ 个人需要已经不是最主要的，更多地专注于获得尊重与自我实现	激励 ① 进一步开发团队潜力 ② 为实现团队高效运行提供建议 ③ 为队员提供更多的表现机会

续表

发展阶段	特征	领队策略
重组（或解体）阶段	① 感觉艰苦的旅程就要结束,一些人开始急于回到现实社会,会对分别感到依依不舍 ② 有些人开始退出先前在团队中的角色 ③ 团队处在高峰体验状态 ④ 因完全相同的感觉不可能再出现,一些队员试图保持这些感觉,且有保持联络或重新聚在一起的愿望	① 鼓励队员讨论体验与感受 ② 给予积极反馈 ③ 庆祝成功 ④ 指出不足和希望

注:引自 Alex Kosseff,2003:AMC Guide to Outdoor Leadership. Boston:AMC Books.

四、冲突管理

当冲突发生时,领队要及时控制冲突持续扩大、要有效地处理分歧和冲突。因此,冲突管理能力的提升对领队来说尤为重要。在户外活动中,冲突管理首先是预防,把可能出现的冲突扼杀在萌芽中。遇到冲突发生的情况,领队需要把握好尺度,选择合适的方法处理问题。

（1）当领队和队员发生冲突时,领队首先要控制自己的情绪,只有控制自己的情绪才能在处理冲突的过程中掌握主动权。

（2）出现冲突后首先找出原因,冲突产生的表面原因可能只是导火索,要发掘引起冲突发生的根本原因。

（3）成功化解一场冲突不是靠打败对手,而是要使双方建立信任,营造一种共赢的愿景。建立信任可打破之前互相指责的局面,随着信任的建立,沟通会变得轻松。

（4）关注问题较多的队员。在活动中难免有特殊的队员,要对他倍加关注,提前和他处好关系,积极沟通建立信任。例如,在活动中某队员体力好一直走在最前面,并嫌弃其他队员走得慢,有时会超过领队独自行走,领队可以引导他帮助体力差的队员分担重量。

（5）换位思考。冲突出现时,领队要及时化解,避免出现大的冲突,在不涉及安全等原则性问题的情况下适当让步。

（6）加强沟通,避免冷战,领队要积极主动了解冲突缘由,认真聆听,避免说教。

也可以采用托马斯·基尔曼冲突管理模型（图4-3-1）对冲突进行分析与处理。该模型以沟通者潜在意向为基础,认为冲突发生后,参与者可能关心自己或关心他人,从而

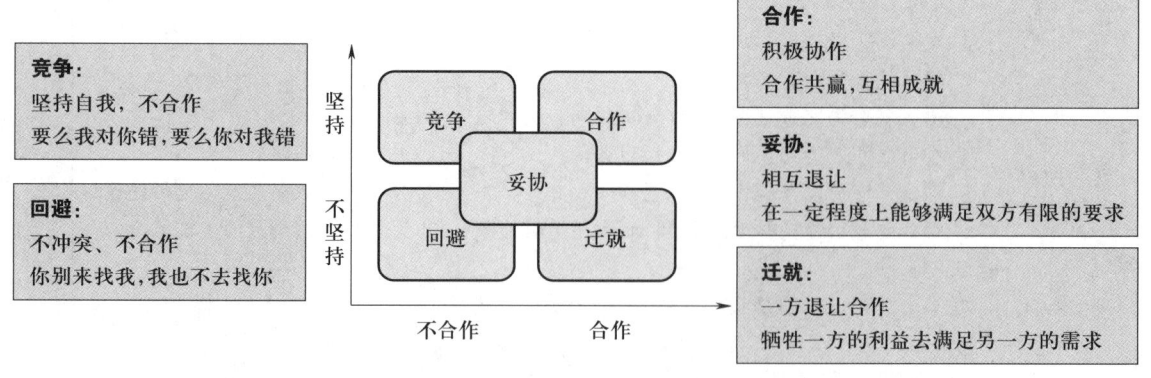

图4-3-1 托马斯·基尔曼冲突管理模型

形成合作或者不合作的二维模型,冲突处理的策略为:竞争、合作、迁就、回避。

五、判断与决策

判断决策的过程可从以下几方面考虑:

(1)确定问题,面对突发情况,领队首先要沉着冷静,根据实际情况综合多种因素分析出主要矛盾和可能导致的结果。

(2)确定目标,遇到风险确定损失最小的目标。

(3)通过全面的思考、专业的知识和经验、准确的判断和直觉,寻找可能解决问题的多种方案。

(4)利用信息,权衡利弊,进行比较。

(5)选择利大于弊的方案。

(6)落实最终方案。

(7)在最终方案的实施过程中,随时根据新的信息修正决策。

根据以上决策过程,可以采用 PrOACT 决策模型(图 4-3-2)梳理决策流程,提高决策的效率。该模型由约翰·哈蒙德、拉尔夫·基尼总结提出,具体包括:

Pr(Problem)问题:当前遇到了什么问题?(找到、识别根本问题)

O(Objective)目标:怎么解决?要达到什么目标才有可能解决目前的问题?(思考自己究竟需要什么)

A(Alternatives)可选方案:有哪些方案有助于我们目标的达成?(做好方案的收集和筛选)

C(Consequences)结果:每个方案可能会带来什么样的结局?它们各自的缺点是什么?(各方案的优缺点的比对)

T(Trade offs)权衡:各方案怎么去权衡利弊进行取舍?(选择适合自己的,而不是概念性完美的)

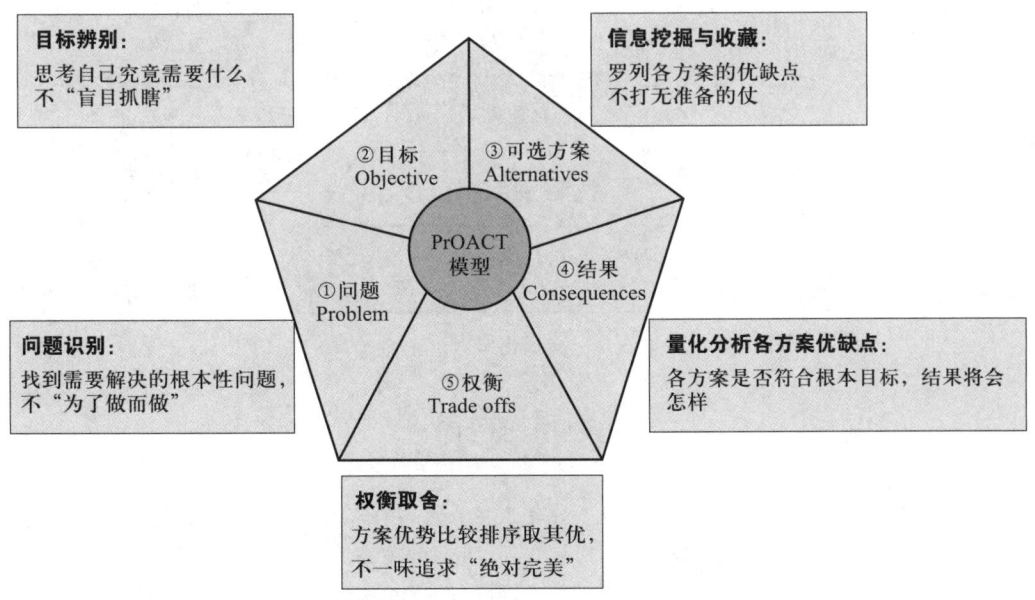

图 4-3-2 PrOACT 决策模型

六、关怀与鼓励

领队要随时关注每一位队员的状况,关怀每一位队员。

(一) 关怀与鼓励的意义

关怀鼓励可以建立信任。当团队在活动中产生问题,需要作出选择时,信任就成为领队和队员之间的重要纽带,队员会更乐意跟随领队,并给予领队足够的信任。相反,如果缺乏信任,往往会造成更大的冲突。

关怀鼓励可以使团队更加团结,在户外活动中领队可以创造机会让队员之间互相帮助。尤其在遭遇危急情况时,队员间的关怀与鼓励更能促进团队成员团结一致。

关怀鼓励可以化解冲突,可以化干戈为玉帛。户外活动团队中有各种各样的队员,关怀可以拉近成员间彼此的距离。在发生冲突时,冲突双方会互不相让,领队可通过对双方的关怀,鼓励队员之间用真诚的沟通来解决矛盾。

(二) 关怀与鼓励的技巧

首先,领队要有奉献精神,领队带领团队的过程也是为队员服务的过程,是让队员获得最高价值体验的过程。其次,领队要随时站在队员的角度考虑问题,全程关注每一位队员的状态,通过经验判断队员的状态,有些队员碍于情面会隐瞒自己的真实情况,经验丰富的领队会从表情、身心的反应来判断队员的实际情况。

再次,领队还要有亲和力,懂得倾听队员的心声,对队员的关怀鼓励要早开始、早行动,并贯穿活动的始终。最后,要对队员的不足进行耐心的指导。合理地提醒和纠正队员的问题,私人问题最好私下沟通解决,切记不能在公开场合对一名队员评头论足。领队可以利用马斯洛需求层次理论(图4-3-3)分析队员的具体需求,从而进行具有针对性的关怀鼓励。

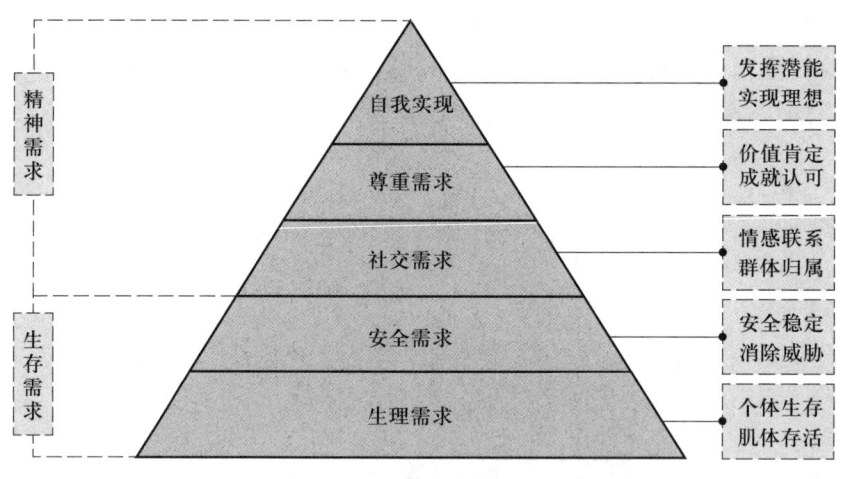

图 4-3-3　马斯洛需求层次理论

【学 用 检 验】

1. 在带领团队活动中,领队发现一名队员刚走了三分之一的路程就体力下降,无法继续前行。运用本章所学的知识,结合自己的实践经验,给出切实可行的解决方案。

2. 在带领团队活动中,队员间发生言语冲突,有进一步恶化发展成肢体冲突的可能。运用本章所学的知识,结合自己的实践经验给出切实可行的解决方案。

【章前导言】

一次成功的户外活动,离不开对前期策划和组织实施的管理。掌握户外活动策划与组织实施管理也是组织者的必备素养与能力。当前,越来越多的国人热衷于参加户外运动,但参与者人群的户外运动知识技能参差不齐,在多个方面都暴露出一些问题。对此,一方面,参与者自身有必要了解参与户外运动的原则与基本要求;另一方面,组织者也应该加强户外活动策划和组织实施管理以保障活动体验效果和良好运行。

【学习目标】

1. 了解户外运动参与原则及基本要求。
2. 掌握户外活动策划的思路与方法。
3. 能够组织实施户外活动,并进行有效的管理。

第一节 户外运动参与原则与基本要求

一、户外运动参与原则

户外运动是在自然环境(如山脉、森林、河流、湖泊)中开展的体育活动。它所面临的环境与日常生活环境不同,需要从多方面做准备以保障户外运动的顺利开展。从运动环境角度来看,要充分了解运动路线、地理地貌、气候等客观因素,制订户外运动计划,并有效地执行。从参与者自身角度来看,应充分了解自己的体能、适应能力、心理承受能力、相关技能技巧的掌握程度和处理意外事件的经验,把握好进取心与困难之间的平衡点。从团队协作角度来看,团队成员间不仅要有感情联系,更应对彼此的特点和不足心中有数,这样才能够充分发挥集体的力量。从户外运动装备角度来看,要保证装备充足并熟练掌握使用方法,牢记"工欲善其事、必先利其器"的古训。

参与户外运动,必须坚持以下五个方面的原则。

(一)安全至上原则

随着户外运动在中国的快速发展,户外事故也频频发生,安全成为一个不可忽视的问题。安全至上原则要求参与者在户外运动的整个过程中,包括计划、准备、实施以及结束阶段,都要将安全保障放在首要位置。无论是个人还是团队,都要以预防事故、确保生命和身体健康为首要目标。

1. 结伴同行原则

在户外运动中,结伴同行原则是非常重要的安全保障措施。所谓"结伴",就是至少有一个同伴和你一起出行。现在国际通用做法是倡导"四人结伴同行",指的是在户外活动中始终有四个人一起结伴而行。团队成员始终对彼此负责,提供必要的应急救援支持。在遇到突发状况时,同伴能够提供及时的帮助;当出现生命危险情况,多个同伴的力量有助于展开有效的救援。团队成员可以为对方预防并分担风险,互相监督,降低个人行为导致风险事故的发生概率。同时,拥有不同户外知识和经验的成员可以做到互补,有利于团队协作以应对各种情况。

2. 四三三原则

"四三三原则"又称为备份原则。在户外运动中,经常会遇到炎热的天气导致大量补水、前期体能没准备好就出发导致后期体能不足、物资短缺,这时就能体现出"四三三原则"的重要性。"四三三"是指户外运动中的体能、食品与水等的准备,要按照 40%、30%、30% 的比例来分配,上山消耗整体 40%、下山消耗整体 30%、活动结束时还剩 30% 的储备。这就要求在出发前做相应准备时要做到心中有数。

3. 三新不出行原则

"三新"指"新路线、新队友、新技术"。"新路线"指队员或者整个队伍从未去过的地方或走过的路线,无法对行进路线做出正确判断,导致计划和准备针对性变弱,弱化了决策的针对性,活动潜在风险提升;"新队友"指第一次结伴而行的队友,彼此与对方不熟悉,无法全面了解新队友的性格、体能、户外技能等,增加了户外运动中人为因素带来的不确定性;"新技术"指从未体验和经历过的户外运动项目、类别与形式,这对任何人而言都意味着更多的挑战。"三新不出行"原则并不是说,有其中一个新,就不参与活动了,而是提醒我们每增加一个"新",活动风险都会大大提升,必须为此做好风险评估和应对;在一次活动中"三个新"同时出现时,通常应取消活动。

4. "STOP"原则

"STOP"分别是"Stay"(待在原地,不随意行动)、"Think"(冷静思考、准确判断)、"Observe"(观察四周、寻找办法)、"Plan"(综合分析、制定计划)四个单词首字母的组合,"STOP"原则是国际通行的户外活动应急处置标准化流程。在户外活动过程中发生迷路、被困等意外时,应及时采用"STOP"原则进行处置,以防事态进一步恶化。比如在确认迷路情况下,首先要停下把背包等物资卸下,然后反思自己迷失方向的节点、确认距离天黑的时间,再通过登高望远等收集可供判断的信息,最终作出应对方案决策。

(二)循序渐进原则

作为户外运动的参与者,每个人的能力、经验都是随着不断参加活动得以增强。循序渐进地参与难度等级不断增大的一些活动,不仅是对自身安全的负责,也是对所参与团队的一种义务;组织者也要根据参与者的条件循序渐进地安排户外活动路线难度等。换个角度来说,参加更高体能和技术要求的户外运动时,参与者最好能够根据自身各方面情况审慎决策。

(三)量力而行原则

户外运动环境多变,参与者身心状况也在不断变化。参加户外活动前,参与者应认真考虑自己综合能力与目标活动的匹配问题,包括路线的长度、难度、天气条件等,确保活动在自己的能力范围内。例如,对于初学者来说,选择一条短途、低难度的徒步路线更为合适,而经验丰富者则能够尝试更具挑战性的户外活动。若个人经验和体能等无法匹配目标活动,不仅无法享受户外运动的乐趣,甚至可能将整个团队置于风险之中。同样的,组织者也应该慎重考虑参与者与户外活动匹配的问题。

（四）自我照顾与团队协作兼顾原则

在户外活动中,照顾别人应该建立在完全能够自我照顾的基础之上,否则将事与愿违。此外,如果一个团队不能拧成一股绳、发挥合力,就失去了组队的初衷和意义。在户外活动中,不仅要求成员之间在紧急时刻相互援助,而且要在平常的细节上彼此关注。团队成员还应共同遵守活动规则和道德准则、共同维护团队的和谐与秩序,避免因个人差异而产生不必要的冲突。

（五）户外环保原则

户外环保原则又称"环境最小冲击法则",包括以下八大准则:

1. 提前计划与准备

提前计划与准备是户外活动重要参与准则。行进路线与露营地规划、与活动区域联系确认、食物和水的补给、装备准备等都需要根据各方面实际情况进行针对性的准备,才能以更加从容自信的姿态迎接户外挑战。同样的,在户外活动计划与准备阶段就要考虑好环保相关问题,才能事半功倍地做好环境保护。换个角度来说,户外环保相关准备是户外活动计划与准备不可或缺的重要内容。比如,应该避免在生态脆弱区域或受保护区域内露营以减少对自然环境的破坏,对食物进行预处理既能减轻背负又能减少垃圾等。

2. 在可耐受地面行进与露营

可耐受地面包括已开发的路径、岩石、沙砾、干草地、雪地等。不论何时何地都应该尽量行进在这些地面上,不能贪图方便而走捷径。户外行进时,应该遵循"有大路不小路、有路不开路"的原则,在没有明显路迹情况下可选择对植被破坏力最小的路线。理想的露营地点是巨大而平缓的岩石区域,不用担心会对地面造成什么破坏,海滩、砾石滩、积雪等也是搭帐篷露营的完美地点。

3. 妥善处理垃圾

户外运动中产生的垃圾包括食物残渣、排泄物以及其他生活垃圾。户外垃圾处理须遵循以下原则:

（1）带来什么就带走什么,即便是难以处理的食物残渣。

（2）妥善处理排泄物,大便应挖猫洞填埋,小便须考虑及时挥发和影响动物习性的可能性,同时还要注意对水源的影响。

（3）不建议使用清洁剂,实在需要应选择挥发性强、可降解的清洁剂。

4. 保持自然原貌

大自然是一个相互关联的复杂系统,每一个生物、每一寸土地都在生态平衡中有着不可替代的作用。在野外活动时,需要遵循既定的路线。已有的路线往往是经过规划与实践,对自然生态破坏最小的选择。随意开辟新径,会直接破坏地表植被。同时,在露营或休息时,应选择合适的营地,避免在水源地附近直接搭建营地,减少对环境的人为改变。此外,当我们游览文化古迹时,应保持敬畏之心,不触摸、不攀爬古迹,不随意在古迹上涂写、刻画,不进入未开放区域。保持自然原貌,无论是自然生态还是文化古迹方面,都是一场持久战役。我们要用行动书写对自然和历史的尊重与热爱。

5. 合理野外用火

在野外,应该秉持非必要不生火的原则。在确需生火情况下,须注意:

(1)先确认所在区域生火的合法性,以及没有引发火灾的可能。

(2)尽量降低对植被的影响。

(3)尽量收集枯木作为燃料。

(4)生火后要让木柴完全燃尽,或用水彻底熄灭。

(5)清理生火点以恢复原貌。

6. 尊重野生动植物

尊重野生动植物不仅是我们道义上的职责,更是维护生态平衡的关键所在。首先,必须做到不喂食野生动物。野生动物具有特定的饮食习惯和觅食方式,随意投喂的食物可能不适合它们的消化系统,导致肠胃疾病甚至死亡。其次,不触摸野生动植物。许多野生植物非常脆弱,触摸可能会损坏它们的枝叶或花朵,影响其生长繁殖。同时,某些动物身上可能携带各种病毒,一旦传播到人类身上,可能带来重要的疾病。再者,不采摘野生植物更是我们应尽的义务。许多野生植物遭到大量非法采摘,面临着灭绝的危险。此外,必须加强随行宠物进入野外环境的管理。在进入野外之前,宠物主人务必确保宠物已接种相关疫苗,预防可能的疾病传播。同时,要使用牵引绳等工具对宠物进行约束,防止其追逐、惊扰其他野生动物。宠物的排泄物也应及时清理,避免对其他野生动植物的生存环境造成破坏。

7. 尊重其他户外活动者

对其他野外活动者尊重体现在多个方面。首先,包容彼此的差异。无论是专业的登山运动员,还是初次涉足户外的新手,都应被平等对待。其次,要尊重他人的个人空间与隐私。如在一个露营区,尽量做到不扰民、不大声喧哗,进行娱乐活动须先征求别人的同意。再者,在团队活动中,尊重他人的意见和决策至关重要。户外环境复杂多变,面临的突发情况往往需要团队成员共同商讨应对策略。因此,大家应充分沟通交流,综合考虑各种因素后达成共识,而不是固执己见。尊重其他户外活动者,不仅能为每一次户外之行营造良好的人际氛围,更能让我们在与他人的互动中收获友谊、丰富经历。同时也让参与者在亲近自然的同时,在人与人之间建立起美好的情感。

8. 尊重民风民俗

我国幅员辽阔、历史文化悠久,有着许多独特的地方。尤其在少数民族地区,更要特别注意他们的生活习俗和饮食习惯等,以免引起不必要的冲突与麻烦。

二、户外运动参与基本要求

(一)良好的身体条件

良好的身体条件是活动得以顺利开展的保障,也可避免因为身体条件不足而使自己或同伴陷入麻烦之中。户外运动参与需要具备综合性的身体条件,耐力素质是首要基础,持续数小时甚至数天的行走对心肺功能和肌肉耐力都是极大的考验;力量素质也不可或缺,不仅是腿部力量,还要求有较好的背部肌肉力量和核心肌群力量;另外,身体的灵活性和协调性也很重要,在穿越丛林、跨越溪流等复杂环境时,灵活的身体能够快速适应地形变化,协调的动作可以避免因失衡而摔倒受伤。

（二）过硬的心理素质

户外运动常常会面临各种意想不到的挑战与危险。面对自然的诱惑和困境，要理智应对。周密地策划与制定活动计划，冷静地处理危机，甚至在极其危急的时刻，仍需理智应对生死存亡的考验，因此过硬的心理素质至关重要。无论遇到怎样的危急情况，保持冷静都是首要任务，只有冷静下来才能清晰地思考应对策略。

（三）必要的知识储备

多学科综合是户外运动的内在属性之一，必要的知识素养能够为户外运动参与提供有力的指导和保障。地理知识可以帮助了解不同地区的地形地貌特征，在规划路线时，能够根据山脉、河流等地形因素选择相对安全且适合的路径，避免进入地质灾害频发的区域。气象知识同样不可或缺，通过观察云层的形状、颜色、移动速度能够预测天气的变化趋势，从而提前做好应对恶劣天气的准备。生物学知识有助于识别野生植物、了解动物习性，辨别哪些植物可以食用、哪些动物具有攻击性等，有利于动植物风险的防范与应对。又比如，体能储备涉及运动训练相关知识、补给准备离不开对生理与食物的了解等等。

（四）合适且专业的装备配备

合适且专业的装备配备是户外运动安全与顺利进行的物质前提。不同的户外运动项目对装备有着特定的要求。以徒步为例，需要配备适合活动的徒步鞋，其具有良好的防滑性能、强大的支撑力和优秀的透气性，能够适应各种崎岖山路和不同的气候条件；背包要具备良好的背负系统，能够将重量均匀地分布在身体上，有多个适合的收纳区，方便分类存取物品等。

（五）适量的补给资源

适量的补给是户外活动得以持续进行的关键，食物和水的准备都要根据运动的强度、时间和环境来确定。例如，在高强度、长时间的负重徒步中，需要携带高能量、易消化的食物，如坚果、能量棒等，以快速补充体力消耗。水是生命之源，在户外运动中要根据天气状况、运动强度和行程时间精确计算饮水量，一般来说，炎热天气和高强度运动时，饮水量会大幅增加。此外，还需要携带水净化设备，以便在野外获取水源时能够对其进行净化处理，使其达到安全饮用的标准。

（六）综合性生活技能

多方面的生活技能使户外运动者能更好地适应环境，满足自身生活需求。烹饪技能在露营活动中可以制作出营养丰富、美味可口的食物。在野外寻找水源也是一项关键技能，要知道如何根据地形、植被等线索寻找地下水、山泉水或雨水收集点，并且掌握水的净化方法，使找到的水能够安全饮用。搭建临时住所的技能不可或缺，除了搭建帐篷外，还要学会利用树枝、树叶、绳索等材料搭建简易的庇护所，以应对帐篷损坏等突发情况。

（七）基础性急救技能

在户外运动中急救技能的重要性不言而喻，参与者应尽量掌握擦伤、扭伤、骨折等户外常见伤害的处置方法。一般来说，户外团队中应有至少一名成员具备急救资质，以便在紧急情况下提供专业的援助。

第二节 户外活动策划

一、户外活动策划概述

（一）户外活动策划的意义

户外活动策划是指在特殊的自然环境和条件下，根据活动目标、参与者需求以及资源条件等，对户外活动进行全面、系统的设计与安排。它包括从活动的前期准备到实际实施，以及活动后的总结评估。户外活动策划不仅要确保活动的顺利进行，还要关注参与者的安全、健康以及活动的可持续性。当前，户外活动策划已逐步发展为一个多学科交叉的领域，涉及管理学、心理学、环境科学、体育学等多个领域的知识和技能。一个好的活动策划能够有效提升活动的质量和优化资源配置，为参与者提供安全、富有挑战性且愉悦的活动体验，这正是户外活动策划的意义所在。具体而言，户外活动策划意义体现在以下几个方面：

（1）提高活动质量：科学的策划能够确保活动目标清晰，任务分工明确，资源利用最大化，从而提升活动的整体质量。

（2）确保活动安全：户外活动通常涉及不确定的自然环境和挑战性较大的项目，合理的策划可以有效规避、转移和降低风险，合理控制剩余风险并能够保障参与者的安全。

（3）增强参与感和互动性：通过精心设计的活动流程和内容，能够吸引参与者并更好地激发参与者的兴趣和动机，提升他们的参与感和集体归属感。

（4）推动可持续发展：在策划过程中加入环保和可持续发展的考虑，能够尽量将活动对自然环境的影响降到最低，实现参与者与环境的和谐共生。

（二）户外活动策划的理论

1. 活动管理模型

活动管理业内先后提出了一些活动管理流程或模型，尽管术语不尽相同，但基本过程通常涉及：调查研究、明确目标及可行性、策划和制订初步计划、组织协调、项目实施、结束收尾工作、活动回顾和总结评价七个板块。Tum、North 和 Wright 在 2005 年根据活动产业的特效对前人研究活动的策划管理进行优化，主要流程包括分析、详细计划、实施与执行和绩效评估 4 个阶段。首先，分析阶段主要工作是进行活动或组织者的内外部环境分析，并明确活动的目标及目标市场。明确活动的总体目标和具体的阶段性目标需要考虑到参与者的需求、活动的可行性以及资源的限制。其次，详细计划阶段的工作内容包括活动选址、产品开发、服务设计、供应链管理、风险管理等举办的相关活动所需的所有计划活动。在活动策划阶段对活动进行全面的风险管理评估，预见可能的风险，并制定应急预案。再次，执行阶段则主要关注如何按既定的计划进行资源配置，以及人力管理、容量管理和工作时序安排等内容。根据活动策划方案执行并实施活动，统筹活动各环节的顺利衔接与执行。最后，绩效评估阶段在活动结束后使用一定的标准来测评和修正活动运营的效果。活动结束后对活动进行及时评估，总结经验教训，为今后的策划提供一定的参考。

2. 甘特图

甘特图是活动策划中常用的时间计划管理工具，通过图形化的方式展示活动各项任务的时间安排和计划任务的进度(图 5-2-1)。甘特图的横轴代表时间,纵轴列出任务或活动每个任务的时间段用横向条形图表示。通过这种方式,策划者可以清晰地看到各项任务的执行顺序和时间安排,同时也能够帮助策划者合理安排时间,避免任务的重叠和时间的浪费,提高活动的整体效率。

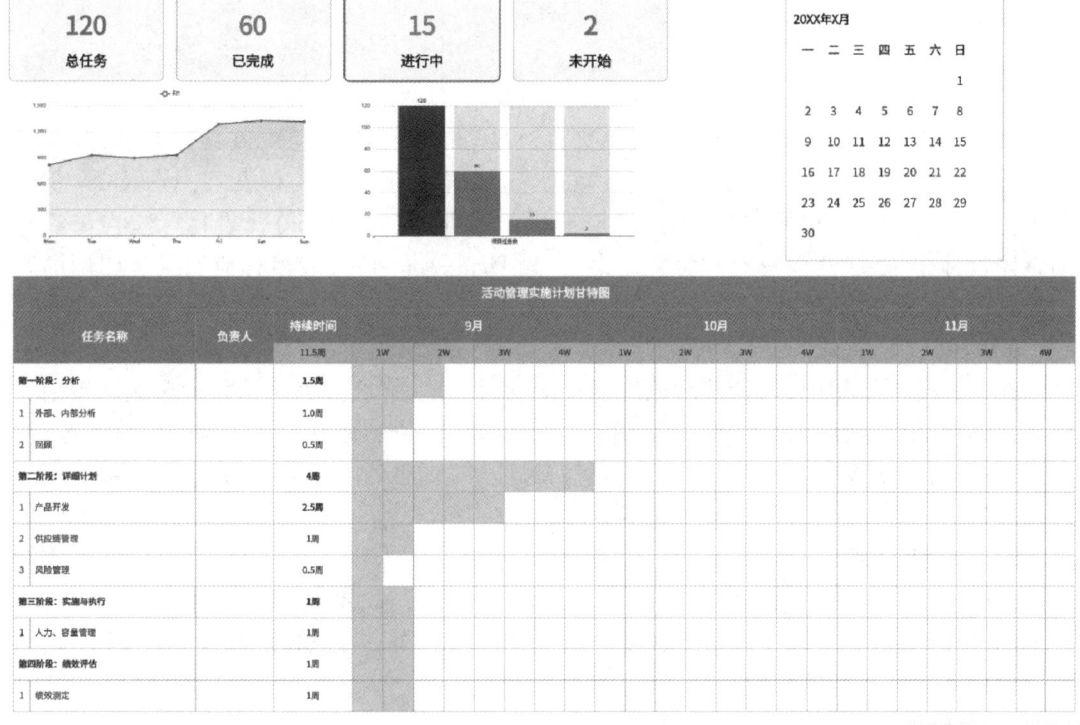

图 5-2-1　甘特图

3. PDCA 循环

PDCA 循环是活动策划的一种管理工具,用于帮助策划者不断改进活动的质量和效率。PDCA 代表了四个阶段(图 5-2-2):计划(plan)、执行(do)、检查(check)、行动

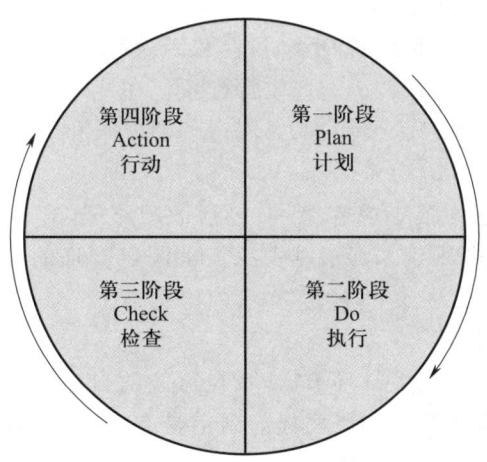

图 5-2-2　PDCA 循环四个阶段

（action）。第一是计划阶段,策划者确定活动的具体目标、活动内容、资源需求、活动预算等。第二是执行阶段,要将计划付诸实施,组织和协调各项活动,确保资源按时到位,活动内容按照计划进行。第三要在检查阶段活动实施过程中不断监控活动的进展,发现问题并进行调整。最后是行动阶段,要根据检查阶段的反馈,优化策划方案,形成改进措施,以便在下一次活动中更好地执行。

（三）户外活动策划的原则

1. SMART 原则

SMART 原则是一种广泛应用于目标设定的框架,能够帮助策划者设定清晰、可行且具有挑战性的目标。SMART 代表五个关键词:S（Specific）代表目标应该具体明确,避免模糊不清;M（Measurable）代表目标应当是可度量的,便于跟踪进度和成果;A（Achievable）代表目标应当是可实现的,具有挑战性但不过于困难;R（Relevant）代表目标应当与活动的整体目标相一致,确保资源和努力的集中;T（Time-bound）代表目标应当具有明确的时间限制,确保任务按时完成。

2. 可持续性原则

在户外活动策划中,可持续性原则强调活动对环境、社会和经济的长远影响。策划者应考虑如何减少活动对自然环境的负担,如减少垃圾、避免破坏生态平衡、节约资源等。此外,策划者还应关注活动的长期社会效益,如能够贴近百姓生活、吸引参与者,提升参与者的凝聚力、促进参与者的身心健康等。

3. 安全性原则

安全性是户外活动策划的重中之重。在活动策划阶段,策划者需要详细评估活动过程中的潜在风险,并采取措施进行预防和应对。应急预案、风险管理和参与者的安全培训都是确保活动安全性的关键环节。

4. 参与性与互动性原则

户外活动的成功不仅仅在于活动本身的设计,还在于参与者的积极参与和互动。在策划活动时,应确保活动内容能够激发参与者的兴趣,并提供互动和协作的机会。例如,可以设计团队合作任务、亲近自然的体验等,增强活动的参与感和互动性。

（四）户外活动策划的要点

1. 目标明确与任务分配

户外活动策划的首要步骤是明确活动目标和活动参与者的预期收获。活动目标应当清晰具体,并能够引导后续的任务分配与资源配置。在此基础上,任务分配要确保合理性与可执行性。每个任务的负责人要明确,并有适切的权限和资源支持。

2. 资源配置与预算控制

资源配置是活动策划的核心内容之一,包括活动路线、环境资源、人力资源、物资资源、资金等。预算控制则要求策划者根据资源需求制定合理的预算,并严格控制支出,避免浪费。

3. 风险评估与应急管理

风险评估是活动策划中的关键环节,涉及对可能的自然灾害、突发事件、参与者健康问题等的预测与应对。应急管理则需要提前制定具有针对性和可行性的应急预案,并在活动实施过程中进行实时监控与调整。

4. 活动要素

特殊活动的关键成功要素简略概括为"5W+2H"，五个W(Why、What、When、Where、Who)及2个H(How、How Much)。撰写方案应该具体直观的表明"5W+2H"关键要素，就是为什么要做、做什么、什么时候、在哪里、跟谁、怎样做、费用如何等。活动方案的其他内容也应围绕这些要素来写，这样才能将所要表达的项目情况清楚无误地表达出来。

(1) 活动目的(Why)：这是一次活动的所有元素的基础。

(2) 活动内容(What)：活动方案的主要内容是核心，涉及活动目的和活动方式。语言简练生动，突出重点，表述清晰即可。

(3) 活动时间(When)：不同的季节与天气适合举办不同类型的户外活动，合理的时间安排是活动成功的关键。

(4) 活动地点(Where)：可根据活动预算、内容性质和规模大小，考虑优质舒适的活动场地。

(5) 活动人员(Who)：确定活动参与者的人口统计学和心理学信息，以便对组织执行者进行合理安排。

(6) 活动进程(How)：活动从开始到结束的每一个进程一目了然，既有利于参与者配合组织者的工作，又有利于活动有条不紊地开展。

(7) 活动总预算(How Much)：包括活动各项工作的分解结构及各项任务的支出情况。

二、户外活动方案制定

活动方案是对某个未来的活动或者事件进行策划，并展现给阅读者的文本。撰写活动方案就是用现有的知识开发想象力，在可以得到的现实资源中，以最高的成功率和最快的速率达成目标。

(一) 户外活动的基本特征

1. 时间长度与环境复杂性

户外活动通常具有时间长度和环境复杂性上的多样性。活动的时间跨度可能从几个小时到几天，甚至数周不等。时间长度直接影响到活动的策划，特别是在准备阶段的资源调配、人员安排以及应急预案的制定等方面。短期活动例如单日的远足郊游、短途自行车骑行等，这类活动通常需要精确控制活动时间，确保参与者在指定的时间内完成任务。短期活动的环境复杂性较低，但活动内容的安排需要更紧凑。而时间较长的活动例如连续数日的徒步远征或野外生存挑战等，需要更为细致的计划，尤其是在餐饮、住宿、休息和补给方面格外重要。自然环境复杂性较高，策划者需要预估不同时间段可能遇到的天气变化、地形挑战和资源需求。

在策划时，需要考虑到活动持续时间对参与者体力、心理的影响，以及环境变化可能带来的挑战。例如，气候、季节、海拔等因素都可能直接影响活动的实施。因此，了解活动的时间长度与环境复杂性是成功策划的基础。假设你正在策划一个为期三天的徒步旅行，途经森林、高山和溪流，参与者需要适应不同的环境挑战。那么，在时间上需要提前计划好住宿地点、休息时间和出发时间；而高山和森林等环境存在天气突变可能，策划方案时需要针对性地做好相应的准备，如经过防水处理的备用衣物、应急食物、水、燃料等。

2. 装备与技术要求

户外活动的装备和技术要求直接影响活动的安全和能否顺利实施。策划者需要根据活动的特点选择适合的装备,并确保所有参与者掌握必要的技术技能。在策划方案中,装备与技术要求按照清单明确列出,并需要考虑到参与者的个人能力差异。通过合理的装备安排和技术培训,确保每位参与者能够在活动中充分发挥自身的优势。

(1)装备要求:包括个人装备(如登山鞋、背包、防水衣物等)和公共装备(如帐篷、急救包、火种等)。不同的活动类型所需的装备清单有所不同。例如,长时间的野外生存活动需要准备更多的生存工具,而城市周边的户外活动则可能对装备的需求较为简便。

(2)技术要求:除了基础的装备外,参与者的技术要求也是策划中的关键要素。例如,某些户外活动如速降、定向越野等,需要专业的技能和经验。策划者需要综合评估参与者的技术能力,并提供必要的培训与支持以确保此类活动的顺利进行。

3. 人员管理与协调

人员管理是户外活动策划中不可忽视的一环。一个活动的成功不仅仅取决于策划者的周密设计,还在于活动中每一位参与者的协作与配合。首先,要确定活动参与者的规模,并根据活动的复杂性和参与者的能力、经验水平,合理分配人员并保证团队的均衡性。比如,某些高难度的活动需由经验丰富领队引导,并合理分配角色与职责。其次,要根据活动的任务要求对参与者进行明确的分工。例如,某些任务需要合作完成,策划者可以设置团队挑战项目,增强团队间的协作精神。另外,还要建立明确的协调机制。户外活动通常在复杂和不确定的环境中进行,因此在活动前期策划者需要明确当多个小团队或多人同时进行不同任务时,良好的沟通与协调将是活动顺利进行的关键。此时,设置合适的通讯方式(如对讲机、手机应用程序)和联络人,是确保及时解决问题的有效途径。

4. 活动多样性与不确定性

户外活动的最大特点之一就是多样性和不确定性。不同地点、不同时间、不同天气条件都会对活动产生不同的影响。因此,策划活动方案时,必须要考虑到活动的灵活度和不确定因素。在户外活动通常涉及多种形式,如徒步、登山、滑雪、划艇等,策划者应根据活动目标和参与者的兴趣,合理安排活动的内容,确保活动的多样性能够充分调动参与者的热情。不可预见的因素是户外活动的挑战之一,比如恶劣的天气、突发的疾病或意外事件等,都会影响活动的正常进行。策划者需要在活动方案中预留足够的灵活度,设立备用撤离计划和应急预案,并在活动开始前进行多次模拟,确保在突发情况下能够做出及时调整。

(二)活动参与人群分析

1. 参与者背景与需求

每个参与者都有不同的背景与需求,成功的活动策划必须考虑到这些个性化因素,以确保活动能够真正满足参与者的期望和目标。了解参与者的年龄、性别、民族、职业、文化等背景,有助于策划者设计出符合其需求的活动。例如,家庭户外活动和成年人重装徒步的需求就大不相同。需求分析则需要活动的策划基于参与者的需求进行针对性设计。例如,有些人参加户外活动是为了锻炼身体,有些人则是为了放松心情或与朋友一起建立更好的关系。理解不同参与者的动机,可以帮助策划者设计更合适的活动内容,提升活动的吸引力。

2. 参与者的年龄、性别、民族与健康状况

不同年龄段、性别、民族和健康状况的参与者对户外活动的需求有很大差别。例如,老年人群体可能更注重活动的轻松程度,而青少年群体则可能更喜欢充满挑战的极限运动。因此,在活动策划时,必须根据这些因素进行分类设计。年龄方面,对于儿童和老年人,活动的设计要更多考虑到安全性和适宜性,例如,低强度的徒步旅行或短时间的探险活动;对于年轻人则可以设计一些有挑战性的活动,如高空拓展、攀岩、滑雪等项目。性别差异上,需要考虑某些户外活动可能对男性和女性的需求不同。例如,女性在一些活动中可能更倾向于社交和分享,而男性则可能更注重竞争和挑战。活动策划时应充分考虑这些差异并提供均衡的活动内容。不同民族的参与者在饮食、文化和习俗方面可能存在差异,在活动策划中需考虑以下几点:饮食上需要在活动期间提供多样化的饮食选择,要尊重各民族的饮食习惯和忌口;文化交流方面可以设计一些促进不同民族之间文化交流的活动,如文化分享会、传统习俗展示等,增强参与者之间的理解与尊重。了解参与者的健康状况是确保活动顺利进行的前提,能够有效降低潜在风险。

3. 参与者的活动经验与技能水平

每个参与者的活动经验和技能水平不同,策划者必须有的放矢地确定活动内容和难度等级。对于初学者,活动的设计要注重基础技能的培养与安全保障。例如,安排简单的徒步旅行、基础的攀岩课程等;对于有一定经验的参与者,可以设计一些较为复杂和挑战的活动,如山地自行车定向赛、多日重装徒步等;对于有专业技能的经验丰富的参与者,则可以安排更高难度的挑战,如高山滑雪、徒步远征探险等。

4. 参与者的心理预期与动机

参与者参加户外活动的心理预期和动机也有所不同。策划者需要提前了解并分析这些心理因素,以便设计出既满足需求又能带来愉悦体验的活动。一些参与者可能希望通过活动来减压、放松心情,而另一些则可能想要寻求挑战、突破自我。理解这些心理需求,有助于为参与者提供个性化的活动体验。在活动前,动机分析可以帮助策划者了解参与者的兴趣点。比如,探险型活动往往能吸引喜欢挑战的参与者,而亲近自然的活动则更适合希望放松身心人群。

5. 目标群体与活动内容匹配

根据以上分析,策划者需要将活动内容与目标群体进行匹配。例如,为青少年设计的活动可以包含更多的竞争性和团队合作内容,而为老年人设计的活动则应更加注重舒适性和安全性。

（三）活动目标设定

1. 目标设定的重要性

活动目标设定是户外活动策划的核心环节,它决定了活动的方向、内容和评估标准。清晰的目标能够为活动的实施提供明确的方向和指导,并帮助策划者在过程中做出相应的调整。如果目标不清晰或过于模糊,活动的执行可能会陷入混乱,导致效果大打折扣。活动目标设定的意义体现在以下几个方面:首先,明确清晰的目标能帮助策划者和参与者明确活动的目的,从而更好地规划每一个细节;其次,设定明确的目标能够为活动的评估

提供标准,如目标是否完成、是否达到了预期的效果等,都是评估活动成效的重要依据;最后,通过对目标的设定可以合理分配和调度资源,避免资源浪费。

2. SMART 目标设定法

SMART 目标设定法是一种广泛应用的目标制定框架,通过确保目标具备的五个特性,帮助户外活动策划者设定更具体、可行、可评估的目标,让参与者获得更大的收益。通过 SMART 法则,策划者能够确保目标的制定具有可操作性,能够帮助组织者引导活动的顺利进行并最终达到预期效果。

(1) S(Specific,具体性):目标要明确具体,避免模糊不清。例如,"提高团队协作能力"可以具体化为"通过五个任务增进团队成员间的协作与沟通"。

(2) M(Measurable,可衡量性):目标要能够被量化或程度有区别,可以通过数据或标准来衡量进展。例如,设定"完成徒步 20 公里"或者"通过团队协作完成 3 个挑战任务,完成的情况程度如何等"。

(3) A(Achievable,可实现性):目标应当可实现,但需要具有一定的挑战性。既要考虑活动的实际情况,也要考虑参与者的能力,避免设定过于简单或过于困难的目标,否则会降低参与者的自信心,影响活动的整体质量。

(4) R(Relevance,相关性):目标必须与活动的总体目标相符合,同时确保活动的每个环节符合参与者、领队以及具体的活动环境的实际情况,所有这些都是为了服务于最终目标的达成。

(5) T(Time-bound,时限性):目标应当具备明确合理的时间范围,例如"在两天 48 小时内完成徒步穿越"等。

(四) 活动资源测评

1. 物理条件评估

物理条件是指活动举办地的自然环境及其对活动的影响。评估物理条件有助于判断活动是否适宜在特定地点举办,并有助于做出必要的准备和应对措施。地形与气候方面,了解活动当地的地形地貌特点(如山地、森林、沙漠等)以及气候变化,如高海拔地区的户外活动可能需要考虑低氧环境对身体的影响、雨季可能影响活动的安全性等。水的补给方面,应与活动的性质、参与者的特征以及地形天气状况等因素相结合,以确保最佳效果。环境保护方面,则要评估活动地点的生态环境,确保活动对环境的影响最小化,如设置垃圾分类、限制人流、避免破坏植被等。应急救援方面,要着重确保活动地点具备基本的应急救援条件,如紧急撤离方案及路线、附近医疗设施设备等。

2. 团队管理及分工

团队成员的合理分工、明确职责是保证活动高效执行的前提,要根据活动内容将团队成员分配到不同角色。例如,设立活动负责人、后勤保障、安全保障人员等,确保每人都清晰自己的职责。要设置明确的指挥层级,确保信息能够高效传递。可以通过对讲机、卫星电话、手机 App 等工具进行实时沟通。通过团队建设活动或任务分配,促进团队成员间的合作与信任。户外活动通常需要参与者密切合作,因此策划时应注重团队的凝聚力。

3. 资金预算

活动的预算控制是策划过程中的重要环节。良好的预算规划能够确保活动顺利实施,并避免因资金问题出现突发状况。首先,要根据活动规模、所需资源等制定详细预算清单,具体包括交通费用、住宿费用、户外保险、装备租赁、餐饮、宣传等。其次,在活动进行过程中要确保资金的合理支配和及时调整,如临时增加的活动项目可能需要额外的预算支持。另外,为应对突发情况可以预留一定的备用资金,以备不时之需。

（五）活动方案评估

1. 评估目的

活动方案评估是确保活动达到预期目标的必要环节,其目的主要在于确保活动方案的质量、资源匹配和风险预判。一方面,通过评估活动计划的合理性和可行性,确保活动内容符合预定目标,避免在实施过程中出现偏差;另一方面,评估各项资源是否合理匹配,确保活动计划中的资源配置能够支持活动的顺利实施;最后,评估活动计划中的潜在风险点,并提前采取应对措施,以降低活动过程中可能出现的危机。

2. 评估步骤

活动方案评估通常分为几个步骤。第一步,要确定目标与资源匹配度,确保资源能够支持目标的实现;第二步,评估活动时间安排是否合理,任务分配是否有序,是否存在时间上的冲突或资源配置不合理等;第三步,评估活动过程中可能面临的风险,以及风险预防措施的有效性与应急预案的针对性。

（六）活动方案实施准备

1. 事前准备

事前准备包括所有细节的确认和准备工作。人员准备方面,要确保所有参与者、工作人员都了解活动的安排,并做好心理准备和身体准备,需要时可以在出行前进行集体培训。装备准备方面,要检查所有装备是否完好,并根据天气、地形等条件进行调整,如确保帐篷睡袋防潮垫、防水装备、急救包都在适宜的状态下保证参与者能够使用等等。风险管理工作方面,要确认所有的安全措施和应急预案已经到位,确保活动中能够应对突发情况,比如确保相关人员具有急救资质并掌握急救技能等。

2. 活动前再确认

在活动开始前,还须进行以下方面的最终确认:核对物资清单,确认所有物资是否按时到位,检查确认活动期间的天气情况并做相应准备,进行参与者名单核对并确认其健康状况,安排好后勤支持。

第三节　户外活动组织实施

户外活动的种类繁多,涵盖了徒步、登山、攀岩、野外生存、速降等多种项目。本节以徒步登山活动实施为范式,详细介绍户外活动实施的组织管理。户外活动组织实施是指为了确保活动的安全性、有效性和有序性,在执行方案过程中的组织、指挥、协调和控制。具体而言,户外活动组织实施可划分为前、中、后三个阶段。

一、户外活动实施前的准备

有效的户外活动执行始于周密的前期准备,包括从组织者到参与者的全方位准备工作。主要包括召开行前准备会、对接第三方服务、准备与检查活动物资、许可与保险办理、应急方案准备等环节。

（一）召开行前准备会

1. 确定活动流程

在行前准备会上,组织方和参与者应充分掌握目的地的天气、地形、路线、预计时间及线路难度等信息,并据此确定实际的执行方案。同时,需明确活动所有细节,如参与人数、出发与返程时间、行程安排、休息点安排、活动细节及应急预案等。

2. 人员分组分工

根据活动参与人数配置领队(最少需设置正、副领队各一名)。此外,也可以根据参与者的能力和特长进行分组,明确各组的任务和负责人。一般来说,可以分为负责探路导航的先锋组、负责物资运输的后勤组、负责处理突发医疗情况的医疗组、负责拍摄活动的摄影组等。

3. 征询意见要求

在行前会议中,可以收集组织方和参与者的活动需求与建议,特别是关于饮食限制、特殊体质的照顾等方面。

4. 强调注意事项

提醒组织方和参与者注意安全事项,包括穿着合适的服装和鞋子、携带必要的装备、遵守团队纪律等。针对某些项目(高空、高海拔等高风险项目)的特点,要求队员进行必要的身体检查。

（二）对接第三方服务

第三方服务是户外活动中不可或缺的一部分,需要提前做好充分的准备和规划,以确保行程能够顺利、安全、愉快地进行。在进行第三方服务对接时,应注重沟通的有效性、及时性和专业性,同时也要考虑到安全、预算和效率等因素。如此,可以有效减少误解和冲突,提高合作效率,从而达成预设活动目标。第三方服务对接一般包括交通、饮食、住宿等(表5-3-1)。

表 5-3-1 三方对接服务内容及方式

对接内容	对接方式	解决的问题
交通	选择合适的交通工具,与服务提供商协调好接送时间和地点	确保活动按预定时间进行
饮食	如果涉及饭店、营地等就餐形式,需与相关方进行对接,确保食物数量和口味能够满足要求	确保饮食需求
住宿	根据活动方案选择帐篷露营、民宿或酒店等不同的住宿方式,确保住宿地点的安全和卫生条件,野外露营需提前了解许可	确保住宿需求
其他	装备租赁、向导、摄影服务等可能的其他需要,确保第三方提供服务质量,协商好服务内容和费用	确保其他活动需求

（三）准备与检查活动物资

1. 物资清单

根据户外活动的类型和人数,制定详细的物资清单。物资清单主要包括装备、补给等。其中,装备可以分为个人装备和集体装备,个人装备包括背包、衣服、鞋、睡袋、防潮垫等,集体装备包括对讲机、急救包、垃圾袋等;补给主要为水和食物,需要依据活动时间、气候、活动途中的资源等因素决定携带的类型和数量。

2. 物资采购

按照计划中的物资清单进行采购,选择质量可靠、价格合理的产品。可以通过实体店或在线购物平台进行采购,注意比较不同品牌和商家的产品质量和价格。对于技术装备,如动力绳、主锁、安全带等,应该购买带 GB、UIAA、CE 认证的产品,以确保产品的质量和性能。

3. 物资数量与质量检查

活动开始前,对物资数量和质量的检查必不可少。第一,要确保物资的数量足够,能够满足参与者与活动的需求;第二,物资的质量要符合相关标准与要求,食品和药品等易过期物品要确认保质期,装备类物品要检查其性能及损耗情况。

(四)许可与保险办理

1. 获取相关许可

根据活动的地点和性质,可能需要获取相关许可。如在边境、国家公园或自然保护区等进行户外活动时,需要向相关管理部门申请许可;进行高海拔登山等活动时,需要向有关部门进行备案并获得许可。

2. 购买保险

购买活动保险是活动准备必不可少的重要环节,保险应包括所进行的户外运动项目、意外伤害、医疗费用、紧急救援等方面的保障,在购买时选择信誉良好的保险公司,仔细阅读保险条款,确保保险范围和保额能够满足活动的需求。

(五)应急方案准备

1. 组建应急处理小组

每次活动须配备应急处理小组,负责处理活动中的突发情况。小组成员应包括有经验和资质的领队、医疗人员、通信人员等,并明确小组成员的职责和分工,确保在紧急情况下能够迅速响应和处理。

2. 制定紧急应对措施

针对可能出现的紧急情况,制定相应的紧急应对措施。制定在突发疾病、意外伤害、自然灾害等情况下的应急预案,应急预案应包括紧急救援流程、通信联络方式、医疗救助措施等内容,并让所有参与者都了解应急预案的内容和自己的职责,可参考图 5-3-1 紧急行动计划(EAP 样本示范)。

(六)其他

在活动前,向参与者提供详细的活动信息,包括活动地点、行程安排、注意事项、紧急联系方式等,可以通过微信、邮件、短信等方式发送信息,确保参与者能够及时收到并了解活动的相关信息。当参与者与活动内容技术要求之间存在差距时,通常会在活动开始前进行技能培训。

样本示范

联系信息

紧急联络电话	110/119所有情况的报警
主教练或(主领队)的电话	
助理教练(副领队)的电话	
活动场地电话	
活动场地地址	
最近的医院	
1号负责人 (主教练/主领队)	姓名/电话
2 号负责人(助理教练/副领队)	姓名/电话
3号负责人 (父母、亲朋)	姓名/关系/电话
1号联络人(1号)	姓名/关系/电话
2 号联络人(2号)	姓名/关系/电话
3 号联络人 (3号)	姓名/关系/电话

从_____到达_____医院示意图。

图 5-3-1 EAP 样本示范图

二、户外活动实施中的管理

（一）队伍组织管理与协调

1. 集合热身与破冰

在进行任何户外活动前,都应组织参与者进行集合与热身活动。热身活动不仅有助于预防运动损伤,还能提高身体的适应性。此外,通过组织破冰活动,可以促进参与者的相互了解,强化团队凝聚力。

2. 检查队员装备

活动开展前,还应组织全面的装备检查,确保装备齐全且符合要求。对于存在的问题,应及时提醒队员进行更换或补充,包括但不限于登山杖的正确使用、背包的适当调整,以及帐篷的完整性检查等。

3. 强调团队纪律

活动开始之前,必须强调团队纪律的重要性,如不擅自离队、遵守时间安排、听从领队指挥等。确保每位参与者都能理解并遵守基本原则。

4. 行进秩序维护

户外行进应维护良好的秩序以保证队伍安全,根据活动类型、队伍规模和地形情况,灵活选择行进方式,如纵队、横队或结组行进,同时注意控制行进的速度和间距。

5. 队员沟通与管理

活动期间,领队应加强与队员间的沟通和管理,及时了解队员的身体状况和需求,提供必要的帮助和支持,并鼓励队员间相互支持,共同完成活动目标。

（二）安全保障与风险控制

1. 安全隐患防范

活动前,应对活动地点进行全面的安全评估,识别潜在的安全风险,并制定相应的预防措施。例如,在登山活动中,应考虑山体滑坡、落石的风险;在水上活动中,应注意水域的安全。

2. 风险因素控制

在活动中,对一些风险较高的因素进行重点控制。如攀岩活动中,要确保攀岩装备的安全性和可靠性,同时要有专业的教练进行指导和保护;在徒步活动中,路途中有较为陡峭的路段,可通过技术装备增加保障,如铺设路绳、溜索过河等,同时要有能力较强者进行辅助。

（三）活动过程的记录监测

1. 活动多元记录

在户外活动中,应对活动情况概要、过程中的景物和事件等进行多元化记录,包括照片、视频、文字记录等,记录下的素材可通过照片直播、文件整理发送等形式及时分享给参与者,帮助参与者回忆活动的精彩瞬间,同时也可以为活动的总结和评估提供依据。

2. 人员状态监测

在进行户外活动时,首先要保证所有参与者的安全和健康。这需要密切地关注参与者的身体状况和心理状态,参与者身心出现问题时,管理人员必须立即采取措施,要及时进行必要的医疗救助和心理疏导等。如参与者出现情绪低落、精神压力大或者其他心理问题时,要立即进行心理疏导,帮助其调整情绪,保证其能安全完成活动。人员状态监测方法主要有三种:

（1）观察法:密切观察行为、表情和生理反应,以此来评估身体状况和心理状态,如注意面色、呼吸、步态等的变化。

（2）询问法:通过提问交流等,了解他们的感受和需求,及时发现并解决问题。

（3）生理指标监测法:使用运动手环、心率监测器、血氧计等设备,持续监测生理指标,如果出现异常,立即进行干预。

3. 行程时间控制

时间是评价活动是否得以顺利实施的基础因素,也与活动安全直接相关。因此,在活动过程中要加强对行程时间的控制。如果出现行程延误的情况,要及时调整活动计划,以确保人员安全为优先。

（四）物资管理

1. 食品和水的管理

在活动中,需要根据活动的时间和强度,合理安排食品和水的摄入量,避免浪费和短缺。同时,要注意食品和水的卫生安全,避免食物中毒和水源污染。因此,需要做好合理的计划与管理。

（1）合理的计划:一般来说,户外运动必备食品具有以下特点:体积小易包装,重量轻易携带,容易储存不易变质,高热量、高蛋白、高维生素,容易消化,味道可口,方便烹调。

当然,并不是所有的食品都能具备以上的要求。水的携带则要根据活动地点或者线路上是否有水源、活动持续时间、人数等进行均衡分配。因此在出发前应制定科学、完善的计划。绝大部分食品和水的配备按人头计算,少数按组分发。在营养方面则要根据户外活动的特点,选择高水准的营养食品来满足需要,主要包括以下四个方面:第一,糖(碳水化合物)在户外活动中非常重要,是日常活动能量供给主要的来源,可通过携带可乐、葡萄糖等来满足部分糖的需求,确保身体有足够的碳水来维持运动;第二,户外活动常常出汗导致机体大量体液丢失,应提倡预防性补水,可携带一些电解质饮料、功能性饮料等饮品,及时补充水分与电解质;第三,应该准备一些富含优质蛋白质且体积小、便于携带的食品,如牛肉干、肉松、鸡蛋、火腿肠等;最后,还要适当补充维生素和微量元素,尽量做到食品种类的多样化。各种维生素的来源及功能见表5-3-2。

表 5-3-2　各种维生素的来源及功能

维生素		来源	功能
脂溶性	A	胡萝卜、绿色蔬菜	生长发育,增强眼部功能
	D	奶制品、阳光	补钙,促进新陈代谢
	E	植物油、奶制品、纯米制品	防硬化、抗氧化
	K	深绿色蔬菜、谷类、肉类	止血(预防流鼻血)
水溶性	B_1	奶制品	补充碳水化合物、糖分
	核黄素	谷类	抗氧化
	尼克酸(烟酸)	奶制品、谷类	增加能量
	B_6	蔬菜、梨	增加蛋白质
	C	柑橘类的水果	增强体质、防硬化

（2）管理与存放:个人食品应该用塑封袋(具备防水性能)装好,然后放置在背包内的中上部位置,水放置在水袋或者水瓶中并保证密封状态,防止遗漏。在野外,还要预防野生动物偷食。

（3）食品和水的分配:在行进过程中,饮食与水分补充非常重要(表5-3-3)。早餐应在行进前至少1小时食用,以保证能量的补充;中餐(即路餐)应随时补充,以维持体力的连续供应;晚餐建议在睡前2小时内完成,便于消化。

表 5-3-3　对热能的(消耗)需求(单位:卡/天)

活动	热能的需求量	食品需求量
睡眠	1 500~2 000 卡[①]	不定
春、夏、秋三季徒步正常运动	2 500~3 000 卡	0.8~0.9 kg
冷天徒步、低强度运动	3 500~4 000 卡	0.9~1 kg
冬季登山、低强度运动	4 500~6 000 卡	1.1 kg

① 1 卡 = 4.186 8 J(焦[耳])

在行进的过程中,预防脱水的措施也需特别注意。切记在感到口渴之前就要开始补充水分,因为此时体内可能已流失了 1%~2% 的水分。在行进时,应随时补充水分,避免出汗过多导致脱水。沿途如有可饮用的水源,尽量少背水,以减轻负担;如必须携带水瓶,要尽量加满,充分利用每一次补水的机会。此外,饮品的选择也很重要,纯净水、运动饮料、冲剂(如巧克力粉、茶、咖啡、汤料等)都是很好的选择,既能补充水分,又能补充热量。

2. 医疗用品管理

在户外活动中,要根据人员身体状况和需求合理使用医疗用品,如药品、绷带、消毒水等。同时,要注意医疗用品的有效期和储存条件,确保医疗用品的有效性和安全性。医疗用品的背负分配信息须共享,以备不时之需。

3. 通信设备管理

确保通信设备的电量充足,信号良好,队伍中通信设备的频率、信道等要一致。同时,要遵守通信纪律,不得使用通信设备进行聊天等。

4. 露营装备管理

如果需要露营,要合理使用和管理露营装备,确保露营装备的搭建正确、牢固,同时要注意露营装备的卫生和安全。

(1)装备的数量与质量:依据露营人数确定露营装备的数量。帐篷的数量应保证每个或每组露营者都有合适的居住空间,一般双人帐篷可容纳 2—3 人,根据实际情况计算所需帐篷数量,可以考虑预留 1—2 顶备用帐篷或修补工具,以防帐篷出现损坏等情况。睡袋的数量应与露营人数完全匹配,且要根据露营季节和当地气温选择合适温标的睡袋,确保睡眠时的保暖效果。此外,还需配备足够数量的防潮垫,以保证露营过程的防潮效果。帐篷应具备良好的防水、防风、透气性能,帐篷杆要有足够的强度和韧性,能够承受一定的风力和压力;睡袋的填充材料应保暖,面料要柔软舒适且具有一定的防水性。防潮垫的材质应轻便、防潮、隔热效果好。

(2)装备携带与使用技巧:除防潮垫外,露营装备应尽可能地避免外挂,放在背包当中能够有效地避免行走时帐篷被刮蹭或损坏。在抵达露营地时,根据需要可向参与者传授帐篷、睡袋、防潮垫等装备的正确搭建方法、使用技巧和注意事项。例如,讲解如何正确地搭建帐篷,包括帐篷杆的安装顺序、地钉的固定位置和角度、防风绳的系法等,使参与者能够迅速、准确地搭建起稳固的帐篷。

5. 技术装备管理

如果活动涉及一些技术装备,如绳索、主锁、保护器等,要进行有效的管理。确保技术装备安全可靠,同时要有专业人员进行指导和操作。

(1)装备的数量与质量:根据活动的参与人数、技术难度以及备份需求确定技术装备的数量。例如,在攀登活动中,主绳的数量应根据攀爬路线的长度、人数以及可能需要的备份数量进行计算,一般每段攀爬路线至少应配备一根主绳,并额外准备 1—2 根备用主绳,以防主绳出现磨损、断裂等情况。安全带、主锁、快挂等装备的数量要与活动人数相匹配,并考虑一定量的备份,以应对装备丢失、损坏或某些特殊情况的发生。此外,必须选择符合国际或国内相关标准、质量的技术装备,技术装备要符合 UIAA、CE 等认证标准。

(2)装备携带与使用技巧:技术装备的安全性要求较高,应有专门的装备包或者放于背包的中上部,以免受到大强度的碰撞而导致损坏。各种户外装备是关系到每位户外参与者安全的关键,在出行前要认真检修和整理装备。

6. 其他物资管理

对于其他物资,如炉头套锅、气罐燃料、工具等,也要进行合理管理,确保物资使用安全,避免发生意外事故。

（五）宿营地管理

1. 营地选址与分区

营地的选择要遵循四大基本原则,即水源补给、营地平整、背风背阴、远离危险。大运动量的穿越活动过后,选择有水源补给的露营营地非常重要。选择好露营点后,应在营地周边进行察看,根据需要设定好意外紧急情况时的安全逃生路线,系统地评估营地安全。总体上,应避免在河滩、山顶、枯树下,以及有落石隐患的地方露营。在野外,露营营地一般分为四大基本区域,即帐篷露营区、用火就餐区、取水用水区、卫生区。

2. 营地卫生与清理

要注意营地的卫生维护,各区域产生的垃圾都应集中收集,不得随意丢弃。同时,要注意个人卫生,保持身体清洁。撤离时要将营地清理干净,恢复原状。将垃圾带走,不得留下任何污染环境的物品。

（六）环境与文化保护

在户外活动中,要注意保护自然环境,遵循无痕山野原则,不得破坏植被、捕杀野生动物、污染水源等。同时,要遵守自然保护区的管理规定,不得在禁止区域内活动。如果活动地点有文化遗产,要注意保护文化遗产。不得破坏文物古迹、不得在文物古迹上乱涂乱画等。同时,要遵守文化遗产保护的相关规定,不得在禁止区域内活动。

（七）紧急情况处理与调整

活动中要密切关注各种可能出现的紧急情况,及时进行识别和预警。例如,发现天气突变、队员受伤、迷路等情况,要立即采取紧急行动,如寻找避雨地点、进行医疗救助、寻找正确的路线等。一旦发生紧急情况,要立即启动应急处置流程,按照应急预案迅速组织救援力量,同时还要及时向相关部门报告情况。出现紧急情况后,要根据实际情况及时调整活动计划。如果情况严重,要果断取消活动或改变活动路线。时刻牢记"确保参与者安全"是首要原则。

三、户外活动实施后的管理

（一）活动复盘与分享

拉伸放松可以帮助参与者缓解肌肉疲劳,加快身体技能恢复,也有利于为参与者创造轻松的氛围来结束活动。因此,在户外运动结束后第一时间应组织拉伸放松活动。若是单日活动,可以组织参与者在活动结束后或者返程大巴上回顾活动的流程,包括出发、行进、休息、活动内容、返回等环节,然后请参与者分享自己的活动体验与感受,提出对活动的建议和意见。若是多日活动,则可在晚上进行当日活动的复盘和分享,活动结束后可进行整个活动的总结与分享,进一步深化活动的意义。组织分享交流时让大家分享活动收获和成长,可以邀请有经验的参与者分享自己的户外经验和技巧,也可以让大家自由交流,互相学习。

活动结束后,及时将活动照片、视频、文字记录等分享给参与者,让大家可以回忆活动的精彩瞬间。同时,也可以将活动记录发布在社交媒体上,扩大活动的影响力。此外,要对活动中出现的问题进行分析总结,找出问题的原因和解决方法。例如,如果活动中出现了队员受伤情况,要分析受伤的原因,总结经验教训,以便在今后的活动中避免类似情况的发生。

（二）物资整理与维护

在活动结束后,对物资进行清点和分类。将损坏的物资和需要维修的物资单独存放,以便进行处理,将剩余的物资进行整理和存放,为下次活动做好准备。对损坏的物资进行记录,并及时处理。如果是可以维修的物资,要及时进行维修;如果是无法维修的物资,要及时进行更换。然后,将整理好的物资进行维护保养与存放。

（三）反馈收集与改进

在活动结束后,要进行参与者反馈意见征询,可以通过问卷调查、面谈、在线反馈等方式进行。主要了解参与者对活动的满意度和意见建议,以便进一步改进完善。在此基础上,组织者要对活动进行反思,总结活动实施的优点和不足,为后续活动提供有益参考借鉴。可以将活动回顾和总结发布在社交媒体上,让更多人了解活动的情况,从而扩大活动的影响。

（四）财务结算与归档

在活动结束后,对活动的费用进行核算和统计。包括交通费用、饮食费用、住宿费用、物资采购费用等,确保费用结算的准确性。对活动中的发票进行整理和审核,涉及报销程序的要按照财务制度要求进行报销和结算。最后,在对活动财务情况进行分析和总结的基础上,根据财务制度进行归档。

【学 用 检 验】

1. 为某社区户外运动爱好者做一次户外安全讲座,请拟定这次讲座的内容框架。
2. 某校五年级学生计划进行 2 天 1 宿的徒步露营活动,请为该活动拟定具体方案。
3. 请你出任上述"两天一宿徒步露营"活动的主领队,制定详细的工作方案。

【章前导言】

户外运动教学与训练是一项综合性、实践性强的教育教学活动。它不仅要求教育者深入理解与把握户外运动的教学目标、内容、方法及安全规范,还要求教育者能够有效结合户外运动的训练原理,科学指导学生进行系统的训练,全面提升学生在户外环境中生存、探险和运动的能力。本章重点讨论户外运动教学与训练的目标、基本要求、组织与实施技巧、教学方法、训练内容及方法,以及教学评价等。通过本章的学习,希望能够帮助学生拓展思路、大胆创新,更好地开展户外运动教育教学与训练,促进学生的全面发展。

【学习目标】

1. 理解户外运动教学与训练的特点、目标、内容及方法,掌握组织与实施技巧。

2. 引导户外工作者顺利开展户外运动教育教学与训练活动。

第一节　户外运动教学目标与基本要求

一、户外运动教学概述

在教育学领域,教学的概念是"以课程内容为中介的师生双方教与学的共同活动",其特点是通过各学科系统知识、技能的传授与掌握,促进学生身心发展。根据这一概念,户外运动教学的概念可以界定为"以户外运动课程内容为中介的师生双方教与学的活动"。户外运动教学涵盖课前准备、教学设计、教学实施及课后评价等多个关键组成部分。

户外运动教学属于传统班级教学模式,具有班级教学活动的特征,需要集体授课,这就决定了上户外运动课的并不是学生个体,而是一个群体。在户外运动教学过程中存在着多边关系,如师生关系、同学关系、个体与集体关系、普通同学与学生干部关系等。户外运动教学是"教师的教"与"学生的学"的双边活动。

二、户外运动教学目标制定

教学目标是指师生通过教学活动预期达到的结果或标准,主要描述学习者通过学习后预期产生的行为变化,是教学活动实施的方向,是教学活动的出发点和归宿。广义的教学目标有三个层次:(1)人才培养目标;(2)课程实施目标;(3)课堂教学目标。而狭义的教学目标就是指每节课的教学目标。本书将采用狭义的范畴,把户外运动教学目标定义为:在每次户外运动教学活动中,学生能熟悉掌握并运用特定的运动技术,增强团队协作能力,同时在身体健康、心理健康和社会适应等方面达到良好的教学效果。教育部2002年颁发的《全国普通高等学校体育课程教学指导纲要》(以下简称《纲要》)中,在指明课程目标的基础上,具体提出了学生通过体育课程学习,在运动参与、运动技能、身体健康、心理健康、社会适应等五个领域内应达到的要求。作为体育课程教学的一部分,户外运动教学目标在每一次制定时,都应该遵循《纲要》提出的整体课程的教学目标要求。

三、户外运动教学的基本要求

教学与课程有着密切的关系。由于户外运动的课程具有多样性,不同模式下课程目标的认知、技能、情感占比也有所不同。因此,户外运动的教学没有一成不变的方法。户外运动教学的基本要求是教育工作者应该注意的共性问题,也是保证顺利开展户外运动教学活动的基础。

(一)安全第一

户外运动教学始终要将安全放在第一位。教学过程中,所有动作和活动都应该基于学生的实际水平,引入新的动作或活动时,教师应该明确讲解并示范后再开始让学生练习。教师在每次活动前应对户外设施、装备进行全面检查,确保其符合安全标准;同时应制订详细的应急预案,包括急救措施、紧急撤离路线等,并在活动中进行演练。学生应严格遵守安全规定,不得擅自行动或尝试危险动作。

(二)以学生为主体

进行户外运动教学,应该正确看待教师与学生的关系,尊重每一位学生的个性差异,并以他们为教学活动的主体。在教学过程中,教师应该以"启发"和"辅助"为主,给予学生足够的空间发挥自己的能力并思考问题。教师应该保持宽容和积极的态度,给学生带来正面的影响并起到良好的示范作用。

(三)注重学生身心全面发展

教师应该在教学中注重学生身心的全面发展,教学过程中不仅要认真观察学生的进度、状态和情绪,还应该支持学生,帮助他们克服困难,甚至在危险的情况下帮助他们渡过难关,尽可能地提高学生的学习能力,充分挖掘学生的潜能。

(四)机会平等

在户外运动教学活动中,教师要给予所有学生同样的尝试与参与活动的机会,应该注意平等和耐心地对待每个学生。教学的目的并不局限于知识与技能的学习,教师应该在教学中传递平等与尊重的思想。

(五)以实践活动为基础

以实践活动为基础是户外运动教育教学的显著特点,也是其区别于其他教育形式的显著特点。教学活动主要通过学生的亲身实践和切身体验来完成,教学过程中,教师要尽可能地帮助学生全身心地参与到实践活动中。过多的和不必要的讲授会影响学生的积极性,也会降低活动的乐趣。

（六）灵活处理突发事件

教学活动是否能够顺利进行受多种因素的制约，如学生的认知水平、学习能力，教师的教学资源、教学设计方案、教学方法等。在户外运动教学中，当学生遇到困难时，教师要有随机应变的能力，必要时果断放弃已有的教学计划，采取更合理、方便、科学的教学活动方案，做到机动灵活。

（七）循序渐进与重点突出

户外运动教学活动的过程应该循序渐进，教学内容应由易入难、由浅入深，切不可急于求成。同时，教师要注意使教学活动始终围绕教学目标进行。不论教学目标是一个还是多个，教师都应该保证活动时间分配合理、活动内容重点突出，有的放矢、张弛有度。

（八）教学过程以启发、互动、探究为主

在户外运动教学活动中，教师不仅是知识技能的传播者，也是学生诉求的倾听者，要注意适当、合理地引导和启发学生。教学过程不应该是单向的、传授式的，而应该是双向的、互动式的。教师应鼓励学生自主探索和思考，发现问题、提出问题并依靠自己的能力解决问题。

第二节 户外运动教学组织与实施

户外运动教育教学组织与实施过程是教师与学生面对面交流的过程，也是将课程设计付诸实践的关键步骤。在教学活动中，教师应该充分做好准备工作，制定教学方案，简化或避免不必要的流程，并遵循教学原则，对学生进行引导和讲授，严格制定并遵守安全规范操作程序，努力寻求可以得到良好反馈的评价方法。

一、户外运动教学组织技巧

（一）获得学习者的关注

教师在教学活动实施过程中，要始终注意获得学生的关注，保证每个学生都能够倾听和注视着自己，这样才能保证学习效果。教师可采用新颖有趣的方式（比如讲故事、与学生互动游戏等）引入教学内容以吸引学生的注意力。如果有人的注意力被分散或转移了，教师可以停下活动并重新吸引他们的注意力。

（二）布课过程要充分

在教学活动开始前，教师要预留足够的时间向学生做活动介绍，说明活动的内容和要求，使学生充分了解教师的要求，对此教师可以先确认再进行活动。这同样适用于学习新的知识或练习一个新的技能。实践证明，如果教师没有给学生足够的信息，那么学生在掌握该知识和技能时就会产生困惑，从而浪费教学时间，影响教学效果。

（三）选取适合的教学方法

教师可以运用不同的教学方法来达到某一教学目标。比如，在学习新知识或训练某项新技能时，教师可以使用有趣的竞赛和游戏来增加学习的乐趣。对于相对复杂的动作，比如攀岩或速降，教师可以将其分解成几个模块，使学生有时间去理解和实践。实际上，在户外运动教育教学中，教学方法不是一成不变的，教师可根据活动的教学目标选择合适的教学方法。

（四）指出知识学习的关联性

帮助学生建立关联性知识体系是教学内容之一。教师在讲授新技能和新理论之前应该确认学生是否理解和掌握了之前的知识和技能，同时巧妙地指出这种关联性。以野外定向活动为例，如果学生没有掌握识图知识，就无法准确地找到定向点。活动前，教师要将需要解决的问题和相关知识合理地结合起来教授。比如，在开始远足之前，学生需要先学习识图、搭建帐篷、野炊、信号技术等。

（五）既要细致观察又要兼顾全局

当个别学生在活动中遇到困难，表现犹豫不决时，教师要在第一时间给予帮助。教师精力有限无法兼顾时，可以让有经验的学生提供帮助。同时，在户外教学活动中，教师要第一时间对危险行为予以指出和纠正。在整体的活动把握上，教师要尝试让学生通过自己的方式掌握知识或技能，帮助学生在活动中变得更加自信和独立。

（六）多种方法收集评价信息

采用多种方法收集评价信息可以全面而立体地反映教学效果，以及教学过程中出现的问题。教师应该掌握多种评价技巧。在每次活动结束前，教师可以带领学生做一个简短的总结，总结学生在活动中都做了什么、学到了什么。如果在评价中有人表示没有学会某个知识、技能，或者在活动的某个环节感觉不好，那么这正是需要总结和吸取的经验及教训。

此外，还要考虑到学生的实际情况和水平，以及教师自身的情况，将各种积极的或消极的因素考虑在内，不断尝试，以获得尽可能高的学习效率。活动中学生是否自愿参与，教学活动是否具有趣味性和吸引力，学生是否穿着合适的户外服装、携带了合适的户外用具，甚至包括防水、防晒等用品，都有可能影响到户外活动的成效，因此需要一并注意。

二、户外运动教学组织技术

完整的户外运动课程应包括组织策划、确定方案、教学实施、反馈评价四个方面。从户外运动教学特点和组织实施的过程分析，户外运动教师应具备以下技术。

（一）策划技术

策划是指依据某一特定主体而进行的程序性设计。户外运动教学是系统而复杂的过程，户外运动教育教师在设计和组织某一特定课程时应遵循"重点突出、点面兼顾"的思路，在策划具体课程时要根据学生的特点和需求，科学地选择教育性体验、审美性体验、娱乐性体验或逃避性体验作为课程主线，进而围绕主线策划课程内容和教学组织实施方案。

（二）破冰技术

体验式教育是户外教育教学的特有教学模式。"破冰"是体验教育的专业术语，是消除老师和学生之间、学生和学生之间初次接触的陌生感的一种有效方式。破冰成功与否，直接影响整个课程的实施效果。因此，户外教育教师熟练掌握破冰技术具有重要的现实意义。常见的破冰技术包括运动破冰、接触破冰、游戏破冰、利用环境破冰、故事情境导入破冰、音乐破冰、理论破冰等，在教学运用时需要教师根据学生情况、教学环境、课程内容和目标，进行有效的选择和组合。

（三）课程导入技术

课程导入是户外教育教学的开始阶段。课程导入技术是衡量一名户外教育教师教学技术成熟与否的重要指标。在课程导入时,优秀的户外教育教师可以根据"破冰"之后的学生反应和现场效果,灵活地运用故事导入、气氛导入、问题导入等方法,巧妙地将学生的兴奋点收拢,将注意力集中到课堂氛围中,为接下来的教学活动创造条件。

(四)教学掌控技术

教育教学目标是通过教学过程来实现的,如果没有良好的教学掌控能力,再好的课程策划、再精彩的破冰与导入,也难以达到好的教学效果。教学掌控技术包括教学进程的把握能力、学生心理状态的分析能力、课堂气氛的调节能力、风险预判能力以及对突发事件的应对能力等。教学掌控技术是一个经验积累的过程,难以一蹴而就,需要户外教育教师在实践教学中逐步积累。

(五)教学评价技术

教学评价包括目标评价和效果评价。目标评价针对学生的学习体验成果,主要有自我评价、小组评价、过程评价、教师评价。教师可根据实际情况采取组合评价或者综合评价的方法给予学生客观、科学的评价。效果评价是针对课程是否达到预期效果的程度评价,是教师提高课程质量的依据。

三、户外运动教学活动实施注意事项

(一)注意培养学生的户外活动技能

与室内课堂不同,户外活动多以实践为主,是强调学生手脑并用的多感官学习。为了活动的正常实施,教师应注意培养和训练学生的户外活动技能。这些技能有很多,如使用指南针、地图识别、露营技能、应急自救等。这些都不是通过一次学习就可以熟练掌握的技能,教师要花一段时间对学生进行反复训练。在一定程度上,户外活动技能保证了学生的身心安全,因此教师要注意加强学生这方面的培养和训练。

(二)注意培养学生的环境保护意识

作为户外教育工作者,有责任在活动中引导教育学生关注和尊重环境。要使人们意识到,在自然中进行活动会对环境造成一定影响,甚至会打扰野生动植物的生活生存状态。因此,要在活动中尽量减少和避免对自然环境的负面影响。要遵守当地的环境保护要求,活动时避免发出过度噪声,尽量不要打扰当地居民的正常生活。活动中尽量不要折断树枝和采摘花朵,不要使用任何颜料喷涂树木。在活动人数较多的情况下,更有必要强调环境保护的意义。活动结束后,要带领所有参与者一起清理并带走垃圾,收回所有设备和材料,恢复环境原貌,避免对环境造成污染和破坏。

(三)注意养成良好的安全规范意识

影响户外活动安全的因素有很多,如活动内容、教学方法、学生数量、设备质量、活动时间、当地天气、活动地点、行进路线、交通状况等。只要遵守安全实施规范,就可以提高户外教学活动的安全性,防止危险或降低危险的发生率。如在教学活动实施前,教师应该明确活动可能存在的危险因素,提高学生的警惕性;教师需要在活动前对场地和设备进行安全检查,移除危险物品等。在教学实施过程中,教师可通过适当的活动模拟危险情况发生时学生应该采取的应急自救措施,并在活动中有意识地对学生进行避险训练;及时制止危险动作和行为,教师与学生都有责任观察活动及周围的情况,并在适当的时候对违反安全规则的行为做出警告或制止。在教学活动实施后,应认真总结经验教训,虚心从别人和自己的错误中学习;记录活动中的危险情况,并做出总结,以便进行分析和评估等。

第三节　户外运动教学方法

教学方法是指教学过程中教师与学生为实现教学目的和教学任务要求,在教学活动中所采取的行为方式的总称。户外运动教学使学生置身在无限延伸的户外自然环境中,要求学生亲身参与到体验中来,学生被鼓励并调动他们所有的感官来学习,不再单纯地接收文字符号,而是以自己的亲身经历,以收到的声音、气味和触觉等刺激的反馈来达到发展自我价值的目的。

一、户外运动教学方法概述

就教学本质而言,教学方法包括教师教授方法和学生学习方法两个方面,是教授方法与学习方法的统一。一般来说,教法和学法是不可分割的,教法中包含着学法,学法里体现着教法,两者共处于教学过程之中。户外运动教学是以身体练习为主体的操作性实践活动,因此,户外运动教学中又把以学生为主的"学法"一词称为"学练法";"教授法"与"学练法"是相互统一、紧密联系的。

(一)运动技能教授法与思想心理教育法

教学目标是影响户外运动教学方法选择的重要参考因素,因此,需要明确户外运动教学目标主线和目标之间的关系,其中主线是运动技能目标,其他教学目标可以根据主线贯穿于教学的各个层面。从学生学习运动技能角度而言,整个教学过程可划分为三个阶段:第一阶段,建立运动技术的直观表象——讲解法、示范法、图示法、情境法、启发法、比较法、教具演示法、模型演示法等;第二阶段,实施与矫正运动技术阶段——分解法、完整法、保护法、帮助法、反馈法、指导法、纠错法等;第三阶段,巩固运动技能阶段——提示法、指点法、分析法等。同时,户外运动教学活动与其他学科教学活动一样,应加强课堂组织与管理,并兼顾心理健康与思想品德教育,因此,还需要运用说服法、榜样法、评比法、表扬法、批评法等教育教学方法。

(二)有教师指导的学练法与无教师指导的学练法

户外运动教学是师生的双边活动,学生学习新技能很大程度上依赖教师的指导,但是班级制教学活动往往是一对多的,即一个教师教授多个学生,教师对学生的指导不可能每时每刻都存在,而是有限的。因此,在教学实践中,户外运动教学方法可分为完全课外自学法和课内教学法;而课内教学法又可以分为课内教师指导下的教学方法和自主学练法。当然,各个层面的教学方法并不是并列关系,而是相互交错的,没有绝对的划分标准,只有相对合理的判断。

二、户外运动教学方法的特点

(一)实践操作性

户外运动教学最大特点是实践操作性。教学方法必须与教学实践紧密相连,有些教学过程需借用其他学科的教学方法,如直观教学法、讲解法等,但必须根据户外教学的特点、环境、学生的队列等情况加以调整。在选择与安排教学方法时,一定要根据身体操作活动的实践特点进行,而不仅仅是停留在理论层面上。只有结合实践操作的教学方法,才能让学生在掌握动作技术概念的基础上,通过身体实践活动达到掌握运动技能、促进身心发展的目的。

(二)双边统一性

任何一种教学方法都是教师指导与学生学习的双边活动。在户外运动教学方法的运用过程中,教师的"教授法"与学生的"学练法"紧密联系、相辅相成。如教师在讲解动作要领时,学生一定要认真听讲,积极思考,如果没有做到这一点,那么教师的讲解效果就会大打折扣。我们不能把教师的"教法"与学生的"学法"对立起来,也不能把它们简单叠加,户外运动教学方法应充分体现师生在教学中相互联系、相互作用和相互统一的特点。

(三)独特有效性

户外教学方法多种多样,每种方法都有其独特的性能和使用范围,同一种教学方法也会因教学情景不同而效果各异。没有一种方法适用于所有的教学条件。根据以上特点,户外运动教师在选用教学方法时,可以借用效果较好的方法,但不要死板套用教学方法;同一方法他人使用起来得心应手、效果显著,自己使用起来却不一定能产生同样的效果。因此,在户外教育教学实践中,我们既要关注在不同场景中使用不同的教学方法,又要特别注意同一种教学方法在不同场景中的使用效果。在实现教学目标的过程中,可能存在多种教学方法同时使用的情况,要善于组合不同的教学方法,使其彼此联系、密切配合、互相补充。只有多种教学方法相互配合,发挥其整体效能,才能使教师顺利达成教学目标。

(四)传承发展性

户外运动教学方法是在长期的体育教学实践中逐渐发展起来的,其中有些方法具有一定的时代性,如以前的口授法;也有的教学方法至今仍具生命力,值得我们认真总结、整理并借鉴其合理的部分,这就是教学方法的传承性。教师要秉持传承与发展的理念,要在扬弃中发展,贯彻"洋为中用、古为今用"的文化传承策略,从多方面吸收和利用古今中外教学方法中一切合理的成分,并在新的历史条件下,根据新的时代精神、内容性质和对象特点不断创新,使教学方法更能适应户外教育教学的实际要求,使户外运动教学方法体系逐渐发展和完善。

第四节　户外运动教学评价

教学评价历来都是一个教学重点,也是一个难题,因为评价是对教学结果的判断,既是对教学成效的总结,又可以对教学起到反馈的作用。要做出一个科学的、客观的、公正的教学评价难度较大,涉及因素众多,并需要定量与定性相结合的评价作为支撑。

一、户外运动教学评价的形式

(一)诊断性评价

诊断性评价也称"教学性评价",一般是指在某项教学活动开始之前对学生的知识、技能以及情感等状况进行预测。通过预测了解学生的知识基础和准备状况,以判断他们是否具备实现当前教学目标所要求的条件,为实现因材施教提供依据。

诊断性评价既是了解学生学习基础和身体运动条件的有效途径,又是制定教学目标、选择教学手段与方法,分析教学重难点、安排教学步骤及进行分层教学的重要依据;同时也是了解特殊学生,特别是了解身体有严重痼疾或身体活动困难的学生的重要途径。因此,在户外运动教学过程中应开展必要的诊断性评价,以预防学生伤害事故的出现,推动教学方法与手段的改革,最终实现户外运动教学的目标。诊断性评价一般在课程、学期、学年开始的时候进行,特别是分班、分组之前。

(二)形成性评价

形成性评价是指在教育教学过程中,为使教师的专业水平继续提高、不断获取反馈信息,以便改进教学而进行的系统性评价。它贯穿于教育教学活动全程,目的是通过识别教师工作中的不足,为教师不断改进教学提供依据。以上概念主要针对教师评价而言,对于学生的评价同样需遵循这一原则。形成性评价是教学过程评价的重要手段,也就是说,学生在短时间内的学习结果并不能代表评价的全部,要结合教师的授课过程、备课情况进行较为系统的评价,这样才能做到客观公正。因此,做好户外运动教学的形成性评价,既要确定教师与学生阶段性教学目标和内容,分析其包含的各个要点之间的层次关系,也要实施阶段性目标测试,还要进行平行性目标测试。其目的是形成系统的教学评价体系,确保各个阶段教学目标、内容与评价的有机衔接。

(三)终结性评价

终结性评价是对课堂教学的达成结果进行恰当的评价,指的是在教学活动结束后为判断其效果而进行的评价。一个单元,一个模块,或一个学期的教学结束后对最终结果所进行的评价,都可以说是终结性评价。终结性评价是以预先设定的教学目标为基准,对评价主体达成目标的程度即教学效果做出一个最终的判断。对于教师而言,它是对教师单元教学、学期教学、学年教学的总结性评价,是综合考评教师教学业绩的重要参考指标;对于学生而言,它是判定学生学习户外运动成果的重要信息,是确定学生学习户外运动课程成绩的一个重要方面。因此,无论是教师还是学生,终结性评价都是必需的,也是必要的。

二、户外运动教学评价的实施

户外运动教学的特殊性,教育目标的多样性,要求我们的评价手段不能总是单一的,比如,用简单的仪器测量很难进入到情感领域,很难衡量学生在自然环境中获得的愉悦感。户外运动教学评价可以用于活动中及活动后,并由教师、学生合作完成,这样才能展示出更立体和全面的结果,也更利于发现问题和引起反思。

在户外教育教学活动评价中,提问的方式可能直接影响评价的结果。因此应该尽量向学生提出启发性、开放性的问题。在评价前,可以根据教学目标来准备题目,比如人际关系、感受或观点等,并针对学生和教师分别设计调查问卷。

户外运动教学中需要对每次活动做出认真反馈和评价,以跟进学生的状态并改善后面的教学活动。此外,由于每次活动的时间有限,学生学习时间相对短暂,所以为得到全面的评价结果,应进行持续性评价,教师可以根据每次活动记录和活动评价的结果,不断改进后面的教学活动。

三、户外运动课程考核

考核是课程教学评价的重要环节,通过考核可以提供教学反馈信息,及时发现问题以便调整教学计划,改进教学方法,从而使教学组织过程更科学。通过考核有助于培养学生自我评价的能力,不仅可以让学生了解自己掌握户外运动基本知识、技术和技能的程度,而且还是鞭策学生不断进取、积极向上的有效手段。

(一)户外运动课程理论考核内容

户外运动课程理论考核主要是对户外运动基础知识掌握情况的检验,考查学生对户外运动基本常识的了解、相关户外运动项目概念的掌握、基本技术及技能的理解、户外运动课程安全注意事项及保护方法的掌握、户外运动课程学习的心得体会等。一般采用闭卷笔试的方式进行,让学生根据自己的理解作答。基本题型涵盖客观题与主观题两类。

(二)户外运动课程实践考核内容

户外运动课程实践考核是对所学技术技能掌握和应用情况的检验。以教学比赛的形式进行测试,如校园定向积分赛、横移攀爬练习、团队建设比拼和团队项目比赛等。教师采用随堂考试的形式,在课堂上根据学生的比赛成绩和表现情况进行记录和评分。

(三)户外运动课程综合训练考核

综合训练是户外运动课程的重要组成部分,在考核中所占的比重是最大的。综合训练的考核既要结合学生在室内综合训练中的成绩,还要参考学生在户外综合训练中的具体表现,包括吃苦耐劳、互相帮助、团队精神的展现以及对户外运动技能技巧的掌握情况,同时还要参考学生的上课出勤情况和课堂表现来进行综合评定。

第五节 户外运动训练

户外运动训练是提升个体在户外环境中生存、探险和运动能力的系统性过程。本节将深入探讨户外运动训练的定义、目的、内容、方法及其与教学的紧密关系,为户外运动爱好者提供科学的训练指导。

一、户外运动训练概述

(一)户外运动训练的定义与目的

户外运动训练是专为提高个体在户外环境中生存、探险和运动能力而设计的系统性训练过程。其目的在于通过科学、系统的训练,增强参与者的体能、技能、战术理解及心理素质,使其能够在各种户外环境中自信、安全地活动。户外运动训练使参与者亲近自然,挑战自我,锻炼身心,享受户外运动的乐趣,培养对自然的热爱、尊重以及环保意识;提升能力,增强力量、平衡、核心、敏捷、爆发力等综合素质,助力实现户外新目标;促进社交,在团队活动中增进交流与合作,培养社交技能和团队精神,通过野外的生存环境刺激,增强团队合作意识,培养热爱生活的态度;同时,户外运动也是体验式教育的核心部分,其不仅是对身体的锻炼,更是对心灵的洗礼,让人在自然中成长,在挑战中超越,能够引导参与者在亲身体验中学习相关知识技能,内化基本价值观。

(二)户外运动训练与教学的关系

户外运动训练与教学紧密相连,相辅相成。教学是训练的理论基础,为训练提供方向和指导;而训练则是教学的实践应用,通过实际操作来巩固和深化教学知识。两者相互促进,共同提升参与者的户外运动能力。

1. 提升学生能力

从学生的身体素质来看,户外运动训练是一种很好的锻炼方式,而教学过程中的指导和管理能够让这种锻炼更加科学、系统,两者结合有助于提高学生的身体素质。例如在基本体能训练中,依据户外运动的难易程度和级别确定训练方法,能更有针对性地提升学生体能。

在心理素质方面,户外运动训练中的挑战和不确定性能够锻炼学生的心理承受能力,教学中的引导和鼓励则能让学生更好地应对这些挑战,促进学生心理健康发展。像在进行高空抓杠等户外心理训练项目时,教师的指导和鼓励对学生克服恐惧心理非常重要。

在团队协作能力上,很多户外运动训练项目需要学生团队合作完成,教学过程中的分组、任务分配等环节有助于培养学生的团队协作能力,而团队协作过程中的互动和经验积累又能提升户外运动训练的效果。比如在野外生存训练中,学生们需要分工合作搭建帐篷、寻找食物等。

2. 推动教学改革

户外运动训练的发展促使大学体育教学不断改革。随着户外运动训练项目在大学体育教学中的开展,传统的教学理念、教学模式、评价体系等都需要作出相应的调整。例如,传统的以室内为主的教学模式逐渐向户外开放环境转变,教学评价也不再仅仅关注学生的体能测试成绩,而是更多地综合考量学生在户外运动训练中的表现,如团队协作能力、应对突发情况的能力等。一些大学开始引入户外拓展训练课程,通过攀岩、定向越野等项目,不仅提升了学生的体能和技能,还增强了学生的团队协作能力和应对挑战的心理素质。

(三)户外运动训练的基本原则

确保所有训练活动在安全的环境下进行,采取必要的防护措施,避免任何可能导致伤害的风险。根据参与者的体能、技能和兴趣制定个性化的训练计划,以充分激发其潜力。训练计划应逐步增加难度,确保参与者在适应新挑战的同时,不断提升自己的能力。注重体能、技能、战术和心理素质的全面发展,培养全面的户外运动能力。

1. 全面性原则

在户外运动训练中,全面性原则非常重要。这意味着要使身体的各个方面都得到锻炼和发展,包括身体形态、机能、素质以及心理品质等。例如,在登山训练中,攀登者的腿部力量(身体机能与素质方面)不仅会得到锻炼,攀登者在攀登过程中克服恐惧(心理品质方面)、保持身体平衡(身体机能方面)等多方面能力也能得到提升。同时,上肢力量的训练也不可或缺,它有助于在攀爬岩石或使用登山杖时更加稳定和有力。这一原则确保户外运动者的整体能力得到均衡发展,避免出现某一方面过度发展而其他方面薄弱的情况,从而更好地应对各种复杂的户外环境和挑战。

2. 经常性原则

经常性原则要求户外运动爱好者坚持长期、不间断地进行训练。户外运动的技能和体能提升不是一蹴而就的,需要持续地投入。比如,对于徒步爱好者来说,只有经常进行徒步活动,身体才能逐渐适应长距离行走带来的疲劳和压力。如果长时间中断训练,心肺功能、肌肉耐力等都会下降,再次进行徒步时就会感觉比之前更加吃力。而且,经常参与户外运动训练能够让身体和心理更好地适应户外环境的不确定性,如不同的地形、天气变化等,从而提高应对风险的能力。

3. 渐进性原则

渐进性原则体现在户外运动训练的要求要根据个人实际情况逐步提高。例如,对于一个刚开始接触攀岩运动的人来说,最初的训练要求可能只是在较低高度、难度较小的岩壁上进行攀爬,掌握基本的攀爬技巧和安全知识。随着训练的深入,逐渐增加攀爬高度和难度。训练内容也应逐步丰富。比如在越野跑训练中,一开始可能只是在相对平坦、熟悉的路线上进行短距离跑步,当身体适应后,可以增加路线的复杂性,如包含更多的山坡、泥泞路段等,同时延长跑步的距离。在训练方法上同样要遵循渐进性。以骑行训练为例,如果开始采用轻松的匀速骑行方法,随着训练进展,可以逐渐引入间歇训练法(如快速骑行一段距离后再慢速骑行恢复体力,如此反复)。运动负荷方面则是由小到大逐步增加。例如,在进行负重徒步训练时,初始背负的重量要较轻,随着身体力量和耐力的增强,再逐渐增加背负的重量。这样可以避免过度训练带来的受伤风险,同时让身体有足够的时间适应更高的训练要求。

4. 个别性原则

每个参与户外运动训练的人身体状况不同,这就需要根据自己的实际情况来安排训练。例如,有些人可能存在膝盖旧伤,在进行像登山这样对膝盖压力较大的运动训练时,就需要选择更合适的路线(如坡度较缓的山),或者采用特殊的训练方式(如增加膝盖保护装备的使用频率、控制登山的速度和频率)。不同的人有不同的运动目标,也应据此确定训练计划。如果一个人想要参加定向越野比赛,那么他的训练重点可能会放在提高地图阅读能力、增强短时间内的爆发力和方向感上;而如果是为了享受大自然的徒步爱好者,训练可能更侧重于耐力和对不同地形的适应能力。在制定个性化训练计划时,应充分考虑参与者的身体状况(如年龄、性别、健康状况等)和运动目标(如提高体能、掌握技能、参与比赛等),以确保训练的有效性和安全性。

5. 自觉性原则

自觉性原则强调户外运动训练是出自锻炼者内在的需要和自觉的行动。因为户外运动往往需要克服一些困难,如恶劣的天气、复杂的地形等,如果不是出于自身的强烈意愿,很难坚持下去。例如,在冬季进行户外滑雪训练,天气寒冷,需要早起前往滑雪场,还要面对摔倒受伤的风险。只有当参与者内心真正渴望提高自己的滑雪技能,才会自觉地进行训练,积极投入时间和精力去不断提升自己在滑雪运动中的表现。

二、户外运动训练的内容

户外运动训练的内容丰富多样,旨在全面提升参与者在户外环境中的生存、探险和运动能力。根据训练目标和需求,可以将其细分为体能训练、技能训练、战术与策略训练、心理训练等多个方面。通过科学合理的训练安排和方法选择,可以有效提高训练效果,帮助参与者更好地享受户外运动的乐趣和挑战。

(一)体能训练

体能训练是户外运动训练的基础,它涵盖了力量、速度、耐力、柔韧性、平衡感、协调性等多个方面的提升。通过有氧运动、力量训练、核心稳定性训练等方式,增强参与者的身体素质,为户外运动提供必要的体能支持。

有氧耐力训练:包括长跑、游泳、骑自行车等,旨在提高心肺功能和整体耐力,使参与者在长时间户外活动中保持充沛的体力。

力量训练：针对上下肢、核心肌群等进行专项训练，如深蹲、硬拉、俯卧撑、仰卧起坐等，增强肌肉力量和爆发力，提高在复杂地形中的移动能力。

柔韧性与协调性训练：通过瑜伽、拉伸、平衡练习等，提高身体的柔韧性和协调性，使参与者在户外活动中更加灵活、稳定。

（二）技能训练

技能训练是户外运动训练的核心，它涉及户外运动基本技能的掌握与熟练。通过反复练习和模拟实战，使参与者熟练掌握这些技能，提高其在户外环境中的适应能力。

（1）导航技能：包括地图阅读、指南针使用、GPS 定位等，使参与者能够准确判断方向，规划行进路线。

（2）装备使用技能：如帐篷搭建、背包打包、绳索使用、野外炊具操作等，确保参与者在户外能够熟练使用各种装备。

（3）生存技能：如野外急救、取水净化、生火做饭、识别可食用植物等，提高参与者在野外环境中的生存能力。

（4）专项运动技能：根据具体的户外运动项目，如攀岩、皮划艇、潜水、帆船等，进行专项技能训练，提高参与者的技术水平。

（三）战术与策略训练

战术与策略训练关注户外运动比赛或探险中的团队协作、战术布局和策略选择。通过案例分析、模拟比赛和实战演练，培养参与者的战术意识和团队协作能力。

（1）团队协作训练：通过团队建设活动、角色扮演等方式，增强团队成员之间的沟通、信任和协作能力。

（2）战术布局训练：根据比赛或探险的具体情况，制定合理的战术布局，如进攻路线、防守位置、资源分配等。

（3）策略选择训练：在模拟或真实情境中，培养参与者根据环境变化迅速做出正确策略选择的能力。

（四）心理训练

心理训练旨在培养参与者在面对户外环境挑战时的坚韧心态和应对能力。通过心理辅导、压力管理和情绪调节等方法，帮助参与者建立自信、保持冷静、克服恐惧和焦虑。

（1）自信心培养：通过成功体验、积极反馈等方式，增强参与者的自信心，使其在面对困难时能够保持乐观态度。

（2）压力管理：教授参与者有效的压力管理技巧，如深呼吸、放松训练等，帮助他们在紧张环境中保持冷静。

（3）情绪调节：通过心理辅导和情绪调节训练，帮助参与者学会合理表达情绪，避免因情绪波动影响判断和决策。

三、户外运动训练的方法

户外运动训练的方法多种多样，旨在通过不同的手段提高参与者的体能、技能、战术理解及心理素质。根据训练内容和目标的不同，可以选择合适的训练方法，以达到最佳训练效果。

（一）分解训练法

分解训练法是一种将完整的技术动作或战术配合过程合理地分成若干个环节或部

分,然后按环节或部分分别进行训练的方法。将复杂的运动技能分解为简单动作进行逐一训练,有助于参与者逐步掌握技能要点,提高学习效率。这种方法通常用于技术动作或战术配合过程较为复杂、可予以分解,且运用完整训练法又不易使运动员掌握的情况下,或者技术动作、战术配合的某些环节需要较为细致地专门训练时采用。

1. 单纯分解法

将训练内容分成若干部分,分别学习,掌握各个部分和环节内容,然后再综合各个部分进行整体教学。在技术和战术的学习与训练中被广泛采用。例如,在户外跑步训练中,可以先分解成起跑、加速、匀速跑、冲刺等部分,逐一练习,最后再进行完整的跑步训练。

2. 递进分解训练法

将训练内容分成若干部分,先训练第一部分,掌握后再训练第二部分,掌握后将一、二部分合起来练,掌握两部分后再练第三部分,然后将三部分合起来练。适用于需要逐步掌握复杂技术动作的情况。例如,在户外骑行训练中,可以先练习平衡和控制,再练习转弯技巧,最后将这些技能结合起来进行综合训练。

3. 顺进分解训练法

将训练内容分解成若干部分,先训练第一部分,掌握后再训练第一部分和第二部分;掌握后再将三部分一起训练,如此步步前进,直至完整地掌握技术或战术。适用于需要逐步增加难度的情况。例如,在户外攀岩训练中,可以先练习基本的手脚配合,再练习复杂的攀爬动作,最后进行综合训练。

4. 逆进分解训练法

与顺进分解训练法相反,先训练最后一部分,逐次增加训练内容到最前一部分。适用于需要从高难度向低难度过渡的情况。例如,在户外越野训练中,可以先练习复杂的地形穿越,再练习简单的地形穿越,最后进行综合训练。

注意事项:在使用分解训练法时,应确保分解后的各个环节能够完整地组合成原技术动作或战术配合,避免出现动作脱节或配合失误的情况。

(二) 重复训练法

重复训练法是在不改变动作结构及其外部运动负荷的情况下,按照既定要求反复进行练习,各次练习间的间歇时间较充分,以使机体基本恢复的训练方法。它是一种在户外运动中广泛应用的训练方法,旨在通过反复练习特定的动作或技术,提高运动员的技术水平和身体素质。通过反复练习来巩固和提高技能水平,合理安排训练的强度和间歇时间,确保参与者在保持高效率的同时,避免过度疲劳。为了避免训练的单调性,可以变换训练的环境、条件或方式,如在不同地形上进行跑步训练,或结合间歇训练法来提高训练效果。

跑步中通过重复短距离冲刺或长距离慢跑,提高跑步速度和耐力,例如,每次跑5千米,每周增加1千米,直到达到目标距离;自行车中通过重复爬坡或平路骑行,提高腿部力量和心肺功能,例如,平路骑行每次骑10千米,每周增加2千米,直到达到目标距离,爬坡训练选择一段陡峭的坡道,每次爬坡2次,休息5分钟,重复3次;登山中通过重复上下山的训练,增强腿部和核心肌群的力量,例如上下山选择一条合适的登山路线,每次上下山1次,每周增加1次,直到达到目标次数。通过以上方法,户外运动爱好者可以在重复训练中不断提高自己的技术水平和身体素质,实现更好的运动表现。

(三) 模拟训练法

户外运动模拟训练法是一种通过模拟户外运动环境和场景,对参与者进行有针对性训练的方法。其目的在于提高参与者在实际户外运动中的技能、体能、应对能力等,同时降低在真实户外环境中可能遇到的风险。

1. 训练环境模拟

(1)地形模拟:在训练场地建造类似山地、丘陵、丛林等的地形。例如,建造一些有坡度的土坡来模拟山坡,设置一些障碍物来模拟丛林中的树木和岩石,这有助于训练参与者在不同地形中的行走、攀爬、跨越等能力。利用特定场地或设备,如跑步机设置坡度模拟山地跑步,或利用楼梯锻炼模拟爬坡,以增强身体对户外地形的适应性。

(2)气候模拟:温度调节使用特殊的设备来调节训练场地的温度,模拟高温或低温环境。比如在炎热的夏季模拟高温环境,训练参与者的耐热能力,让他们学会在高温下合理调整运动节奏、补充水分等;在冬季模拟寒冷环境,使参与者掌握保暖措施以及在寒冷中保持身体机能的方法。

(3)降水模拟:通过人工降雨设备制造降雨环境,模拟雨天进行户外运动的情况。这能让参与者学会应对湿滑地面、保持装备干燥、防止失温等技能。

2. 技能训练模拟

(1)导航技能:地图使用中提供不同比例尺和复杂程度的地图,训练参与者阅读地图、识别地形地貌、确定自己位置和规划路线的能力。

(2)指南针使用:在模拟训练中设置需要使用指南针导航的场景,教导参与者准确使用指南针确定方向,以及结合地图进行定向运动。

(3)装备使用:帐篷搭建模拟露营场景,让参与者练习在不同地形和天气条件下快速、正确地搭建帐篷。这包括选择合适的搭建地点、正确安装帐篷结构等技能,以确保在实际户外露营时有安全舒适的休息场所。

(4)炊具使用:提供户外炊具,如炉灶、餐具等,训练参与者在野外烹饪食物的能力。他们需要学会如何安全地使用炊具、合理利用燃料、处理食材等,保证在户外能够获得足够的营养。

3. 体能训练模拟

(1)耐力训练:徒步、跑步、游泳、自行车、爬楼梯等训练都是提高耐力的具体方法,其核心在于提升最大摄氧量和无氧阈值。为了提升这些能力,必须将训练的强度、训练时间、训练频率三个负荷条件设定在一定标准以上。而提高无氧阈值的最好方法就是以无氧阈值本身的强度或者略低的强度,持续运动 1~2 小时或以上。实际户外运动也是接近无氧阈值的强度长时间的训练。制定模拟训练计划的时候一定要考虑到以上两个方面。模拟徒步中设置长距离的模拟徒步路线,路线中包含不同的地形和坡度。参与者按照规定的路线和速度行进,以提高他们的徒步耐力。这种训练可以循序渐进地增加距离和难度,逐渐提升参与者的耐力水平。

(2)力量训练:负重训练需模拟在户外背负装备的情况,让参与者背负适量重量的背包进行各种运动,如行走、爬坡等。此举可增强腿部、背部等部位的力量,使参与者在实际户外运动中能够更好地承受装备重量并保持身体平衡。在户外运动中使用到的必要的肌肉主要包括强化股四头肌(半蹲)、强化腓肠肌(提踵)、强化核心力量(仰卧起坐)、加强背部肌肉(大飞鸟)、强化肱三头肌和胸大肌(俯卧撑)等。所有的力量训练要以正确的方式、以正确的姿势、以缓慢的方式进行,需要注意调节呼吸的方式。

4. 心理训练模拟

（1）应对压力：模拟突发状况，在训练中突然设置一些紧急情况，如"队友受伤""迷路"等，观察参与者的反应并引导他们学会在压力下保持冷静，采取正确的应对措施。

（2）团队协作：团队任务中设计一些需要团队合作完成的任务，如共同搭建大型避难所、搬运重物等。通过这些任务，增强团队成员之间的沟通、信任和协作能力，这在户外运动中是非常重要的。

通过角色扮演、情景模拟等方式，让参与者在面对各种紧急情况时学会冷静应对，同时还可以通过心理辅导和情绪调节等方法来帮助他们建立自信、克服恐惧和焦虑。

（四）比赛训练法

户外运动比赛训练法是一种在模拟或真实比赛条件下，按比赛规则和方式进行训练的方法。这种方法旨在提高运动员的实战能力和比赛适应性。比赛训练法训练过程中，严格按照比赛规则进行，以确保训练的有效性和针对性，通过真实或模拟真实比赛的环境和对手，使运动员在训练中体验比赛氛围，增强比赛感觉。本训练法可采用部分比赛规则进行局部配合的训练，也可在模拟或真实的比赛条件下进行整体配合的训练，通过比赛训练法，可以激发运动员的训练激情，提高运动负荷的强度，从而提升运动技能水平。这种方法能够全面提升运动员在户外比赛中的综合表现，是户外运动训练中不可或缺的一部分。

比赛训练法因其能模拟真实比赛环境、提升运动员实战能力而广受欢迎。它特别适用于团队竞技类项目：如二人三足跑、螃蟹背西瓜、蹲跳接力等，通过比赛训练能增强团队协作和配合能力；技能挑战类项目：如射箭、攀岩、皮划艇等，比赛训练能提升运动员的技能水平和心理素质，如专注力、耐力等；体能耐力类项目：如骑行、徒步、越野跑等，通过比赛训练可以积累跑量，提高体能和耐力，同时加入高强度训练以提升竞技水平，这些项目在比赛训练法的应用下，能更有效地提升运动员的综合能力和比赛成绩。

【学用检验】

1. 请结合本章内容，阐述户外运动教学与训练应遵循的基本原则和基本要求。

2. 请详细说明户外运动教学与训练活动的组织与实施技巧，包括策划、破冰、课程导入、教学掌控和教学评价等方面的具体做法。

3. 请列举户外运动训练的主要内容，并解释在不同训练内容中应如何选择和运用合适的训练方法。

4. 请阐述户外运动教学评价的重要性，并介绍诊断性评价、形成性评价和终结性评价等评价形式的具体应用方法和注意事项。

5. 请根据本章内容，结合个人教学经验和实际情况，提出在户外运动教学与训练中可能采取的创新措施或改进建议。

【章前导言】

本章主要以户外运动的安全理论为基础，重点介绍户外运动的安全教育、风险管理、户外运动损伤与施救等内容。通过本章学习，可提高学生户外运动安全意识，增强其参加和组织管理户外运动的能力。

【学习目标】

1. 了解户外运动安全的概念及意义。
2. 熟悉户外运动风险的类别与风险评估方法。
3. 掌握户外运动中常见的意外损伤与施救技能。

第一节　户外运动的安全教育

一、户外运动安全教育的概念

本书将户外运动安全教育的概念界定为：有效防范、降低或消除人们在户外运动中发生高风险性事故的概率，是为促进户外运动安全、健康、可持续发展进行的有目的、有意识的教育活动。

二、户外运动安全教育的内容

在我国，户外运动安全教育主要包括普及安全教育和专业安全教育两个方面。普及安全教育即充分发挥各种媒体的优势，对相关团体的安全管理起到舆论监督和促进作用。专业安全教育是指针对不同的户外运动进行的专门化教育。近年来有关机构和部门已开始重视户外运动的专业安全教育工作。

户外运动安全教育在我国已经起步，并取得了一定的成效。随着户外运动安全教育工作的深入开展，它必将为我国户外运动的进一步普及与发展起到更加积极的促进作用。

三、户外运动安全教育的实施

（一）加强安全教育的宣传普及

安全教育的宣传工作旨在使参与者认识到户外运动有可能面临不可忽视的危险，甚至是生命危险，从而使其树立起高度的责任感，肩负起对自己、对家庭、对同伴以及对社会的责任。

（二）加强对户外从业机构的安全教育

我国户外运动从业机构目前尚存在着资质认证不规范、规章制度与安全管理不完善、从业人员缺乏专业户外知识与技能等实际问题。这些问题已引起有关方面的关注和重视，相关管理部门已出台了相应的政策和管理规定并加强了对其进行安全教育。

（三）加强户外活动组织实施的安全教育

应加强对有从业资质的户外活动组织者的安全教育。户外活动无序化表现为团队活动无责任，活动召集人缺乏担当能力和意识，召集人没有法人资格或没有法人的授权，难以承担法律责任和行政责任。因此，户外运动爱好者应选择有从业资质的活动组织者。

（四）活动之前要有缜密的计划和充分的准备

户外运动是一项综合性运动，要求每一位参与者不仅要具备扎实的理论知识和技术能力，而且要有丰富的户外运动经验。因此，在开展活动之前，要从各方面做好充分准备。

（五）提高风险管理的科学水平，将风险控制到可以接受的最低程度

户外运动风险往往是客观存在的，也是无法预知的。因此，要提高户外运动风险管理的科学化水平，并采取有效的管理手段将客观的风险所带来的损失降低到最低。

第二节　户外运动的风险管理

一、风险的分类及风险因素

风险是未来危险结果的不确定性，是损失的可能性，是未来结果对期望的偏离。风险不完全是负面的，它带来的不仅仅是损失，也是收益的必然因素。20 世纪 50 年代，风险管理发展成为一门学科，"风险管理"一词也才被正式提出。

（一）风险类型

对风险可以有多种分类方法，但户外运动中常常依据风险存在的形态，将风险分为实在风险、潜在风险和意外风险三种类型。

（1）实在风险：必然发生的危险、事故与损失。

（2）潜在风险：可能发生，也可能不发生的危险、事故与损失。

（3）意外风险：不可抗力因素造成的意外危险、事故与损失。

（二）风险因素

导致风险的危险因素主要来自人、环境、装备以及活动本身。人的因素主要是指户外领队的技术水平、组织沟通和各方面的能力、活动的参与者的身体状况、经验等；环境因素主要是地形道路因素、天气因素以及活动地区动植物引起的风险因素；装备因素主要是指携带装备是否合理、合适，装备使用是否正确等因素；活动本身因素主要是指活动类型的危险性因素。这些因素互相关联，综合在一起会使风险级别升高（表 7-2-1）。

表 7-2-1　危 险 因 素

环境	地形与天气	岩石区无遮掩暴露区、低温、下雨、黑暗、太阳暴晒、毒藤、毒虫
	交通	路面差,黑暗,路况不熟,路途艰辛,行人,骑行者
装备		鞋子不合适,衣着不合适,装备不工作,炉子不好使
人	参加者	无危险意识,无避风险的技能,拒绝指导,忽视他人、装备等表现,体力、耐力差、恐惧、着急
	领队	缺少环境危险知识、脱险技术不娴熟、安全判断力弱、缺少必要的技能指导、指示不明确、监控不力、纠正错误不及时、压力下办法不多
	司机	驾驶技术不娴熟
	团队	未形成团队协作、未消除个人之间的摩擦、交流不畅、过度竞争、对不同个体缺少关注、过分地表现、缺少压力下正常工作的训练缺少领导力训练、小团体

户外运动发生危险主要有以下三方面的原因:一是不安全状态,可表现为装备和衣着的不安全状态,身体和心理的不安全状态,以及二者的叠加作用;二是不安全行为,表现为不合理的活动进程、缺乏有效保护和监控;三是不合理判断,表现为因压力、疲劳而导致的应变力弱、判断错误以及对某些苗头的忽视等。

二、风险管理

(一)风险管理概念

户外运动的风险管理是指对影响户外运动目标实现的各种不确定性事件进行识别和评估,并采取应对措施将其影响控制在可接受范围内的过程。

在风险管理领域,在提示导致伤亡事故的各种原因及事故间的关系时,有一个"海因里希法则",这一法则最初是 1941 年由美国的海因里希提出的。他统计分析了许多灾害事故后,用这一法则来描述工业伤害事故发生问题的概率。他总结指出,在发生一件事故中,死亡或重伤、轻伤或故障以及无伤害事故的比例为 1:29:300,国际上也把这一法则叫"事故法则"。这个法则说明,在生产过程中,每发生 330 起意外事件,有 300 件未产生人员伤害,29 件造成人员轻伤,1 件导致重伤或死亡。因此,我们要认识到风险管控的原因和风险管理的重要性。

(二)风险管理的目标与风险认知

户外运动风险管理的目标主要有三个:① 规避风险——防患于未然,避免风险和损失的发生;② 风险最小化——降低风险的程度和损失发生的可能性,使风险造成的损失最小化;③ 收益最大化——利用户外运动风险使活动效果呈现最大收益。

根据主观上对风险水平的评估、对风险控制手段的运用程度以及以往遭遇风险获得的经验等,可以从以下三个层面确定面对的风险水平,并据此制定应对风险的对策。

(1)绝对风险:在缺乏安全控制措施的环境中风险发生的最大限度,即可能出现的最糟糕情况。

(2)剩余风险:绝对风险得到安全调控之后存在的风险程度。风险得到控制,但仍可能发生。剩余风险很难准确确定,有经验的户外活动者会努力将剩余风险降低到可接受的范围内。

(3)感知风险:任何人对可能随时出现的剩余风险大小的主观评估。与户外活动的领队或经验丰富的探险者相比,户外活动的新参与者对风险的感知力较弱。

(三)风险管理策略

1. 风险回避

风险回避即断绝风险的来源。风险回避是户外运动风险管理技术中最简单的一种方式,同时也是较为消极的一种方式。一般来说,风险回避在户外运动中适用于当项目潜在风险发生可能性很大,后果也很严重,又无其他策略可用时,主动放弃项目或改变项目目标与行动方案,从而避免风险。然而,回避某种风险可能意味着同时放弃通过该户外运动项目收获健康、成功与快乐的机会。因此,风险回避一般最适用于两种情况:第一,某种特定风险所致的损失频率和损失幅度相当高;第二,应用其他风险管理技术所需成本超过其产生的收益。

2. 风险控制

风险控制是一种预防或减少风险损失的对策,即对识别出的关键风险因素逐一提出技术上可行的、经济上合理的预防措施,以尽可能低的风险成本来降低风险发生的可能性,并将风险损失控制在最低程度。风险控制包括两个方面:预防损失即减小损失发生的概率,减少损失即设法降低损失的严重性。

预防损失是一种事前的、积极的风险控制技术,即采用各种措施努力消除造成风险的因素,以达到减少损失发生次数。山地户外运动不同于一般旅游活动,它需要一些专业的技术装备并有一定的探险性质。因此,为了达到预防损失、控制风险的目的,首先,参与者要根据自身情况有选择性地参加自己力所能及的户外运动项目。其次,在每次活动前,都应对参与者进行一定的技术技能以及应急救援能力培训。减少损失是指损失发生时,采取一定的风险处理手段设法降低损失的程度。这与参与者的应变能力、户外领队的经验、户外领队的专业技能和领导组织、处理突发事件的能力息息相关。

3. 风险自留

风险自留是指户外运动主体将运动风险损失留给自己承担。它分为主动的风险自留和被动的风险自留两种。主动的风险自留是在识别和衡量风险的基础上,对各种可能的风险处理方式进行比较,权衡利弊后决定将风险留置内部,自己承担风险损失的全部或部分。主动的风险自留是一种有周密计划、有充分准备的风险处理方式。被动风险自留是对风险评估不力或疏忽大意,没有对风险进行处理,而最终自己承担风险损失。它必然会对风险处理者产生不利的影响,因此应尽量避免被动风险自留。风险自留通常适用于风险损失小、发生频率低的风险,或者是风险发生频率高而损失较小的风险。

4. 风险转移

风险转移是指试图将面临的风险转移给他人承担,以避免损失的一种方法。山地户外运动风险转移有两种方式:一是将风险源转移出去,如把风险大的部分项目转交给技术更先进、经验更丰富的户外运动俱乐部;二是把部分或全部风险损失转移出去,如通过购买人身意外伤害险或俱乐部责任险,将安全风险转移给专业的山地户外运动保险公司。风险是无时不在、无处不有的,在山地户外运动过程中,无论通过何种手段预防和控制风险,风险是不可能完全避免的。因此购买保险尤为重要,保险是一种在风险事故发生后有效对被保险人进行积极补偿的方式。风险转移通常适用于风险发生频率低而损失较大的风险。

（四）风险管理计划与制定步骤

户外运动常用的风险管理工具是风险管理计划，制定风险管理计划时可使用"五步法则"：

1. 建立背景信息

对活动目的地、天气、环境等信息进行资料收集，对领队素养能力、业务素质、队员情况和联系方式、紧急救援和医护信息等全面掌握，以便在发生紧急情况时能在第一时间进行危机处理。

2. 危险因素识别

分析整场活动的环境、人以及装备存在的潜在危险因素，并进行梳理。

3. 风险分析

对潜在风险进行分析，主要分析危险、事故可能发生的机制和原因，什么地段发生、什么情况下发生、什么人最容易发生，要特别注意动态因素。

4. 风险评估

对危险因素识别、风险分析等步骤进行检查、评估，检验风险管理的合理性、有效性及可预测性，寻找低风险及最小损失方法，制定相应的安全控制手段。

5. 风险应对

根据风险评估确定风险的可能伤害程度，风险的防范措施和应对手段，选择低风险和最小损失方法，并准备预案。重点从领队的角度提高安全应对能力。根据实际发生状况的记录和管理评估，回顾并修正安全控制的手段，提高风险管理水平。

实际操作中，可用风险管理表格来规范风险管理计划，风险管理表格体现了危险因素识别、风险分析和风险应对。其中危险因素识别和风险分析可以进一步细化。表 7-2-2 是培训活动的风险管理表格案例节选，仅供参考。

表 7-2-2　风险管理案例（范本）

内容：　　　　　　　　　　　　　　　　　　　　　时间：　　年　月
地点：国家登山队训练基地——云蒙山往返　　　　　　　制表人：

危险因素	风险分析			风险应对
	原因	表现	可能的对象	
交通 基地——云蒙山入口	山路崎岖	机械故障	车辆	选择性能好的车辆和熟悉路段的司机 出车前检查车况 行车时控制速度 专人在副驾驶座提醒 备份车辆、司机在基地待命
云蒙山入口——停车场	碎石路段	晕车	人员	备晕车药、塑料袋 车辆须通风性好 备刺激味觉的食品 中途休息
		车辆剐蹭	车辆	选择底盘高的车辆

续表

危险因素		风险分析			风险应对
		原因	表现	可能的对象	
伤病	蚊虫、禽兽等咬伤		疼痛流血	身体裸露部位	穿长衣长裤 涂抹防蚊虫叮咬药品 备防身器具
	中暑	天气炎热	头痛、眩晕、休克		及时饮水 服用预防中暑药品 戴遮阳帽
	关节扭伤	缺乏锻炼	局部红肿	踝关节、膝关节	加强锻炼
		伤病			佩戴护膝、护踝、使用登山杖
		大意			互相提醒 注意脚下（尤其下山）
	骨折	意外			
	疲劳、精神疲惫	缺乏锻炼			加强锻炼,活动前休息好
滑坠	聚仙瀑-崖口	路段湿滑			穿防滑鞋 注意脚下 互相提醒 备绳索急救
迷路	云蒙山	不熟悉路线			给每个队员分发地图、指北针、通信工具、头灯、电池 小组配备 GPS、对讲机、火种 行军时做路标 原路返回 发求救信号
		判断错误			
失火	有植被处	用火不当			用火后及时熄灭 GAS 炉使用防风板 吸烟后烟头要确认熄灭 所有火种全部随身带走

第三节　户外运动损伤与施救

在野外环境中实施急救,最重要的是要及时判断问题的严重程度并妥善处理,同时防止出现二次损伤和二次伤害。

一、常见意外伤害与急救

（一）刀伤与急救

人被刀或者其他利器割伤，如果伤口流血且血色鲜红、流速较快，即为动脉出血，必须尽快止住；如果血色暗红，则是静脉出血，也要尽快止住；如果伤口渗血，是毛细血管出血，可以直接敷药包扎。

止血时可采用以下两种方法：

（1）在出血血管靠近心脏的一端，用手指极力压迫，以达到止血的目的。

（2）利用关节极度弯曲压迫血管，以达到止血的目的，还可以用止血带止血。

无论哪种止血法，如果出血较多，都要在紧急救护后及时送到医院。

（二）刺伤与急救

（1）肉眼看得见的小刺一般可以用镊子拔出，但要注意卫生，动手前必须洗净双手。

（2）如果小刺扎得较深，可找医生处理，不要自己动手。

（3）如果是大刺或刺已经深入皮肤，不要自行取出，应该找医生或到医院急救部门处理。

（三）擦伤、拉伤、跌伤与急救

（1）擦伤后一般用3%双氧水清洗，再用酒精消毒，然后在伤处涂上碘伏，不需要包扎。

（2）跌伤常见于户外或攀岩等运动过程中，单纯性跌伤可以采用包扎和冷敷方法，同时口服去痛片。

（3）拉伤往往因为用力过猛，超出肌肉、韧带正常生理范围的耐受力所致，可以采用局部封闭治疗。

（四）烧伤与急救

（1）衣服着火时应该立即灭火，在户外可以用泥土和沙覆盖，也可以就地打滚。灭火后立即脱掉衣服，必要时可以把衣物剪开。

（2）用大量冷水冲洗烧伤创面，让疼痛消失或减轻。创面有水泡时，不要弄破，要用干净的纱布包裹，不要随便涂药。手脚被烧伤时，手指、脚趾要分开包扎。

（3）大面积烧伤时，可以隔着衣服用冷水冲20分钟左右，然后轻轻剪去衣服，用干净纱布或干净床单包裹，马上送到医院抢救。

（4）重度烧伤要在8小时内送到医院，运送途中要输液，并采取抗休克措施。如果被化学品烧伤，一般情况下必须用大量冷水冲洗。

（5）被电烧伤后，对心脏骤停者应该先做心肺复苏，再处理创面，然后及时送医院救治。

（五）烫伤与急救

（1）烫伤后，一般情况下，应立即把烫伤部位浸入洁净的冷水中。水温越低越好，浸泡时间应持续半小时以上。

（2）烫伤部位与衣服相连时，不要脱下衣服，连同衣服一起冷却后，再轻轻脱去或剪开。

（3）如果烫伤部位出现水泡，不要挑破，用干净纱布覆盖，再用绷带包扎好。

（4）大面积烫伤或严重烫伤时，创面不要涂药，用消毒敷料或干净床单简单包扎后立即送医院治疗。

（5）野外烫伤时，可把烫伤部位浸在河、湖、池塘等水中，但要确保水质干净。

（六）关节扭伤与急救

关节扭伤后，不要立即按摩推拿，否则会导致包肿扩大，伤势加重。正确的急救方法是：

（1）把扭伤的关节立即浸入 5 ℃~10 ℃的冷水中，或用毛巾冷敷。

（2）抬高扭伤关节体位，限制它的运动，使患部血液流量减少。

（3）3 天以后再进行按摩推拿，还可以适当运用药物和热敷增强疗效。

（七）骨折与急救

骨骼因外伤发生完全断裂或不完全断裂叫骨折。骨折时局部疼痛，活动时有剧烈疼痛，并有明显肿胀或者功能障碍。

【拓展阅读】

骨折类型与急救方法

（1）如果伤口出血，应该先止血，再进行骨折固定。

（2）用树枝、杂志、纸箱等器材做支撑物，固定伤肢，不要试图自己扭动或复位。固定夹板应该扶托整个伤肢，包括骨折断端的上下关节。

（3）固定时应该在骨突处用棉花或布片等柔软物垫好。

（4）固定骨折的绷带松紧应该适度，并露出手指或脚趾尖。

（5）肱骨骨折时，应该使患者手臂呈屈肘状，用两块夹板固定，夹板与皮肤间加垫，一块放在上臂内侧，另一块放在外侧，用绷带固定。

（6）大腿骨折时，用两块夹板固定，外侧夹板长度上至腋窝，下至外踝，内侧夹板上至大腿根部，下至内踝，夹板与皮肤间加垫，用绷带或三角巾固定。

（7）脊柱骨折时，严禁随意移动，在三四个人保持伤员脊柱轴向运动的情况下，放到硬质担架上尽快送到医院。

（8）颈椎骨折时，应该让伤员平躺，用沙土袋放置在伤员颈部两侧，使颈部固定不动。

（9）腰椎骨折时，应该把伤员平放在硬木板上，并把腰椎躯干及两下肢一同进行固定。搬运时应该多人合作，保持平稳。

（10）发生开放性骨折时，对同时伴有大出血的人，要先止血再固定，并用干净布片或纱布覆盖伤口，然后迅速送到医院救治。不要把外露的断骨推回伤口。

（八）淹溺与急救

溺水又称淹溺，是指人淹没于水中，常因失足落水或游泳时发生意外所致。常见呼吸道被水、污泥、藻草等物堵塞或因喉头、气管发生反射性痉挛而造成窒息和缺氧，甚至造成呼吸、心跳停止而死亡。发生溺水危险时，可根据以下原则施救：

（1）首先应将溺水者尽快救出水面。

（2）保持呼吸道通畅：将溺水者平放在地面，迅速撬开口腔，清除口腔和鼻腔异物如淤泥、杂草等，并拉舌于口外，防止后坠，使其口腔呼吸道通畅。

溺水早期
死亡原因

（3）倒出腹腔内吸入物：但要注意不可一味倒水而延误抢救时间。将溺水者置于抢救者屈膝的大腿上，头部朝下，按压其背部迫使呼吸道和胃里的吸入物排出；或者抱住患者双腿，让其腹部扒在抢救者肩背上，头下垂，促水排出。

（4）迅速恢复有效呼吸：当溺水者呼吸停止或呼吸极为微弱时，应该立即实施人工呼吸，必要时施行胸外心肺按压，并一直坚持到专业救护人员到来。

（九）三角巾、绷带包扎法

1. 身体各部位三角巾包扎法

三角巾制作简单，使用方便，容易掌握且包扎面积大。三角巾不仅是较好的包扎材料，还可作为固定夹板、敷料和止血带使用。

（1）头部包扎法：① 头巾式包扎法——将三角巾底边的中点放在眉间上部，顶角经头顶垂向枕后，再将底边经左右耳上向后拉紧，在枕部交叉，并压住垂下的枕角再交叉绕耳上到额部拉紧打结。最后将顶角向上反掖在底边内或用安全针或胶布固定。② 脑组织膨出的包扎法——遇有脑组织从伤口膨出，不可压迫包扎，要先用大块消毒湿纱布盖好，然后再将纱布卷成保护圈，套住膨出的脑组织，再用三角巾包扎。③ 头顶下颌包扎法——将三角巾底边齐眉，顶角向后盖头上，两底角经两耳上缘拉向头后部，在枕部交叉压住顶角，再经两耳垂下向前拉，一底角包绕下颌到对侧耳垂前下，与另一底角十字交叉后，又分别经两耳前上提到头顶打结，再将顶角反折到头顶部，与两底角相遇打结。

（2）面部包扎法：① 单侧面部包扎法——将三角巾对折双层，一手将顶角压在伤员健侧眉上，另一手将底边的一半经耳上绕到头后，用底角与顶角打结，然后将底边的另一半反折向下包盖面部，并绕颌下用底角与顶角在耳上打结。② 面具式包扎法——用于广泛的面部损伤或烧伤。方法是将三角巾的顶部打结后套在下颌部，罩住面部及头部拉到枕后，将底边两端交叉拉紧后到额部打结，然后在口、鼻、眼部剪孔、开窗。

（3）眼部包扎法：① 单眼包扎法——将三角巾折成四指宽的带状巾，以三分之二向下斜放在伤眼上，将下侧较长的一端经枕后绕到额前压住上侧较短的一端后，长端继续沿着额部向后绕至健侧颞部，短端反折环绕枕部至健侧颞部与长端打结。② 双眼包扎法——将三角巾折成四指宽的带状巾，将中央部盖在一侧伤眼上，下端从耳下绕到枕后，再经对侧耳上至眉间上方压住上端，继续绕过头部到对侧耳前，将上端反折斜向下，盖住另一伤眼，再绕耳下与另一端在对侧耳上或枕后打结，也可用带状巾作交叉法包扎。双眼包扎法还可用三角巾折叠成四指宽的带状巾横向绕头两周，于一侧打结。

（4）胸背部包扎法：① 一侧胸部伤包扎法——伤在右胸，就将三角巾的顶角放在右肩上，然后把左右底角从两腋窝拉过到背后（左边要长一些）打结。再把顶角拉过肩部与双底角结系在一起。或利用顶角小带与其打结。如果是左胸，就把顶角放在左肩上。伤在左背和右背也和在胸部一样，不过其结应打在胸前。② 全胸部包扎法——用一个大三角巾，顶角朝上，底边撕开一半 25～30 厘米，分别放在颈部左右两边，然后把基底的左右两角在背后打一半结，再把半结两角上提和顶角撕开的两头相结。

（5）肩部包扎法：先把三角巾的中央顶角放于肩部，顶角向颈部，底边折达二横指宽横放在上臂上部，两端绕上臂在外侧打结，然后把顶角拉紧经背后绕过对侧腋下拉向伤侧腋下，借助系带与两底角打结。

（6）腹部包扎法：把三角巾横放在腹部，将顶角朝下，底边置于脐部，拉紧底角至围绕到腰后打结，顶角经会阴拉至臀部上方，用底角余头打结。此法也可包扎臀部，不同的是顶角和左右两底角在腹部打结。

（7）单侧臀部包扎法：将三角巾置于大腿外侧，中间对着大腿根部，将顶角系带围绕缠扎，然后将下边角翻上拉至健侧髂嵴部与前角打结。

（8）四肢包扎法：① 前臂及上臂包扎法——此法用于上臂大面积损伤、烧伤等。将三角巾一底角打结后套在伤手上，结留余头稍长些备用，另一底角沿手臂后侧拉到对侧肩上，顶角包裹伤肢，前臂屈至胸前，拉紧两底角打结，并起到悬吊作用。② 手部包扎法——将伤手平放在三角巾中央，手指指向顶角，底边横于腕部，再把顶角折回拉到手背上面，然后把左右两底角在手掌或手背交叉地向上拉到手腕的左右两侧缠绕打结。③ 颈部包扎法——与手的包扎法相似。④ 小腿及以下部位包扎法——脚朝向三角巾底边，把脚放进底角底边一侧，提起顶角与较长一侧的底角交叉包裹，在小腿打结，再将另一底角折到足背，绕脚踝与底边打结。⑤ 膝部包扎法——根据伤情把三角巾折叠成适当宽度的带状巾，将带的中段斜放在伤部，两端分别压住上下两边，于膝后交叉，一端向上，一端向下，环绕包扎，在膝后打结，呈"8"字形。⑥ 大腿根部包扎法——把三角巾的顶角和底边中部（稍偏于一端）折叠起来，以折叠缘包扎大腿根部，在大腿内侧打结。两底角向上，一前一后，后角比前角要长，分别拉向对侧，在对侧髂骨上缘打结。

（9）三角巾悬臂带：① 大悬臂带——将前臂屈曲用三角巾悬吊于胸前，叫悬臂带，用于前臂损伤和骨折。方法是将三角巾放于肩侧胸部，底边和躯干平行，上端越过肩部，顶角对着伤臂的肘部，伤臂弯成直角放在三角巾中部，下端绕过伤臂反折越过伤侧肩部，两端在颈后或侧方打结。再将顶角折回，用别针固定。② 小悬臂带——将三角巾折叠成带状吊起前臂的前部（不要托肘部），适用于肩关节损伤、锁骨和肱骨骨折。

2. 绷带包扎方法

绷带适用于头颈及四肢的包扎，可随部位的不同变换不同的包扎方法。使用适当的拉力，将保护伤口的敷料固定及达到加压止血的目的。因此，绷带有保护伤口、压迫止血、固定敷料和夹板的功能。

（1）环绕法（也叫环行带）：把绷带做环形重叠地缠绕，多用在胸、腹部和其他粗细相等的部位。要使绷带牢固，环行包扎的第一圈可以稍斜缠绕，第二、三圈用环行，并把斜出圈外的绷带的一角折回圈里，再重叠缠绕，可避免滑脱。

（2）螺旋法：把绷带逐渐上缠，每圈盖住前圈的三分之一至二分之一，成螺旋形，用在粗细差不多的部位。如粗细相差较大时，可作反折包扎法，并把反折排在一条线上，呈"人"字形。

（3）"8"字带：在弯曲关节的上下方，把绷带由下而上，成"8"字形来回地缠绕。

【拓展阅读】

全身各部位绷带包扎法

（1）头顶部包扎法：先将一条长约 0.5 米的绷带放在头上，两端经两耳前方下垂由助手拉住固定。另一绷带绕头一圈。当绷带缠绕到右侧轴带时，绷带绕过轴带经前额上部到左侧轴带再绕过左侧轴带转向后头部，然后再转向右后头部到右侧轴带，再绕过轴带与第二道绷带并行并压盖呈屋瓦状。反复缠扎直到把头发全部盖住为止。最后将绕头绷带绕几圈后固定。轴带的两个头在下颌下面打结。

（2）下颌包扎法：从一侧枕部开始，经枕骨粗隆下方，斜向对侧耳后绕到头顶，再经头顶部到起始部，继续经颈后到下颌部，再到颈后成"8"字形环绕。如此反复缠绕将下颌部固定安善。

（3）肘部"8"字形包扎法：于肘上环绕，斜经肘前向下。环绕肘下部，然后斜经肘内侧及肘后至开始处。如此反复包扎，直至肘内侧均被包盖，最后于开始处环绕打结。

（4）手部包扎法：① 半手套式包扎法——先在指部环绕，从小指侧经手背向拇指根部、向掌面绕至背侧，再绕经食指基部，绕到小指侧，如此反复缠绕，每圈覆盖前一圈的三分之一至二分之一。然后经手背至腕，环绕腕部，在腕部打结。② 拇指包扎法——先于腕部环绕，经手腕掌侧、拇指桡侧，至手背虎口处，斜绕向拇指端，再经手背至腕，绕经拇指桡侧至拇指。如此反复包扎，直至覆盖完全，最后在腕部打结。③ 足部包扎法——先于踝部环绕 2~3 圈，再经足背至拇趾基部，然后环绕足趾基部，斜经足背至开始处。如此反复包扎，覆盖足背与足弓。最后于踝部打结。④ 残端包扎法——于残端近侧关节下方用绷带环绕数圈后，先以螺旋缠法固定包扎残端的敷料，再在关节下侧环绕一圈。然后将绷带反折由近端到远端，再由远端到近端成扇形，如此反复包扎，直至将残端完全覆盖打结。

3. 腹部内脏脱出包扎方法

当腹部受到撞击、刺伤时，腹腔内的器官如结肠、小肠脱出体外，这时不要将其压塞回腹腔内，而要采用特殊的方法进行包扎。先用大块的纱布覆盖在脱出的内脏上，再用纱布卷成保护圈，放在脱出的内脏周围，保护圈可用碗或皮带圈代替，再用三角巾包扎。伤员取仰卧位或半卧位，下肢屈曲，尽量不要咳嗽，严禁饮水进食。

4. 异物刺入体内包扎方法

异物包括刀子、匕首、钢筋、铁棍以及其他因意外刺入人体内的物体。异物刺入体内后，切忌拔出异物再包扎。因为这些异物可能刺中重要器官或血管，如果把异物拔出，会导致出血不止。应用大块敷料支撑异物，再用绷带固定敷料以控制出血，并避免移动。

（十）蛇与毒虫伤害的处置与预防

1. 蛇类伤害的处置与预防

（1）处置方法：① 保持冷静；② 绑扎伤肢；③ 冲洗伤口；④ 排除毒液；⑤ 局部降温；⑥ 内服、外敷药物；⑦ 及时就医。

（2）预防措施：① 穿着防护服；② 使用工具；③ 避免惊扰；④ 营地选择；⑤ 撒布驱蛇物质。

2. 毒虫伤害的处置与预防

（1）处置方法：① 蜱虫咬伤——切勿用力撕拉蜱虫，以免蜱虫头部断裂遗留在皮肤内。可用盐酸利多卡因、酒精或碘酒在伤口周围作局部封闭麻醉蜱虫，然后用尖头镊子贴近皮肤夹住蜱虫的头部，慢慢向上提起。取出蜱虫后，立即对伤口进行消毒处理。② 蝎子蜇伤——伤处若有毒刺残留，应迅速拔出。在伤处上端 2—3 厘米处用止血带或布带扎紧，每 15 分钟放松 1—2 分钟。自周围向伤口处用力挤压，使含有毒素的血液由伤口流出,或用吸奶器、拔火罐等工具吸出毒液。伤口周围可用冰敷或冷敷,减少毒素吸收和扩散。严重者应立即送往医院救治。③ 蜂蜇伤——仔细检查伤口,如发现伤口留有尾刺及毒腺,应立即拔除折断的毒刺。蜜蜂毒液为酸性,可用肥皂水冲洗;黄蜂和胡蜂毒汁为碱性,可用食醋洗敷。蜇伤部位用冰块或冰水湿敷,延缓毒液吸收,减轻毒性反应。口服扑尔敏等抗过敏药。局部症状严重以及出现全身性过敏反应者,应立即送医院救治。

（2）预防措施:① 穿着防护服——户外活动时应穿长袖长裤,扎紧袖口、领口和裤口,以减少皮肤暴露。② 使用驱虫剂——在户外活动时,可使用含有 DEET 等有效成分的驱虫剂。③ 避免高风险区域——尽量避免进入高草丛、树林等毒虫容易出没的地方。④ 宿营注意事项——宿营时应使用蚊帐,尽可能少脱衣服。可烧点艾叶、青蒿、柏树叶及野菊花等驱赶昆虫。

二、常见疾病与预防

（一）体温过高

根据人体感受程度的不同,体温过高分为感觉热、热衰竭、热射病（中暑）、低血钠症。

1. 主要症状

（1）感觉热:多由高温、衣着不当、缺水、疲劳过度、活动时间过长、睡眠不好引发。除了感觉热的症状外,还伴有疲劳无力、脉搏加快、口干舌燥等症状。

（2）热衰竭:多表现为注意力不集中,神志模糊,动作迟缓,皮肤温度略高,常常伴随大量出汗。

（3）热射病（中暑）:体温高于身体器官可承受的范围,常常高过 40.5 ℃。意识水平下降,意识模糊或昏迷。皮肤滚烫,表面或潮红或苍白,严重者出现抽搐等症状。

（4）低血钠症:因补充了过量的体液而并未及时排泄体液导致电解质浓度降低。表现为恶心、头疼、无力,意识水平下降但体温接近正常,严重者出现抽搐等症状。

2. 预防手段

（1）合理安排活动时间,避开正午炎热的时间。行前保证睡眠充足和心情愉快。

（2）参加活动时,穿着能散热的合适衣服。在活动中,尽量用水把帽子浸湿,适当进行头部降温。在烈日照射不到的地方行走时,及时把帽子摘下可短时散热。

（3）途中休息时,应选择避晒、通风的地方。休息时要快速卸下背包,摘下帽子,解开衣袖与领口纽扣,挽高裤腿,快速散热。

（4）注意行走节奏,避免过度疲劳。少量、多次、科学、合理、及时地补充水分及含盐食物,适当配搭一些含丰富电解质的运动饮料,避免过度补水。

3. 处理方法

（1）脱离高温环境为患者降温,解下多余衣物,可将水雾化喷洒于身体核心躯干部位,配合通风散热。

（2）若伤患口渴,则为其同时补充水和电解质。若患者病史为大量饮水后导致电解质浓度降低,则限制饮水,适当补充食物。

（3）昏迷的患者清醒后,仍需送至医院做进一步健康评估。

（二）紫外线烧伤（晒伤）

进行较长时间的户外活动时,务必要注意防晒。皮肤长时间在紫外线下暴露,会引起微血管扩张,从而把较多的血液带到皮肤表面,导致皮肤发红、变热甚至疼痛。

皮肤晒伤时,可采用以下方法处理:

(1)使用止痛药,如阿司匹林,可缓解轻度至中度晒伤的红肿、痒痛。

(2)湿敷或用布包住冰块敷在受伤的皮肤表面,可缓解疼痛,但注意不能用冰块直接接触皮肤。使用温和的香皂彻底清洗干净晒伤的部位后涂上滋润皮肤的乳液。

(3)可使用新鲜芦荟或芦荟胶直接涂在患部,帮助伤口复原。

(4)可洒上爽身粉,减少睡觉时皮肤与衣服或睡袋的摩擦。

（三）脱水

脱水会导致身体不适,判断力和协调力下降,容易引起高原疾病、低温症和热射病,严重的可能造成死亡。

1. 引发原因

高温、呕吐、腹泻。

2. 主要症状

口渴,尿量减少,尿色变深,皮肤起皱,体力不支,食欲下降等。

3. 预防手段

视出汗情况在运动前、中、后分别少量多次地补充含电解质的运动饮料,既保障健康又增强体能。

三、心肺复苏术

心肺复苏术(cardiopulmonary resuscitation,简称CPR)是针对骤停的心脏和呼吸采取的救助技术。其目的是恢复患者自主呼吸和自主循环。

心搏骤停(cardiac arrest,简称CA)是指各种原因引起的、在未能预计的情况和时间内心脏突然停止搏动,从而导致有效心泵功能和有效循环突然中止,引起全身组织细胞严重缺血、缺氧和代谢障碍,如不及时抢救可立刻失去生命。心搏骤停一旦发生,若不能及时抢救复苏,4～6分钟后会造成患者大脑和其他人体重要器官组织的不可逆损害,因此心搏骤停后的心肺复苏必须在现场立即进行,为进一步抢救直至挽回心搏骤停人员的生命而赢得最宝贵的时间。

（一）心肺复苏的程序及操作技术

1. 评估现场

首先评估并确认现场环境安全。

2. 判断意识

用双手轻拍患者双肩,问:"喂！你怎么了?"患者无动作或应声,即判断无反应、无意识。判断意识不应超过10秒。

3. 大声呼救

大声呼救以引起周围人的注意,同时迅速拨打120急救电话。

4. 评估呼吸、检查脉搏

判断是否有颈动脉搏动:用右手的中指和食指从气管正中环状软骨划向近侧颈动脉搏动处,尤其是颈动脉和股动脉,告之无搏动(数1001,1002,1003,1004,1005……判断5～10秒)。同时查看胸廓是否起伏,呼吸是否停止,以决定是否松解衣领及腰带。

5. 摆放体位

将患者仰卧在平整的地面或硬板上,并确认患者身体处于水平位。

心肺复苏术

6. 胸外按压

部位：两乳头连线与胸骨中线的交点处，胸骨中下 1/3 交界处。

手型：用左手掌根紧贴患者的胸部，两手重叠，左手五指翘起。

深度：垂直下压使胸骨下陷 5~6 厘米。

频率：100~120 次/分，按压与放松时间比为 1:1。

要求：按压部位准确，用力适当，节奏均匀，持续进行，放松时手掌根部不离开胸壁。

7. 人工呼吸

清除口腔、气道内分泌物或异物，取下义齿。

仰头举颏法：施救者位于患者右侧，左手小鱼际置于患者前额，用力向后压，右手食指和中指放在患者下颌骨下缘，将颏部向上向前抬起。

托颌法：操作者双手将下颌角托起，向上或向后抬起下颌。

按压与呼吸比：持续 2 分钟高效率的心肺复苏，以心脏按压:人工呼吸 = 30:2 的比例进行，操作 5 个周期（以心脏按压开始到送气结束）。

8. 整理

若患者自主呼吸恢复，给予进一步生命支持。

（二）提高抢救成功率的主要因素

（1）将重点继续放在高质量的心肺复苏术上。

（2）按压频率至少 100 次/分（区别于大约 100 次/分）。

（3）胸骨下陷深度 5~6 厘米。

（4）按压后保证胸骨完全回弹。

（5）胸外按压时最大限度地减少中断。

（6）避免过度通气。

（三）注意事项

（1）口对口吹气量不宜过大，一般不超过 1 200 毫升，以胸廓稍起伏为宜。吹气时间不宜过长，过长会引起急性胃扩张、胃胀气和呕吐。吹气过程中要注意观察患（伤）者气道是否通畅，胸廓是否被吹起。

（2）胸外心脏按压术只能在患（伤）者心脏停止跳动时才能施行。

（3）口对口吹气和胸外心脏按压应同时进行，严格按吹气和按压的比例操作，吹气和按压的次数过多或过少均会影响复苏效果。

（4）胸外心脏按压的位置必须准确，不准确容易损伤其他脏器。按压的力度要适宜，过大过猛容易使胸骨骨折，引起气胸血胸；按压的力度过轻，胸腔压力小，不足以推动血液循环。

（5）施行心肺复苏术时应将患（伤）者的衣扣及裤带解松，以免引起内脏损伤。

（四）心肺复苏有效的体征和终止抢救的指征

（1）观察颈动脉搏动，有效时每次按压后就可触到一次搏动。

（2）若无自主呼吸，人工呼吸应继续进行，或自主呼吸很微弱时仍应坚持人工呼吸。

（3）复苏有效时，可见患者有眼球活动，口唇、牙床转红，甚至脚可动；观察瞳孔时，可由大变小，并有对光反射。

（4）当有下列情况可考虑终止复苏：① 心肺复苏持续 30 分钟以上，仍无心搏及自主呼吸，现场又无进一步救治和送治条件。② 脑死亡，如深度昏迷，瞳孔固定、角膜反射消失，将患者头向两侧转动，眼球在原来位置不变等，现场无进一步救治和送治条件。③ 当现场危险威胁到抢救人员安全(如雪崩、山洪暴发)以及医学专业人员认为患者死亡时。

四、心理救助

心理救助,是指在灾难、事故等创伤事件后,对伤病者进行的一系列心理疏导和支持活动。灾难或意外发生后,及时开展心理援助,可以帮助灾难亲历者最大限度地面对灾难和走出潜在的心理阴影,同时对抢险救援人员的心理疏导也不容忽视。

(一)心理治疗术

救助者在实施心理救助的过程中,除常规的心理支持外,运用恰当的心理治疗技术是十分有效的,尤其是针对伤病者各种强烈的情绪和躯体反应。常用的方法有以下两种:

1. 腹式呼吸法

腹式呼吸法也称深呼吸或放松呼吸,是一种以慢节律方式进行的深呼吸方式,每一次吸气,都用膈肌把氧气深深吸入肺内。腹式呼吸以一种更放松的方式取代了由于焦虑或自律神经兴奋而出现的浅而快的呼吸,使肺内的氧气交换更有效,从而增加氧浓度,降低缺氧而导致的各种不适的感觉,从而减轻患者的焦虑情绪。

伤病者在自己的位置上,尽量选择舒服的体位,闭上双眼,把一只手放在腹部胸肋下面(膈肌的位置),紧闭嘴唇,用鼻子呼吸。先慢吸气 3~5 秒直到肺部已充满空气,随着气体的吸入,肩膀不动,膈肌下沉,腹部不断隆起。屏气 1~2 秒后,缓慢呼气 3~5 秒,在呼气的同时,膈肌上升,腹部收缩,直至将全部的气体呼出,如此循环往复进行。

2. 渐进性肌肉松弛法

渐进性肌肉松弛法是另一种常用的放松方法,通过系统地收紧并放松躯体的每组主要肌群,从而让个体体验放松的感觉,反复练习后便能主动控制机体的紧张度。在危急的情况下,伤病者全身的肌肉会应激性地处于紧张状态中,往往无法自动放松,紧绷的肌肉在氧气不充分的情况下进行无氧代谢,造成乳酸堆积,从而使其感受到肌肉酸痛等诸多躯体的不适。

渐进性肌肉松弛法的具体操作方法是依序收紧并放松每组肌群,先收紧一组肌群 5~6 秒,然后突然放松 30 秒。

(二)心理恢复

在创伤后,要对当事人及时进行心理恢复。首先,要让当事人尝试接受现实状况,不要隐藏自身情绪,试着把情绪表达出来。其次,教会他们舒缓情绪的一些自助方法并给予辅助。例如,强制休息、增加社会交往、鼓励积极参与各种体育锻炼,这些活动可有效地转移注意力。同时,给当事人提供宣泄机会。最后,进行必要的认知行为矫正训练,提高人们对应激反应的认知水平,纠正不合理思维方式,以提高其应对突发事件的应激能力。

心理救助是一个长期的心理服务过程,针对创伤的特点,可制定一个长期的跟踪援助计划。

【学 用 检 验】

1. 户外运动中常见的风险有哪些?
2. 户外运动的风险管理策略有哪些?
3. 请根据所学知识,为本班组织户外活动撰写一份户外运动风险管理计划。
4. 请根据所学知识,模拟实操心肺复苏的程序及操作技术。

下篇

项目实战篇

第八章

徒步与露营

【章前导言】

徒步是户外休闲运动中参与人数较多,参与范围较广的项目之一,通常指有目的的在自然环境下进行一日或多日行走体验活动,在一日行走的线路中不涉及露营环节,多日行走的线路中必须进行户外露营。《健康中国 2030 纲要》中提出要广泛开展全民健身运动以提高全民身体素质,越来越多的人主动参与到户外运动中来,户外徒步与露营也逐渐成为人们喜爱的户外运动项目。

【学习目标】

1. 了解徒步与露营装备。
2. 掌握徒步基础技能,学会看地形图和识别方向。
3. 掌握山地徒步行走技巧。
4. 掌握背包的填装与背包调节方法。
5. 了解营地选址与建设、帐篷搭建与回收等内容。

第一节 徒步与露营概述

一、徒步与露营概述

20 世纪初,欧美发达国家开始兴起各种徒步与露营活动。随着各国经济的发展和人们休闲意识的增强,越来越多的人选择通过亲近自然来放松心情,缓解压力。徒步与露营也逐渐成为世界性的时尚健康运动。

户外徒步也称远足,是指参与者在自然场景中有目的地进行行走体验的一项户外运动。户外徒步不仅让人们找回自我、回归自我,也能让人们亲近自然、了解自然、进而提高保护自然的意识。依据时间跨度可以将户外徒步活动划分为一日和多日徒步,两者之间的区别在于是否需要在野外露营。

露营是指借助遮挡物在野外环境下搭建临时庇护所并度过一晚或者多晚的活动行为。露营能够为徒步活动参与者提供必要的休息空间与时间,在长时间的户外活动后帮助人们迅速恢复体能。依据露营形式可以将其分为露天露营、植物草被露营、帐篷露营、房车露营以及特殊露营。露天露营是不借助任何外物遮挡的露营;植物草被露营、帐篷露营、房车露营是借助相关物品和设备进行的露营;特殊露营是在特殊的地点借助特殊装备进行的露营,例如悬挂在岩壁上的露营(图 8-1-1),

漂浮在水面上的露营(图8-1-2)等。

图 8-1-1　岩壁露营　　　　　　　　图 8-1-2　水上露营

二、徒步与露营装备

徒步与露营装备是保障户外爱好者能在野外安全行走与住宿的物品。尤其是在进行多日徒步活动时,要精心计划与准备徒步与露营装备以匹配天气、地貌和人员的需求,这也是降低活动风险的有效途径。因此,选择优良的装备是行前计划与准备的核心内容。

(一)徒步装备

徒步装备是保障户外活动顺利进行的物质基础,主要是指在丛林、沙漠、雪原、峡谷、岛屿等环境中行走时所需的装备。依据装备的作用,可以将徒步装备分为鞋服、背包、护具、配件及药品(表8-1-1),参与者可根据活动线路的需求有计划地配备相关装备。

表 8-1-1　一日徒步活动装备

类别	名称	规格
鞋服	速干衣裤	涤纶、氨纶材质
	徒步鞋	中、低帮
	内衣裤	速干舒适
背包	小背包	20~30 升
护具	帽子	渔夫帽或鸭舌帽等
	登山杖	伸缩范围在 65~145 厘米
	手套	半指防滑
	护膝	略带弹性可伸缩
	墨镜	偏光护目镜
配件	水袋	2 升
	头灯	至少可持续照明 6 小时
	刀具	求生匕首、多功能瑞士军刀
药品	医药包	跌打损伤、止血消毒、止泻救心等药物

(二)露营装备

除了一日徒步所需的装备外,多日徒步露营活动还需要露营三大件——帐篷、睡袋、防潮垫。多日的徒步露营活动中,露营三大件可以为人们提供临时庇护所。此外,还可根据徒步地的地形状况选择装备,详见表 8-1-2。

表 8-1-2　徒步露营装备

活动时间	地形环境	必选装备	可选装备
一日	丛林	速干(冲锋)衣裤、帽子、登山杖、水袋、背包(20~30 升)、徒步鞋、急救包	护目镜、头巾
	沙漠		太阳镜、头巾、防沙鞋套
	雪原		雪镜、手套
	峡谷		绳索、溯溪鞋、雨具
	岛屿		救生衣
多日	丛林	速干(冲锋)衣裤、帽子、登山杖、水袋、背包(40~60 升)、徒步鞋、雨具、炉头、套锅、帐篷、睡袋、防潮垫、雨具、头灯、水壶、GPS	护目镜、头巾
	沙漠		太阳镜、头巾、口罩、防沙鞋套
	雪原		雪镜、手套、羽绒服、抓绒衣、雪套
	峡谷		绳索、溯溪鞋、雨具
	岛屿		水桶、渔具、刀具

第二节　徒步基础技能

一、地图常识与判读

在开展多日徒步与露营活动时须事先准备活动地点及其周边范围的地图,结合指北针及具体地貌可达到快速定位的目的,因此,地图的识别能力至关重要。

(一)地图常识

地图是地表起伏形态和地理位置在水平面上的投影图。一般称比例尺小于 1/10 万的为地理图,大于 1/10 万的为地形图。方向、比例尺,以及图例和注记是地图最基本的三个要素。

1. 方向

地图上如果有明显标识方向的箭头,或有经纬线的,按箭头或经纬线来定向;如果没有则默认为上北下南左西右东。有些大比例尺的地形图,为了帮助辨别方向,会在南北方向上绘制若干条平行的方向线。

2. 比例尺

比例尺指地图与实地的比例关系,在运用地图确定空间大小时,就表现为实际距离按照一定换算关系在平面地图上按比例缩放的线段长短,借助比例尺这个缩放数值,可以测量图上距离,便能准确地换算出实际距离。

$$比例尺 = \frac{图上距离}{实际距离}$$

地图比例尺通常有三种表示形式:线段式、数字式、文字式。户外徒步运动常使用的地图的比例尺标注一般采用数字式。图幅面积相等的地图,比例尺越大,其图幅所包括的实地面积就越小,地图上所显示的实地的地形内容就比较详细;比例尺越小,其图幅所包括的实地面积就越大,地图上所显示的实地的地形内容就较为简略。

3. 图例和注记

图例又称为地物符号,是由全世界统一规定的图形符号结合标记表示的。图例客观地显示实际地形物在地图上的位置和大小,了解图例的特点和作用,是认识地图的基础。按照图例所代表的事物情况可将其分为面状符号、线状符号和点状符号三类。

户外运动常用地图上的说明标注除了图名、比例尺、图例外,有时还有等高距、检查点说明以及绘制和出版单位等。

4. 等高线与等高距(图8-2-1)

在地形图上,可以看到很多以棕色线条呈现的一圈套一圈的曲线,这就是等高线。等高线是由地面上高程相等的各个点连接而成的曲线。地形图就是用等高线来表示地形的起伏及形态的。通过等高线不仅可以了解地表各处的高度,还可以根据等高线的排列特点来分析地形,如山脉的走向、坡度,了解哪里是山脊,哪里有山谷、凹地等,而且还可以进行高程、面积和坡度等具体的计算。利用等高线分析地形是户外运动的一项基本技能。

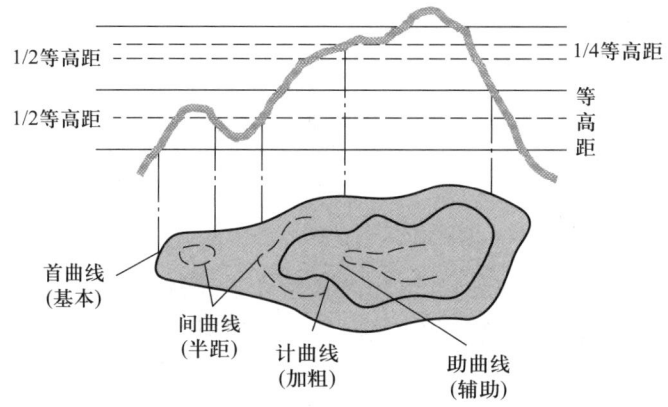

图8-2-1 等高线与等高距示意图

等高线按其作用不同可以分为四种:

(1)首曲线,又叫基本等高线,是按基本等高距绘制的等高线。由平均海水面,又称大地基准水平面起算,按标准等高距而测绘的细实线(线粗0.1毫米),都是首曲线(基本等高线),用以显示地形地貌的基本形态。

(2)计曲线,又叫加粗等高线。为了读图方便,每隔四条首曲线加粗(线粗0.2毫米)一条,被称为计曲线。

(3)间曲线,又叫半距等高线,是按二分之一等高距测绘的细长虚线,用以显示首曲线不能显示的某段局部地貌。

(4)助曲线,又叫辅助等高线,是按四分之一等高距测绘的细短虚线,用以显示间曲线仍不能显示的某段个别地貌。

相邻两条等高线间的实地垂直距离叫等高距。地图比例尺大,等高距就小;地图比例尺小,等高距就大。为兼顾地貌显示较详细、图面清晰易读,对等高距做如下规定:当地面坡度为45°时,相邻两条基本等高线在图上的间隔为0.2毫米,两等高线间的高差为基本等高距,也叫规定等高距。在不适宜采用基本等高距的高山地区,经批准可采用选用等高距。在每幅地形图图幅下方,注记有该图的等高距。

(二)方向识别

方向识别就是辨明站立点的东、西、南、北四个方向。通常我们可以使用指北针来快速确定方向,但在没有指北针时,可结合实际地理地貌来判定方位,这就需要参照更多的标准。

1. 用指北针识别方向

(1)指北针的结构:指北针(图 8-2-2)由磁针、刻度盘、方位玻璃框、直尺和放大镜等部件组成。

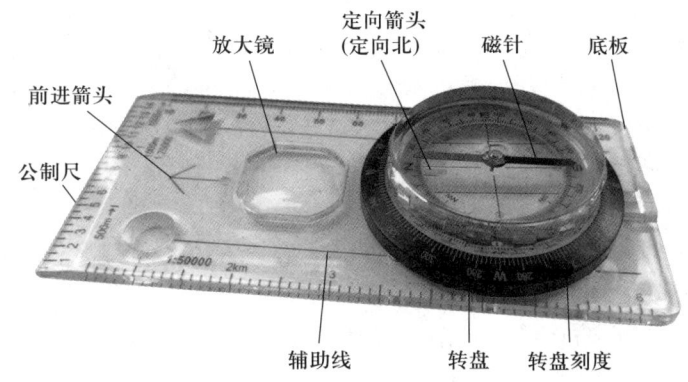

图 8-2-2　指北针

(2)利用指北针判定方位的方法:判定方位时,将指北针水平放置,待磁针静止后,红色箭头(或荧光涂层)一端即是实地的磁北方向。使用指北针以前,应检查磁针是否灵敏。其方法是,用一铁质物体扰动磁针,若磁针迅速摆动后仍停在原处,则说明磁针灵敏,可以使用;若磁针各次静止后所指度数不一致,而且相差较大,则说明磁针不灵敏,应进行检修、充磁。

2. 不用指北针识别方向

在没有指北针的情况下,仍有许多方法可以识别方向,比如北半球地区太阳总是早晨东升,中午南移,傍晚西落;如树的枝叶总是偏南一侧更加茂盛;此外夜晚的北极星,房屋门窗朝向等都会帮助我们判断方向。

(三)标定地图

1. 标定地图方向

标定地图包括标定地图方向、标定地图位置。前者就是使地图方向与实地方位一致,这是地图与实地对照的前提。标定地图时须先将指北针水平放在地图上,然后转动地图使地图的北与指北针的北一致。

2. 标定地图位置

在站立点判明地图与实地方位后,即可标定地图上站立点及周围地物的位置。

(1)概略标定:在地图上选定一十分明显的地物,如孤山、电视塔等,然后在实地去寻找该地物,使两者对应上。

(2)利用直长地物标定:先在图上找到诸如道路、河渠、土塔、电线杆等直长地物符号,再对照两侧实地的地形,使地图和实地的位置对应起来。

（3）利用明显地形特征标定:如单个明显的地面物,道路,河流拐弯点、交会点和端点;地面区域的中心或者有特征的边缘;山地、鞍部、洼地;陡崖、冲沟等;峡谷的拐弯、交汇点;山脊、山脊线上的转折点、坡度变换点等,将地图上的地物与实地的地物——对应起来。

3. 确定站立点

在标定了地图的方位和位置后,在地图上标定站立点就变得相对容易多了。

（1）估测法:对附近的地形比较了解后,当你的站立点在明显的地形点上或在明显的地形点附近时,你可以从图上找到该地形点,并根据你所在的明显地形点的位置简单判定你在图上的位置。

（2）后方交会法:当你的站立点附近没有明显的地形点,但周围有 2～3 个图上、实地都有的地形点时,可采用此种方法确定站立点。

（3）截线法:当你的站立点在一些比较明显的线状地物上,如道路、河流、高压线等,可利用此法确定你在图上的位置。

4. 判断行进方向

西维式三步法是判断行进方向和确定目的地准确方位的一种比较实用的方法,使用该方法的前提是必须清晰自身的站立点和目标点。

第一步:连接位置点与目标点。在地图上找到并标记当前所处的位置点与目标点,利用指北针底板侧边直边将两点连成一条线。

第二步:"二北"重合。在保持指北针位置不变的情况下,旋转指北针上的转盘,将定向北与地图北重合。

第三步:指出目的地。将"二北"重合的指北针水平放置于手上,旋转身体使指北针的北与地图北一致,底板上的前进箭头所指方向即指向目的地方向。

二、徒步技术与行走技巧

徒步是户外活动团队沿着指定路线有组织有计划的移动活动。

（一）徒步准备及注意事项

1. 认识环境,规划线路

提前了解线路的环境,选择综合行进条件好的路线和路面。徒步路线的选择正确与否在一定程度上关系到是否能按计划抵达目的地。所以徒步前,一定要认真研究目的地的自然和人文地理环境情况,对各种行进的路线方案进行综合评价,路线具体选择标准如表 8-2-1:

表 8-2-1　徒步线路选择

行为选择	应该	不该
路况	走直道	走弯道
	走大路	走小路
	走主干道	走支道、岔道
	走常行道	走陌生道

续表

行为选择	应该	不该
路况	走有人行痕迹道	走自创道、兽道
	走安全道	走险道
	走平整道	走凹凸道
	白天行进	夜间盲行

2. 调整节奏,劳逸结合

长时间徒步行进容易疲劳,尤其是负重徒步时更容易疲劳。在行进中,需要协调行进的步幅大小和速度节奏,注意适当休息,以延缓疲劳的过早到来。减缓疲劳的要领是:选择最适合自己的步幅,用相同的节奏来走路。适当的休息也是缓解疲劳、延长行进路程的有效方法。在平地上行进时,徒步50分钟,休息10分钟。在山路行进时,徒步30分钟,休息10分钟。多数意外事故都是发生在身体疲劳时,如注意力无法集中而导致滑倒摔伤;休息时间过长也会导致身体机能反应迟钝,即便是休息时也不宜直接坐在地面上,因为血液完全降到臀部后会影响身体机能。

领队和收尾队员应该保持对讲通话,当距离太远时必须及时沟通处理,要保持队形,保证队伍的安全。小组的行进速度应根据队中行进速度最慢的成员而定,这样的队员要安排在队伍的前列。

3. 精力集中,保持良好心态

徒步是一件耗费体力和精力的事。徒步前夕,要做好充分的体力准备,行进途中,要集中精力,保存体力,不做无谓消耗精力和体力的活动。行走时要养成集中精力,不边走边说笑和打闹的良好习惯。在行走过程中不仅应尽量少讲话,也不应大声唱歌,因为这样会消耗更多的体力。

（二）徒步行走技巧

徒步行走是在自然环境中带有目的性的体验行为。户外徒步由于涉及丛林、沙漠、雪原、峡谷、岛屿等复杂地形地貌,每次徒步活动的行走线路长度、同行队友、天气情况各不相同,因此它更具挑战性,也更需要根据实际情况运用一定的行走技巧。

1. 徒步行走的基本要领

徒步行走是全身运动,要全脚掌触地,重心从脚跟向脚尖转移,通过摆臂来平衡身体,注意调整步伐、控制节奏,用腹部深呼吸,按节奏走,不要时快时慢,尽量保持匀速。

在山地徒步时,每一步都要走稳,不要左右摇晃,否则不仅浪费体力,还很容易跌倒。上坡时,身体重心应落在脚掌前部,身体稍向前倾;下坡时,降低重心,身体重心应落在后脚跟,身体稍微下蹲。无论上坡下坡,面对较大角度的坡时,应走"之"字形线路,尽量避免直线上下。上下坡时,手可攀拉石块、树枝、藤条,但在用力前,一定要试拉,看看其是否能够受力,经常有队员因为拉的是枯萎腐烂的树枝、藤条而跌倒受伤,导致意外发生。

2. 行走节奏与休息要领

长距离徒步,特别是在登山时,休息尤其重要。休息时,既可以调整节奏与呼吸,还可以用餐、补充水、做伸展运动、确认路线、加减衣服等。

长距离徒步时,一般步行 40~50 分钟,然后休息 5~10 分钟。在这个基础上,还需考虑队员的身体状况及后续行程等因素。若队员身体状况普遍不好,或者碰到景观不错的地方,或是需要调整衣服等,20~30 分钟休息一次也未尝不可。休息的时间和次数要把握好。次数过少,易造成疲劳;次数过多,过于频繁,则会影响到行进速度。

休息一般分为小休息和长休息。小休息一般在 5 分钟之内,是为了等待后面队员、调整队形等。长休息一般在 10~15 分钟,用于恢复体力、补充食物和水、拍照等。小休息一般不卸掉背包等装备,以站着休息为主,此时可以调整呼吸。若是感觉站着太累,则可用登山杖支撑或在背包下方放一根木棍支撑。长休息可以卸下背包,先站立调整呼吸,呼吸正常后再坐下休息。不要一停下来就坐下,这样会加重心脏负担。

休息时要注意防风保暖,及时添加衣服,还要避免肌肉受凉而导致抽筋。休息时可采取主动休息的方法,主动牵拉小腿、大腿、背部等部位的肌肉群,能有效地缓解疲劳,避免肌肉痉挛。

3. 行军补水要领

(1)携带与补给:徒步时应带足饮用水,每人每天约 3 升的量,可根据天气情况增减,宁多勿少。如果途中遇溪流、湖塘、沟河有水补给,一定要先观察水源污染情况:是否有人畜活动;是否有动物尸体倒于水旁;是否有粪便、毛虫污染;是否发黑发臭。根据观察到的情况,采取沉淀、过滤、加热等方法处理后再饮用。

(2)补水的方法:徒步中如需饮水要以"少量多次"为原则,主动饮用而不是被动喝水,每次喝两三口为宜,如遇炎热天气或大运动量时,补水频率应适当增加,避免采用"少次大量"的方式饮水,因为人的身体每次仅能吸收 200~250 毫升的水,饮水过量不但浪费水资源,而且增加了心脏的负担,一般徒步饮水的补充原则最好是 250 毫升/15 分钟。

4. 常见地形的行走技巧

(1)山地徒步行走:山路多树木丛生、杂草遍地、地面湿滑、凹凸泥泞,在复杂的山地中安全地行走,降低地形因素带来的安全隐患需要注意以下三点:

① 备齐个人装备,长衫、长裤、帽子、护目镜、手套、登山杖、登山鞋、急救用品必须准备。行前做好体能储备,保持身体良好状态,如需重装出行切记戴上护膝。

② 天气晴朗时,踩硬不踩软,踩石不踩草,善用登山杖。登山杖可"打草惊蛇",也可拨开树枝草丛。行走时务必调整呼吸,保持节奏,上坡须减小步幅,前脚掌撑地,重心前倾,必要时手脚并用;下坡时侧身缓行,全脚掌撑地,重心靠后,巧用登山杖支撑身体。

③ 天气阴雨时,踩草不踩石,降低速度,保持重心,避免跳跃、跨越等行为。仔细观察前面队友的行进状况,紧跟其落脚点,切勿另辟蹊径。上坡时如遇泥泞路面,可适当挖掘台阶、脚窝;下坡时须降低重心,抓住树干及树枝,也可以拉拽一整把细小植物的根部,如遇重心不稳摔倒下滑,应重心靠后,尽量使用背包作为背部缓冲,身体稍侧,双腿微屈,注意前方找准落脚点,防止下滑。

(2)沙漠戈壁徒步行走:沙漠戈壁行走时,须做好线路规划,宜直线行走,少走弯路。利用西维式三步法确定目的地并在行进中不断修正线路,确保行走方向正确。除确定行走方向之外,还要特别注意两点:

① 做好防暑防晒准备。沙漠行走时,人体水分流失是正常情况的 2~3 倍,如过度暴

晒,会加速身体水分流失而出现中暑、脱水等状况。保持体力充沛,减少水分流失是沙漠戈壁行走的第一技巧。

② 保持行走节奏,低负重,多休息,避免身体出现过度疲劳后才休整。每行进 1 小时休息 10 分钟,如果队员体力不支则每行进 50 分钟要休息 10 分钟。

(3)热带丛林徒步行走:在热带丛林中行进,为防止蚊虫、蚂蟥、毒蛇等的叮咬应穿靴子,并扎紧裤腿和袖口、领口,最好将裤腿塞进靴子里面,有条件的应戴手套。在鞋面上涂驱避剂或肥皂,可防止蚂蟥上身。为了防止毒蛇的袭击,行进中应不停地"打草惊蛇"。同时也应注意树上有无毒蛇。休息时,要仔细观察后再坐下。此外,还要注意猎人设置的陷阱(或绊线),特别是路中间突然有散落覆盖着的乱草和树叶,或是路边突然有不自然弯下来的树干或竹竿,要注意有可能是捕兽的铁夹子或吊索。

三、背包的填装与背包技术

无论是一日的徒步活动还是多日的徒步活动,背包都是必不可少的工具。作为唯一起到背负作用的装备,背包的填装与背负技术直接影响徒步活动能否顺利进行。

(一)背包的填装

背包填装的要领可以归纳为:"上重下轻,里重外轻""先用后放,后用先放""急用外放,左右平衡"。背包的填装顺序是由下往上、由里往外依次填装的,在填装背包前要将背包上的所有腰带、肩带、束缚带及插扣解开或松开到最大限度,然后才能开始装包(图 8-2-3)。

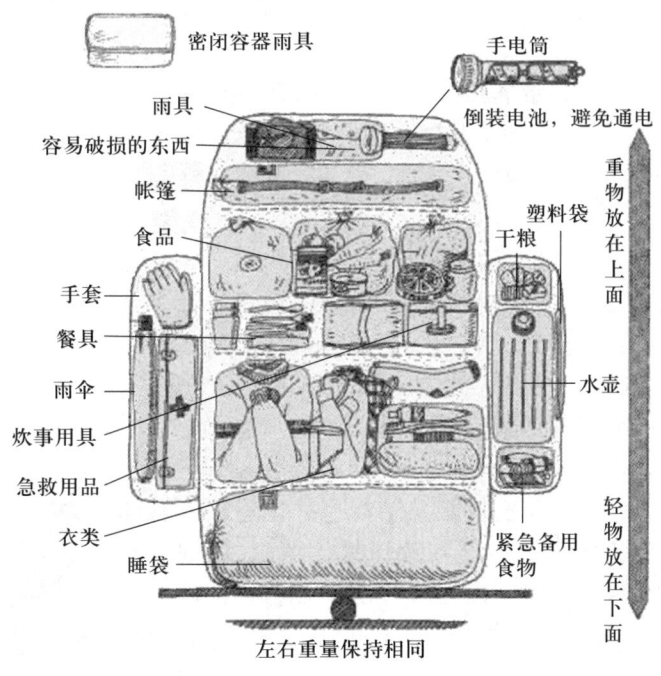

图 8-2-3　背包的填装

1. 上重下轻,里重外轻

将衣物、睡袋、防潮垫等质量较轻体积较大的物品放在背包的下部和背包外侧;将帐篷、餐具、食物等质量较重且能够抗压的物品放在上部和背部的里侧。这个原则是将背包的重心调整平衡,使背包大部分重量压在背部及臀部。

2. 先用后放,后用先放

即按照使用顺序来填装物品,在行走过程中经常会使用的干粮、雨具、护具、饮用水等物资应后填装;帐篷、睡袋、防潮垫、换洗衣物等物资需要在露营地才使用的应先填装。

3. 急用外放,左右平衡

在行走过程中时常会遇到突发情况,如受伤、肠胃不舒服及需要确定方位等。因此,相应的急救药包、地图、指北针等急用物品应放在背包的最外侧,以确保紧急情况发生时能第一时间使用。长时间的背负时应注意感受背包的重心是否偏移,保持背包左右平衡,让背包的重量更均匀地作用于背部,避免因重心偏移损伤脊柱。

填装好的背包是一个整体,它的重心应时刻保持在背包的中部并且始终与背部相重合。背包填装后,将填装好的背包放置在平地上,背包能够保持屹立不倒就证明该包的物品填装紧凑合理。

(二) 背包背负技术

长时间行走会使背部与背包产生较多的摩擦,因此,除了将背包填装好外还应掌握背包的背负技术。背包的背负技术主要包括上包技术、下包技术及背包放置。

1. 上包技术

将沉甸甸的背包置于背上,需遵循以下四个步骤:

(1) 将腰带、胸带、肩带插扣解开并将其放松。

(2) 两脚呈弓字步站立,双手握住背包肩带迅速将背包提至大腿上并保持其平衡。

(3) 两手顺势穿入肩带,另一只手反提扶住背包外侧底部,稳定后将手穿入另一侧肩带。

(4) 依次系上腰带、胸带插扣,调整松紧度,完成上包。

如与队友结伴而行或者个人力量无法将背包提至弓步大腿时,可以借助与队友的合力起包,然后依次完成余下步骤。

2. 下包技术

(1) 将腰带、胸带、肩带插扣解开。

(2) 将背包重量置于左(右)肩上,另一只手脱出肩带,反提扶住背包外侧底部。

(3) 左(右)手握住肩上肩带,另一只手从左(右)肩部提住背包顶部手环,顺势转体将背包置于左(右)腿呈弓字步大腿上。

(4) 双手分别提住肩带将背包放于地面。

3. 背包放置

当徒步抵达休息点后,队员通常急于卸包并迅速进入营地建设环节,此时背包很容易因随处乱放而东倒西歪,如倒放在道路中会造成较大的障碍,也会因为背包上的食物残留或者食物糖分而引来昆虫的侵袭,蛇、蜈蚣、蛤蟆、百足虫等两栖、爬行类动物也比较容易钻入防雨罩中形成安全隐患。因此,在卸包后可将2个或者2个以上背包背靠背地竖立堆放,避免引来不必要的麻烦(图8-2-4)。

图8-2-4 背包的放置

第三节　露营基础技能

一、营地选址与建设

野外露营时,营地的选择和建设至关重要。营地是人员和物资的集散地,相当于露营者可以移动的家。营地的选择、建设与管理关系到露营者的安全、休息时的舒适性等各个方面。

(一)营地的选择

理想营地的选择必须满足以下三个因素:

1. 安全因素

当确定露营区域时,应对营地四周仔细检查,排查所有可能出现的安全隐患,一一给予肯定答复后方可露营。观察营地环境时应注意:该地区是否远离崖壁,是否曾有滚石落下的痕迹;是否位于干涸的河床,是否有暴发山洪的可能;是否位于山脊顶部、盆地底部或大树之下,是否容易遭受雷击;是否位于海岸潮汐带上,是否会受涨潮影响;是否有足够平坦的空地,适合疏散与撤退;是否避开山脊、垭口,是否避开强风。

2. 舒适因素

(1)地势:平坦宽敞的位置可以更好地为营地划分区域,有更多的活动空间。避免在低洼地露营,以免下雨时积水。

(2)背风:野外起风有可能会损毁营地、遗失物资,影响野外烹饪、饮食,降低体感温度,引发危险。

(3)日照时间:天气寒冷需寻找向阳地点扎营,方便晾晒衣物、睡袋,体感更舒适;天气炎热要寻找背阴地点扎营。一般选择朝阳可以早点照射到的地方,可以蒸发露水,保持帐篷等装备的干燥。

(4)景色:选择风景优美的地点扎营可以提升露营体验感。

3. 环保因素

任何人类活动都会对自然环境造成一定的改变和影响。各种营地活动对于地面植被的可耐受性、动物的生活习性等都会产生较大的影响,因此,应采取一定的措施降低营地活动对自然的冲击力。如划分明确的区域,用餐用火区、卫生区、活动区要有一定的距离。用火区选择可耐受的地面,卫生区在下风口,野外卫生区域必须挖猫洞,使用后必须填埋。

(二)营地建设

1. 区域划分

露营地的建设离不开科学合理的功能区划分,做到既能兼顾队员的休息、餐饮,活动相互分离,还能保持营区的卫生,使各项活动有条不紊地进行。休息区、用餐区、活动区应该形成"黄金三角形",即各区域保持等边三角形的位置关系。休息区在上风口,用餐与活动区在下风处,营地、卫生区、用水区也参照"黄金三角形"原理妥善安置(图8-3-1)。

(1)休息区:休息区是营地最中心、最平整、最安全的区域,要注意兼顾水患和火患,野外干燥的沙土地或松软的草地最合适设立休息区。

（2）用餐区:用餐区在休息区的下风口,紧邻休息区且接近水源的地方,用餐区域应设置垃圾分类桶,尽可能将厨余垃圾与其他垃圾分开,便于处理。

（3）活动区:活动区用来进行队员之间的交流与互动,活动区要远离休息区,可以适时开展篝火晚会或者其他游戏。最好以篝火不能烧到附近的帐篷为宜。

（4）用水区:用水区应设立在营地的最上游,并远离动物饮水处。用水区距离营地的直线

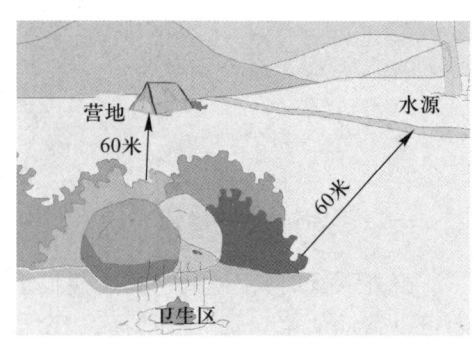

图 8-3-1　营地各区域划分示意图

距离应不短于 60 米,既减少对水源的污染又方便队员打水。

（5）卫生区:卫生区应该设立在坡度较低的密林里,必须在用水区的下游,休息区的下风处,距离水源 60 米以上,远离人行道、兽道的区域。建造卫生区时应分男性与女性区域,在一个僻静的地方挖设猫洞,有条件的可用树枝在猫洞的四周围上遮挡物,猫洞宽 25 厘米、深 25 厘米,呈长条形,将挖掘的土有序地堆放在猫洞一侧,并把铁铲（锹）立在土堆上方以便使用,上厕所时可将个人登山杖直插路边以提醒下一位伙伴厕所有人。

2. 营地建设注意事项

（1）远离河道、兽道:营地建设必须将安全因素放在首位,无论河道是否干涸,无论地势是否平坦,都要远离河道、兽道。在诸多户外事故案例中,在河道扎营出现危险所造成的损伤较大,营救难度也较大,尤其是在雨季外出活动时,河道扎营不可行。除此之外,也避免在兽道扎营,因为野兽通道相对固定,痕迹也容易辨认,只要人类活动不侵犯其领地,不打扰其生存,野生动物都不会主动攻击人类。

（2）远离岩壁、瀑布与孤树:在岩壁、瀑布与孤树附近扎营存在诸多安全隐患,如山上的落石、枯枝及大水极易坠落,一旦被击中后果不堪设想。在野外,被流石冲埋的人不在少数,大多非死即伤。瀑布周围噪声高、湿度大,不利于休息,还可能遭遇洪水。孤树下扎营容易遭雷击。

（3）远离昆虫巢穴:在野外,蜂蚁毒虫最为常见,其体积虽小但毒性很大,一旦招惹便倾巢而出十分恐怖。因此,选择营地时须细致排查,谨慎行动,确认附近无蜂蚁毒虫巢穴后方可扎营。

二、帐篷搭建与回收

（一）帐篷的搭建

1. 清理营地

在露营区域选择妥当后首先要进行地面清理,将地表上的石头、木头、树枝等尽量移除,清理干净。如果地面上有无法移动的突出的尖木头或者凸起的石头,可借助工具（工兵铲）将其填埋削平,如仍无法移除则可利用碎石块、枯树枝、茅草等尽量填充平整、标识警示。

2. 撑帐篷

在清理好的地面上将内帐摊开,把连接好的帐杆穿进所有的布套里。先把帐杆固定在内帐一侧的底脚上,然后把帐杆向固定底脚端推移使其产生形变隆起。完全撑开后将

手持帐杆端固定在底脚另一侧,再重复此操作把另一根帐杆撑起固定好,则内帐搭建完毕。盖上外帐,撑帐篷便完成了。

3. 固定帐篷

将帐篷撑起之后需要将其固定。帐篷内帐的脚上(四脚或六脚)设计有金属环,可以用地钉将其固定在地面上,试探地面蓬松无硬物后用地钉穿过金属环朝帐篷底部斜向45°插入。如果地面结实,可以找硬物辅助打钉;如果地面坚硬无法使用地钉固定,则需要利用风绳将帐篷固定,其作用不单单是固定帐篷,更是将内帐与外帐间的空隙拉大,促进空气流通,保持内帐的干爽。因此风绳可以捆绑在帐篷周围的一切受力物体上,如大树干、大石块,或者人工建筑物上。风绳要绷直受力,不易松动,牵拉时捆绑牢固尽量让各方向风绳受力均匀。如果条件同时满足打地钉和拉风绳,则应同时使用这两种方式固定帐篷。

4. 整理帐篷

整理帐篷包括个人用品整理、门蓬使用、排水与防虫、调整帐篷排列等环节。整理个人用品时,背包可放在内帐中作为枕靠。鞋袜则侧放于门篷下,鞋口对着帐篷,袜子堵住鞋筒,帐篷的剩余配件统一收拾后压在内帐边缘底部。夏天在野外露营时,避免不了蛇蚁鼠虫的骚扰,进入帐篷应迅速关闭帐门,在帐篷周围撒上一圈雄黄粉或者生石灰驱虫。在下雨天露营,应该在帐篷的四周挖上一圈排水沟,并把排水口安排在较低点,排水沟应紧贴帐篷外沿,以便从帐篷上下来的雨水及时被排走。排水沟深20厘米,土可以压在帐篷裙边上,并把裙边引向沟内。

5. 排列帐篷

帐篷的排列指在固定区域内帐篷的朝向摆设问题,通常情况帐门逆风朝向,对面下坡,但为确保队伍不受外界骚扰,可将所有帐篷排成马蹄形或圆形,帐门统一朝向圆心,这样的统一排列便于营员在夜里相互照顾。

(二)帐篷的回收

帐篷的回收与搭建同样重要。无序混乱的回收常常导致帐篷凌乱、配件丢失,而有序地回收帐篷不仅能保证物品的完整,还有助于养成良好的收拾物品的习惯。

1. 解除固定

回收帐篷的第一步是解除固定,即先后解除帐篷底端的风绳、地钉,再将缠绕在树干、石块或者人工建筑物上的风绳松脱,并且将绳子多次对折成束固定在帐篷四角。拔除地钉时应沿着其插入的方向逆向拔出,若固定得过于结实,可以将其摇晃松动后再拔出,清理钉上的泥土后统一放回收纳袋。

2. 先外后内

先收拾外帐,后收拾内帐。清晨起床时,外帐的内壁上通常会堆积许多小露珠,因此收拾外帐时可双手提起边缘用力抖掉水珠,时间充裕的情况下还可以将外帐内外调换置于内帐顶端晾晒,剩余水珠蒸发掉后便可折叠。内帐收拾相对简单,松脱帐杆底脚后,内帐便恢复如初,抽出帐杆、拉上拉链与外帐统一折叠后装回帐篷袋。

3. 还原清点

所有物品收拾完毕后清点一遍,按来时的顺序填装背包。人数众多造成的物品混乱应立即处理,缺少部件时可要求队伍成员各自检查装备,直到找到遗失物品,归还后强调物品整理行为规范问题,一切如常后便可拔营投入到下一阶段的徒步活动中。

（三）帐篷使用应注意的问题

1. 通气

现在生产的帐篷都有良好的通气设计，一般会有纱窗和纱门，这既能够防虫，也方便透气。冬天使用帐篷，不能为了保暖而将所有的拉锁全部拉紧（尤其是密封性好的帐篷），至少应该留下一个手腕粗的通气孔。

2. 凝结水

天气较凉时，人体呼出的热气会在帐篷内形成凝结水，并顺外帐内壁流下。为了防止凝结水打湿衣服和睡袋，可以把毛巾、雨衣以及次日要穿的衣服卷起来，紧贴帐篷，放在帐篷底部边缘，围成一圈。在饮水极其缺乏时，凝结水也可以收集起来饮用。如果保持帐篷通气良好，凝结水自然就会减少，但这也会在一定程度上影响保暖效果。

3. 帐内卫生

进入帐篷时应脱鞋，尤其是沾满泥土、冰雪的鞋子。在极其寒冷的地区，为了防止鞋子结冰或冻坏，也可以将其放进帐篷内，但注意不要弄湿寝具。任何时候都不应该在帐篷内吸烟。使用小型炉具应该在帐外，雨雪天可以在门篷里进行，绝不可以在帐篷内部使用炉具。

4. 帐内安排

帐内空间有限，应尽量合理安排。

（1）防潮垫铺在最下面，如果地面潮湿，可以把雨衣铺在防潮垫下，防潮垫上还可以铺上脱下来的外衣，这样既可以防潮又节约空间。炉具、炊具、绳索、大型工具等可以放在门篷里。

（2）背包可以放在门篷里，也可以放在帐内，如果没有枕头，背包也可以当枕头。

（3）贵重物品要放在帐篷内，压在枕头下或放在头边远离帐门的一侧。

（4）食品应该放在帐内，水可以放在门篷里，也可以放在帐内。

（5）刀具平放在睡袋两侧伸手可及的地方，以便取用。

（6）帐篷顶上一般有两条带子，可以拴上灯具。

（7）睡觉时，头部尽量靠近帐门，以方便内外交流或在紧急情况时迅速离开帐篷。

第四节 轻奢露营

有别于"苦行僧"般的传统野外露营，轻奢露营是一种结合了豪华生活和自然体验的露营方式，是近年日趋流行的露营形式（图 8-4-1）。它提供了更加舒适、便捷和高品质的露营体验，让人们可以在大自然中享受豪华的生活。与传统露营相比，轻奢露营更加注重舒适和便利，提供更加豪华的住宿设施和服务，并且配备了各种高科技设备。露营基地可以为露营者提供全方位的服务，露营人不需要搬家，不需要携带露营装备和生活设施，餐饮皆由营地提供，享受即可。轻奢露营更强调娱乐、社交属性，更注重体验感。

在装备方面，轻奢露营包括露营装备、炊事装备、起居装备、照明装备、收纳装备等。露营装备会使用高品质帐篷，如带有良好通风和防晒功能的棉布帐篷。轻奢露营的帐篷提供了比野营帐篷更大的活动空间，大都有功能上的分区，包括睡眠区、活动区和收纳区等。露营装备还包括配备加厚的充气床垫、保暖性好且柔软的睡袋。炊事装备包括材质

图 8-4-1　轻奢露营

优良、设计精巧、性能出色、安全可靠并且外形美观的炊具、炉具和餐具。起居装备包括精致的露营家具,能有效提升露营的体验感。天幕可以为露营提供遮阳、避雨、挡风的舒适起居环境。而照明装备,不仅包括露营灯,还有营造不同氛围的氛围灯。轻奢露营时,需要注意以下几个方面:

一、前期准备

（1）营地选择:轻奢露营一般会挑选环境优美、安全设施完备的专业露营地,靠近湖泊或山林,周边景色宜人,配备干净的水源、电力供应和卫生设施等基础服务。如果在没有基础设施和服务的自然环境中轻奢露营,应挑选地势平坦、干燥、避风（或通风）且远离危险区域（如悬崖、河边、泥石流多发区）的地方作为营地。如果在山区露营,要与山体保持一定距离,防止落石和山体滑坡。

（2）了解天气:提前查看天气预报,准备雨具、防风绳等装备。若预报有雨,除了携带防水帐篷,还应准备地布防止雨水渗透进入地面。

（3）装备检查:确保帐篷、炊具、睡袋等完好无损且齐全,检查帐篷杆是否完整、帐钉数量是否足够,炊具是否能正常使用等。

二、露营过程中

（1）用火安全:如果使用明火,要远离易燃物,并有专人看管。有条件点篝火时,要在空旷的沙地或石地上点燃,不能在草丛附近。灭火时要用土或水彻底扑灭,防止复燃。

（2）食物与水源:食物要妥善保存,防止变质或被野生动物偷吃。饮用水要确保干净卫生,可以携带净水器或煮沸后饮用。

（3）环境保护:不破坏植被,不乱丢垃圾,保持营地整洁。例如将垃圾装入垃圾袋带走,在野外尽量减少使用一次性用品。

（4）防虫防兽:携带驱虫药品,睡前检查帐篷内是否有蚊虫进入。在有野兽出没的区域,不要在帐篷外放置食物,避免吸引野兽。

三、露营结束

（1）整理装备:清理、收纳好所有装备,检查是否遗漏物品。

（2）恢复场地：将营地恢复原状，尽量减少对环境的影响。

【学用检验】

1. 徒步行走过程中应当如何补水？怎样判断自己是否缺水？

2. 背包填装和调节的要领是什么？

3. 营地的规划和建设时包括哪几个区域？每个区域之间应当保持何种关系？

第九章
野外生存

【章前导言】

本章内容分为野外生存概述、野外生存技能以及特殊地区的野外生存三个主要部分。由于本章内容涉及的生存技能较多,在学习过程中需注重实践和应用。本章内容强调实用性、健身性、娱乐性和终身性,具有途径多样、方法多种、形式灵活,内容丰富等特点,把传统学校体育课堂中的跑、跳、爬、投等基本内容扩展到大自然,具有鲜明的教育资源个性,集竞技性与挑战性于一体,充分展现了团队合作精神和个人创造性。

【学习目标】

1. 了解野外生存的基本概念、起源与发展。
2. 掌握野外生存的基本技能。

第一节 野外生存概述

一、野外生存的基本概念

野外生存,是指在山区、丛林、荒漠、高原、孤岛等野外环境中,在完全不依靠外部提供生存、生活的物质条件下,依靠个人、集体的努力保存生命、维持健康生活能力的户外活动。现代社会,人们不再满足于养尊处优和衣食无忧,而是喜欢主动地投入大自然的怀抱,在大自然中寻找自我、锻炼自我、挑战自我。野外生存可理解为人类在非生活环境下,最大限度维持生命力的行为。广义的野外生存主要包括野营、野炊、丛林穿越、搭绳过河、负重行进、野外自救、攀岩、岩降、定向运动、漂流涉水、觅求食物等内容丰富的活动。

二、野外生存的起源与发展

(一)远古时期,人类的生存活动就是最早的野外生存

早期的人类为了在当时恶劣的自然环境中生存下来,逐步创造了各种野外生存方式和野外生存技能,比如采集食物、寻找水源、构木为巢、钻木取火等。从某种意义上来说,我们现在进行的很多野外生存活动项目其实是对人类祖先生活方式的一种重现,也是人类原始生活技能的一种回归。而随着人类文明的不断进步,野外生存活动不再单纯为了生存和生活的需要,被动地从事野外生存活动,而是更多地转化为追求身心健康、磨炼意志、寻求新的运动体验,以休闲健身为主要目的而主

野外生存
的起源与
发展

动开展的一种户外体育活动。

（二）战争促进了野外生存的发展

近代以来，战争与野外生存密不可分，在长期的野外作战过程中，敌对双方常常身处野外环境之中。野外生存的许多技术与工具都是士兵们发明的，如炭火消毒法、瑞士军刀、丛林刀、反曲刀、野营锹等。

在现代战争条件下，各国军队都十分重视野外生存训练，美军早在 1965 年就将野外生存训练列为正式训练科目，并在世界各地设立了不同环境下的生存训练学校。原先训练的主要目的是增强体能、学习生存技巧，现演变为"磨炼意志、陶冶情操、完善自我、熔炼团队"的重要手段。

三、我国高校野外生存活动的开展

（一）高校野外生存教育的概念

野外生存教育是指围绕一定的教育目标，远离生活熟悉地，到野外自然环境中，有组织、有计划地开展一系列实践活动的总称。

野外生存教育是高校体育课程的拓展，它把传统的学校体育课堂中的跑、跳、爬、投等教学基本内容扩展到大自然，具有鲜明的教育资源个性，集竞技性与挑战性于一体，充分展现了团队合作精神和个人创造性，能使学生从中获取最基本的生存知识，养成健康文明的生活方式，培养学生团结合作和勇于竞争的意识，形成勇敢的意志品质和创新进取的精神。

（二）我国高校野外生存教育的开展

1. 以多种形式开展野外生存教育

根据不同的开展形式，国内的野外生存活动大致可分为三类：休闲体育形式、管理培训和大学体育教育形式。

以大学体育教育形式开展的野外生存活动以素质教育、健康教育、人本教育为指导思想，培养学生的社会适应能力、创新思维和团队意识。目前，越来越多的高校开设了野外生存训练和户外运动课程。

2. 开展过程中面临的问题与机遇

我国高校体育课程教学长时间受到传统惯性教学思维的影响，导致野外生存课程无法很好地完成生存技能发展的核心目标。在这种情况下，大部分高校因考虑学生的安全、资金投入等因素，大幅更改或减少野外生存课程课时，导致野外生存课程普及度不高。

师资力量薄弱也是造成野外生存课程难以普及的重要因素。大部分野外生存课程的授课教师本身缺乏实践经验，尤其是在应对课程中的突发事故时，许多高校老师由于经验不足，难以灵活应对和妥善处理。

除此之外，野外生存课程需要学校投入大量的教学经费，这也导致了多数高校选择以理论课来代替野外实践活动，减少经费投入，野外生存课程的实践意义大打折扣，最终也降低了野外生存课程的实际效应。

随着互联网技术的普及和应用，网络资源获取信息的速度变得直接、高效。沈阳体育学院在 2015 年率先推出国家级视频公开课"野外生存活动指南"，大大弥补了教学资源紧缺的困境，为高校开展野外生存课程提供了可能。

四、野外生存教育的价值与意义

野外生存训练丰富了高校体育课程的内容,其意义在于借助大自然的环境资源,以野外生存生活训练为主要手段,帮助学生培养正确的体育意识,树立"健康第一"的观念,对锻炼和培养学生的综合能力以及意志品质,对学生正确人生观、世界观的树立,有着重要的意义。

野外生存
的价值与
意义

（一）野外生存课程体现现代教育理念

野外生存课程强调健身性、挑战性、终身性和实用性,突出学生学习的主动性、积极性和创造性,具有途径多样、方法多样、形式灵活、内容丰富等特点,能够激发学生的学习兴趣,满足学生学习的需要,加强学生的主体地位,重视学生的能力培养,充分体现以人为本的现代教育理念。

（二）野外生存课程促进大学生全面发展

《全国普通高等学校体育课程教学指导纲要》指出:体育课程以身体练习为主要手段,通过合理的体育教育和科学的体育锻炼过程,以达到增强体质、增进健康和提高体育素养为主要目标,是学校体育课程体系的重要组成部分,是高等学校体育工作的中心环节。

（1）野外生存生活训练能够在艰苦困难的训练中增强学生体能,塑造学生冷静果断、坚韧不拔、勇于探索、不畏困难的意志品质。

（2）野外生存训练能使学生在人际交往中体验责任与感恩,通过走进自然、挑战自我,激发学生参与体育活动的兴趣,树立终身体育的观念。

（3）野外生存训练能引导学生学会尊重生命、热爱生活,树立自立、自尊、自强的品格,最终完成对生命意义的追求。

（4）野外生存训练通过户外实践来提高学生的户外活动能力,丰富学生的实践经验,提高学生对户外活动的组织、策划与指导能力,为学生日后走上工作岗位打好基础。

第二节　野外生存技能

一、野外临时庇护所搭建

在野外,尤其是在恶劣天气下,拥有一个遮风挡雨的庇护所是生存的关键。出现意外情况,身边没有帐篷时,最简单快捷的办法就是找出自然地形中最适合的地方,并利用树木、泥土、石块、雪等便于获得的材料搭建临时庇护所。

（一）山崖石滩地区临时庇护所搭建

扎营最基本的要求是避开风险,在山崖石滩地区露营时,应找背风面或可以挡风的石头或凹处。凹地或岩石下面是较好的避风港,可以利用小树枝等其他适合的材料搭建顶棚（图9-2-1）。

（二）森林地区临时庇护所搭建

在森林地区搭建临时庇护所的方法有很多。可以利用宽大的树叶、倒地的树干等各种材料和挖土坑等方法,建立临时的庇护所。

（1）搭建圆锥帐篷。简单的圆锥帐篷很容易搭建：首先寻找相同高度的木棍，并把它们的一端系在一起，用来当作圆锥的顶端。然后将木棍的另一端均匀地分开，埋入地里。最后用防雨布、小树枝或树叶等一些遮盖物进行遮盖。

（2）利用折倒的树木搭建临时庇护所，树木的一端还连在树干上（图9-2-2）。要注意检查连接处是否牢固，以免落下时砸伤自己。还可以将一些细枝编进大树里，以增加庇护所的防风性。

图 9-2-1　在山崖石滩地区搭建
的临时庇护所

图 9-2-2　在森林地区搭建
的临时庇护所

（3）利用茂密的两排小树苗搭建临时庇护所。除去中间的障碍物，将对应的树苗上部绑在一起，构成帐篷的支架，盖上防雨布或遮挡物进行遮盖。

（三）寒带积雪地区临时庇护所搭建

在寒冷地区活动时，可以有效利用自然条件搭建庇护所，如雪屋、雪洞、雪沟等都是很好的御寒场所。

（1）雪洞：只要雪层足够厚，雪地上同样可以挖出雪洞。挖洞之前要确保雪足够厚实紧密。雪洞不宜过大，否则容易崩塌。为了防止冷风直吹洞内，开口后可拐一至两个直角弯。进洞前准备好一根足够长的木棍，用来疏通气孔。

（2）雪屋：如果长时间停留在寒冷的地区，用冰雪搭建房子是最理想的选择。先挖一条仅能容纳一人爬行的地沟，将压实的雪块按螺旋形的方向垒放，逐渐收小封顶，缝隙用雪填满（图9-2-3）。

（3）雪沟：雪沟的深度要足够人躺进去，而且不会被风吹倒，还要有足够的宽度，保证睡觉翻身时不会碰到雪壁。用厚厚的云杉树枝覆盖雪沟，以免雪花落在脸上。

图 9-2-3　雪屋

（四）沙漠地区临时庇护所搭建

在沙漠中的临时庇护所应搭建在有植物的地方，最好是灌木丛，这样沙子不容易被吹走。通常，灌木丛周围的沙子会聚集在一起形成一个较稳固的小沙丘。搭建临时庇护所时，可在小沙丘靠近植物的地方挖一个浅坑，并收集一些树枝与沙丘上的植物盖在浅坑上，以防沙子落入浅坑内。

二、水的获取与净化

（一）水的获取

野外出行时，我们很难携带足够的水以满足长途所需，在一些特殊情况下很容易出现断水的情况，因此可以采用以下办法寻找和获取水：

1. 根据地形寻找水源

在野外，我们可能会穿越各种地形，一般来说，在山上通常都可以找到水源，俗语有"山有多高，水有多高"的说法。例如：山谷、悬崖底部一般会出现渗水；岩洞是雨水天然的收集器；沙漠中有植物生长的地方往往距离地下水很近；草甸子的低洼处往往有渗水。

2. 利用动物线索寻找水源

野外出行时，我们会遇到很多动物，这些动物的行为可以为我们提供找水的信号。首先，所有雀科鸣鸟和食粮鸟类都需要有固定的水源，观察它们的飞行路线可以找到水源位置；其次，动物的足迹，特别是兽群的足迹，通常是通向水源的。

3. 根据植物寻找水源

在野外我们也可以根据植物寻找水源。例如：芦苇、马莲、菖蒲、水芹只能生长在水源附近，苔藓密集生长区域的下方也一定有水源，还有仙人掌、藤本植物、漆树、桦树、竹子、椰子等一些植物附近都含有丰富的水资源。

（二）水的净化

通常，在野外环境中遇到的河水、溪水、泥泞水、雨水、露水、冰雪等地表水，需处理后才可饮用。冰雪和雨水经过漂白、过滤和煮沸后可以直接饮用，而高山融雪、山谷低凹处渗出的积水、岩缝里流出的山泉等，必须注意净水消毒。净化水可采用以下方法：

1. 单兵净水器法

使用单兵净水器能够将户外河水、湖水等自然淡水净化成饮用水。单兵净水器是一种十分方便的便携式净水器具（图9-2-4）。

2. 过滤法

过滤法可将浑浊的，或者有微生物、寄生虫等的淡水进行净化，方法是将沙子、石头、活性炭分别装入漏斗中，并放置过滤网即可。此方法只适合单纯悬浮物的清除，不能有效排除细菌、微细颗粒，过滤后的水往往依然浑浊，需进一步净化。

图 9-2-4　单兵净水器

3. 沉淀法

将水收集到容器中，放入少量的明矾或在水中挤上少量牙膏并充分搅拌，沉淀约一小时即可。若没有明矾或牙膏，可以将榆树、桦树、椴树的树皮或者枝叶捣碎，在水中搅拌沉淀即可。

三、野外生火与做饭

（一）野外生火

1. 野外生火的方法

野外生火的方法有很多种，如钻木取火、打火石取火、使用凸透镜取火等。火的用途也极其广泛,可以用来煮熟食物,也可以用来取暖,还可以用来驱赶猛兽。

（1）钻木取火法:钻木取火须在干燥的环境中进行。首先找一块干燥柔软的木头作为底木使用,白杨、柳树都是不错的选择;钻木要选择质地比较坚硬的木棍,在底板边缘钻出倒"V"字形的小槽,并在板子底下放入易燃的火绒或枯树叶;稍微用力向下压,转动木棍,使底板和木棍之间进行摩擦,并产生火种(图9-2-5)。

（2）打火石取火法:该方法是比较原始的取火方式。可以选择利用两块打火石,也可以选择利用刀子背面或钢锯条等摩擦石头,使其产生火星,让火星落在火种上。当火种开始冒烟时,轻轻吹气,直到有明火产生。

（3）凸透镜取火法:可以自制聚集太阳光线的凸透镜,如,将冰块加工成中间厚、周边薄的形状代替凸透镜(图9-2-6),还可以利用透明的塑料袋,里面装满清水,使其成一球状凸透镜。这种方法只能在阳光充足的情况下使用。

钻木取火

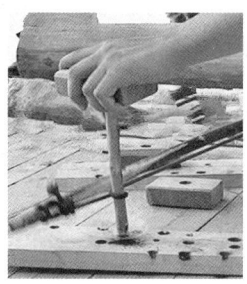
图9-2-5　钻木取火

图9-2-6　自制冰块凸透镜取火

2. 野外用火注意事项

（1）不要在禁止用火的地方生火。

（2）刮大风时,最好不用火,以免强风吹散火堆,引起火灾。必须用火时应选择在避风的沟坎下,并使用防火板保护。

（3）用火时应选在离水源近的地方,并准备一桶水在旁边,以免发生意外。

（4）把木炭尽量烧成灰烬,一旦火完全熄灭后,将灰烬分散在草丛中,因为生火的痕迹若不分散处理会变得越来越大。火对土壤造成的永久伤害可深达10厘米。

（二）野外做饭

长时间野外生存时,只靠干粮和速食食品是很难保证身体营养供给的,为了维持正常的生理功能和身体健康,我们需要学会在野外煮饭烧菜。

1. 食物的处理

野外烹饪
技巧

（1）肉类食物:在烹饪之前,要先将肉类用清水清洗、浸泡,除去残留的细菌和血液。在清洗贝类等水生动物前,要先将它们放入干净的水中,使其吐出脏物,再用清水清洗备用。

（2）植物类食物:食用植物类食物时,要先进行清洗然后再切,以免切完之后再洗造成植物营养流失。有一些特殊的植物会有异味,可以利用开水烫煮的方法去除异味。

（3）昆虫类食物:在食用昆虫类食物之前,要先去掉昆虫身上不可食用的部分,如翅膀、毒刺、毒腺等。然后用盐水进行清洗,除去体表的细菌后方可食用。

2. 食物的烹饪方法

（1）炖煮:利用金属容器,如将罐头盒、饭盒等挂在合适的树干上,或利用木棍制作一个架子,用铁丝将金属容器挂在架子上。在没有金属制品时,可以利用竹筒进行炖煮。

（2）烧烤:烧烤是最常用的烹饪方法,简单实用。将食物用铁丝或湿木棍穿上,放在火堆上方进行烤烧,刚烤上的肉类食品不要着急刷油,等食品烤热收紧后再刷油;其他食品可以在烤的时候刷油。

（3）石板烧:找一块薄厚适中平坦的石板,用石头将其垫起来,在下面点火,可以将石板当作平底锅使用,可以在石板上烤肉、烙饼等。

四、野外觅食

在野外有很多可食用的植物,但几乎没有什么营养价值。采集野菜前需了解其富含的营养物质,以便均衡饮食。

（一）野菜的鉴别

野菜煮熟后,仍有苦涩味等怪味,表明其有毒。煮熟后加入浓茶,若产生沉淀,表示有生物碱或重金属。煮熟后的汤水在振摇后产生大量泡沫,说明有皂碱。针对陆生植物的根、茎、叶、果实的鉴别方法如下:

一闻,有奇怪味道或者有水果气味的尽量不要食用,有毒概率比较大。

二擦,将植物根茎捣烂,用汁液涂于手腕的内侧,10 分钟之内没有红肿瘙痒的感觉,一般无毒,至少没有危及生命的剧毒。

三舔,舔一下植物的汁液,看看舌头是否有发麻发木的感觉。发苦不一定有毒,如蒲公英、苦菜等。

四嚼,少量尝一下,看看是否有什么不良反应,尝一下植物纤维是否可以咀嚼吞咽下去。

（二）常见的可食用野菜

1. 苣荬菜

苣荬菜的嫩茎叶每百克含水分 88 克,蛋白质 3 克,脂肪 1 克。性状:根茎似柱形,下部渐细,长 3~10 厘米;表面淡黄棕色,上部有近环状突起的基生叶痕,顶端有皱缩或破碎的基生叶;叶下面灰绿色,上面色略深,无花或偶带破碎的残花。质脆,易碎。以色青绿、无花、无杂质者为佳（图 9-2-7）。

2. 灰菜（藜）

生于草原、平原、山地、海边荒滩、房前屋后,喜湿、耐盐碱。灰菜遍布温带、热带地区,我国各地均有分布。在野外,灰菜常大片生长,容易采集,为野外生存最佳野菜之一。使用方法:水煮。注意:食用大量的生灰菜（图 9-2-8）易引起浮肿。

野外常见
食物介绍

图 9-2-7　苣荬菜

图 9-2-8　灰菜

3. 堇菜（山茄子、猫耳朵、鸡腿菜、鸽子腿）

堇菜科，多年生草本植物；叶常自根部基生，心形或长心形，叶柄及叶背面常具小毛；花梗细，常弯曲使花下垂。堇菜种类众多，大部分水煮后可以食用，农村常当作野菜食用。食用方法：生食、水煮（图9-2-9）。

4. 山芹

山芹的营养成分是野菜中较高的，山芹菜含蛋白质、脂肪、碳水化合物、粗纤维、胡萝卜素、B族维生素、维生素C、钙铁磷等，具有较高的医疗价值，有散寒解表、祛湿止痛、降血压、助消化等保健功效（图9-2-10）。

图9-2-9　堇菜

图9-2-10　山芹

5. 马齿苋

马齿苋肥厚多汁，无毛，高10~30厘米。生于田野路边及庭园废墟等向阳处，国内各地均有分布。马齿苋为药食两用植物。全草供药用，有清热利湿、解毒消肿、消炎、止渴、利尿的功效；种子有明目功效（图9-2-11）。

6. 小根蒜（野蒜、山蒜、大头蒜）

全株植物均可食用（生食有辣味），且有药用价值，可治疗肠炎、痢疾等，是野外容易采集的食物兼草药。在野外给养中，由于饮水的卫生问题，建议取食小根蒜，以预防肠道疾病的发生。食用方法：生食（图9-2-12）。

图9-2-11　马齿苋

图9-2-12　小根蒜

（三）动物性食物

只有当我们的生命受到严重的饥饿威胁时，才可以有限度地利用保护类动物资源。

（1）可食用的贝类：蜗牛、田螺、河蚌、贻贝、毛蚶、蛤仔等。

（2）可食用的甲壳动物：淡水甲壳类——玉螺、泥螺、沼虾、螯虾（蝲蛄）、钩虾、河蟹等。海洋甲壳类——黎明蟹、关公蟹、寄生蟹等。

（3）可食用的虫类：蝗虫（俗名蚂蚱、蚱蜢）、螳螂、甲虫、白蚁、昆虫幼虫和蛹、蚕、蜂巢等。

（4）可食用的两栖类动物：鲵类、蛙类及幼体。

（5）可食用的爬行类动物：蜥蜴、壁虎、石龙子、蛇类以及水中的龟、鳖。

（6）可食用的哺乳类动物：野兔、鼠类、刺猬、蝙蝠。

（7）可食用鸟、鱼等动物。

五、野外方向辨别

随着我国参与户外活动的人数增多，发生的事故也逐渐增多。据中登协统计，导致户外运动事故的首要原因是迷路，要想解决此问题首先就要明确自己身处何地以及接下来要行进的方向，也就是野外方向辨别。

（一）利用地物特征判定方向

（1）庙宇：庙宇通常南向设门，尤其是庙宇群中的主要殿堂。

（2）房屋：房屋一般门朝南开，在我国北方尤其如此。

（3）积雪：南边的雪更容易融化。即便是在阴天，看不到太阳，仍然是南边的雪先融化。可以通过雪堆融化的情况来判断南向方位。

（4）岩石：在戈壁荒漠中，岩石南侧，受太阳日照影响，昼夜温差大，所以风化比北侧严重。

野外方向辨别与导航

（二）利用植物判定方向

在北半球，独立树木年轮纹路疏的一面朝南，纹路密的一面朝北（图9-2-13）；同样在北半球，山坡南侧树叶生长茂盛，山坡北侧，低矮的蕨类和藤本植物长势比较好。在野外还可根据独立的一棵树来判定方向：通常情况下，树木南面受到阳光照射的时间较长，枝叶长得茂密；北面受到阳光照射较少，枝叶稀少。

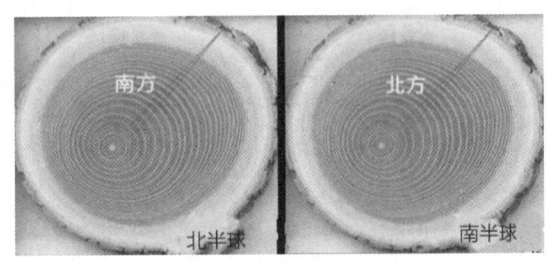

图9-2-13 利用树木年轮判定方向

（三）利用动物习性判定方向

在自然界中，很多动物都会选择朝南筑巢。树下和灌木附近的蚂蚁窝总是在树和灌木的南面；树上的野蜂巢喜欢筑在树的南面；而蜗牛喜欢生活在房屋、墙壁、树木北侧潮湿、阴暗的地方。

（四）晚上利用北极星判定方向

找北极星的位置要先找到大熊星座。这个星座主要由七颗较亮的星星构成，俗称北斗七星，在距离"勺口"两颗星星大约五倍处，有一颗较亮的星星，就是北极星，面向北极星，其垂直于地平线处就是正北方（图9-2-14）。

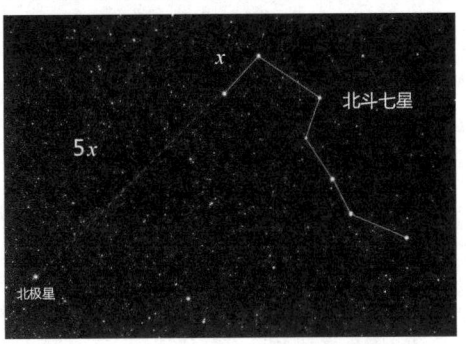

图9-2-14 利用北极星判定方向

（五）利用太阳和手表判定方向

在利用这种方法判定方向时,将有时针的手表放平,如果没有这样的手表也可以将当时的时间标在一张纸上,时针和分针一定要标准确。

1. 判定南方

将时针对准太阳,时针与表盘上12点的锐角夹角的角平分线所指的方向就是南方(图9-2-15(1))。

2. 判定北方

在北半球上午9时至下午4时,以表盘中时针所指时数(以24小时为计算单位)折半位置的延长线对向太阳,此时,表中12时所指的方向就是北方。可用顺口溜"时数折半对太阳,12所指是北方"来记忆。具体方法如图9-2-15(2)所示:在下午14时40分,则应以7时20分的时针位置(虚拟)对向太阳,此时"12"点所指的方向即为北方。为提高判定的准确性,可在"时数折半"的位置上竖一细针或草棍,并使其阴影通过表盘中心。

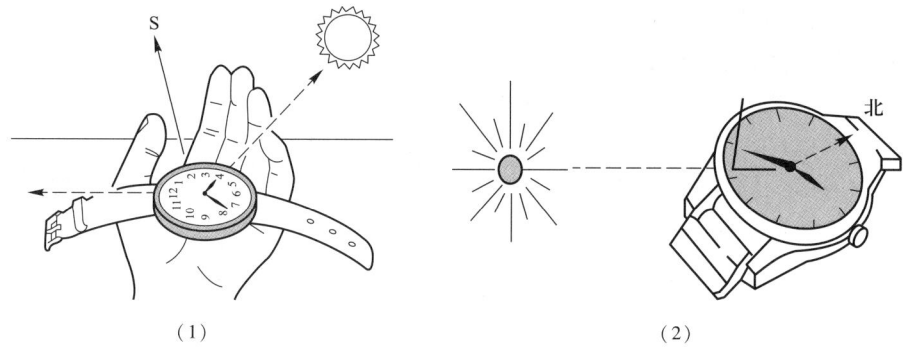

（1） （2）

图9-2-15　利用手表判定方向

（六）利用太阳阴影判定方向

利用太阳阴影判定方向的方法也称为"影钟法",在一块平整的地面,立起一根长杆,将其固定好。这时,长杆在太阳的照射下会在地面上出现一个影子,在影子的顶点做一个记号点A,过一段时间后,再标出影子顶点的新位置B,然后将两个顶点A和B连成一条直线,直线指示的方向就是大致的东西方向,A点所指的方向为西,B点所指的方向为东,这条直线的垂线指示的方向即为大体的南北方向线(图9-2-16)。

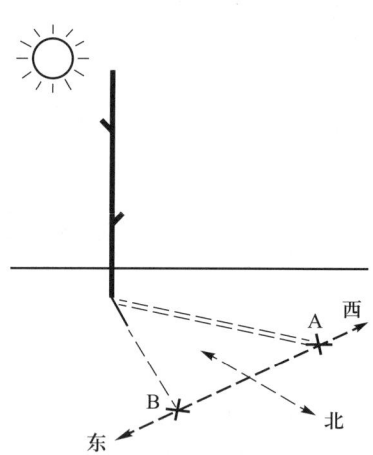

图9-2-16　利用太阳阴影判定方向

六、天气观测

最令户外运动者担忧的就是天气的变化。出发前可以通过电视、报纸、收音机、网络等渠道收集目的地最新的宏观天气状况,但天气变化无常,在一些局部地形复杂的地区很难准确预测和判断天气情况。所以在野外活动时,必须了解一些具体判断天气的方法,以应对近在眼前的突发情况。

（一）根据云层预测天气

云层是预测天气最可靠的参考物之一,所以要多注意观察云层的变化。以下几种典型云类常用来预测天气:

1. 卷积云

卷积云是一种高云,是积云与纤维状卷云的结合体,呈小的圆形,云体呈白色细鳞、片状,看上去如同水面上的波状纹,常被称为"鱼鳞天"。云块薄的卷积云能透过日光、月光和较亮的星光,一般预示着晴朗的天气(图9-2-17)。

2. 高积云

高积云是一种中云,类似于卷积云,预示着天气良好,但它的覆盖范围更广,云层更厚,白中有暗。通常出现于暴雨之后(图9-2-18)。

3. 积雨云

积雨云是低层的雷云,云色乌暗。塔形云层高可以达6千米,顶部的平云层被称作砧顶。积雨云常带来强风暴雨、雷鸣和闪电。它的上层类似假卷云,顶层类似假雨云(图9-2-19)。

图 9-2-17　卷积云

图 9-2-18　高积云

图 9-2-19　积雨云

4. 积云

积云很容易识别,蓬松的白云如同团团棉絮飘浮在空中。如果它们彼此分开意味着是一个晴天,但如果它发展得越来越大,云端越来越多,很可能会带来一场突然降临的暴雨(图9-2-20)。

5. 卷云

卷云是由冰晶形成的纯白色高层缕状云,也被称作"马尾云",卷云通常意味着天气晴朗(9-2-21)。

6. 卷层云

卷层云是由冰颗粒形成的,看上去像是白云的纹路,这是唯一会在太阳或月亮周围产生光晕的云层。如果卷层云扩展,意味着天气晴朗,如果卷层云缩小,意味着将要下雨(图9-2-22)。

图 9-2-20　积云

图 9-2-21　卷云

图 9-2-22　卷层云

7. 高层云

在阳光或月光照耀下,高层云看上去像灰色的幕幔。如果湿空气靠近,云盘会消失,云层会变厚,同时变暗,直至下雨为止(图9-2-23)。

8. 雨层云

雨层云是低层的乌云,笼罩在空中,意味着四五个小时内会有降雨,通常降雨会持续数小时(图9-2-24)。

图9-2-23 高层云　　　　　图9-2-24 雨层云

(二)根据动物行为预测天气

(1)蚯蚓:蚯蚓钻出地面,表示今天有雨。

(2)蛇:由于蛇对空气湿度非常敏感,因此,下雨前也会从低洼处转移至高处。

(3)鱼:夏季傍晚,鱼塘中若有鱼儿出水呼吸或"跳水"现象,预示将有雨到来。

(4)燕子:天气晴朗时在高空中捕食,暴风雨来临之前就飞得相当低;蜻蜓也是如此。

(5)兔子:在白天出现反常现象通常意味着天气要变糟。

(6)松鼠:若发现其突然向巢中忙碌搬运食物,通常意味着天气要变坏。

(三)根据一些其他信息预测天气

1. 篝火的烟柱

如果篝火的烟柱稳稳上升,表明天气不会有太大的变化,依然晴朗;如果烟火闪烁不定或者先升起又降下,意味着近期可能会有暴风雨。

2. 身体的变化

当天气要变糟时,有卷发的人会感觉头发变紧,更不容易梳理。动物的毛发也是一样;另外有风湿性关节炎、鸡眼或相关症状的患者,在空气湿度增加时都会感到更加不舒服。

3. 声音和气味

当空气湿度增加时,声音会传得更远,气味也更容易辨别。在降雨来临之前,树木和植物的气味会变得更加明显,而蔬菜则是更加舒展,以准备好迎接雨水。

七、篝火技术

篝火火苗释放的热量可以供人取暖,烘干衣物,还可以煅烧金属打制工具。此外,火苗产生的烟雾也可以驱赶害虫,还可以作为求救信号。

(一)篝火准备工作

点燃篝火要选择合适的地点,需要准备足够数量的火种、引火物和燃料。

火种是供引火用的燃料,给予火种一点热量就可以将其点燃,如桦树皮、干草、细木屑等都是很好的火种选择。火种一定要保持干燥,平时要多注意收集火种。

引火物是可以将火种的火势增大的材料,干燥的小树枝是一种很不错的引火物。

燃料要根据当地的情况进行选择。木柴是燃料中最普遍、最方便收集的燃料,一定要选择那些已折断死亡的树干及树枝。

(二)篝火地点的选择

篝火应选在背风的地方,与露营区保持一定的距离。篝火最好在靠近水源的位置,或在篝火旁准备一桶水或泥土、砂石等,以便发生火灾时可及时进行处理。

（三）篝火堆积的方法

1. 圆锥形篝火

将木柴堆积成圆锥形是篝火堆积最常用的方法。锥形篝火的热量集中在最上端,适用于烧水煮菜（图9-2-25）。

2. 放射式篝火

适用于长时间生火,找一个比较粗大的木头放在最中间的位置,其他燃料像锥形一样堆在周围,周围可以不断加入燃料促使中间粗大的木头慢慢燃烧,并保持长时间不灭（图9-2-26）。

3. "井"字形篝火

将木柴呈"井"字形交叉向上摆放,在"深井"内放置细柴和引火物,"井"字形篝火很容易点燃,且通风好,可以产生大量的光和热（图9-2-27）。

  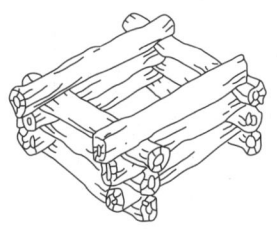

图9-2-25　圆锥形篝火　　　图9-2-26　放射式篝火　　　图9-2-27　"井"字形篝火

4. 窝棚式篝火

找一根较大的木柴,将其用石块垫高,在木材左右以"人"字形放置较小的木柴并逐渐向中心推送,这种篝火燃烧时间较长,适于在其周围宿营,但要注意与营地保持一定的距离（图9-2-28）。

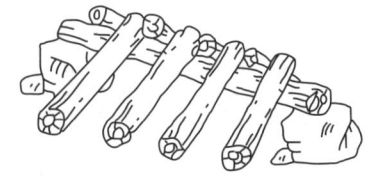

图9-2-28　窝棚式篝火

5. 星形篝火

找几根木柴,先用三根摆成首尾相接的三角形,然后把第四、第五、第六根木柴分别放在三角形的一个角上,以此累加,在中间放上细小的柴草（图9-2-29）。

6. 蜡烛式和支架式篝火（图9-2-30）

蜡烛式篝火是用一根比较粗的木柴,从中间劈成米字型,把引燃物放在木柴中间的篝火;支架式篝火是用几根木棍架起易燃物而成的篝火。

图9-2-29　星形篝火　　　　图9-2-30　蜡烛式和支架式篝火

点燃篝火时,一定要小心,以防失火。烧火前要把周围的易燃杂草、枯枝落叶、宿营物品等清理干净,宿营结束离开营地前,要把篝火完全熄灭。

八、野外迷路与求救

野外迷路
与应对

迷路是户外出行中非常普遍的现象,也是造成户外风险事故最重要的原因之一,导致迷路的原因多为方向辨别出现错误。

(一)野外行走的原则

野外行走是野外生存活动的基本技能,其最基本的原则是保证安全,即避免因迷失方向而发生危险事故。山路行进的主要原则是走梁不走沟,走纵不走横,有路时要沿路走,而不要穿林翻山;没有路时则尽量在山脊、山梁林木稀疏的地方行走,这些地方地形相对简单,视野较开阔,非不得已不要在深沟、密林、灌木丛及竹林中行走;遇到沼泽地,尽量避开或绕行;需要过河时,不要草率入水,应仔细观察,选择河水较浅、水流平缓,无暗礁、暗流和漩涡的地点;涉水过河时,应当穿鞋,避免河底尖石划破脚,同时也可以更好地保持平衡;如果河底是淤泥底,应脱掉鞋袜,赤足过河。

(二)迷路注意事项

在山野,尤其是在深山密林中行走时,稍不留神就会迷路,这时要保持沉着冷静,然后采取适当的措施尽快脱险。

1. 回到认识的地方

平时在行进、休息时要多注意观察周围的风景和标志,一旦迷失方向,最好回到自己认识的地方,用罗盘和地图确定所处的位置及目的地的方位,重新开始行走。

2. 做好山路标志

在山野行进时,要留意前人用塑料袋、树枝或石头等物品制作的记号。走在前面开路的人,遇到特殊状况时,要做标志通知后面的人。

3. 减少体力消耗并寻求救援

如果迷路时天色已晚或不慎从山崖落下受伤,动弹不得,无法按照预定时间到达目的地,这时应做深呼吸,保持镇静,不要贸然离开,可在原地露宿以减少体力消耗,同时想办法发出求救信号静待救援。

(三)求救方法

野外求救主要有以下几个方法:

1. 燃放三堆烟、火是国际通行的求救信号

将火堆摆成三角形,间隔相同最为理想,以干燥燃料为核心确保稳定燃烧(图9-2-31),外围铺设青树叶、绿草等材料增强烟雾效果。在白天,需添加胶片、湿苔藓或松脂助燃提升烟雾浓度,雪地及沙漠环境应燃烧橡胶、汽油类物质生成穿透性强的黑色烟柱。在夜里或深色丛林中亮色浓烟十分醒目,则需在火堆中混入桦树皮、蕨类植物制造白色烟雾。

2. 声音求救信号

如隔得较近,可大声呼喊:三声短三声长,再

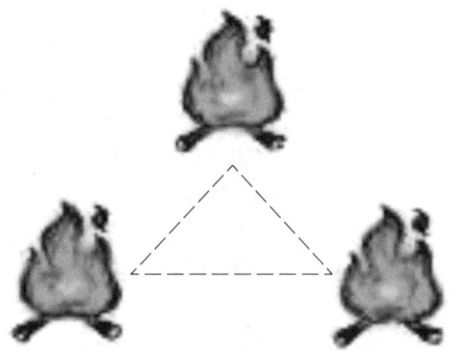

图9-2-31 点燃火堆求救

三声短,间隔 1 分钟之后再重复。如距离较远,可击打石头或树干,方法同上。

3. 地对空求救信号

寻找一大片开阔地,设置易被空中救援人员观察发现的信号,信号的规格以每个长 10 米、宽 3 米,各信号之间间隔 3 米为宜。具体标识如图 9-2-32。

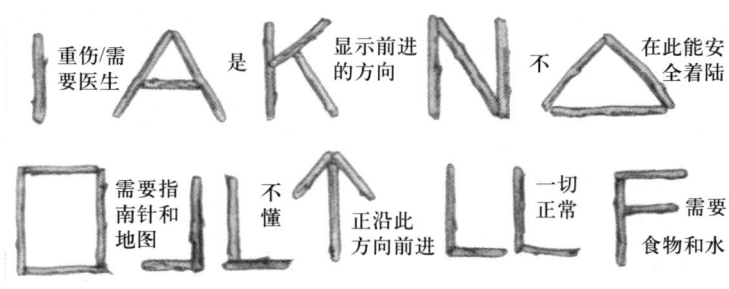

图 9-2-32　地对空求救信号

4. 光求救信号

白天利用反射镜、玻璃、金属箔片等任何明亮的材料即可反射阳光发出信号光。持续的反射将产生长线和圆点,这是莫尔斯代码的一种;晚上用手电筒,向求救方向不间断地发射求救信号。

5. 旗语求救信号

将一面旗子或一块色泽亮艳的布料系在木棒上,持棒运动时,在左侧长划、右侧短划,加大动作的幅度,做"∞"字形运动。

第三节　特殊环境下的野外生存

一、沙漠生存

沙漠环境的特点包括极端的温差、干旱的气候、强烈的日照和频繁的沙尘暴。白天,沙漠温度可以飙升至 50 摄氏度以上,而夜晚则可能骤降至冰点以下,这种剧烈的温度变化对生存者来说是一大考验。此外,沙漠中的水源稀缺、植被稀疏、导航困难,这些都增加了在沙漠中生存的难度。

恶劣的自然环境给沙漠蒙上一层神秘的面纱,吸引着广大户外和探险爱好者在沙漠中开展各类活动,如徒步穿越、越野车穿越、越野拉力比赛、科考钻探和摄影采风等。

（一）沙漠生存的环境特征

1. 气候特征

沙漠气候最显著的特征是降水量少,蒸发量大。沙漠地区年降水量通常低于 250 毫米,有些沙漠甚至多年无雨,同时由于高温和干燥,水分蒸发速度很快,地表难以保持水分。沙漠地区白天和夜晚的温差极大,白天炎热,而夜晚寒冷。沙漠地区云层稀少,太阳辐射强烈,紫外线辐射强。

2. 地表特征

沙漠地质形态多样,包含沙丘、盐碱地、干河床、岩石高原等多种地质形态,沙漠地表通常被沙子或砾石覆盖,这些物质在风力作用下容易形成沙丘或砾石平原。沙漠地区由于缺水,植被覆盖率很低,植物种类较少,多为耐旱植物。

3. 水文特征

沙漠水资源十分缺乏,沙漠中的水源主要依赖于地下水、间歇性河流湖泊、雨水集蓄。地下水的主要来源包括外围山地的径流补给,在沙漠中形成沙漠湖泊,或者由于短期的降水或山地冰川融化,从而形成短暂的河流和湖泊。

4. 极端天气特征

沙漠中的风沙活动频繁,如遇强气流可形成沙尘暴。沙尘暴导致大量沙尘物质卷入空中,能见度迅速降低,难以辨别方向,并破坏队伍行走痕迹,导致迷路,如果吸入大量沙尘,则会对身体健康造成影响。

(二)沙漠生存的实用技能

沙漠生存
常见问题
与应对

1. 合适的时间选择

沙漠地区最大的风险是大幅度的气温变化。进入沙漠地区最好的时间是春秋季节,这个季节温差变化不大,中午最高温度和夜间最低温度都在比较适宜的区间,可以大大提高活动的安全性;尽量避免在夏季和冬季前往,夏季温度较高,容易造成中暑等疾病,且对于水资源的消耗也更多;冬季天气寒冷,需要携带大量的御寒服装与装备,容易造成失温症等疾病。

2. 合理的线路规划

在进行沙漠徒步活动中,要充分考虑目标区域的地表特征和沙漠结构类型,沙丘结构受风向影响较大,迎风面沙丘坡度较缓,背风面沙丘坡度较陡。以库布齐沙漠为例,徒步穿越选择由西向东穿越,这样都是从缓坡爬升到沙丘顶端,可以较好地节省体力。

3. 合理的体力分配

由于沙漠里沙质松散,行走时对地面的作用力被分散,相较于其他路面行走更容易消耗体力,尤其在沙丘爬升中,存在走一步退半步的情况,所以对于爱好重装徒步者来说,行进速度以每小时 2.5 千米左右为宜。如果是雨后或者在团队人数较多的情况下,后面队员沿前者足迹行走,行进速度以每小时 3 千米左右为宜,每行走 1 小时休息 10 分钟。

4. 合理规划补给

在沙漠中水源与食物补给是最困难的,沙漠生存的首要原则是保持水分和避免中暑,携带足够的水和高能量食物。可以选择有人工补给点的线路,也可以提前在线路中预设补给点,另外,可以提前考察并选择有自然湖泊和河流的区域进行补给。学会利用沙漠中的植物,如仙人掌,来获取水分,此外,夜晚的露水也是宝贵的水源。

5. 导航与方向识别

在沙漠中,方向的识别至关重要。要学习如何使用自然标志物和工具,如指南针、太阳、星星等来确定方向和路线。

二、海上生存

海洋是一个充满魅力同时也充满挑战的环境,在海洋上开展的活动形式多样,包括航海探险、海上垂钓、潜水观光、海洋科研等。这些活动不仅为人们提供了亲近自然的机会,也是探索海洋奥秘的重要途径。然而,海洋环境的复杂性也对这些活动提出了挑战。在享受海洋带来的无尽乐趣的同时,我们也需要对海洋保持敬畏之心,采取适当的安全措施,以确保在这片神秘而广阔的蓝色领域中安全地探索和生存。

（一）海上生存的环境特征

海上环境特点包括极端的天气变化,如风暴、巨浪和海雾,这些都会对生存者构成威胁。海水的温度也是一种威胁,低温海水可能导致低体温症,而高温则可能导致脱水和中暑。

1. 广阔的水域

海洋覆盖了地球表面的大部分区域,面积广阔,提供了丰富的水资源和生物栖息地的同时也是救援最困难的区域,一般依赖附近航线上行驶的船只进行救援。

2. 洋流与潮汐

洋流和潮汐是海洋环境中两个基本而重要的自然现象,洋流是指海洋中水流的大规模、稳定的流动,它们可以跨越大洋,持续时间从数月到数年不等。潮汐是由月球和太阳的引力作用引起的水位周期性变化。在二者的作用下,海水不断跟随流动。

3. 温度和盐度

海水的温度和盐度随纬度、深度和季节变化,影响着海洋生物分布和洋流。不同的季节海水温度不同,靠近赤道的海水相对炎热,靠近南北极的海水相对寒冷。

4. 海洋生物多样性

海洋是地球上生物多样性最丰富的生态系统之一,在海上开展活动要注意防范鲨鱼和水母等有攻击性和毒素性的海洋生物。

5. 海洋气象现象

海洋上的天气现象包括风暴、飓风、海雾和海浪等,这些天气具有突发性、移动迅速、天气变化剧烈等特点,对海上生存构成极大危害。

（二）海上生存的实用技能

1. 保持浮力

确保有救生衣或其他浮力辅助装备,让身体保持在水面上,提前熟悉航海船只上救生路线和救生艇设备存放处。

2. 信号发送

携带信号发送装置,如信号枪、信号镜、哨子或闪光灯,以便在救援时能够迅速被发现。

3. 水源和食物

学习如何收集雨水、捕捉鱼类和其他海洋生物,以及如何使用海水淡化设备获取饮用水。

4. 避免晒伤和过热

使用防晒霜或长袖衣物保护皮肤,重点注意头部、手部和脚部的防晒,避免长时间暴露在阳光下。同时,尽量保持身体的水分,避免脱水。

5. 导航技能

掌握基本的导航技能,使用自然标志或导航工具确定方向,避免迷失。

6. 心理调适

海上生存可能面临孤独和恐惧,需保持积极的心态和坚定的信心,与同伴相互鼓励和支持。

7. 紧急医疗知识

了解基本的海上急救知识,发生紧急情况、突发情况时可以及时应对。

海上生存
常见问题
与应对

三、雪地生存

雪地是指被冰雪长期覆盖的寒冷地区。雪地生存是指在极端低温与雪地环境条件下,利用现有资源和技能维持生命、确保个人安全的过程。

(一)雪地生存环境特征

严寒是最艰难的生存环境之一,在我国北部有数十万平方千米的地区,冬季气温极低、严寒周期长、寒潮多、积雪深、江河及土地长期封冻。雪地生存环境特征主要体现在以下几个方面。

1. 低温易冻伤

低温条件对雪地生存构成了极大的威胁,尤其是增加了冻伤的风险。冻伤是身体暴露在极端寒冷条件下,导致皮肤和其他组织受到损伤的一种情况。人体长时间暴露于低温环境时,血液循环就会变慢,特别是四肢末梢如手指、脚趾等部位,这些区域远离心脏,血液供应相对较少,因此更容易受到寒冷的影响。除了低温本身,空气中的湿度以及风速也是加剧冻伤的重要因素。

2. 干寒类疾病

在雪地环境中,干寒的气候条件不仅对生存构成了严峻挑战,还可能引发一系列健康问题。寒冷干燥的空气会刺激呼吸道黏膜,导致鼻腔、喉咙和气管变得干燥,增加呼吸系统感染的风险,长期处于这样的环境中,可能会引起或加重上呼吸道感染(如感冒)、支气管炎甚至肺炎。此外,冷空气吸入肺部时,可能导致气道收缩,从而影响呼吸功能,对于患有哮喘或其他慢性阻塞性肺病的人来说尤为危险。最后,寒冷天气下血管收缩以减少热量散失,进而导致血压升高,增加心脏的工作负担,特别是对于有心脏病史的人群来说,寒冷可能诱发心绞痛或心脏病发作,进一步增加了心血管疾病风险。

3. 行动易疲劳

在雪地环境中,低温加速能量的流失,为了维持核心体温,人体会通过颤抖等机制产生额外热量,这就意味着即使在静止状态下,人体也需要消耗更多的卡路里,在雪地行进时,这一需求会进一步增加,且无论是徒步还是滑雪,都需要克服额外的阻力。同时,寒冷导致肌肉僵硬,影响运动效率,加剧疲劳感。此外,在寒冷干燥的空气中呼吸,会引起气道收缩,增加呼吸难度,限制了氧气的供应,缺氧条件下,肌肉无法获得足够的氧气来进行有效的能量转换,从而机体更容易感到疲劳。

4. 食物难寻找

在雪地环境中,寻找食物是生存者面临的一大挑战。在冬季,一方面许多植物会进入休眠状态,而那些依然存在的植物也往往被厚重的雪层遮盖,使得直接观察到可食用资源变得困难。另一方面随着气温下降,许多动物也会进入冬眠状态或者迁徙到更温暖的地方,从而减少了捕猎的机会,即便是那些仍然活跃的动物,它们也会变得更加谨慎,不会长时间暴露寒冷中,这就增加了追踪和捕捉的难度。

(二)雪地生存实用技能

在雪地生存一般需要掌握以下实用技能。

1. 雪地防护

在阳光充足的情况下,冰雪和沙地会反射大部分的阳光,几个小时内就会患上雪盲症。雪盲症是由于眼睛视网膜受到强光刺激引起暂时性失明的一种症状,雪盲症状表现

雪地生存
常见问题
与应对

为眼睛非常疼痛,眼内感觉充满风沙,眼球发红、流眼泪、对光线十分敏感,甚至很难张开眼睛等。预防雪盲症的办法:一是佩戴遮阳镜,可以用丝巾或硬纸片制作简易遮阳镜等,降低光线对眼睛的伤害,在没有任何物品制作遮阳镜的时候,用木炭将下眼皮涂黑也能缓解眼睛疲劳。二是不要长时间盯着雪地,不时地从雪地移开,看雪地中裸露的树、山岩和白云,以缓解眼睛疲劳。三是如出现雪盲症状,应停止前进,有条件时用温水熨敷眼睛或凉开水和眼药水冲洗眼睛,蒙上纱布休息,或者用丝巾、布包裹雪或蘸水,敷在眼睛上轻揉,并用丝巾盖住眼睛,闭目休养。

2. 雪地取火

在雪地环境中,取火是一项至关重要的生存技能,它不仅能够提供温暖,还能用来烹饪食物、净化水源以及作为紧急信号。雪地取火首先要选择合适的生火地点并做好防风措施,要选择没有积雪覆盖的地方,因为湿气会阻碍火苗的产生。如果地面潮湿,可以使用石头或木板搭建一个简易的平台,同时利用天然屏障(如岩石)或建造临时的挡风墙来减少风对火焰的影响。其次是选择合适的取火方式,根据不同的取火方式选择不同的引火材料。通常在雪地中可使用打火机、火柴、镁棒、冰透镜等方式取火。

3. 雪地行进

雪地行进首先要避开危险地带。因此,攀登冰川和雪坡时要特别谨慎,冰川上裂隙很多,对人威胁最大的是冰爆区和山麓边缘冰裂隙,特别是被积雪掩盖的隐裂隙,通过裂隙时,应数人结组行动,彼此用绳子连接,相邻两人之间的距离10~20米。在前面开路的人员,要经常探测虚实,后面的人员一定要踩着前面人员的脚印走。其次要利用器材制作简易行走工具,可用树枝(最好是刚砍下来的树枝)做成"雪鞋"。方法:将树枝用火烤成"U"形,再用绳子绑紧,套在脚上。最后要密切观察环境,避免进入雪崩危险地带。在雪地山谷中行走,应靠近山谷中心线,避免山坡滚石。不要接近雪檐,更不要在雪檐下行走,以免触发雪崩。雪崩是由于音响、震动、岩石或雪块滚落,以及风的作用而诱发的,通常发生在有小雪球滚落的斜坡和积雪有裂缝的斜坡。一般来说,新雪后次日天晴,早晨9-10点钟易发生雪崩。

4. 食物获取

尽管冬季植被相对稀少,但自然界中仍存在一些可食用的植物资源,例如,松树不仅是提供遮蔽的好材料,其针叶还富含维生素C,可以将其煮成茶饮用,为身体补充必要的营养成分。此外,某些苔藓类植物经过适当处理后也可成为应急食品。如果运气足够好,在积雪覆盖下还能发现保存完好的越橘或者蓝莓等野果。动物性食物是雪地中重要的蛋白质来源。小型哺乳动物如兔子、松鼠等较易捕捉,而鸟类则可通过设置陷阱或使用弓箭等方式捕获。即便是在严寒季节,只要找到尚未完全封冻的水域仍然可以进行冰钓。

5. 冰屋搭建

在雪地生存时,搭建冰屋是一种古老而有效的避难方式。这种结构不仅能够提供良好的保温效果,还能抵御严酷的天气条件。首先应当选择背风处搭建冰屋,同时确保该地点有足够的积雪厚度,通常需要至少1.5米到2米深的雪层来切割出雪砖,可使用长杆类工具钻探雪层,检查其坚实度和稳定性。而后用雪刀切割出大小一致的雪砖(约900毫米×400毫米×200毫米),可以舔舐刀刃使其表面形成薄冰以助于切割。搭建时先在地上铺设一圈雪砖作为基础,直径不超过3米。然后逐层叠加,每层向内倾斜,直至顶部封闭,最后留一个小口作为入口。入口处设计成低矮通道,防止冷风直接进入。冰屋内部挖出更多空间,铺上干草或毛毯作为地板覆盖物,并在顶部预留通风孔。如此操作便可以在极寒条件下搭建一个相对安全舒适的庇护所。

6. 防治冻伤

若冻伤已经发生,最紧急的治疗措施是快速而温和地复温。将冻伤部位浸泡在 40°~42° 摄氏度的温水中,直到皮肤恢复红润、柔软为止,通常需要 30 分钟的时间。切记不要用热水袋、火炉直接加热或按摩冻伤区域,避免对受伤部位进行揉搓或施加压力,以防二次损伤。如果条件允许,可将受伤部位抬高,以减轻肿胀和疼痛。对于轻微冻伤,在复温后涂抹专用冻伤膏有助于缓解症状。

四、高原生存

高原通常是指海拔高度在 1 000 米以上,面积宽广,地形开阔,周边有明显的陡坡为界的地区。在高原野外生存不仅要求个体具备扎实的生存技能,还需要深入了解当地生态系统与自然规律。

(一)高原生存环境特征

高原多雪山冰川,湖泊众多,是东亚、东南亚和南亚许多大河流的发源地。高原环境恶劣,生存环境特征主要体现在以下几个方面。

1. 气候极端温差大

高原地区的气候条件极为特殊,其极端的昼夜温差对野外生存构成了严峻挑战。以青藏高原为例,该地区的年平均气温由东南部的 20 ℃ 逐渐递减至西北部的 -6 ℃ 以下,部分地区最暖月平均气温不足 10 ℃。这种低温环境显著缩短了植物的生长周期,限制了生物多样性和丰富度。此外,高原地区的昼夜温差尤为显著,日较差可达 10 ℃ 以上,部分地区甚至超过 20 ℃。这种显著的温差变化主要是由于高原空气稀薄,白天太阳辐射强烈,而夜晚热量迅速散失所致。

2. 氧气缺乏气压低

高原地区的低气压和低氧环境是野外生存的另一大挑战。随着海拔的升高,大气压逐渐降低,导致空气中氧气的分压也随之减少。在海拔 3 600 米处,氧气压力仅为海平面的三分之二。这种低氧环境对人体的生理机能产生了显著影响,导致平原居民进入高原后常常出现高原反应,如头痛、恶心、乏力、失眠等症状。严重的高原反应甚至可能发展为高原肺水肿(HAPE)和高原脑水肿(HACE),这两种病症具有较高的死亡率。因此,进入高原前的适应训练和携带便携式氧气设备是野外生存者必备的准备工作。

3. 水分流失速度快

高原地区的湿度低,人体通过呼吸和皮肤排出的水分显著增加,这对野外生存者的水分管理提出了严格要求。据测算,高原上每天通过呼吸排出的水分为 1.5 升,通过皮肤排出的水分为 2.3 升,总计约为 3.8 升,相当于平原地区人体所有体液排出总和的 1 倍。这种高水分蒸发率容易导致脱水,特别是在高强度活动时。高原地区虽然拥有丰富的水源,但这些水源的水质可能不适合直接饮用,需要进行净化处理。此外,高原地区的降水分布不均,部分地区干旱少雨,进一步加剧了水分供应的困难。因此,保持充足的水分补给和合理的饮水计划是野外生存的关键。

(二)高原生存实用技能

在高原生存需要掌握以下实用技能。

1. 高原生存准备

第一，适当增加无氧锻炼。在日常生活中增加无氧锻炼的时间，以提高机体对缺氧状态的耐受力。第二，准备常用药品。如抗生素类药物（阿莫西林、罗红霉素等）、肠胃炎药物（环丙沙星或磺胺类药物）、利尿剂乙酰唑胺（预防和治疗高原反应的主要药物）等。第三，携带防寒衣物。高原地区早晚温差大，需要带上足够的防寒衣物以应对寒冷天气。第四，做好行程规划。如果乘飞机直接进入高原地区，应保证充足的睡眠并避免油腻和酒精食物；如果乘汽车或火车进入高原地区，应控制每天上升的高度；如果徒步或骑自行车进入高原时，应根据身体状况制定科学的登高方案。

2. 高原反应预防

首先，逐步升高海拔是预防高原反应的最有效方法之一。在进入高原前进行适当的适应训练，如在中低海拔地区停留一段时间，使身体逐渐适应低氧环境。在进入高原过程中，应遵循阶梯升高原则，每天爬升速度不超过 300 米，每爬升 1 000 米休息一天。这样可以有效降低高原反应的发生率。其次，预防性用药是另一种有效的高原反应防治措施。乙酰唑胺是一种常用的预防性药物，可以显著降低高原反应的发生率。建议在进入高原前 24 小时开始服用，持续服用至到达目标海拔后两天。同时，地塞米松也是一种有效的预防性药物，适用于乙酰唑胺不耐受或过敏的人群。

3. 高原反应治疗

一旦出现高原反应症状，应立即停止活动充分休息。休息时应保持平躺姿势，头部抬高，以减轻头痛和呼吸困难等症状。同时，可使用鼻导管或面罩吸氧，缓解缺氧症状。高原反应可能导致电解质失衡，尤其是在患者出现呕吐和腹泻的情况下，可以使用口服补液盐来补充电解质，维持水电解质平衡；如果高原反应症状持续加重，尤其是出现高原肺水肿或高原脑水肿的迹象，应立即下降海拔至安全高度。下降海拔是治疗高原反应最有效的方法，可以迅速改善缺氧状态，缓解症状。建议下降至海拔 3 000 米以下的地区，并尽快就医。同时对症治疗是缓解高原反应症状的重要措施。头痛可使用如布洛芬或对乙酰氨基酚进行缓解。恶心和呕吐可使用如甲氧氯普胺进行治疗。失眠可使用如地西泮进行改善。此外，应密切监测血压、心率和呼吸频率等生命体征，必要时进行相应的对症处理。

4. 高原防晒措施

高原地区由于空气稀薄、紫外线强烈，做好防晒尤为重要。首先，学会使用防晒霜，选择高 SPF 值（至少 30 或更高）和高 PA 值（至少 PA+++）的防晒霜，以提供足够的 UVA 和 UVB 防护。出门前 30 分钟涂抹防晒霜，并每两小时重新涂抹一次，特别是在出汗或游泳后。其次，做好穿着防护。穿着长袖衣物和长裤，以减少皮肤直接暴露在阳光下的面积，选择紧密编织的面料，它们可以提供更好的紫外线防护。再次，佩戴宽边帽和太阳镜，以保护面部、耳朵和眼睛。最后，是唇部保护和饮食防护。使用具有 SPF 值的润唇膏，以保护嘴唇免受紫外线伤害，增加摄入富含抗氧化剂的食物，如维生素 C 和 E，它们可以帮助保护皮肤免受紫外线伤害。

5. 高原野炊措施

高原地区的低气压使得水的沸点降低，普通锅具难以使食物彻底煮熟。因此，选择合适的烹饪器具尤为重要。高压锅是高原烹饪的理想选择，它可以显著提高锅内的压力，使水的沸点升高，从而加快烹饪速度。同时高原地区的低气压和低温环境会导致烹饪时间延长。高原地区烹饪的食材选择应注重营养均衡和易于保存，建议选择高蛋白、高热量的食物,如肉类、豆类、坚果等,以提供足够的能量和蛋白质。同时,应选择富含维生素和矿物质的蔬菜和水果,如胡萝卜、菠菜、苹果等,以补充必需的营养素,且应选择易于保存和运输的食材,如干货、罐头、冻干食品等,以减少食材变质风险。

6. 高原行进措施

高原行进对体能要求较高,建议在行前进行至少 1−2 个月的有氧耐力训练。在行前应进行全面体检,确保无严重心、肺、脑、肝、肾等疾病,以及高血压、视网膜疾病等高原徒步禁忌证。行进时应穿着适合低温环境的防寒衣物,配备防水外套、手套等防护用品,考虑到强烈的紫外线照射,还需准备 SPF 值较高的防晒霜、太阳镜等防晒产品。初入高原时,应尽量减缓行进速度,给身体足够的时间适应新的环境,推荐采用逐步升高海拔的方式,即每天增加不超过 300 米~500 米的高度,以便更好地促进机体适应过程,且高原地区干燥水分蒸发快,需及时补充水分,每天至少应喝 4~5 升水,并注意电解质平衡。同时为减轻高原反应的不适感,可以采取"高走低睡"的策略,即白天行进于较高海拔处,夜晚则返回较低海拔的地方休息,这样有利于身体逐步适应新的环境。

【学用检验】

1. 请用本章学过的知识,在户外用现有材料搭建一个临时庇护所。
2. 阐述野外方向辨别的方式方法。
3. 户外求救信号有哪些?

第十章 拓展训练

【章前导言】

拓展训练,英文是"Outward Bound",原意是指一艘小船离开平静而熟悉的港口,义无反顾地投向未知的旅程,去迎接一次次的挑战。拓展训练是中国对这种体验式教育形式的本土化认知。广义的拓展训练是以学员为中心,以自然或模拟的环境为舞台,以精心的课程活动或项目为设计,让学员体验其中并与之产生互动,从而达到认识自我,挑战自我进而自觉融入团队的一种体验式学习,最终达到观念更新、思维转变以及行为改变的一种学习模式。拓展训练多采用体验式教学模式,在教学过程中打破传统"灌输式"的教学方式,通过精心设计课程帮助参与者磨炼意志、挖掘潜能、重新认识自我、增强协作意识等。注重"先行而后知",倡导在实践中得到体验和感悟。

【学习目标】

1. 了解拓展训练的起源与发展,熟悉不同项目的分类和特点。

2. 了解不同类型的拓展训练项目。

3. 掌握拓展训练的教学流程。

第一节 拓展训练概述

一、拓展训练的起源

第二次世界大战期间,大西洋上有很多英国船只由于受到德军潜艇的攻击而沉没。大批船员落水,由于海水冰冷又远离大陆,所以绝大多数船员不幸罹难。有极少部分的落水者在经历了长时间的磨难后得以幸存下来。当人们对生还者的情况进行研究之后,发现了一个令人惊奇的现象,即这些幸存者并不是人们想象中的那些年轻力壮的小伙子,相反却是一些年龄偏大且生活阅历丰富的老船员。研究者进一步深入调查大量的海难事件之后,找出了答案:这些人之所以能够生还,关键在于他们具备了过硬的心理素质、坚强的意志品质、丰富的求生技能以及与他人良好沟通协作的意愿等。

基于此,库尔特·汉恩等人创办了"阿伯德威海上学校",目的是培养年轻海员在海上的生存能力、触礁后的生存技巧以及团队精神。第二次世界大战结束后,拓展训练的独特创意和训练方式逐渐被教育学家、心理学家、社会学家、管理学家所推崇,培训对象也由海员扩大到军人、学生、工商界人士和政府机关职员等群体,拓展训练也由单纯的体能训练、生存训练扩展到心理训练、人格训练和管理训练等。

二、拓展训练的发展

(一)拓展训练在国外的发展简况

1946 年,在英国成立了"Outward Bound"信托基金会,借以推广"Outward Bound"理念并筹集资金创建新的学校,同时信托基金会拥有"Outward Bound"的商标权。美国人乔什·曼纳(Josh. Miner)受库尔特·汉恩的理念和"Outward Bound"发展前景的启发,于1962 年在科罗拉多创办了"Outward Bound"学校,继而于 1963 年正式从"Outward Bound"信托基金会获得了许可证书,开始了拓展训练的宣传与推广。

美国马萨诸塞州一所高中的皮赫(J. Pie)校长,率先将拓展训练引入学校教育之中。皮赫校长认为,在美国的一些学校,有的老师将攀爬岩石、绳类活动等拓展训练项目渗透到俱乐部或日常教学课程之中,借以实施探险教育是很有必要的,但是还远远不够。继而,他聘请了许多拓展活动专家,开始研究并制定新的课程大纲,同时吸引了越来越多的教师积极参与到这项活动之中。1974 年,拓展训练计划被"全美教育及网络"评选为优秀教育大纲。

1974 年以来,在美国高中课程大纲中一直沿用该计划的学校达到 90%。1982 年,专门负责计划普及的工作人员成立了非营利性的团体,开展拓展训练计划的普及工作。1979 年,美国的拓展训练专门机构为普及拓展训练开设了拓展训练讲习班,宣讲拓展训练教学大纲,为学校培养拓展训练专职人员和骨干。从 1982 年以来,高中教育、养护教育和心理治疗领域就成为发展专门拓展训练计划的急先锋。由此,拓展训练活动在社会上普及起来,拓展训练机构也如雨后春笋般发展壮大。

(二)拓展训练在国内的发展简况

1970 年,中国香港成立了香港外展训练学校(Outward Bound HongKong),它是国际外展训练学校辖下的一个非营利注册慈善机构,也是我国第一个加入"Outward Bound 国际组织"的专业训练机构。1999 年,该组织在广东肇庆建立了拓展训练基地,成为内地第一个该组织下属的培训基地。

1995 年 3 月 15 日,内地第一家专业从事体验式培训的机构——人众人公司成立,将其户外体验式培训命名为拓展训练,并于 1996 年注册商标。1999 年,清华大学将体验式培训引入到工商管理硕士、高级管理人员工商管理硕士的教学体系中;随后,北京大学、浙江大学、中国工商管理学院、暨南大学等学校的相应教学计划中也纷纷将拓展训练列为指定课程内容。

三、拓展训练的分类和特点

(一)拓展训练的分类

1. 按参与者的数量

分为个人项目和团体项目两类,个人项目包含高空断桥、空中抓杠和空中求生等,团体项目包含罐头鞋、信任之旅和盲人方阵等。

2. 按项目场地

分为室内项目和户外项目两大类,如潮起潮落、萝卜蹲、穿越纸壁属于室内拓展训练,攀岩、漂流、缅甸桥等属于户外拓展训练。

3. 按项目主要目的

可分为思维类、沟通类和团队合作类,如七巧板、雷阵和呼吸的力量等属于思维类,超音速团队、驿站传书等属于沟通类,信任背摔、毕业墙和天梯等则属于团队合作类拓展训练。

4. 按风险类别

可分为高风险、中风险、低风险拓展训练三大类,依次可对应高空项目、半高空项目和地面项目。

（二）拓展训练的特点

拓展训练作为一种探究式学习,以分享互动的方式进行,参与者通过共同回顾训练过程,交流体会,分享收获。拓展训练的特点有以下五个方面:

1. 探究发现

拓展训练主要不是传授知识技能,而是通过创造一个开放且广泛的自我体验的环境,让参与者直接切身感受事件发展的过程,引导参与者探索和发现真理,在实践中获得直接体验。

2. 自主学习

拓展训练是将参与者置身于教育过程中,使其在自然、放松、开放、善于接纳的状态下主动而有效地学习,为其自主学习提供时间、空间、机会和权力,使自我个性得到充分发展;同时,充分尊重参与者学习方式和活动过程的选择,鼓励参与者自主选择、自主学习、自主评价,在与他人交流的基础上完善自我的价值观。

3. 高峰体验

拓展训练采用的是专门设计的具有挑战性的各类项目,因此具有一定的难度。参与者在拓展训练过程中,面临心理与身体双重极限的挑战,经受一定难度的考验,突破极限,将这些惊心动魄的瞬间转化为刻骨铭心的记忆。

4. 自我教育

拓展训练开始前,参与者被告知训练的内容、目的、要求以及必要的安全注意事项,对整个活动的体验和反思都由参与者及其团队独立完成,充分尊重参与者的主体地位和主观能动性,通过这样的方式,拓展训练旨在帮助每一个参与者增强自信心,磨炼战胜困难的毅力,达到自我教育的目的。

5. 彰显自我个性

拓展训练以团队为组织形式,强调团队合作以及团队精神,使参与者从个体角度感受和理解人与人的关系、个体与群体的关系。同时,力求使每一名参与者最大限度地发挥个人潜力,为团队争取荣誉,并从团队中吸取信心和勇气,在团队中彰显自己的个性。

第二节　拓展训练项目与布课

一、思维类项目

（一）七巧板

1. 项目目标

（1）培养实现组织目标,促使团队高绩效完成相关工作的能力。

（2）培养在时间紧、任务重、信息不对称的情况下合理分配资源的能力。

（3）提高团队合作能力，改善团队行为，获得更大收益。

2. 人数与时间

（1）人数：14~32 人，可根据实际人数适当增减。

（2）时间：40 分钟左右。

3. 场地器材

场地布置（图 10-2-1）：室内外均可，一般在室内。利用教室的 6 张桌子圆形摆成 1~6 组，中间为第 7 组（7 张桌子相邻有一定间距）。7 张桌旁按人数摆上相应多的椅子（椅子背对中间桌子），中间桌子一般安排两个人。

器材：七巧板一整套（35 块七巧板）。1~5 号小三角十块、1~5 号正方形五块、1~5 号中三角五块、1~5 号四边形五块、1~5 号大三角十块；1~7 组任务书；7 张图片；记录表格一份或白板笔、白板一套。

4. 项目方法

在项目开始之前各组会得到相应的任务书，利用手中的七巧板按任务书的要求去拼不同的图片，每拼好一幅图会获得相应的分数，7 个小组通过相互协作配合完成绩效为 1 000 分的一个共同目标，则为挑战成功（图 10-2-2）。

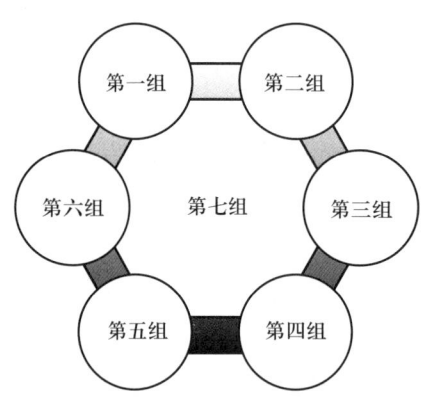

图 10-2-1　七巧板场地布置

图 10-2-2　七巧板项目课堂场景

5. 项目规则

（1）项目过程中 1~6 组队员不得离开自己的椅子随意走动。

（2）七巧板在传递过程中禁止落地和抛接，同时任务书不允许传递。

（3）所有任务都在任务书中，项目开始后开始计时，拼好某个图后，及时举手示意，记录相应分数。

（4）活动开始前，给大家 2 分钟时间提问，没有问题开始发任务书，同时项目计时开始。

6. 分享总结

（1）宣布各小组成绩，以及全队的总成绩，带领大家明晰 1 000 分的由来。

（2）分享在项目进行中各组学生的表现，以及评价全队的表现。

（3）明晰各组的任务书。

（4）要求大家根据项目中的表现，联系自己的工作、生活和大家分享心得。

（5）在学生分享的过程中教师要积极引导学生。

（6）七巧板既然是一个团队协作的项目，可从团队合作的角度进行剖析：英文中团队一词是"team"。我们进行以下分解：T—take 是指带领，也就是带领大家完成任务。E—everyone 是指每个人，团队是人的团队，只有团结每个组才能完成得更好。A—advantage 是指优点优势，我们的资源就是我们的优势，包括有形资源和无形资源。M—more 指总结上述。

（7）沟通：一切矛盾、混乱都是沟通不畅所致的。怎样做到下情上传，上情下传的高效沟通是值得每个团队成员思考的问题。

（8）将项目训练目标引申到平时工作和学习中。

（二）雷阵图

1. 项目目标

（1）突破思维定式走出理性盲区，培养创新意识。

（2）培养参与者吸取经验教训的能力。

（3）改进与修正路线，提高参与者善于利用资源的能力。

2. 人数与时间

（1）人数：15 人左右。

（2）时间：40 分钟左右。

3. 场地器材

（1）场地：地面宽阔平整，无尖利石头。

（2）器材：在地面绘制或铺好雷阵图（图 10-2-3）、雷阵规则说明书一份。

4. 项目方法

雷阵是以培养团队突破思维定式为目的的拓展训练项目。具体方法是，在 40 分钟内所有人尝试穿越一片雷区，当一名队员踩到雷返回后，另外的队员继续尝试前进，直到最后探索出一条没有雷的路，并保证全体队员成功走出雷区（图 10-2-3）。

图 10-2-3　雷阵项目课堂场景

5. 项目规则

（1）走法：如图 10-2-4 所示，从 01—12 格进，从 109—120 格出。每次只有一名队员进入雷区，只可以移动到与此格相邻的 8 个方格中（教师演示），每次只能移动一格，不能跨格移动，可以后退。

（2）每走一步，教师都会提醒学生方格内有雷还是无雷，如果无雷可继续前进，有雷原路返回。

（3）惩罚方式：重复触雷罚 30 秒，没有原路返回罚 30 秒，队员越过安全线罚 30 秒。

（4）队员依次报数，按照顺序依次进入雷区。失败的话，第二轮要单脚进行，第三轮开始后队员要负重进行（注意安全，可适当降低难度）。

6. 分享总结

（1）突破思维定式：红区及斜走等可以体现参与者当时的心态。人们解决现实问题时，常常会被以前的学习经验及习惯所影响而形成固有的思维模式。

（2）组织惯性无处不在：具有对此破坏力的人往往被认为是组织的破坏者，而不是惯

雷阵图

项目时间：　　　　　　　　　　　　未按原路返回：

雷阵内不止一个：　　　　　　　　　踩线：

重复触雷：　　　　　　　　　　　　调格、试探：

过程记录：　　　　　　　　　　　　成绩：

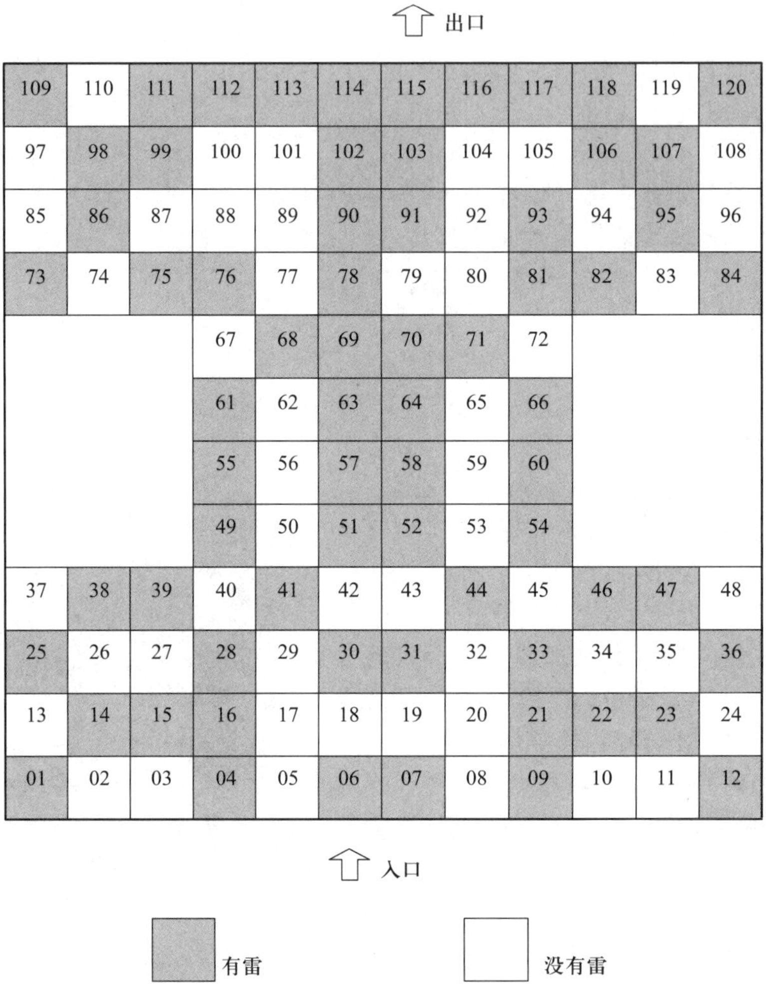

⬆ 出口

109	110	111	112	113	114	115	116	117	118	119	120
97	98	99	100	101	102	103	104	105	106	107	108
85	86	87	88	89	90	91	92	93	94	95	96
73	74	75	76	77	78	79	80	81	82	83	84
			67	68	69	70	71	72			
			61	62	63	64	65	66			
			55	56	57	58	59	60			
			49	50	51	52	53	54			
37	38	39	40	41	42	43	44	45	46	47	48
25	26	27	28	29	30	31	32	33	34	35	36
13	14	15	16	17	18	19	20	21	22	23	24
01	02	03	04	05	06	07	08	09	10	11	12

⬆ 入口

▢ 有雷　　　　　　　□ 没有雷

图 10-2-4　雷阵图示例

性的破坏者，于是这些破坏者（创新者）往往会将破坏惯性的思维隐藏，从而融入惯性，并一同打击新的破坏者。

（3）保持工具随手可得："好脑筋不如烂笔头"，要学会在工作中利用各种工具，以提高工作效率。

（4）勇于尝试：尝试每一个可能的结果，一直到答案出现。面对不同的问题，有不同的解决方式，要习惯拥有不同的心态和方法。

（5）研究政策：雷阵大量复杂的规则就像是政策和法律，只有分析研究清楚后，才能在不违反原则、法律的前提下游刃有余地开展工作。

（6）风险意识:尝试面对风险,如何面对成功和失败? 在什么时候尝试? 什么时候放弃? 对风险要有评估。

二、沟通类项目

（一）超音速团队

1. 项目目标

（1）培养团队成员有效沟通的意识和能力。

（2）培养团队临危不乱,有效利用资源的能力。

（3）考验团队体能素质。

2. 人数与时间

（1）人数:不限。

（2）时间:40分钟。

3. 场地器材

（1）场地:平整、开阔的场地,室内外均可。

（2）器材:扑克牌若干、标识板若干、记录板和笔、哨子。

4. 项目方法

通过若干轮团队比赛的方式,率先将13张扑克牌依次翻出,用时最短的组别获胜。 如果翻正确,则正面朝上,若翻错,则扣上放回原处(图10-2-5)。

图 10-2-5　超音速团队项目课堂场景

5. 项目规则

（1）每组队员需站成一路纵队,任务开始后,严格按照顺序进行。

（2）在每个参赛队的正前方的远处摆放着一块标识板,上面放有数字牌,在教师的指导下由起点开始到达摆放的标识板,依次、有序地进行竞赛。

（3）听到开始口令后每组每次只能派出一名队员去翻动数字牌,并且每人每次只能动一张数字牌,完成后必须返回起点处与下一名队员击掌接力方可继续比赛。

（4）当翻开数字牌数字错误时,要把数字牌再扣上;当数字正确时,将数字牌正面朝上放置。

6. 分享总结

（1）团队竞争中,是否找到了合适的方法? 完成效果如何?

（2）每轮结束后的沟通,大家讨论的内容是什么?

（3）团队的领导角色是否成功?

（4）是否有效利用了身边的资源去完成任务?

（5）发挥团队的集体作用,只有团队中的每一个人都付出才会有好的收获,团队之间相互鼓励才能共同进步。

（二）急速 60 秒

1. 项目目标

（1）培养团队领导决策和执行能力。

（2）培养团队为实现组织目标、愿景,成员间相互支持、相互沟通,资源共享,一起完成任务的能力。

（3）考验团队智慧。

（4）运用团队智慧解决工作中的实际困难。

2. 人数与时间

（1）人数：不限。

（2）时间：40分钟左右。

3. 场地器材

场地：平坦的地面，一般多在室外。

器材：3米见方地毯一张，或直径为2米的绳圈一副，图片30张、积分表1份、哨子1个、手表1只、笔、纸、胶带。

4. 项目方法

急速60秒

一般采取两个团队竞赛的形式展开。在规定区域内随机摆放30张图片，分别代表数字1—30。每一张图片代表了一个数字信息。每个团队要进入到正方形区域中，对30张图片进行识别，每一轮时间为60秒，直到有一组成功破译数字1—30。用时最短或轮次最少者获胜（图10-2-6）。

5. 项目规则

（1）两个队进行比赛，从起始位置开始出发，到达指定区域，首先在60秒时间内找出1—30的队获得比赛的胜利。

图10-2-6　急速60秒项目课堂场景

（2）比赛进行若干轮，直到其中一支队伍在60秒内找到1—30的图片为止。

（3）比赛前。猜拳确定每两轮的出场顺序，队员在起跑线后等待，一起喊出"队训"后方可出发，此时计时开始。

（4）比赛中。第一轮，队员到达指定区域之后，只能有一人留在该区域内翻开所有30张图片（第二轮往后不用再翻开），并按照1—30的顺序将30张图片交给老师。整个过程中只有一名队员在区域内碰触图片，其他队员身体任何部位不能进入指定区域或触及图片，否则扣除5秒钟时间。禁止使用相机、手机等摄像工具。

（5）比赛结束。每一轮结束后必须迅速离开指定区域，否则扣除下一轮5秒钟时间。

（6）每一轮之间有一定讨论时间。落后的队伍每个队员做找出的图片差额数量的俯卧撑或者深蹲起。

（7）给每个队5分钟的准备时间。

（8）项目共进行4局，比赛3局，第1局为体验局。

6. 分享总结

（1）资源和团队智慧：在此项目中要学会分析团队现有资源，最大限度发挥团队智慧。

（2）分工协作：在团队合作的同时，如何运用有限时间完成最大工作量是任何一个团队都需要寻求的工作方法。

（3）换位思考：换位思考是设身处地为他人着想，即想他人所想、理解至上的一种处理人际关系的思考方式。

（4）沟通的效果：团队中每一位成员都要更多地站在比赛者的位置去帮助他找寻图片，这样也大大提高了工作效率。

（5）时间的把控：树立良好的时间观念，什么时间做什么事情，定好流程，这样才能让工作变得更加高效。

三、团队协作类项目

（一）信任背摔

1. 项目目标

（1）培养参与者挑战自我的信心与勇气。

（2）增强参与者的责任感和信任感。

（3）提高团队的凝聚力。

2. 人数与时间

（1）人数：不少于 11 人，其中男性不少于 5 人。

（2）时间：90 分钟左右。

3. 场地器材

（1）场地：宽阔平整，地面无尖利石头。

（2）器材：1 个 1.5 米高的背摔台、2 条背摔绳。

4. 项目方法

信任背摔是个人挑战与团队协作相融合的项目。具体做法是，所有参与者都站在背摔台边上伸出手臂做成保护人床，挑战者站在背摔台上，在教师的帮助下，背向大家倒下，并躺在保护人床上（图 10-2-7）。

信任背摔

图 10-2-7　信任背摔项目课堂场景

5. 项目规则

（1）检查队员：

① 参与者少于 11 人、男性参与者少于 5 人时，不宜进行此项目。体重大于 90 千克的参与者倒下时，保护者中至少要有 6 名男性。

② 患有腰伤、心脏病、颈椎病、脊椎病以及有大手术史和体重超标的参与者应告知教师。

③ 项目进行前，参与者应摘下首饰等金属物品，结束后，提醒队员不要遗漏自身物品。

（2）检查场地：室外活动时确保地面坚硬平整、无杂物；室内活动时所用桌椅必须坚固并安排参与者扶稳。

（3）检查台上背摔者：

① 全体参与者在台下练习两遍捆手方法：双手体前交叉，掌心相对，十指交握，由内向上反翻至胸前，双肘向内收紧，拳头抵住下颌，用绳子在手腕处捆扎。

② 背摔者上台后，教师先把其双手捆住。

③ 背摔者背向站台站立，脚不能出站台，以免在背摔时出现"蹬台"动作。

④ 教师面向背摔者弓步站立，双手扶住背摔者的髋部，帮助其固定身体正直后倒。

⑤ 背摔者后倒时,应保持"直棍"姿势,避免后坐倒下,倒下时应保持肘关节收紧,并腿。

⑥ 如果背摔者过度紧张,可采取深呼吸的方式,缓解紧张程度。

（4）教师站位:教师要始终站在背摔台上,当背摔队员上台后,两人相对而立。教师帮背摔者系好捆手绳后,站立于背摔者和保护人床形成的一条直线上,把握背摔的最佳时机,控制整个背摔过程。

背摔时检查保护者

6. 分享总结

（1）信任:应是信任整个系统。

（2）挑战:对个人心理素质的挑战。

（3）规则:规定明确的规则,保证按规则操作。

（二）穿越电网

1. 项目目标

（1）确立方案,明确分工,高效的组织、协调是团队成功的关键。

（2）有效地利用搭配资源是团队成功的保证。

（3）感受面对困难时应有的态度和做事方式。

（4）摆正个人在团队中的位置（角色定位）是团队成功的基础。

（5）培养团队合作精神,增进沟通,体现协同工作在解决问题时的作用,把队员团结在一起,学会解决看似难以解决的问题。

2. 人数与时间

（1）人数:15 人左右。

（2）时间:60 分钟左右。

3. 场地器材

（1）场地:电网专用训练架（或两根距离合适的立木）。

（2）器材:固定网一张（或自编电网一张）,封网用的标志物若干。

4. 项目方法

穿越电网

穿越电网是一个团队合作项目。具体做法是:在全体队员面前悬挂一张"电网",网上的网眼大小不一,要求参与者在 40 分钟内,从网的一边依次通过网眼到达另一边。在此过程中队员的任何部位都不允许碰网,否则网眼将被封闭,每网眼只能通过一人次（图 10-2-8）。

图 10-2-8 穿越电网项目课堂场景

5. 项目规则

（1）所有参与者从网的一边穿过到另一边。每个网眼只能通过一个人,通过后封闭,两边的参与者不得从网外来回换边。

（2）过网的唯一通道是未封闭的网眼,任何人的任何部位（包括头发和衣服）不得触网,触网部位所在的网眼将被封闭,正在通过的参与者将退回重新选择网眼通过。

（3）活动过程中出现危险或者教师叫停时,队员必须马上停止。

（4）教师在项目开始前确认参加人数和参与者体型特征,根据分析检查封闭多余网眼,使网眼数量是参加人数的 110% ~ 120%。

（5）教师准备好封眼的小挂件，最好是夹子、小铃铛或者模拟蜘蛛，放在固定位置备用。

（6）活动开始后，教师对触网情况要严格监督，以提高参与者的严肃性和警惕性；后期强调动作规范的同时，可以适当放松要求。

（7）第一位参与者成功穿越后，教师应该赞扬、鼓励。表扬完成穿越难度最大的参与者，会使参与者士气高昂。封网时态度要严肃，动作要轻便，切忌手碰网眼边框。

（8）教师要注意保护参与者的安全，果断制止违反安全规则的动作，留意每个参与者的表现，包括语言、动作等。

6. 分享总结

（1）鼓励每一位参与者谈谈自己的感受，对发表的建设性意见予以肯定，对完成任务的核心成员给予特殊表扬。

（2）当面对这张电网的时候，我们的第一感觉是什么？通过后的心情怎么样？

（3）我们在活动中可利用的资源是什么？如何分配和利用资源？

（4）被同伴抬起后感觉如何？想要做的事情是什么？

（5）引导参与者对讨论、决策、执行的各个环节进行分析，结合实际的生活、学习、工作进行分享。

（6）寻找方法，总结经验，提高借鉴经验完成任务的能力。

（7）注意统筹方法的运用与全局观点的培养。

（8）细节决定成败，尽量减少各种不利因素。要细心并保持耐心，良好的监督机制对完成任务至关重要。

第三节　拓展训练教学流程

一、破冰热身环节

初次参与拓展训练的学生面对陌生的学习环境、课程学习搭档等大多会比较拘谨，甚至会产生自然的恐惧和自我保护意识。教师可通过讲解、游戏互动、案例演绎和图片视频展示等活动，让大家逐渐融入团队、投入学习活动。破冰通常要从以下四个方面来实现：

（一）打破学生和教师之间的坚冰

要注意强调每一位教师的专业背景与有吸引力的经历，以增加教师的权威性和影响力。介绍要实事求是，综合运用权威性和娱乐性的讲解方式。

（二）打破学生之间的坚冰

尽管参与者可能来自同一个单位，但是他们未必真的相互了解，彼此之间缺乏信任基础，所以破冰热身环节要打破平时工作中可能存在的面具效应，让学生轻松地学习。

（三）打破学生对学习方式的坚冰

通过教师的介绍，让参与者清楚地了解拓展训练的内容、作用、趣味性，只有充分地认知才会更加投入地学习。

（四）打破学生对陌生学习环境的破冰

只有当参与者感觉处在一个安全舒适的环境中，他们才能够放心地开始学习。

通过破冰环节,可以实现以下目标:强化认识、促进互动;集中注意力,激发参与;营造积极气氛,激发兴趣;评估个体与团队的表现,调整课程安排。

二、团队建设环节

团队建设是拓展训练特有的教学环节。拓展训练项目都是以团队之力才可以完成的,因此在真正开始挑战之前,要组建不同的小组,这也是小组学习和合作学习的体现,也是训练目标得以实现的前提。团队建设包括以下四个方面内容:

(一)团队组织架构的构建

筛选团队成员,大多时候是随机分组,但也可以根据不同的培训需要进行同质性或异质性分组。团队成立后要选出队长,有时候也可以选出队长秘书、旗手、环境监督员等各种角色。

(二)团队文化组建

内容包括队名、队训、队徽、队歌等团队文化符号。

(三)团队展示

每个小组在完成以上建设后,可在教师的组织下展示自己的团队建设成果,并评选出最佳团队,以示激励。

(四)宣布本次培训的契约

培训契约是整个大团队建设的一部分,主要是宣布培训课程中的注意事项,包括安全、纪律、时间、环境、道德等。

三、项目体验与挑战环节

项目体验与挑战是拓展训练课程的实施重点,它具有用时最长、内容最多、动用各种道具器材最多、设备场地最多等特点,它是影响培训质量的关键环节。

在此环节中,每个项目都要遵循拓展训练的教学特点和规律。在具体实施的过程中,一些教师可因个人或团队需求的原因侧重某些环节,但不可省略或直接删除一些环节,不可违背体验式学习的规律,建议教师切实按照体验式教学的规程和教育理念,让学生能够真真切切地体验拓展训练的乐趣和意义。具体来说,拓展训练体验与挑战环节包括以下五大流程(图10-3-1):

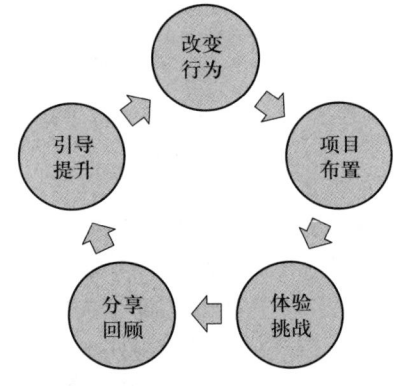

图10-3-1 拓展训练具体项目教学圈

(一)项目布置

清晰且完善项目介绍是项目学习成功的一半。教师要认真对待此环节,关注细节,精简语言,注意从以下五个方面布置和介绍:

(1)项目所需场地、道具器材的准备。

(2)项目名称、主要功能和目标。

(3)项目实施的规则与安全注意事项。

(4)项目场景,一般分为情景模拟或真实环境。

(5)项目实施氛围的设定。

（二）体验挑战

体验挑战环节需要教师和学生共同努力在有限的时间内创造纯正、完美、难忘的体验。该环节也是"教有法而无定法"的最好体现，教师要在这个环节做到眼观六路、耳听八方，处处用心，要具备较强的控场能力和动态生成力。具体来讲，教师要做到以下几个方面：

（1）观察记录学生个人和团队的行为。

（2）监控实施项目的规则和要求。

（3）保护学生的安全，制止危险行为出现。

（4）营造合适的体验氛围，激励或阻止学生的行为。

（5）解答学生不涉及项目玄机的提问。

（6）促使学生在行动中反思与学习。

（7）调控体验的方向不偏离学习目标。

（8）增加项目实施条件，控制难易程度。

（9）调适冲突与矛盾。

（10）监控和通报项目进行的时间。

（三）分享回顾

当体验的活动结束后，学生会有强烈的意愿与团队成员和教师交流，想要发表自己的体验感受和观点，教师可营造一个分享交流的平台。分享回顾环节对应体验式学习圈中"反思"的环节。在这个过程中，重点解决两个问题：刚才发生了什么，我感到了什么。

在这个过程中，教师通过组织控制、设定分享交流的基调，记录和分析学生的内心感受，归纳他们的内心情感，以便下一阶段进行引导提升。通过分享交流，学生已经从活动实践进入到对表象的认知和分析。完成此环节还不能充分发挥拓展培训的效果，还需进一步地引导提升。

（四）引导提升

引导提升环节要求学生从表象的学习进入到思维和逻辑的学习，开始归纳演绎自己的经验。学习将经验和认知合理地归入到自己原有的模式中，或改变自己的原有模式来适应外界的刺激和变换，从而使自己达到身心平衡。该过程主要解决四个问题：你学到了什么？这与现实生活怎样联系？假设再发生这种情况你会怎样？下一步做什么？

这个阶段的学习采用回顾式学习与展望式学习相结合的方式，将过去、现在和将来做一个合理的结合，即从过去出发途径现在分析将来可能出现的情况。

引导提升阶段是显示教师能力的重要阶段。精辟恰当的提炼总结、高品质的问题、深厚的关联性理论解析与建议性的策略性展望等，都可将学生带入一个更高境界的学习与对话中。

（五）改变行为

拓展训练的目的是促使行为和心态的改变，而行为的改变并不是一朝一夕的事情。在拓展训练中的行为改变分为两个层次：在体验完一个项目后，体验和体悟的知识技能和心态，立刻可以在接下来的项目体验中得到应用和验证；在整个培训课程结束后，良好的学习效果促使一个人在工作生活中做出行为改变。

【学 用 检 验】

1. 思维类拓展训练项目有哪些？
2. 简述拓展训练的教学流程。
3. 根据拓展训练的基本理论,并结合所体验的项目,尝试设计一个情景模拟拓展训练方案。

第十一章

定向运动

【章前导言】

定向运动是一项集智慧与体能,融自然、挑战于一体的户外运动。它不仅能强健体魄,而且能培养人独立思考、克服困难以及在遇到意外的情况时迅速做出决定,果断采取行动的能力。本章介绍定向运动的概念、定向运动设备与场地、定向运动基本技能等内容,有助于学生全面了解和掌握定向运动。

【学习目标】

1. 了解定向运动的起源与发展及定向运动的分类。

2. 熟悉定向运动所需器材、不同项目的场地类型和区域大小。

3. 熟悉定向运动基础知识和基本技能。

第一节　定向运动概述

一、定向运动概念

定向运动(orienteering)又称"指北针运动(compass sports)""识图越野(map cross-country)",定向运动源自"orienteering"一词,其原意是借助地图和指北针,穿越未知地带。国际定向运动联合会将定向运动定义为一项参赛者借助地图和指北针,在尽可能短的时间内到达若干个标志(检查点)的体育运动。人们走进大自然参与任何户外运动首先必须学会识别方向、认识和使用地图才不会迷路,故定向运动又被称为"户外运动之母"。

二、定向运动起源与发展

定向运动起源于19世纪末20世纪初的北欧,最初只是一项军事体育活动,是军队训练军人提高战斗力的一种手段。1886年,读图和野外定向运动进入了瑞典斯德哥尔摩和挪威奥斯陆的军官学校课程,这是军队第一次使用"orienteering"这个词,意思是借助地图和指北针穿越未知地带。1912年,在恩斯特·基兰德的倡导下,定向运动成为瑞典的竞技运动项目。继1919年在斯德哥尔摩南部纳卡(Nacka)的索尔歇伯丁镇举行的第一次正式的定向运动比赛后,至今已有百年的历史。

1961 年,国际定向运动联合会(International Orienteering Federation,简写为 IOF,以下简称国际定联)在丹麦首都哥本哈根宣告成立,成员国包括瑞典、芬兰、丹麦、挪威、瑞士、东德、西德、捷克、匈牙利、保加利亚十个国家。德语是这一阶段国际定向运动联合会的官方语言。1992 年,英语成为国际定向运动联合会唯一官方语言,简写为"IOF"。国际定联是世界定向运动的行政实体,是国际体育联合会的成员之一。定向运动也是国际承认的奥林匹克体育项目。目前,定向运动的国际性比赛主要有:世界定向锦标赛、世界滑雪定向锦标赛、世界大学生定向锦标赛等。

在我国,最早引进定向运动的地区是台湾和香港。我国内地,按国际标准将定向运动正式作为一项体育活动和比赛项目开展是在 1983 年。1983 年 3 月中国人民解放军体育学院(广州)参照国际定向运动竞赛方法,在广州白云山举行了首次"定向越野试验比赛"。1991 年 12 月,原国家体育运动委员会批准中国无线电运动协会下设中国定向运动委员会。1992 年 7 月,国际定联批准中国加入国际定向运动联合会(IOF)。1995 年,中国定向运动委员会发展成为独立的中国定向运动协会。2018 年 12 月 9 日经民政部批复同意原中国无线电运动协会更名为中国无线电和定向运动协会,英文名称为"Chinese Radio Sports and Orienteering Association"。目前我国的定向运动赛事主要有:全国定向锦标赛、全国学生定向锦标赛等。

三、定向运动的分类

按不同行进模式,定向运动可分为徒步定向、自行车定向、滑雪定向等。其中普及率最高的是徒步定向,"定向运动(orienteering)"已成为徒步定向运动(foot orienteering)的代名词,本节定向运动如果没有特别说明,均指徒步定向运动(图 11-1-1)。

徒步定向按比赛线路长度(胜出时间)一般划分为:短距离赛、中距离赛、长距离赛等。

(一)短距离赛

短距离赛的特征是高速,它检验运动员在复杂环境中认知地图的能力和在高速奔跑中选择线路、完成全程的能力。地图比例尺为 1：4 000,短距离定向赛胜出时间一般在 12~15 分钟。

图 11-1-1　IOF 徒步定向标志

(二)中距离赛

中距离赛一般在城区外(大部分被森林覆盖)举行,检验运动员的精确导航和找出检查点的能力。中距离赛胜出时间随性别、年龄变化,M21E 和 W21E 组胜出时间一般为 30~35 分钟;M12A、W12A、M55 和 W50 组胜出时间一般为 20~25 分钟;其他组别胜出时间一般为 25~30 分钟。

(三)长距离赛

长距离赛目的是检验运动员持久的耐力和体力,以及快速识别地图、高效选择线路的能力。长距离赛胜出时间随运动员年龄性别不同而要求不同。

第二节　定向运动设备与场地

一、定向运动器材与装备

定向运动器材是开展定向运动、定向越野赛和定向运动拓展等活动必须具备的器材装备,主要包括指北针、定向地图、号码布、检查卡片(计时用)、点标旗(检查点标志)、点签器等。

(一)地图和指北针

1. 定向地图

定向地图包括两类元素:地图元素和赛事元素。地图元素包括比例尺、地图方向和地图符号;赛事元素包括赛事路线和其他信息。

(1)地图元素:

① 地图比例尺:比例尺表示图上一条线段的长度与地面相应线段的实际长度之比。地图比例尺的大小决定了地图内容的详细程度和地图测量的精度。一般来讲,大比例尺地图,内容详细、精度高;小比例尺地图,内容概括性强。比例尺有三种表示方法:一是数值比例尺(例如 1∶10 000);二是文字比例尺(例如万分之一);三是图示比例尺,如图 11-2-1 所示。定向地图的比例尺通常在 1∶500 至 1∶15 000。比例尺的选择主要取决于项目类型、参赛者的年龄和使用领域。短距离比赛地图通常为 1∶4 000,长距离赛比赛地图通常为 1∶10 000 或 1∶15 000。中小学定向教学校园地图通常从 1∶2 000 开始,然后逐步减小。

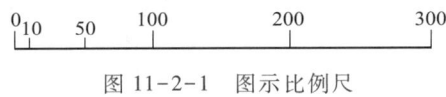

图 11-2-1　图示比例尺

② 地图方向:全世界的地图的方向都是统一的,即在没有方向线和经纬线的情况下,按照上北下南左西右东的方法判别方向。国家基本地形图用地理坐标定向,以北极为北,而定向地图则用磁北方向线来确定地图的南北,以磁北极为北。

③ 定向地图符号(以 ISprOM2019-2 标准为例):定向地图用符号结合颜色来表达地物和地貌等特征,定向地图符号按其颜色和性质可分为五类:地形地貌(图 11-2-2)、石头与岩石(图 11-2-3)、水体与沼泽(图 11-2-4)、植被(图 11-2-5)和人造地物(图11-2-6)。

(2)赛事元素:

① 赛事路线:不同的比赛项目其比赛路线的呈现形式是不同的,共同的是三角形始终代表的是起点,圆圈代表检查点,双圆圈代表终点,虚线指必须经行的路线段。从小到大的阿拉伯数字代表经典个人赛从小到大依次寻找的目标点。积分赛点的阿拉伯数字代表这个检查点电子计时器的号码及相应的积分数。另外,赛事路线还包含检查点说明,检查点说明通常以表格的形式呈现。

② 赛事其他信息:主要包括赛事的名称、赛事主办单位、承办单位等信息。

地形地貌(棕色)			
 〜	基本等高线	 ◝	大冲沟
 〜	示坡线	 ∴∴	小冲沟
 ≈	计曲线	•	土堆 长土堆
 〜	辅助等高线	 ∪	小凹地 土坑
 TTTTTTTTT	土坎	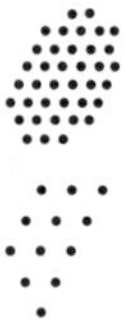 ∴∴∴	零碎土堆地 松软地层
 •——•——	土墙	▲	特殊地貌特征
 •—•—•—	残破土墙		

图 11-2-2 地形地貌图

石头与岩石(黑色)			
 TTTTTTTTT	不可通行陡崖	 △▷◁	石块地
 TTTTTTTTT	可通行陡崖	 ∴∴∴	碎石地
 V ⤬	石坑 山洞	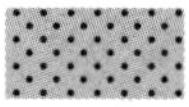 ▦	沙地
• •	石头 大石	 ◠◡	裸岩
 ◇ O	巨石 石山	 ╱	战壕
▲	石堆		

图 11-2-3 石头与岩石

水体与沼泽(蓝色)			
 不可通行水域		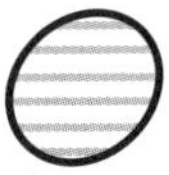 不可通行沼泽	
 可通行水域		 可通行沼泽 季节性沼泽	
水潭、水坑		 小沼泽 细沼泽、窄沼泽	
 水道、水渠 小水道		 水井、水箱 特殊水系特征	
 季节性水道		 水源	

图 11-2-4　水体与沼泽

植被			
黄色		绿色	
空旷地 杂草空旷地		慢跑植被 慢行植被 难通行植被	
稀树空旷地 稀树灌木丛地		 单向可通行	
 杂草稀树空地 杂草稀树灌木丛地		 可视性高的慢跑低矮灌木丛 可视性高的难跑低矮灌木丛	
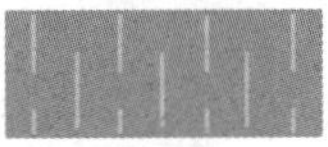 葡萄园		 不可通行植被	
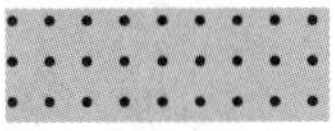 耕地		 突出树 一般树木、独立灌木丛	
 果园		特殊植被特征	
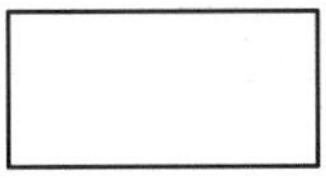 (白色) 易跑树林		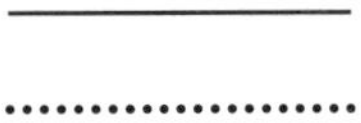 明显耕地边界 明显植被边界	

图 11-2-5　植被

人造地物			
棕色、黄绿色、灰色、黑色		黑色	
	铺筑地		非铺装公路 非铺装车径
	禁入区		步道 小步道 不明显小步道
	建筑物 大建筑物		林道
	架空棚		主输电线、电线杆
			高压输电线 高压电线塔
			围墙 残破围墙 不可通行围墙
			可通行围栏 残破围栏 不可通行围栏
			通过口
			高塔 小塔
			界碑 饲料架
			可通行管道 不可通行管道
		○ ×	特殊人造地物

图 11-2-6　人造地物

2. 指北针

（1）指北针的概念。指北针别名指南针,古代叫司南,主要组成部分是一根装在轴上的磁针,磁针标有红色或橙色一端按盘上的标识指向南或北。

（2）指北针的结构。以刻度盘指北针为例,刻度盘指北针主要由透明基板、托架在基板上的充液磁针盒、刻度盘及佩戴伸缩带组成。在基板上刻有行进方向线,用来指出目标检查点的方位,磁针盒底部刻有磁北标定线,用来方便指北针标定地图和确定行进方向（图 11-2-7）。

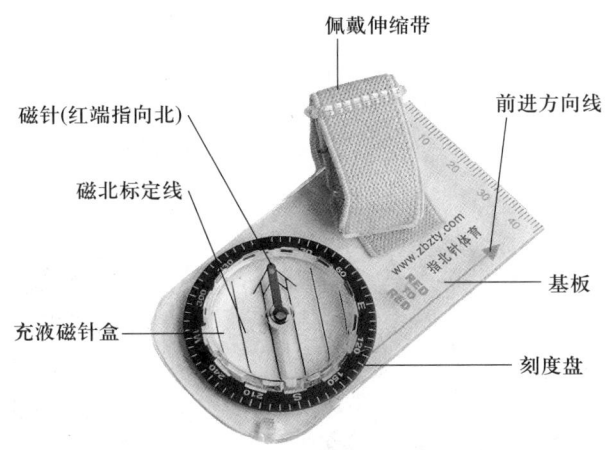

佩戴伸缩带

磁针(红端指向北)

前进方向线

磁北标定线

基板

充液磁针盒

刻度盘

图 11-2-7　指北针结构示意图

（二）计时器材

1. 计时器材概述

定向运动以运动员（队）完成识图任务和规定路程所用时间的长短进行排名,故计时器材对定向运动尤其是定向运动赛事非常重要。定向运动计时器材有传统机械式打卡计时器材和现代电子式打卡计时器材两类。

2. 传统机械式打卡计时器材

传统机械式打卡计时器材,主要是指钳式打卡器和检查卡片配合使用的一种打卡方式。钳式打卡器用弹性较佳的塑料材料制成,一端装有钢针,另一端装橡胶垫。每个打卡器的钢针组合图案都不相同,运动员可利用其在检查卡片上打孔。检查卡片则分为主卡和副卡两部分。参赛者在比赛中携带主卡,并按顺序将每个检查点的点签图案印在空格中,到达终点时交给裁判员验证。该打卡方式优点是成本低,制作简单;缺点是无法确定运动员到达每一个检查点的具体时间,无法确定运动员到达每个检查点的具体顺序。在现在比赛中不再以这种计时形式为主或者不再单一使用这种计时形式,而是以电子计时形式为主,并以机械式计时器材为辅助。

3. 现代电子式打卡计时器材

现代电子式打卡计时器材是定向运动发展的重要保障,目前市场上主流的定向运动电子计时器材是射频识别技术在定向运动中的应用。主要分为两大类:一类是竞赛型（如图 11-2-8）,即将读写器作为检查点,无缘应答器佩戴在手上;一类是教学训练型（如图 11-2-9）即将无缘应答器作为检查点,读写器作为佩戴在运动员手上的指卡。早期市场上出现的都是第一类,将读写器作为检查点进行设置。随着科技的进步,读写器的体积越来越小,小到方便佩戴,并且读写器能耗足够小,电池足以维持比赛持续的时长,这时市场上出现了第二类,将无缘应答器作为检查点进行设置,方便进行较远固定点位系统设置,固定点位设置后无须后期维护,方便教学与训练的开展,因此,此类定向运动计时装备被称为教学训练型。读写器为佩戴在运动员手上的指卡。

（1）竞赛型:这类器材将读写器作为检查点,无缘应答器作为佩戴在运动员手上的指卡。器材通常包含检查点、指卡、管理卡和成绩统计软件。检查点包含清除站、检查站、起点站、各分站点、终点站、主站;每个分站点都有不同的代码。无缘应答器作为指卡,每个指卡都有唯一的编号,指卡分配到每个人。管理卡也是无缘应答器,通过管理卡对器材进行校时、通信等操作。运动员的刷卡流程是:清除—检查—起点—分站点—终点—主站。这类器材的优点是无缘应答器体积小、质量小、成本低,方便组织大型赛事。优秀的竞赛型定向运动计时器材性能稳定可靠,外观小巧美观,使用便捷,主站集成分卡功能、校时功能与改号功能。

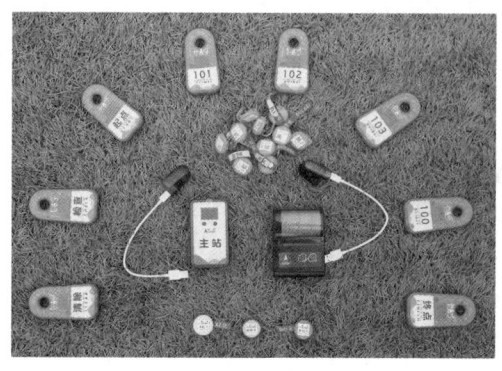

图 11-2-8 竞赛型电子计时器材

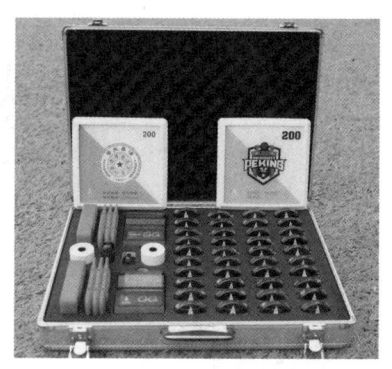

图 11-2-9 教学训练型电子计时器材

（2）教学训练型:这类器材将无缘应答器作为检查点,读写器作为佩戴在运动员手上的指卡。器材通常包含检查点、指卡和成绩统计软件。检查点包含起点站、各分站点、终点站、主站;每个分站点都有不同的代码。读写器作为指卡,每个指卡都有唯一的编号,指卡分配到每个人。无缘应答器作为检查点的优点是检查点不需用电,因此检查点可以永久放置于户外,也就产生了固定点标(检查点)计时系统(图 11-2-10),规避了以往定向课课前悬挂点标(检查点),课后收回点标(检查点)的工作,让校园定向课程变得更加轻松。

图 11-2-10 校园固定点标系统

二、定向运动场地选择

选择定向运动场地时,要考虑交通条件、集结区域以及场地安全问题。如果是大规模比赛,交通条件和集结区域是考虑作为比赛场地的首要因素。另外,所有项目的比赛都要考虑检录区和终点区域的卫生间设置问题,应当根据参赛运动员数量满足运动员需求。

(一)百米定向赛的场地选择

百米定向赛是一项特殊的定向运动比赛,该比赛场地的特征主要有:可跑性强、通视性高、区域小。所以,百米定向赛的场地通常会选择空旷的广场、田径场或者通视性高和可跑性强的公园,比例尺通常为 1∶500 至 1∶1 000 为佳。由于百米定向赛主要是给观众呈现观赏性,因此通视性高、可跑性强是百米定向赛场地选择的必要条件。

(二)短距离赛的场地选择

短距离比赛对场地区域要求并不大。短距离赛主要考查运动员的速度,比赛场地应能适合运动员高速奔跑以及能提供丰富的路线选择,使运动员在比赛过程中保持高度集中,并且应当选择能够进行交通管制的场地进行比赛。例如校园、城镇、村落和可跑性非常高的公园。

（三）中距离赛的场地选择

中距离赛主要是以考察运动技术为主的比赛项目。选择场地时主要考虑能否检验运动员的导航能力以及准确寻找检查点的能力,因此,场地通常选择在郊野,并且场地中应当有较高的树木覆盖率,丰富的地形地貌以及丰富的植被类型。

（四）长距离赛的场地选择

长距离赛主要考查参赛者的耐力,场地应选择在郊野,场地中最好有丰富的地形地貌以及丰富的植被类型,以便考查运动员地图认知、高效路线选择以及持续长时间在复杂地形中奔跑和合理分配体能的能力。

（五）团队赛的场地选择

团队赛的场地选择较为灵活,既可以选择在校园或城镇甚至村落中进行,也可以选择在郊野进行。前者地图比例尺应为1∶5 000,后者比例尺应为1∶7 500。

（六）积分赛的场地选择

积分赛场地可以选择除百米赛之外的其他类型的比赛场地。既可以选择在校园或城镇甚至村落中进行,也可以选择在郊野进行。前者地图比例尺应为1∶5 000,后者比例尺应为1∶7 500 或 1∶10 000,甚至1∶15 000。

第三节　定向运动基本技术

一、定向运动基本技术概念及流程

定向运动基本技术是指定向运动员完成定向运动比赛所运用的各种基本方法,科学合理地运用各种定向运动基本技术是运动员取得比赛胜利的基础。

定向运动基本技术划分为地图信息提取技术、站立点判定技术、路线规划技术、路线执行技术四部分,技术流程简化为读图、我在哪、我要去哪、怎么去(图11-3-1)。

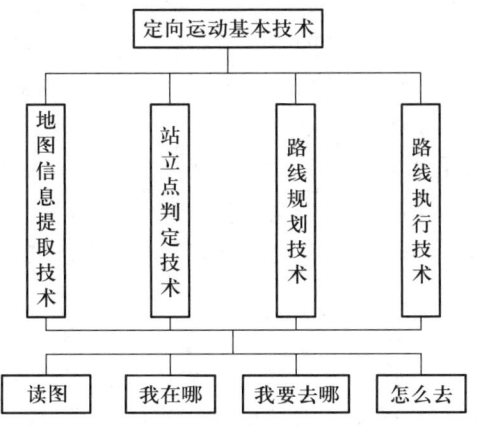

图 11-3-1　定向运动基本技术体系

二、地图信息提取技术(读图)

地图信息提取技术即读图,是通过对地图知识的理解将平面地图的二维信息转化为头脑中形成的与实际地形、地物相对应的四维信息的认知过程。读图技术包括标定地图、折叠地图、边跑边读等基础技术及简化视图、记忆地图等高级技术,这里主要介绍地图信息提取基础技术。

(一)标定地图

标定地图俗称"对北",就是让地图的北方与指北针的北方对应,在第八章徒步基础技能中已介绍过利用指北针标定地图的方法。"对北"是地图信息提取的前提条件,地图符号是没有方向的,但是地图是有方向的,只有当地图的方向与地磁方向一致,我们从地图上所提取的信息才能与实地地形、地物信息一一对应。

(二)折叠地图

为了方便持图奔跑,并能快速有效地从图中提取信息,运动员需掌握折叠地图的技巧。一张地图如果折叠不当,运动员的注意力很难从实地环境中转移到地图的有效区域中。运动员拿到地图后应根据个人习惯将地图折叠成方便持图、方便读图的大小,在跑动中随着站立点的变化要间断地根据需要重新折叠地图,以便能更舒适地读图与奔跑。折叠地图的要领有:① 沿地图磁北方向线或垂直于磁北方向线折叠,用图时无须再确定磁北方向线,方便"对北";② 折叠后的地图绝大部分都能握在手掌内,用手掌托着地图,方便携带及奔跑;③ 确保折叠后的地图还有足够的可视区域,一般除当前目标点外,还应多出一个目标点;④ 不要折叠太多次,要方便再次折叠地图。

(三)边跑边读

边跑边读即一边奔跑一边阅读地图,提取地图信息。在定向运动中,初学者总是经常站着看地图,高手从来都是在跑动中阅读地图信息的。但要遵循安全原则,平路多看地图,坑洼地少看或不看,一般上坡时可以看,陡坡或下坡时一般不看图。

三、站立点判定技术(我在哪)

(一)站立点的概念

站立点就是地图上的一个位置点,与人在实地中的空间位置相对应。地图本身就有概略性,故站立点也具有一定的概略性;定向运动中人的运动轨迹在地图上体现为站立点的变化轨迹,故站立点具有连续性;定向运动中人在不停地运动,故站立点具有动态性。

(二)拇指辅行(站立点持续判定)

拇指辅行是初学者所采用的基本技术。从起点开始,地图对北后,将拇指压于站立点侧后方,在行进过程中不断移动拇指,使拇指在地图上的移动与人在实地行进过程保持基本同步。在用地图导航行进中,不断移动拇指,转动地图,保持位置、方位的连贯性与正确性。

(三)丢失后重新定位

在比赛中迷失自己的站立点是每个参赛者最不愿意出现的情况。但是,即使是高水平的定向者也难免在高速行进过程中出现由于技术的失误而迷失方位。

在迷失站立点时,要采取一定的措施重新定位:首先,立即停止前进,标定地图;其次,在地图上找到最后一个自己能明确确定的站立点的位置,回忆自己离开它后的前进方向和距离,得出目前位置的大概区域;最后,观察实地四周的特征,在图上找到对应的特征。如果仍然无法确定站立点,应该果断地返回到上一个能明确确定的站立点(甚至是上一个检查点),再重新选择路线前进。

四、路线规划技术(我要去哪)

(一)进攻点的概念

把一个复杂的问题分解成多个简单的问题,每一个与简单问题相关的节点称为进攻点。

(二)分解分段法

任何一个复杂的问题都是由多个简单的问题组成的,把一个复杂的问题分解成多个简单的问题,然后一个问题一个问题地解决,最终解决复杂问题即分段分解法,这是定向运动路线规划的重要思路与技术。定向运动从一个点到另一个点有些时候距离较长,在遇到复杂的问题时,运动员要冷静分解,逐个击破。

(三)偏向瞄准法

偏向瞄准法是一种典型的分段分解法,如图 11-3-2 所示,运动员从起点 △ 要去目标点 ○,如果直接使用指北针导航往目标点 ○ 行进会出现 A、B、C 三种路线选择情况,线路 B 可直接找到目标。如果选择线路 A,运动员到溪边时没有见到目标,那么他又会面临两种路线——选择 A-1 或 A-2;如果选择线路 C,运动员到溪边时没有见到目标那么他也将面临两种路线——选择 C-1 或 C-2,若选择 A-1 和 C-2 路线运动员很难找到目标,此外,在执行 A-2 和 C-1 路线时要求运动员足够的果敢,这对运动员是个巨大的考验。为了避免这些情况,运动员在路线规划时可采用图中 D 方案,指北针先偏向导航至目标点的西侧,找到小溪后直接右转顺着小溪找到目标,这就是偏向瞄准法。偏向瞄准法路线规划思维就是变找点为找线,找到线后沿线行进找到点。把一个有难度的任务分解成两个简单的任务,然后一个一个完成,是一种典型的分段分解法。

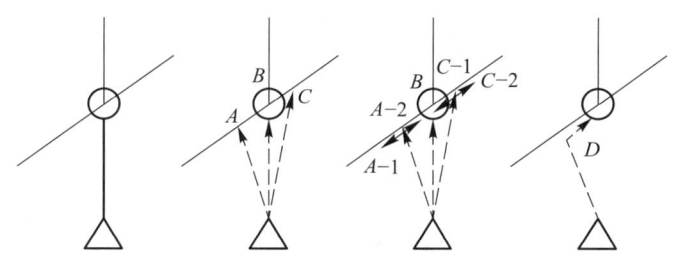

图 11-3-2 偏向瞄准法说明图

五、路线执行技术(怎么去)

(一)导航的概念

在定向运动中导航是指引导运动员行进的技术,有指北针导航和实际环境的地物导航两种方法。实际环境的地物导航主要有线性特征物导航,如路、河流等;高大可见明显点状特征物导航,如高塔等;以及地形导航等。

(二)基本路线执行技术

路线执行就是选择导航并按照导航行进的过程,基本路线执行技术包含导航选择的技巧及按照导航越野奔跑行进的技术,具体有自然环境中奔跑穿越技术、指北针导航行进技术、线性特征物导航行进技术、高大明显点状特征物导航行进技术。

1. 自然环境中奔跑穿越技术

定向运动中的奔跑是在自然环境中进行的带有方向和距离感知的穿越多种自然障碍的越野跑,体现人的方向和距离等空间感知能力,体现人的有氧耐力、协调性、灵敏性、力量等综合身体素质。

2. 指北针导航行进技术

指北针导航行进技术是以指北针导航为主,在陆地上沿一定的方位角近直线行进,有时为了避开一些行进中的障碍物行进路线会呈"S"形,但总体方向保持近直线,该技术还包含在行进中提取对方向修正有用的地物特征的意识及能力。具体技术过程有三个步骤:

(1)将指北针的右侧顶角置于地图上当前站立点附近,使基板上的行进方向线同目前站立点与目标点间的连线平行,并使行进方向箭头指向目标点。

(2)水平持握指北针于身体前面正中的位置,指北针的行进方向线垂直于身体。转动身体直到地图磁北线与指北针磁针平行且磁北线北方与磁针红端(北端)一致时,行进方向箭头所指的方向即行进方向或目标所在方位。

(3)手持指北针和地图于体前水平位置,指北针的行进方向线垂直于身体,按照指北针行进方向线指示的方向奔跑前进,并不断地提取对方向修正有用的地物特征进行方向修正,确保沿一定的方位角向目标近直线奔跑行进;过程中也可放下指北针和地图摆臂奔跑,需要时再手持指北针和地图于体前水平位置进行方向修正。

3. 线性特征物导航行进技术

线性特征物导航行进技术俗称沿线行进,即沿着线性特征物行进,分为直观沿线行进技术与抽象沿线行进技术。直线沿线行进技术主要有沿路行进、沿河行进、沿电线行进、沿崖行进、沿围栏行进等沿实体线性特征物行进技术。抽象沿线行进技术主要有沿等高线行进、沿山脚线行进、沿山谷线行进、沿山脊线行进等沿抽象线性特征物行进技术,需要运动员对抽象的线性特征物进行分析提取。

4. 高大可见明显点状特征物导航行进技术

在实地找出一个与地图符号相应的明显地物,如独立建筑,高塔等,利用明显的点状物来判别方向。

【学 用 检 验】

1. 通过学习和了解,你认为定向运动今后发展趋势如何? 请结合自身谈谈定向运动的价值是什么?

2. 地图的基本要素有哪些?

3. 简述定向运动的基本技术体系。

【章前导言】

攀岩运动素有"岩壁芭蕾"之美誉,它集探险、竞技、健身、娱乐、观赏于一身,融力量、勇气、智慧、时尚、美感于一体。本章主要介绍了攀岩运动的起源与发展、攀岩运动的分类及基本装备,以及相关的技术操作。通过本章的学习,可以较好地掌握攀岩运动的基础知识,掌握主要的攀岩运动技术和训练方法,学会更好地参与并欣赏攀岩运动。

【学习目标】

1. 了解攀岩运动的起源、发展及分类。
2. 熟悉攀岩的基本装备及其使用方法。
3. 掌握攀岩的保护技术。
4. 了解攀岩的基本技术。
5. 掌握攀岩人工场地保护站的建立及下降技术。

第一节　攀岩运动概述

一、攀岩运动的概念

攀岩是指人类利用原始的攀爬本能,经过专门的攀登技术训练,以各种装备或攀登工具为保护,通过克服地心引力,攀登自然岩壁以及人工岩壁的运动。主要包括难度攀、速度攀和攀石三种形式。

攀岩运动是一项深受人们喜爱的运动项目,攀岩运动者能够在各种不同的高度及角度的岩壁上轻松舒展,准确地完成腾挪、转身、跳跃、引体等惊险动作,给人们以优美、惊险的享受,故攀岩又称"岩壁上的芭蕾"。

二、攀岩运动的起源与发展

（一）国际攀岩运动的发展

攀岩运动是从登山运动中衍生出来的一项竞技运动项目,源于 19 世纪末期欧洲阿尔卑斯登山运动。1865 年,英国登山家埃德瓦特首次使用钢锥、铁链和登山绳索等简易装备成功攀上险峰,被誉为"攀岩运动的创始人"。1890 年,英国登山家马默里又改进了攀登工具,进一步促进了攀岩运动的发展。真正意义上的攀岩运动兴起于 20 世纪中叶的欧洲。1947 年苏联率先成立了攀岩运动委员会,并于 1948 年在国内举办了首届全国

攀岩运动
的特点与
价值

性攀岩比赛。1974 年 9 月,苏联和捷克斯洛伐克发起举办了首届国际攀岩比赛。从此,攀岩运动技术水平不断提高,规则日趋完善。

1985 年法国人弗兰西斯·沙威格尼发明了可以自由装卸的仿自然人造岩壁,解决了攀岩爱好者在攀爬自然岩壁时受场地、气候、时间、交通等方面的影响。人工岩壁的出现为攀登者创造了安全便捷的训练条件,为群众观看比赛和电视转播提供了便利,更为关键的是可以根据攀登参与者的水平设定不同难度的攀登线路,让更多的人参与其中,极大地促进了攀岩运动的推广与普及。人工岩壁的出现,使攀岩运动进入了一个全新的发展阶段。1987 年国际登山攀登联合会(UIAA)规定人工岩壁上的攀岩比赛为国际正式比赛,并于当年在法国举办了首届人工岩壁上的攀岩比赛,该比赛标志着攀岩运动进入了一个全新的发展阶段。1989 年国际登山攀登联合会主办了首届世界杯攀岩系列赛。此后,每年都在不同的国家、地点举行世界杯攀岩赛。首届世界攀岩锦标赛于 1991 年在德国举行,此后每两年举行一届。首届世界青年攀岩锦标赛于 1992 年在瑞士举办,此后每年举行一届。2021 年第 32 届夏季奥林匹克运动会在日本东京举行,竞技攀岩首次作为正式比赛项目出现在奥运会的赛场;在 2024 年巴黎奥运会中,竞技攀岩继续作为正式比赛项目,并且增加了奖牌数量;随后将要举行的 2028 洛杉矶奥运会也将竞技攀岩增设为正式比赛项目。这些赛事标志着竞技攀岩的快速发展和日趋成熟。

(二)攀岩运动组织机构的发展

1997 年,国际登山联合会在其内部增设了专门负责攀岩运动普及、推广的专业委员会——国际竞技攀登委员会(International Climbing Competitions,简称 ICC)。这一专业委员会的成立使攀岩运动的发展进入了快车道。

国际登山联合会于 2006 年决定停止对攀岩比赛的管理,并同意建立一个独立的国际单项体育组织来管理攀岩运动。2007 年 1 月 27 日,国际攀岩联合会(International Federation of Sports Climbing,简称 IFSC)在德国法兰克福宣布成立,48 个成员组织一致通过了国际攀岩联合会章程、细则以及各项实施细则。2007 年 4 月 28 日,国际单项体育联合会总会正式批准国际攀岩联合会加入其中。数周后,国际攀岩联合会又加入了国际世界运动总会。2010 年 2 月 12 日,国际奥委会批准国际攀岩联合会为正式会员,标志着攀岩运动正式迈入奥林匹克大家庭。

(三)国内攀岩运动的发展

中国的攀岩运动起始于 20 世纪 80 年代。1987 年,中国登山协会派出代表到日本系统学习攀岩技术和比赛规则,并于当年 10 月在北京的怀柔大水峪水库自然岩壁举办了第一届全国攀岩比赛,这标志着攀岩运动正式引入中国。1990 年又在北京怀柔国家登山训练基地举办了第一次人工场地赛。1993 年 9 月在长春举办了第一届全国攀岩锦标赛;同年 10 月在武汉举办了国内首届国际攀岩邀请赛;12 月在长春又成功地承办了第二届亚洲攀岩锦标赛。1995 年,攀岩被原国家体委列为我国正式开展的体育项目,这标志着中国的攀岩运动进入了正规的发展阶段。

攀岩运动在我国虽然起步较晚,但成绩进步很快。2001 年,我国开始组建国家攀岩集训队,现已培养了一支相对稳定的优秀攀岩运动员和教练师资队伍,总结形成了一套较为先进的训练理论体系。目前,我国男女速度项目成绩已达到世界一流水平,难度和攀石项目成绩也有了较好的成绩。2023 年 10 月,在杭州亚运会攀岩项目中,中国队表现出色,取得 2 金 2 银 2 铜的成绩,不仅实现了亚运会攀岩项目金牌上的突破,也在项目奖牌榜上首次占据榜首。2024 年 8 月,伍鹏、邓丽娟在巴黎奥运会攀岩项目中分别获得男子速度亚军和女子速度亚军,为中国队斩获两枚银牌,实现了攀岩运动奥运奖牌零的突破。

在取得良好运动成绩的同时,我国的攀岩赛事组织能力全面提高。目前,我国平均每年举办 5 次国际攀岩赛事,是世界上承办国际攀岩比赛最多的国家。与此同时,我国也逐渐形成了自己的赛事体系,举办的全国性攀岩比赛主要有全国运动会攀岩赛、全国青年运动会攀岩赛、全国攀岩锦标赛、全国青年攀岩锦标赛、全国少年攀岩锦标赛、中国大学生攀岩锦标赛、中国攀岩联赛、全国青少年 U 系列攀岩联赛、凯乐石全国攀岩希望之星系列赛事、中国攀岩自然岩壁系列赛等。

在竞技攀岩水平快速提高的同时,我国的群众性攀岩运动也得到了蓬勃的发展。1996 年底,位于北京宣武门的"七大古都攀岩馆"作为我国第一家商业性的攀岩场馆建成开放,培养出了大批推动民间攀岩运动发展的社会中坚力量。自 2013 年起,每年新成立攀岩馆的增长幅度增加,截至 2023 年 12 月,大众点评数据统计显示,中国大陆地区(不含港澳台)现有商业攀岩馆数为 636 家,相较 2022 年初统计的 485 家,增长 31%,主要增长集中在上海、北京、深圳等超一线城市中,但也逐渐渗透进更多二、三线城市里。目前,攀岩运动在我国不仅是一项正式的竞技体育比赛项目,也是一项备受现代都市年轻人推崇和喜爱的时尚休闲运动。

三、攀岩运动的分类

(一)按场地类型分类

(1)自然岩壁攀登:自然岩壁攀登是指在自然形成的岩壁上攀登,如悬崖、峭壁、石缝、大圆石等,一般需要对岩壁进行清理和线路开发。

(2)人工岩壁攀登:人工岩壁攀登是指在人工设计建造的岩壁上攀登,包括室内攀岩馆和室外攀岩场。

(二)按攀登方式分类

(1)自由攀登:自由攀登是指不借助任何器械的力量而完全靠攀登者自身力量进行的攀登。自由攀登又可分为运动攀登和传统攀登。

运动攀登即在已经设置好安全保护点(站)的线路上攀登。这种攀登非常安全,易于开展,主要用于竞技比赛、运动员训练和初学者体验等。

传统攀登即在预先没有设置任何人为保护措施的线路上攀登。一切保护措施需要领攀者在攀登过程中根据线路特点,凭借其已经积累的攀登和器械使用经验,选用合适的装备来临时设置,因此,这种攀登方式风险较高。

(2)器械攀登:器械攀登是指可以借助器械作为攀登工具的攀登,主要用于大岩壁攀登和自然岩壁线路开发等场景。

(三)按保护方式分类

(1)顶绳攀登:顶绳攀登即保护点设在线路顶部的攀登。这种形式要求保护点非常安全,攀登者一直处于保护点下方,整个攀登过程不会发生冲坠,相对安全。

(2)先锋攀登:先锋攀登即保护点已经用膨胀钉和挂片器材预先设置在攀登线路沿线(若是传统攀登则保护点需要临时设置),攀登者在攀登过程中依次将保护绳扣入这些保护点上的攀登。这种形式攀登者可能会发生冲坠,相对顶绳攀登较为危险。

(3)其他有保护措施的攀登:随着攀岩运动的发展和新材料的发明,像攀石、深水攀等新型攀登方式不断涌现,海绵垫、充气垫、强力安全网甚至水池等也用于攀岩保护,并取得了良好的效果。

攀岩运动的线路难度等级划分

（四）按比赛项目分类

（1）速度攀:即采用顶绳攀登,上方保护,以追求完攀线路的速度为主要目标的攀登。速度赛是指运动员依次攀登由定线员在赛前专门设定的线路,以完攀线路的时间为成绩的比赛,速度越快,成绩越好。速度赛的线路分为随机速度线路和标准速度线路,随机速度线路是由定线员在赛前临时设计的线路,所有运动员在此之前均没有练习过;标准速度线路为由国际攀岩联合会发布的国际速度标准线路,运动员平时也使用该线路进行训练,并且速度攀岩世界纪录只在该线路产生。

（2）难度攀:即采用先锋攀登,下方保护,以完攀具有一定难度的线路为主要目标的攀登。难度赛是指运动员攀登由定线员在赛前专门设定的难度线路,在规定的攀登时间内以攀登高度为成绩的比赛。高度越高,成绩越好。

（3）攀石赛:也被称作抱石赛。指在没有绳索保护的状态下攀登不超过5米高的岩壁。攀石赛是指运动员依次攀登一系列由定线员在赛前专门设定的短而难的线路,以完攀这些线路的数量为主要成绩判定依据的比赛。完攀线路的数量越多,完攀线路所用次数越少,成绩越好。

第二节　攀岩运动场地与装备

一、攀岩运动场地

（一）自然场地

自然场地及线路信息收集

自然场地是指在野外登山或攀岩时遇到的各种陡峭的大岩壁或大岩石等。成熟的自然岩壁场地通常表面干净、岩石结实、可攀登的线路集中、岩壁下方平整且安全。国内著名的自然岩壁场地有北京白河、广西阳朔、贵州紫云格凸、河南郭亮、云南石鼓等地区。

（二）人工场地

人工场地,一般建在室内或运动场周围,由地基、钢架、攀岩板、岩壁支点或造型等组成。根据国际攀登联合会发布的《国际攀岩比赛规则》规定,速度赛场地岩壁高度不低于15米,难度赛场地的岩壁高度不低于12米,每条攀爬路线宽为3米。攀石场地高度一般不低于5米,岩壁宽度至少能够同时设计4~6条线路,地面要求有专门的攀石保护软垫。

二、攀岩运动的常用装备

合格的装备直接关系到攀登者的生命安全。正确地使用装备,规范的技术操作,以及对装备正确的保养与存放等程序,是攀岩运动安全顺利开展的前提。

装备须使用通过国际登山联合会(UIAA)测试标准、欧洲安全标准(CE)或中华人民共和国国家标准(GB)的装备。

（一）绳子

攀岩绳也称为主绳,它建立了攀登者与保护者之间可靠的远程连接,按照绳索的用途

不同,攀岩绳主要分为主绳和辅绳。主绳分为动力绳和静力绳两种。

1. 动力绳

动力绳又称弹性绳,主要用于攀登保护。直径为 8~12 毫米,延展性为 6%~8%。动力绳的延展性较强,可以吸收攀登者在发生坠落时所产生的大部分冲击能量,避免攀登者因直接承受坠落带来的冲击力而受伤。动力绳一般分为单绳(图 12-2-1)、双绳(图 12-2-2)和半绳(图 12-2-3)(表 12-2-1)。

绳子的相关指标术语

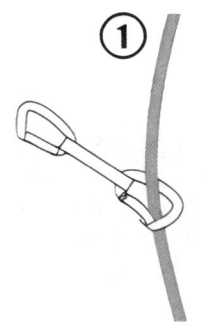
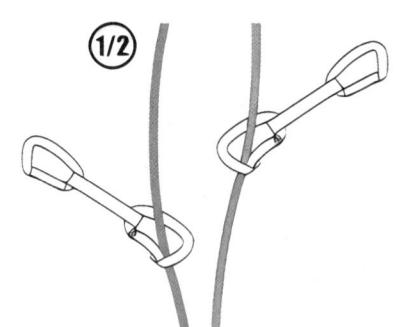
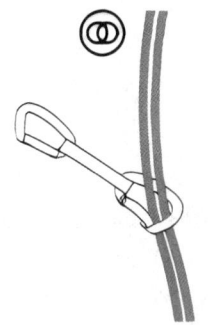

图 12-2-1 单绳　　　　　　　图 12-2-2 双绳　　　　　　　图 12-2-3 半绳

表 12-2-1 动力绳的分类及其属性

类别	符号	直径	用途	备注
单绳	①	9.1~11 毫米	用于可能产生冲坠的各种攀岩,最常见的是运动攀登	
双绳	①/②	7.8~9.4 毫米	常用于攀冰、大岩壁攀登、器械攀岩、结组攀岩以及登山结组。使用双绳可以有效降低因路线改变而产生的绳索摩擦,使攀岩的保护更加安全。此外,在下降时又可延长双倍的下降距离	攀岩时两根绳必须同时使用,两根绳可轮流挂入不同保护点
半绳	⊚	8.0~8.3 毫米	与双绳类似,但双股绳(半绳)要同时通过一个保护点,所以更加安全。多用于易于出现较大摩擦的自然岩壁,而且其单根绳的重量也是最轻的	任何情况下必须两根绳同时使用,两根绳必须同时挂入一个保护点

注:引自国家体育总局职业鉴定中心.攀岩[M].北京:高等教育出版社,2012.

2. 静力绳

静力绳的直径为 9.5~12 毫米,常用的为 10~10.5 毫米,延展性为 2%~3%。多用于下降及无冲坠状态下的操作,如下降、探洞、救援、工业用途。

静力绳与动力绳的色彩区别标准:静力绳不允许超过 2 种颜色,其中一种主色必须占所有面积的 80% 以上。而动力绳的绳皮是多色的并且相互交织。

3. 攀岩绳使用注意事项

(1)应经过国际攀登联合会(UIAA)或欧洲标准(CE)的认证。

（2）应考虑到易耗性，最好不要互相转借。

（3）为保证安全，尽量避免接触强烈的紫外线。

（4）避免接触油类、酒精、汽油、油漆溶剂和酸碱性化学物品。

（5）避免接触水、冰、火、高温物体。

（6）避免接触尖锐的东西，如锋利的岩石、冰爪。

4. 攀岩绳的维护

（1）使用前：每次使用前进行检查，可用手捋一遍绳，绳子应该粗细均匀，无鼓包，柔软度适中，没有明显变硬或变软的地方，检查绳子表皮有无破损。

（2）使用中：绳子在使用时，应用绳包（图12-2-4）、绳筐或防水布垫在绳子下，不能踩、拖或当坐垫用，以防岩屑、细沙进入绳子纤维损伤绳索。需要特别强调的是，攀岩绳不可挪作他用，如晾衣服、拖拉重物等。

（3）使用后：绳子使用后，解开所有的绳结，并存放于阴凉、干燥、通风处，绳子不可经常清洗。如需要清洗，应用清水或专业的洗绳液清洗，然后风干。

图12-2-4　绳包

绳子的收纳与整理

（二）扁带/绳套

1. 用途

扁带又称为绳套，是软性带状物，在保护系统中用做软性连接，它通常与人工或自然保护点直接连接后经铁锁连接形成保护点（图12-2-5）。

2. 分类及性能指标

（1）机械缝制：拉力达 22 kN。

（2）手工打结：抗拉力随扁带的性质及打结方式的不同而有所不同，一般使用水结进行连接，手工打结的拉力很难达到 20 kN（图12-2-6）。

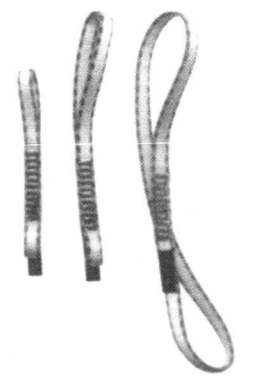

手工打结的扁带使用水结连接
机械缝制的扁带

图12-2-5　扁带　　　　　图12-2-6　扁带的分类

（三）安全带

1. 用途

为攀岩者和保护者提供一种舒适、安全的固定连接。

2. 分类及适用范围

（1）全身式安全带（胸式安全带）：多用于拓展、探洞等活动（图12-2-7）。

（2）坐式安全带：用于登山、攀冰、攀岩等，也是最常用的安全带（图 12-2-8）。

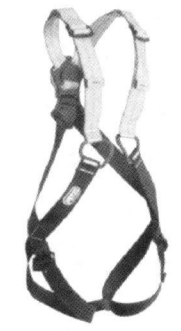

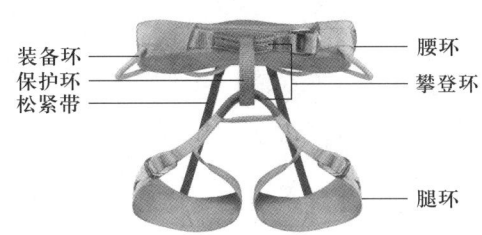

图 12-2-7　全身式安全带　　　　图 12-2-8　坐式安全带

3. 安全带使用注意事项

（1）穿戴时分清上下、里外、左右，不可颠倒、扭曲。

（2）选择合适的尺码，穿好后须松紧适度。

（3）安全带须穿在衣服的最外层，操作时不得有任何遮掩。

（4）腰带和腿带需反扣的必须反扣回去，反扣后的长度应大于 8 厘米。

（5）在进行任何操作前如攀岩、下降等必须再一次进行安全检查。

（6）攀岩过程中不能解开或调节安全带。

（7）装备挂环不能用于保护、下降等任何受力操作，因为装备环最多承重 5 千克。

（四）锁具

1. 用途

在保护系统中起连接作用，通常与扁带、安全带、绳子直接连接。

2. 分类及适用范围

根据锁门的设计，主锁分为有锁门的主锁（图 12-2-9）和无锁门的简易锁。

（1）有锁门的主锁：用于相对永久的保护点或使用时间较长的保护点的连接，如保护站与绳索的连接。在使用过程中为了保障安全必须锁紧锁门，防止绳子或装备在使用时滑出。根据锁门设计不同有丝扣锁、自动锁和磁门锁等。

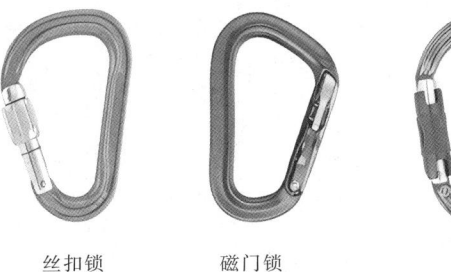

丝扣锁　　　　磁门锁　　　　自动锁

图 12-2-9　不同类型锁门设计的主锁

（2）无锁门的简易锁：主要用于临时性的保护连接或和扁带组成快挂，分为直门简易锁和弯门简易锁（图 12-2-10）。

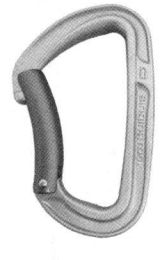

直门简易锁   弯门简易锁   快挂

图 12-2-10 不同类型简易锁和快挂

3. 常用锁具的型号、特点及用途

常用锁具的型号、特点及用途,见表 12-2-2。

表 12-2-2 常用锁具的型号、特点及用途

型号	特点	用途
HMS 或 H	锁门开口大	可用意大利半扣绳结连接做下降,用途最广泛
D（Directional）	弯门简易锁,连接方便	连接后形成快挂
O（Oval Shape）	形状对称	多与滑轮连接,用于救援系统中,也多用于器械攀岩（Aid Climbing）
B（Basic）	直门简易锁,连接方便	最基本的铁锁,用于各种临时连接
K（Klettersteig）	锁门多为自动锁	可与钢、铁等硬物直接连接,多见于索道式攀岩运动
Q（Quick Link）	钢质,强度大	用于相对长久的固定连接,如攀岩比赛中用的梅隆锁

4. 性能指标

（1）纵向拉力：$\updownarrow$,大于 20 kN。

（2）横向拉力：$\leftrightarrow$,大于 7 kN。

（3）开门拉力：⟃⟄,大于 7 kN。

注意,不同型号、不同品牌的主锁拉力指数会略有不同,以上数值仅供参考。

5. 铁锁的使用注意事项及保养

（1）尽可能保证纵向受力。

（2）丝扣锁在使用过程中要拧紧丝扣。

（3）锁门开口一侧要避免与绳子接触。

（4）使用中妥善佩戴,避免从高空坠落。

（5）丝扣处如有沙粒要及时清理。

（6）受力后不得与岩石、硬物撞击,要合理选择连接位置。

（五）保护器

1. 功能与作用原理

保护器/下降器是利用器械与绳子产生摩擦力,让绳子因摩擦而减速以至停止滑动,从而达到减速下降或停止的目的。

2. 常用类型及适用范围（图 12-2-11）

（1）8 字环：最早期常用的保护器，绳子通过绕入大小环来产生摩擦制动。

（2）管状保护器（air traffic controller，简称 ATC）：ATC 属于一款非常基本的保护器类型，适用于人工攀岩场地攀爬、单段攀岩线路攀爬和绳降。一般 ATC 保护器是双槽设计，可进行双绳操作，适应的绳子直径范围较广泛。

（3）具有向导模式的管状保护器：向导模式功能是指从保护站由上至下保护跟攀者时，可以把保护器通过一把主锁经由向导环挂在保护站上来做保护，适用于多段结组路线攀爬。但在单段的先锋或者顶绳保护的操作上，与没有向导模式的保护器 ATC 无异。

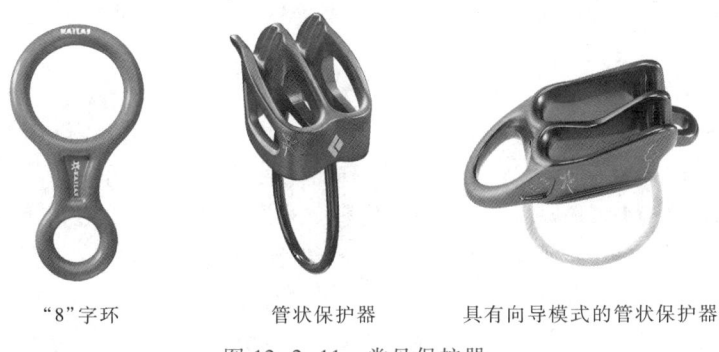

"8"字环　　　　　　管状保护器　　　　具有向导模式的管状保护器

图 12-2-11　常见保护器

（4）有自锁功能的保护器：自锁功能是指攀登端绳子突然受力时能够利用保护器结构卡住绳子，以实现制动。图 12-2-12 中的保护器均为具备自锁功能的保护器，根据机械原理，又可以分为主动式自锁（靠本身结构即可卡紧绳子）和被动式自锁（需要借助主锁或者绳子本身的拉紧挤压来锁住）。

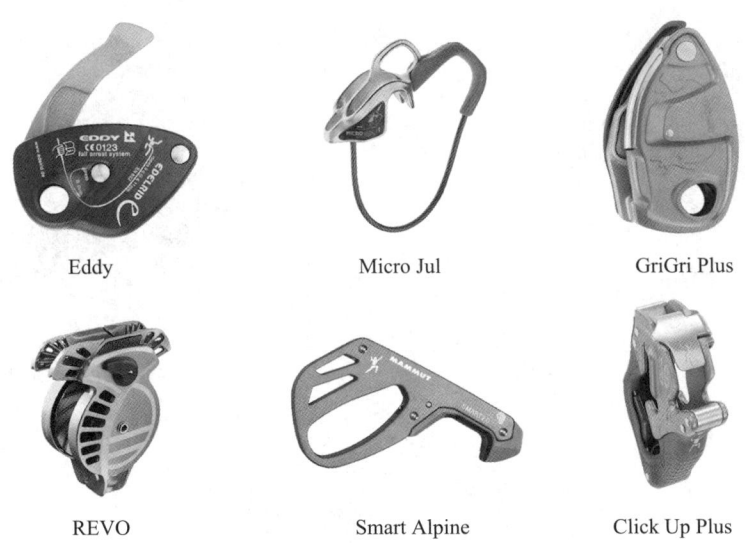

Eddy　　　　　　　Micro Jul　　　　　　GriGri Plus

REVO　　　　　　　Smart Alpine　　　　　Click Up Plus

图 12-2-12　各种具有自锁功能的保护器

（六）上升器

上升器是在单绳技术中解决向上运动问题的器械，在攀岩过程中主要应用于自然岩壁线路开发、人工岩壁攀岩线路设计，救援等场景（图 12-2-13）。按用途不同分为手柄式上升器、胸式上升器、脚式上升器,其中手柄式上升器最为常用,分左手式与右手式两种,适用于不同用手习惯的攀岩者。后两种上升器多用于探洞运动中。

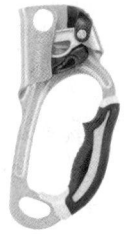
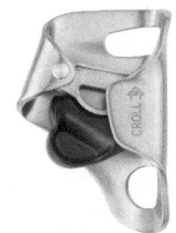
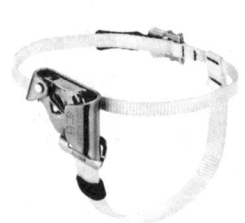

手柄式上升器   胸式上升器   脚式上升器   便携式上升器

图 12-2-13　常见上升器

(七) 头盔

头盔在攀岩过程中保护头部免受落石或其他落物引起的伤害。攀岩中使用的头盔为专用头盔(图 12-2-14),切忌用其他头盔代替。攀岩专用头盔具有特殊的设计特点:当冲击力过大时,头盔会产生裂纹,分散重力对颈部产生的冲击力,从而起到保护作用。

在较复杂的地形上攀岩时(尤其是看不见上方攀岩者的情况下),当听到从上方掉东西的声音时,不能抬头看上方,这样很容易被掉落的物体砸到脸,头部应该贴近坡面,直到确认已安全。

(八) 攀岩鞋

攀岩鞋(图 12-2-15)是专门为攀岩运动设计制作的鞋子,鞋底一般用轻便、柔软、粘贴性强的橡胶,鞋面一般用皮革等轻便耐磨材料做成。攀岩鞋的功能是方便攀岩运动员在岩壁上更好地进行蹬踏等技术动作,边缘薄边的设计让脚可以踩稳很小的脚点。

图 12-2-14　头盔   图 12-2-15　攀岩鞋

第三节　攀岩运动基本技术

一、攀岩的基本姿势

正确的攀岩姿势能够使攀登者攀爬得更加轻松,快速提高攀爬能力。攀岩的基本姿势要求攀登者在岩壁上做到抓握支点的手臂放松、自然伸直,手指不要太用力,肩膀放松,髋部尽量贴近岩壁,减小核心区域与岩壁的夹角,上肢放松,将重心尽量落到脚上,让腿部承受更多身体的重量。

双手抓点和双脚踩点,四点着力是攀爬中最简单的稳定姿势。但进行攀爬时需要移动肢体,此时就成了三点着力,攀登者需要调整双手/双脚和身体重心的位置,保证三点平衡状态,然后再移动肢体。三点平衡常见的直观表现为三个着力点的位置呈现为锐角三角形,身体的重心位于双手/双脚中间(图12-3-1)。

图 12-3-1　基本攀岩姿势(三点平衡)

在攀爬中,攀登者的身体是一个连续的三点平衡和四点平衡的转换过程,进行三点平衡一点移动前需要将用于固定身体的三个肢体位置和身体重心调整好,达到三点平衡状态再进行抓握/踩下一支点。

二、攀岩基本手法

攀登中用手的根本目的是使身体更轻松地在岩壁上移动或贴近岩壁。岩壁上的支点形状很多,攀登者对这些支点的形状要熟悉,了解不同支点手应抓握的位置及如何发力,提高攀爬效率。

(一)常见攀岩手法介绍

1. 抓

抓的手法主要适用于有大凹槽的"碗"状支点,四指完全放入支点凹槽,大拇指在外面进行辅助(图12-3-2)。

2. 握

手指和掌心包裹住支点用力,主要运用于柱状点(图12-3-3)。

3. 抠

通过手指指尖(第一指关节或第一二指关节)弯曲抓住支点(图12-3-4)。主要运用于凹槽窄而浅、受力面积较小的支点。

图 12-3-2　抓

图 12-3-3　握

图 12-3-4　抠

4. 搂

屈手,手掌小指一侧与支点接触固定,像钩子一样钩挂在支点上。主要运用于细小突出点(图12-3-5)。

5. 压

指腹按压在支点上,利用手指的摩擦力来固定,当四指力量和摩擦力不足时,可将大拇指压在食指第一第二指关节处,增加四指的稳定性。主要运用于较薄且无凹槽的支点(图12-3-6)。

6. 捏

支点多呈垂直或垂直方向角度,需要大拇指和其余四指相对用力,夹住支点(图12-3-7)。

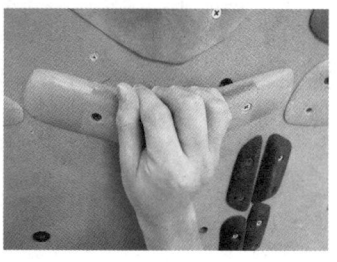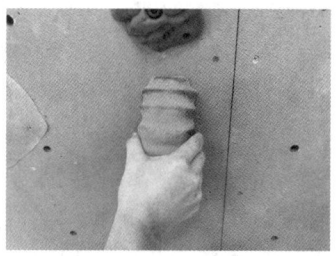

图 12-3-5　捞　　　　　　　图 12-3-6　压　　　　　　　图 12-3-7　捏

7. 扒

扒的手法主要适用呈半球状或像坡面一样倾斜光滑无凹槽的斜面支点。用全部手指与手掌扒在支点上,靠整个手掌的摩擦力稳定(图12-3-8)。

8. 戳

在抓握有指洞的造型点时,两个手指戳进支点指洞内,大拇指压住其他两指(图12-3-9)。

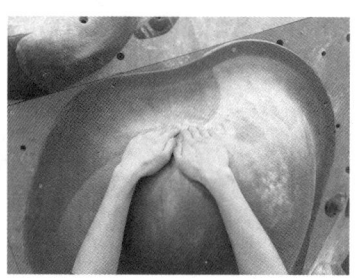

图 12-3-8　扒　　　　　　　　　图 12-3-9　戳

9. 侧拉

侧拉是针对竖直的长条支点、岩壁侧边、岩缝等场景下的手法。手掌从侧面拉住支点来维持身体平衡和发力,侧拉时要用手指与掌根处将支点固定牢(图12-3-10)。

10. 反提

手腕和掌心向上,手臂向上反作用力发力,主要用于支点上方没有有效抓握位置,凹槽方向朝下的支点(图12-3-11)。

图 12-3-10　侧拉　　　　　　　图 12-3-11　反提

（二）攀岩手法使用原则

（1）攀爬时需要根据不同支点、支点有效抓握位置的方向使用不同手法。

（2）抓握支点时，手腕放松，自然伸直。

（3）尽量增加手指与支点的接触面积。

（4）手臂作用力方向要与支点开口方向或有效抓握位置方向相反，身体移动时及时调整手指和手腕的发力，确保身体重心在支点开口方向的对侧。

（5）抓握支点时，调整肘关节的位置，使手臂尽量与支点在同一垂直面，避免出现翘肘。

三、攀岩基本脚法

（一）常见攀岩脚法介绍

1. 正蹬

正蹬是脚尖垂直岩壁与支点接触踩点。做正蹬动作时，要尽量抬高脚跟以增加对支点的压力（图 12-3-12）。

2. 脚尖外侧踩点

脚尖外侧（小脚趾侧）贴近岩壁踩点，多用于岩壁有倾斜角度时的侧身动作攀爬过程（图 12-3-13）。

3. 脚尖内侧踩点

脚内侧贴近岩壁，脚掌拇趾位置踩点，用于正身动作攀爬过程，是使用频率最高的脚法（图 12-3-14）。

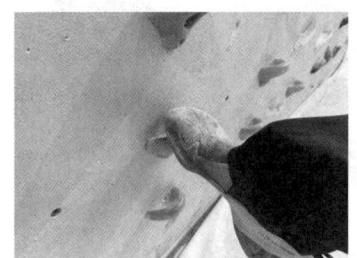 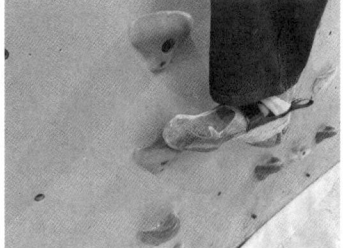 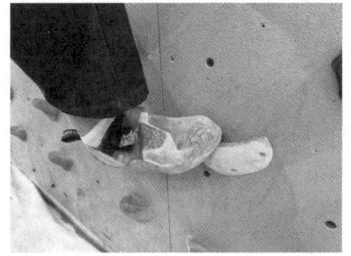

图 12-3-12　正蹬　　　　图 12-3-13　脚尖外侧踩点　　　　图 12-3-14　脚尖内侧踩点

4. 脚掌摩擦踩点

在斜坡或造型板上，通过攀岩鞋底部与岩壁的摩擦力保持稳定的脚法（图 12-3-15）。鞋底与岩壁表面摩擦力越大越稳定，因此需要脚跟下垂，让鞋底更大面积与岩壁接触。

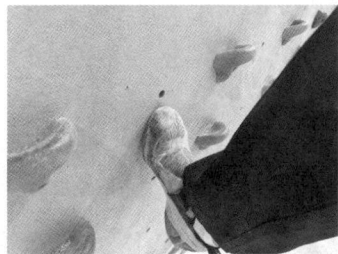

图 12-3-15　踩摩擦点

（二）攀岩脚法使用原则

（1）踩点时须使用脚尖部位，不要将整个脚掌放在支点上。脚尖部位踩点可使脚在承力时能够更加灵活的旋转，同时向上发力时可借助脚踝活动将身体推向更高位置。

（2）脚踝放松，脚跟下垂，让脚掌与支点接触面积更大。

（3）踩好点后，不要轻易移动脚的位置和改变脚尖与脚踝的角度。

四、攀岩基本动作与技巧

（一）正身动作

正身，即身体正面面对岩壁。正身姿势是攀岩中最常见的姿势，稳定的姿势需要三点支撑来平衡（图 12-3-16）。

图 12-3-16　正身动作

（二）侧身动作

侧身动作是指在攀爬时身体侧面面对岩壁。侧身是一项很重要的攀岩技术动作。它能让攀登者在攀爬大仰角线路时极大地节省上肢力量，到达一些原本难到达的支点。

基本技术要点是身体侧向岩壁，以身体对侧手脚接触岩点，另一只腿伸直用来调节身体平衡，主要依靠单腿，配合同侧腰胯，把身体顶起，从而抓握上方支点（图 12-3-17）。

图 12-3-17　侧身动作

（三）交叉手

攀爬过程中，当下一手点在作用力手外侧方向，且距离适中时，可考虑使用交叉手技术提高攀爬效率。抓点时，若目标手点在支撑手点的上方，手臂从作用力手上方通过形成的交叉，叫做上交叉（图 12-3-18）；若目标手点在支撑手点的下方，手臂从作用力手下方通过形成的交叉，叫做下交叉。

上交叉手　　　　　　　　　　下交叉手

图 12-3-18　交叉手

（四）交叉脚

攀爬过程中，当下一脚点在作用力脚点外侧且距离适中时，可使用交叉脚技术。交叉脚前，手臂伸直，膝关节内旋，使异侧脚从作用力脚横向交叉通过，交叉脚分为内交叉和外交叉（图 12-3-19）。

内交叉脚　　　　　　　　　　外交叉脚

图 12-3-19　交叉脚

（五）换手

换手是指将第二只手移动到第一只手的手点上，并对第一只手进行置换。换手的使用场景有：当手点附近没有容易抓握的支点，需要换手才可以抓住下一支点；当目标手点距离在当前抓握手点较远距离时，可以在离目标手点近的手点进行换手；为了调整出手顺序而进行换手。换手主要有三种方式：

（1）预留式换手：当手点较大或有两个有效抓握位置，能够让两只手同时抓握时，提前预留出另一只手的抓握位置（图 12-3-20）。

图 12-3-20　预留式换手

（2）替换式换手：当手点较小，有效抓握位置仅可供一只手掌抓握时，需要采用逐个手指替换的方式进行换手。此种方式对手指压力较大（图 12-3-21）。

图 12-3-21　替换式换手

（3）动态换手：当手点较小，但是易于抓握时，可以采用动态换手，即抓握换手支点的手发力，将身体拉向岩壁，随后快速从该支点拿离，另一只手掌在身体重心失衡前抓握住该支点。

（六）换脚

换脚是指将第二只脚移动至第一只脚踩的脚点，并完成替换。换脚主要有两种方式：

（1）预留式换脚：当脚点较大，可供两只脚掌踩在上面时，提前预留出另一只脚掌踩的位置（图12-3-22）。

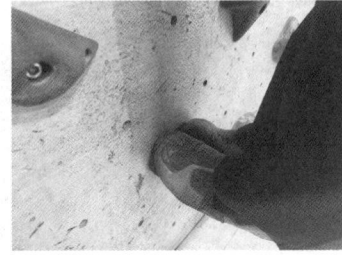

图 12-3-22 预留式换脚

（2）切入式换脚：当脚点较小，一只脚掌踩在上面后另一只脚无处可放时，可采用切入式换脚。踩在脚点上的脚掌拇趾向小脚趾方向旋转，给另一只脚掌留出一个切入的缝隙，随后另一只脚外缘（小脚趾一侧）踩在该缝隙上，第一只脚掌继续旋转挪走，第二只脚跟随旋转踩在该支点上（图12-3-23）。

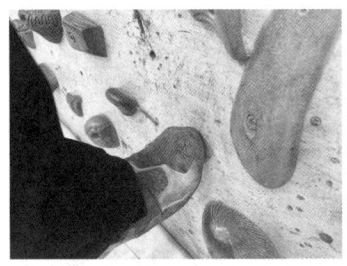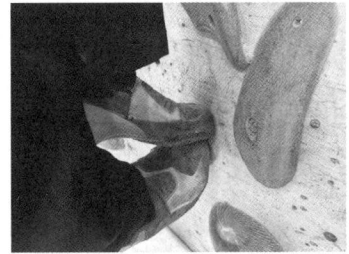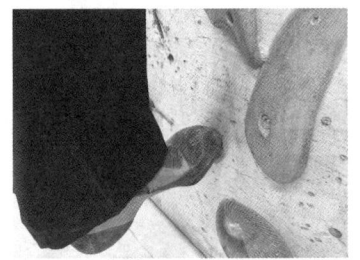

图 12-3-23 切入式换脚

（七）折膝

折膝是指在身体正对岩壁的状态下，旋转腰部带动一条腿的膝关节向内侧旋转，使身体更加贴近岩壁，从而更加容易抓握目标支点。需要使用折膝动作的场景有：当有一个脚点可以踩的有效位置位于侧面或朝下，可使用折膝动作踩住该脚点；当在仰角岩壁位置攀爬时，身体重心离岩壁较远，膝盖向内侧旋转可使身体更贴近岩壁，更稳定攀爬（图12-3-24）。

图 12-3-24 折膝

（八）挂脚

当脚点过高，用脚尖踩点容易重心不稳或无法发力时，此时可以使用脚跟挂住支点的方式进行攀爬，这种方式叫做挂脚。在进行挂脚时，需要保持重心稳定，身体平衡，先提腿屈膝，然后外展胯部、横膝，使脚跟外侧搭在支点上；之后对侧手臂协助发力，同时大腿带动小腿下压支点,带动膝关节向上移动至竖起或继续向外侧移动;最后变成脚跟踩点,身体负荷主要由该脚承重,完成挂脚动作(图12-3-25)。

图 12-3-25　挂脚

（九）勾脚

攀爬过程中用脚背正面钩挂支点的动作,叫做勾脚。勾脚的主要目的是为了稳住身体重心,主要使用场景包括:支点角度特殊,用脚尖或脚跟不好踩的时候;没有支点的岩壁侧边;支点高出头部许多,手够不到的时候(图12-3-26)。

图 12-3-26　勾脚

（十）背腿

背腿是指将一条腿伸到外侧或内侧以寻求平衡的动作。同侧手脚支点接近垂直的情形下,身体很容易发生旋转。通常为了避免出现旋转,会进行换脚,使身体成更为稳定的对角支撑。而采用背腿可以简化这一过程,将另一只腿放到支撑腿的内侧或外侧,让腿呈交叉状,也可实现对角支撑,从而保持身体稳定(图12-3-27)。

图 12-3-27　背腿

第四节　人工岩壁保护站设置与保护技术

一、保护站设置与下降技术

（一）人工岩壁保护站设置

1. 人工岩壁保护站的设置原则

无论是人工场地还是自然场地,保护站的设置都需要遵循三大原则:独立、均衡和备份。

（1）独立:指每个保护点的设置要相对独立,能够单独受力。简单说,就是两个保护站不能设置在同一个位置(同一根杆子或物体),如两根或多根扁带要设置在不同的保护点上,如果一个保护点出了问题,还会有另一个保护点起作用。

（2）均衡:指保护系统受力后,每个点都应保持受力状态,这样才能平均分配总重量。当设置好后,如果出现扁带长短不一而受力不均,一定要调节扁带的长度来保持受力均衡。

（3）备份:指在保护系统设置好后,在另一处独立的位置再连接一个保护点。在自然场地上进行的攀岩运动中设置备份保护站尤为重要,如登山、攀冰。人工场地的保护站通常强度足够大,只要扁带设置合理,保护站检查到位,不用备份也是安全的。

2. 人工岩壁保护站装备设置

在岩壁顶部进行保护站设置之前需要提前准备好需要的各种装备(表12-4-1),防止漏带或装备凌乱等影响操作以致出现危险,并对主绳进行整理,常见的主绳整理方式有盘绳和背绳两种。

表 12-4-1　人工岩壁保护站设置及下降的技术装备

装备名称	数量	规格
安全带	1 条	坐式安全带,腰带要宽
头盔	1 顶	攀登用
主绳	1 根	长度至少 30 米
主锁	5 把	丝扣锁,保住站可用两把钢制 O 型锁
下降器	1 副	"8"字环或管状保护器
短扁带	2 根	长 60 厘米
长扁带/菊绳	1 根	长 120 厘米
抓结	1 个	直径 6 毫米
手套	1 副	可选择

3. 两保护点间的夹角与连接

按照保护站设置原则,保护站至少有两个相对独立的保护点组成,因此在设立保护系统过程中,选择保护点位置的同时还要考虑保护点间的角度,对两个保护点进行受力分析,角度越小每个点所承受的力越小,为保障安全,设置保护站时两点之间的夹角应小于60°(图12-4-1)。

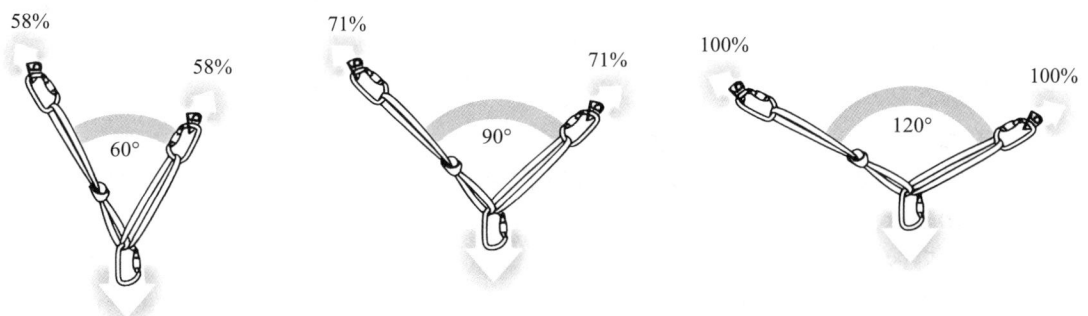

图12-4-1 两保护点之间角度与受力情况

保护系统设置好后,需要用主锁将其连接后才可使用。连接时要将所有的扁带都扣入铁锁内,不得将扁带分别套进两把主锁,这样容易分离从而加大两站间的角度。此外,还应使用两把规格、大小相同的主锁与其连接,连好后铁锁大头向下、锁门相对并拧紧。

4. 保护站设置的操作步骤

(1) 自我保护:到达设置保护站的位置后,先设置自我保护。当我们处于高空环境时,有发生坠落的风险,所以需要第一时间设置自我保护。

① 用长扁带或菊绳连接安全带的攀登环,用主锁连接后设置自我保护;

② 自我保护位置选择点要足够安全,并尽可能靠近下降绳;

③ 主锁丝扣要拧好并保持纵向受力,即不与连接点挤压碰撞。

(2) 保护站设置:选择安全、合理的位置用主锁将扁带和保护点连接,建立保护站。

① 将扁带搭在岩壁主体探出岩壁的保护杆上,注意避免扁带缝制部位直接与保护杆接触,随后用主锁穿过扁带两端将其连接在一起。

② 在另一个相对独立的位置用另一根扁带和主锁与保护点连接。

③ 调整两条扁带的位置使夹角小于60°,并均衡受力。

④ 用两把主锁分别将另一条扁带也扣入主锁,确保每个主锁均扣入了两条扁带的两端,同时调整两把主锁工作面朝下且锁门相对。

⑤ 如有条件,再设置一个备份保护点与此保护系统相连,这个备份点不得受力而牵扯主保护站,但要保证在保护系统失效时它能第一时间承重。

(3) 主绳与保护站的连接:保护站设置好之后需要将主绳与保护站进行连接,只有连接完主绳后才可进行保护和攀爬。根据主绳整理方式不同,操作细节也有不同,下文以背绳整理后的主绳进行介绍。

① 将背在身上的主绳解下,在绳子的两端打上绳尾结。

② 找到之前背绳时在绳子中间打好的单结,将单结下方的根子扣入保护站的两把主锁内。注意不要错将单结的绳圈扣入主锁。

③ 解开用于固定主绳的绳子,将解开的绳子顺下岩壁,随后将剩余的绳子抛下。抛之前需要确保下方无人,并大喊"落绳"提醒其他人。

④ 检查绳子两端均已落地且留有足够的长度、绳子无打结后,将保护系统上的两把

人工岩壁
保护站的
建立及
下降

主锁锁门拧紧,保护站的设置全部完成。

5. 注意事项

（1）设置保护站前要仔细观察地形,选取合理的位置,不要急于求成,否则反复修改会花费大量的时间。

（2）保护站设置好后一定要测试并检查每一个环节。

（3）抛绳前一定要理绳,否则绳子很容易在半空缠绕。

（4）抛绳前要考虑好绳子与保护点的位置,最终的受力位置要在攀爬路线正上方,不受任何物体干扰。

（二）下降技术

当攀登完一条线路后,要考虑如何安全下降。下降是整个攀登过程中最放松却最有挑战性的一个环节。为保证安全下降,需要熟练掌握下降技术,并且多加练习。在没有安全落地以前,攀登就未结束。

1. 下降的技术装备

下降的技术装备与设置保护点的技术装备基本相同见表12-4-1,因为下降往往在保护点设置之后直接进行。

2. 下降的操作步骤与要求

（1）设置自我保护:攀岩者到了高处以后,要养成一个习惯,即先设置自我保护。

（2）连接抓结:抓结可在下降中起辅助制动保护作用,当保护器失控时,抓结会与主绳产生摩擦起到制动的效果。抓结需要使用到辅绳制作的绳圈,辅绳的粗细长短直接决定了其制动的效果,一般选用直径6毫米,长1米左右的辅绳,两端用双渔人结连接使用效果最佳,注意抓结连接好后一定要测试。

① 辅绳绳圈缠绕主绳 3~4 圈后与安全带的腿环用主锁相连,具体圈数视绳子的直径而定,一般主绳越粗,缠绕圈数越少。

② 抓结平整并需要进行原地测试。

③ 铁锁丝扣拧紧（图 12-4-2）。

（3）连接下降器:下降中使用的下降器通常就是保护器,但特殊情况的下降也要考虑到装备的差异。有些保护器只起保护作用,仅可作为临时下降器使用,如 GRIGRI。长距离下降（通常超过 50 米）需使用长距离专用下降器,如 STOP、RACK 等。这

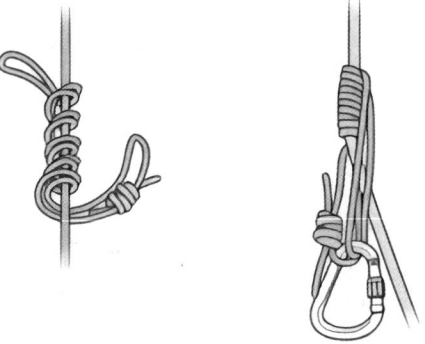

图 12-4-2　抓结打法

些专用下降器与绳子缠绕的点更多,产生的摩擦力会更大。以常用的"8"字环为例说明:

① 主锁连接"8"字环的大环,并扣入安全带的保护环。

② 将双股下降绳对折穿过大环并套入"8"字环大环与小环的中间连接处。

③ 将连好下降绳的"8"字环从主锁中取出,并将小环与主锁相连,在保证绳子不扭曲的前提下将丝扣拧好。

④ 将多余的下降绳收至最紧。

⑤ 将抓结收紧至靠近下降器的位置。

（4）系统确认:在下降器和抓结均与绳子连好后,攀岩者就需要准备下降了。下降前,系统确认环节异常重要,因为一旦解除自我保护后,攀岩者的重量就完全转移到了下

降绳上,所以要保证万无一失。

① 确认安全带、头盔等所有装备穿戴无误。

② 确认保护站系统正确无误。

③ 确认抓结有效。

④ 确认下降器的安装方向正确、无扭曲。

(5) 负荷(重量)转移至主绳:

① 制动手紧握抓结下方的绳子。

② 身体向下坐,使重量全部转移到下降绳上,自我保护松弛,身体处于下降的姿态。

③ 下降时,一般将绳子置于制动手身体的一侧,但悬空下降时多将绳子垂于两腿之间。

④ 身体的姿势。双脚开立,与肩同宽或略宽于肩,身体呈正三角形状。脚掌尽可能与下降坡面接触,微微屈膝,并轻点岩壁。上半身要保持直立,头略向后仰,身体要与下降器保持适当的距离,以免太近烫到皮肤或者头发被卷进下降器中。

⑤ 下降的动作。下降时双脚轻蹬岩壁或坡面匀速下降。切忌双腿猛蹬岩壁或坡面快速下降,这会使绳子的摆动过大,从而增大顶端的摩擦力,严重时会将绳皮磨破。速度不均也会造成下降时一顿一顿的,对保护点的冲击力也很大。要避免这些情况的发生,就要求制动手有良好的感觉,还需要有对抓结的良好控制:制动手(右手)握住抓结下方的绳子,导向手(左手)应握住抓结并匀速向下推抓结。

⑥ 线路的选择。整个下降过程中攀岩者要密切注视下降线路,避免绳子、身体与下降坡面产生摩擦或不必要的接触,这点在岩壁和野外下降时更要注意。线路选择不当,且下降速度过快时,可能会使攀岩者受伤。快接近地面时要注意绳子的位置,避免踩踏绳子。

3. 下降的注意事项

(1) 打抓结的位置要适中,因为抓结距离下降器越近,就越容易卡到下降器里面,手套也容易被卷进去。

(2) 任何时候都要记得打绳尾结,即使肉眼可以看见绳子落地,也要养成这种良好的操作习惯。

(3) 在任何情况下的下降都要匀速、缓慢,不要一味追求速度,一些大幅度的摆荡,无论是对绳子还是对保护点都是一次巨大的冲击。

(4) 下降过程中,头部、头发、衣服都要尽量远离下降器,以免烫伤或者被卷到下降器中。头发长的攀岩者应把头发扎起来,或者戴上头巾。还可以用一根扁带或菊绳延长下降器与身体的距离。

(5) 如果遇到屋檐或陡坎,下降时先将身体后坐,直至降至屋檐下方,以免碰伤头部和身体。

二、攀岩运动的保护技术

(一) 上方保护技术

1. 装备要求

在人工攀岩场地进行上方保护,需要准备必需的技术装备(表 12-4-2)。

攀岩上方
保护技术

表 12-4-2 上方保护装备

装备名称	数量	要求
安全带	1 条	坐式安全带,腰带要宽
主锁	1 把	丝扣锁
保护器	1 副	"8"字环、ATC、龟龟速降保护器均可
手套	1 副	可选择
头盔	1 顶	攀登用

2. 检查装备、口令沟通

一定要亲自动手检查装备,不能只用肉眼观察。

(1)保护者检查攀岩者的安全带穿戴是否正确,"8"字结打法位置是否正确,是否穿着攀岩鞋等。

(2)攀岩者也应该检查保护者的安全带穿戴是否正确,腰带有无反扣,保护器与绳索的连接位置及方法是否正确,主锁是否连在安全带的保护环上等。

(3)检查无误后,保护者应整理绳子,保证在保护过程中不会因移动而踩到绳子。如果在室外,还应准备绳包或绳筐将绳子放入其中。

(4)双方进行口令沟通、确认。此环节贯穿整个攀岩过程。攀岩过程中,要确保沟通准确、完整、及时、全面,避免口令沟通的形式化。

3. 上方保护的操作方法

上方保护时,通常采用"五步保护法"。

(1)"五步保护法"的基本步骤如下,以右手为制动手为例(图 12-4-3)。

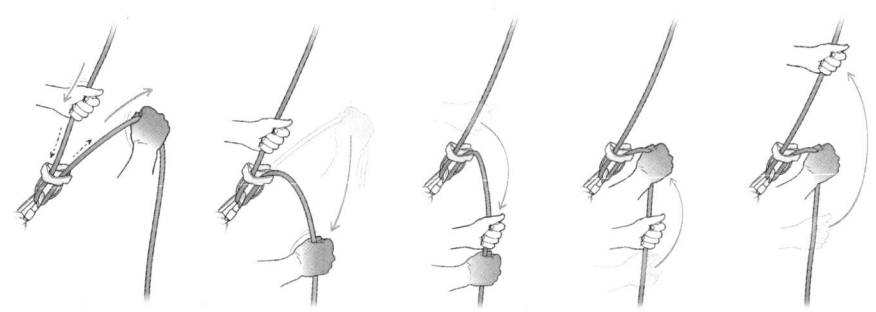

图 12-4-3 五步保护法图解

① 起始动作:左手(导向手)抓保护器上端绳子,抓握位置以能伸直左臂为宜;右手(制动手)握保护器下方的绳子,手尽量靠近但不能贴近保护器,以免受力时被掩进保护器,这样能多收绳子,提高效率。双手均以虎口抓握绳子,便于用力。

② 第一步:双手配合用力,左手向下拽绳,右手向上提绳。双手动作要同步,保持双手之间没有多余的绳子。

③ 第二步:右手抓握绳子迅速向右后方下摆,返回到制动端,此动作一定要快,不得在第一步结束后停留。

④ 第三步:左手从保护器外侧抓右手制动端的绳子,抓好后双手紧贴。左手与保护

器应保持一定的距离,以免手被挤到。

⑤ 第四步:右手再次抓握左手上方的绳子,回到准备姿势时的位置。

⑥ 第五步:左手放回到保护器上方,抓握绳子。此时,双手位置与准备姿势相同。

(2)"五步保护法"的注意事项或要点如下:

① 实施"五步保护法"时,保护者应随攀岩者的位移速度的变化作出调整。

② 攀岩者完成手部动作后,保护者开始收绳,避免收绳时绳子的摆动影响攀岩者抓握支点。

③ 只要攀岩者向上方发生位移,就要完成一次"五步保护动作"。

④ 如果保护者开始收绳,攀岩者突然停住或者返回原点,保护者的制动手应立即回到腰间的侧后方,即制动端,不可停留在第一步。因为这时如果攀岩者脱落,保护器与主绳的摩擦力将大大降低。

⑤ 每一步的握绳,无论是左手还是右手,都要以虎口满把握绳,不可以用手指捏绳。

⑥ 只要攀岩者在路线上出现停留,保护者一定要回到制动状态等待,即制动手放到保护器下。

(3)结束攀爬后的保护技术如下:当攀岩者攀爬到顶或准备脱落时,保护者要迅速收紧绳子并准备在第一时间将其放回地面,保护者的具体步骤分六步。

① 调整站位,以免绳子交叉或摩擦攀岩者的后背、腿部等。通常,保护者站到攀岩路线的侧后方。保护者与岩壁的距离约 2 米,太近会撞到岩壁,太远则会失去重心,从而失去对攀岩者的控制。

② 双手放到制动端握紧绳子,重心下降,双脚开立,身体站稳,进入保护状态。

③ 与攀岩者沟通,准备放其下降。

④ 双手仍握住绳子,虎口轻轻松开,绳子随攀岩者的重心移动会慢慢滑动。如果攀岩者体重较重或绳子太细,可采取双手轮换倒位的方法代替。如果此时保护者的位置离岩壁较远,可以握紧绳子往前走,以实现放人效果。

⑤ 在整个下降过程中,保护者应密切关注攀岩者,全程保持匀速且速度要慢。如果岩壁有角度、造型的差异,放人速度以攀岩者回荡中不会撞到岩壁任何部位为宜。

⑥ 当攀岩者接近地面时,放慢放绳速度,让其双脚先站稳后再充分放绳。

(二)下方保护技术

下方保护,即保护点位于攀登者下方的保护方式,对应先锋攀登方式。这种攀登方式需要攀登者在攀爬过程中自己将绳子扣入保护点以形成保护,发生坠落时距离较大,冲击力强。和顶绳攀登相比,对攀登者和保护者都有更高的要求。首先,运动员要有良好的自我防护意识,脱落时要屈腿收臂,当身体和岩壁接触时要有缓冲动作。其次,挂快挂时要注意脚的位置,绳子一般控制在两腿中间,脚不能置于快挂扁带和保护绳之间,尤其是在直壁上时,否则,此时脱落脚就会被绳和扁带挂住,造成人体翻转,发生伤害事故。先锋攀登保护操作相对上方保护操作要复杂一些,很多时候是随着攀登者的动作送绳。

快挂的
使用

1. 装备要求

下方保护的装备与上方保护基本相同,保护器主要使用管状保护器和带自锁功能的保护器,如 ATC、REVERSO、GRIGRI 等。

2. 保护前的准备工作

(1)观察地形(保护者所能移动到的最大范围)及攀登线路。预想攀岩者在任意时刻脱落时保护者的站位以及如何给绳等。

（2）自我检查和相互检查，装备检查内容和要求与上方保护基本相同。

（3）攀登前相互沟通，确保给攀岩者及时、有效的保护。

3. 下方保护的操作方法

下方保护
技术

（1）下方保护的具体操作步骤。下方保护主要由一系列的送绳动作和收绳动作组成。当攀登者还没有扣入保护点或攀爬位置超过已扣入的保护点位置时，保护员需要送绳，防止攀登者因为绳子过紧影响向上攀登甚至被拽下；当攀登者扣入保护点位置高于腰部（主绳和安全带、攀登环连接）位置后继续攀登时，保护员需要进行收绳操作，减少运动员脱落冲坠的距离。

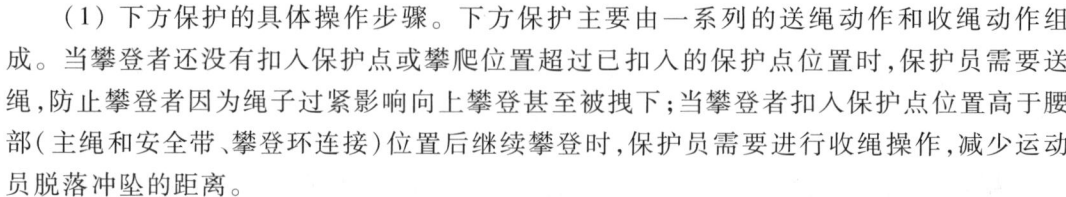

收绳操作步骤和上方保护（五步保护法）相同，送绳操作步骤如下：

① 起始动作：与上方保护方法的起始动作基本相同，但左手（引导手）位置应放在离保护器约一拳位置，右手自然舒展靠下方握绳。

② 送绳：右手（制动手）虚握顺着绳子往下方移动，不能直接松开；左手（引导手）同样虚握向下方保护器位置移动；左手往上方拉绳，同时右手向上方送绳（图12-4-4）。

③ 回到起始动作：右手握住制动端绳子，左手回到离保护器约一拳距离，准备下次送绳。

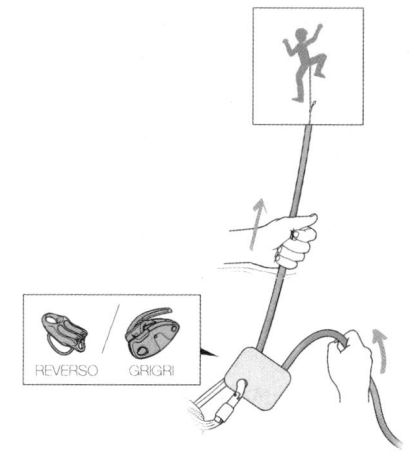

图 12-4-4 送绳

（2）下方保护的注意事项或要点如下：

① 保护时，保护者的制动手始终握住绳子的制动端。

② 在攀登者挂上第一把快挂之前，绳子不提供任何保护，因此，保护者要做攀石保护动作。

③ 前三把快挂的保护：当攀登者扣入第一把快挂的时候，保护者要迅速收绳，防止攀登者在扣入第二把快挂之前脱落而直接掉到地上（图12-4-5）。在攀登者扣第二把快挂和第三把快挂的时候，保护者作同样的处理。如果攀登者在前三把快挂脱落，保护者几乎不能实施动态保护来防止攀登者掉到地面上。

④ 站位：合理的站位可以保证攀登者脱落后不骑在绳子上，保证给绳时能灵活移动。第一把快挂挂上后站位不能太远，避免攀登者脱落后而直接掉到地上。在攀登者挂上第三把快挂以后，保护者可以站得稍远一点，以便更好地观察攀登者，同时避免落石等状况。

⑤ 给绳：给绳关键在于把握给绳的时机。准确判断攀登者提绳的时机，同时，保护者迅速给出适当长度的绳子。注意给绳不要过早，如果攀登者在这一刻脱落，会导致攀登者冲坠的距离更长，冲坠系数更大，危险性

图 12-4-5 第一把快挂前的保护

也更大。也不要延迟给绳,这样会让攀登者在拉绳的时候很吃力,影响攀登,甚至发生脱落。可以通过移动或放绳来实现给绳,保护者最好移动到线路的下方,减小绳子和第一把快挂所形成的角度,以减小摩擦,便于攀登者抽出绳子。

⑥ 绳子的松紧度:绳子不能太紧,保证不影响攀登者的攀登,更不能将攀登者向下拉。绳子也不能太松,以免攀登者脱落时冲坠距离增长。当攀登者将绳子提起,但没有挂上的时候,应迅速收绳,尽可能减小脱落时的冲坠系数。

⑦ 沟通:沟通贯穿于整个攀登、保护过程,保护者应及时提醒攀登者面临的任何情况以及告知自己所处的境况。

⑧ 预见性:集中精力,密切关注攀登者的行为,并对攀登者的行为有一定的预见性,以便准确、及时地作出反应。

⑨ 冲坠:攀登者冲坠的时候,保护者在安全范围内给予最大的缓冲,即保护者实施动态保护。保护者可以通过给绳、向前移动以及跳起蹬岩壁等方式实现动态保护。但在前三把快挂脱落时需要收紧绳子,防止给绳过多导致攀登者直接摔到地面。

⑩ 攀岩结束后放攀登者下降,要匀速且缓慢,在需要摘除快挂时要及时、准确地制动。

(三)攀石保护

攀石采用保护垫作为保护器材,但在一些线路中攀登者存在以比较危险的姿势掉落或掉落到保护垫之外,此时也需要保护人员来进行保护。攀石保护者的目的不在于"抓住"脱落的攀登者,而是控制攀登者的坠落方向,保证其以脚先落地的姿势落在安全的地方;如果可能的话,尽量减缓坠落速度,减少冲击。

攀石保护分为他人保护和自我保护两种方式。

1. 攀石中保护他人的方法与步骤

(1)保护者举起双手,放于攀岩者身体重心下方。

(2)保护者的脚和手时刻跟随攀岩者动作的变化而变化。

(3)时刻估计攀岩者的落地位置。

(4)保护者时刻处于攀岩者落地位置的外侧。

(5)时刻观察攀岩者的动作和下方垫子的情况,选择合适的站位,做好保护。

(6)当攀岩者脱落时,保护者高举双手,掌心朝向攀岩者,托住攀岩者腰部以上、肩部以下的位置。当双手触碰到攀岩者时,缓冲攀岩者坠落速度,双手用力将攀岩者拖引到保护垫。

(7)缓冲时,保护者应注意发力大小。力量过大,有可能造成攀岩者或保护者受伤;力量过小,则起不到保护作用。

(8)保护者尽量确保攀岩者脚先着落到垫子上。

(9)在竖直攀爬中,保护者切忌托接攀岩者腰部以下部位。

(10)在横向攀爬中,可托抱攀岩者臀部以上、肩部以下部位。

(11)在攀岩者发生翻转脱落时,快速推托攀岩者腰部以上、肩部以下部位,使其保持平衡。

2. 攀石中的自我保护

(1)在攀岩前观察好线路走向和线路支点分布情况,设计攀爬动作,估计脱落位置、脱落动作和脱落点。

（2）在准备攀岩前，与保护者沟通确认，得到可以攀爬的口令后才能开始攀爬。

（3）在攀爬过程中，注意自己的攀爬动作，留意脱落姿势、落垫位置和保护者情况。

（4）发生脱落时，尽量保持身体竖直，双腿微屈，收腹、含胸、低头，双手交叉抱于胸前。

（5）当脚踩到保护垫时，下肢用力，阻止身体下坠，站立到垫子上。

（6）当下肢无法减缓身体下坠速度时，臀、腰、肩部依次着地，使身体躺在保护垫上。

（7）当下坠速度过快时，脚和身体平躺也无法缓冲下坠力量，身体在着地后可向一侧旋转翻滚。

3. 攀石保护的注意事项

（1）攀岩者落地时切忌用手撑或推垫子。

（2）攀岩者下落时切忌说笑。

（3）攀岩者攀爬时不要随身携带硬物，如手机、太阳镜、发卡。

（4）攀岩者从高处落地后，注意避免膝关节和下巴产生碰撞。

（5）攀岩者倒立攀爬时发生脱落，尽量调整到肩、背先着地。

（6）保护者切忌站于攀岩者落点位置。

（7）保护者时刻观察保护垫间隙和攀岩者落点位置。

（8）攀岩者倒立攀爬时发生脱落，保护者应先托住攀岩者的肩部，将其翻转，使其脚先落地。

【学用检验】

1. 攀岩运动有哪几种分类形式？每种形式又可以分为哪几类？

2. 攀岩常用装备有哪些？检查这些装备质量好坏的指标是什么？

3. 攀岩保护站设置应遵循哪些原则？

4. 简述攀岩上方保护的步骤以及注意事项。

第十三章
攀树运动

【章前导言】

现代攀树运动是借助绳索系统、安全器械等一整套攀登器材，在树上安全地完成上升、下降、走枝、飞跃、摆荡等动作，攀树运动者以在大树间自由穿梭为趣，以进行树木作业、安全营救、科学考察等为目的。本章主要通过阐释攀树运动的概念、人类攀树活动以及现代攀树运动的发展历程来建立对攀树运动的宏观认知，通过对攀登形态及竞技攀树项目分类等内容的讲解来建立对攀树运动的微观认识，最后探讨攀树运动的价值，从而获得对攀树运动的完整理解。

【学习目标】

1. 理解攀树运动的定义，并能列举几种攀树运动的形式。
2. 了解攀树运动的价值。
3. 掌握攀树运动的分类特征。

第一节　攀树运动概述

一、现代攀树运动的起源与发展

攀树有别于传统徒手爬树，形式与攀岩类似，因而称为"攀树"。香港 20 世纪 80 年代开始学习用攀树方式进行修剪树艺，攀树是借助于绳索系统、安全保护器械等一整套攀登装备，在树上安全地完成上升、下降、走枝、飞跃、摆荡等动作，在大树间自由穿梭移动。这是一种惊险刺激的户外运动形式。利用这项技术可进行树木作业、休闲运动、户外教育、营救、树冠层科学研究、竞技比赛等活动。专业树艺师进行的攀树活动最早可以追溯到 19 世纪末的英国和北美地区。利用现代绳索技术装备进行有组织的攀树运动最早出现在 20 世纪 80 年代初的美国。1983 年，彼得·詹金斯积极推广树木栽培和攀树教育活动，成立国际攀树人组织（Tree Climbing International，简写为 TCI）并编制攀树安全和培训规则。现在有许多民间和政府组织推动攀树运动在世界各地发展。

攀树比赛起源于美国加利福尼亚，在当时，比赛只考察攀树者的单一技能——攀爬者使用一条树绳进行空中拯救活动。随后，国际树木学会西部分会开始将攀树比赛纳入正式的比赛项目。如今，攀树比赛在世界不同国家举行，呈现出蓬勃发展的势头。

二、攀树运动的分类

按照对攀爬者技术水平的要求和攀爬者自身的参与意愿,攀树运动可分为休闲攀树、竞技攀树和职业攀树三类。

(一)休闲攀树

休闲攀树在香港被称为康乐攀爬,是指在闲暇时间以强身健体、愉悦身心、丰富生活情趣为主要目的的攀树方式。休闲攀树带给攀爬者更多是一种心灵体验,该运动让参加者远离喧闹、返古溯源、重拾童真,进而享受亲近大自然的乐趣。

(二)竞技攀树

竞技攀树是指按照国际攀树竞赛规则在规定时间内完成各类模拟攀树师日常工作的竞赛项目,并以追求胜负、挑战极限为主要目的的攀树方式。

(三)职业攀树

职业攀树是指获得树木护理权威机构认证,具有相应的树木护理从业资格,以树木修剪、树木移除、树木检查、种子采摘、树木病虫害防治等为主要目的的攀树方式。

三、国际攀树比赛分类及竞赛项目

有记载的正式攀树比赛始于 1976 年在密苏里州圣路易斯举行的树木修剪员大会。最初举办树木修剪大会是为了保存传统的树木修剪技术,攀树者在只有绳索保护的情况下,进行实际的空中救援和修剪作业。1997 年树木修剪大会更名为国际攀树锦标赛,旨在推广安全的操作技术、展现装备与技巧的进步与创新,提高公众对攀树工作的认同。最初攀树比赛包括工作攀爬、空中拯救、投掷绳索、使用双绳脚锁或身体推进法的速度攀爬四个比赛项目。1996 年采用了新的五个预赛项目:工作攀爬(80 分)、空中拯救(50 分)、投掷绳索(30 分)、双绳脚锁(20 分)及速度攀爬(20 分),总分为 200 分。2016 年后,双绳脚锁更改为上攀项目。预赛积分最高的参赛者即可进入最后的冠军赛——大师挑战赛。

(一)工作攀爬

主要测试参赛者利用绳索与安全坐带等装备在树上移动的能力(图 13-1-1)。

(二)空中拯救

空中拯救项目为计时比赛项目,测试参赛者是否有能力攀爬并安全地下放一名无法自行返回地面的攀爬者(图 13-1-2)。

(三)豆袋投掷

为计时比赛项目,测试参赛者把一条投掷绳和攀树绳准确地放置在高 10~20 米的树上锚点的能力(图 13-1-3)。

图 13-1-1 工作攀爬比赛　　　图 13-1-2 空中拯救比赛　　　图 13-1-3 豆袋投掷比赛

（四）速度攀爬

测试参赛者在安全的攀爬系统的保护下,在大约 18 米高的树上攀爬预设路线的能力（图 13-1-4）。

（五）上攀

测试参赛者是否有能力在安全有效的情况下,运用自己选择且经过认证的上攀系统。主要测试参赛者的三种能力:在绳索上组装上攀系统、上攀至终点响铃处以及转换成下降系统（图 13-1-5）。

（六）大师挑战赛（决赛）

旨在评定参赛者在树上运用绳索、安全座带等装备进行整体工作的能力与效率（图 13-1-6）。

图 13-1-4　速度攀爬比赛　　图 13-1-5　上攀比赛　　图 13-1-6　大师挑战赛（决赛）

第二节　攀树器材及装备

攀树装备大致可分为以下四类:个人防护装备,生命保障装备,上升下降装备,绳索架设装备。

一、个人防护装备

个人防护装备指运动过程中,攀树者需穿着或持用的装置或器具,这些装置或器具能为攀树者提供一定的安全保护（图 13-2-1）。

图 13-2-1　常用个人防护装备

（一）安全头盔

安全头盔在攀树活动中起着至关重要的作用,尤其在攀爬枯枝较多的古树或进行长距离空中飞跃的时候更是如此。随着安全防护材料研发的深入和产品设计的日趋人性化,攀树安全头盔为运动者提供的防护强度也越来越高。目前市面上大多数安全头盔都能承受最少 50 千牛的破坏强度。

（二）护目镜

攀树护目镜分为普通穿戴式和头盔式,其主要功能是抵御与树枝的碰撞和刮擦以及隔离树木作业中产生的尘土和木屑。

（三）合适的衣着

在上升和下降过程中与树枝刮擦是攀树运动中最常见的身体伤害,此外在夏季攀树时还会受到蚊虫的袭扰,因此,攀树时建议选用长袖长裤。

（四）合适的鞋履

攀树运动鞋需符合以下要求:足够坚固,不怕树枝的刮伤或被枯枝砸到;足够坚硬,能穿上脚踏上升器或使用双绳脚索技术上升;穿着舒适,以便更好地进行攀爬和缓冲能量;有很好的防滑性能,能够应对光滑的树皮(如柠檬桉、桦树等)或有苔藓覆盖的树木枝干;能够给足部提供全方位的保护,包裹脚踝避免双绳脚索时被绳索擦伤,以及在极个别情况下阻隔断裂、锋利的树枝插入鞋底。

（五）急救包

在攀树运动中,作业人员和紧急救援人员被要求携带简易的急救包(包括止血棉、三角巾、绷带),以便能够进行最基本的止血和骨折包扎等自救或救他行为。

二、生命保障装备

生命保障装备的核心要务是确保树木攀爬活动者从地面安全进入树冠层及开展作业活动,生命保障装备系统具有一定的防坠、止坠、固定及保持平衡的防护作用。

（一）安全坐带（图 13-2-2）

攀树运动安全坐带侧重满足攀树实际工作需要,更注重长时间高空工作攀爬、悬停时的整体舒适性、安全性、便携性、功能性,与攀岩安全坐带追求尽可能轻量化侧重攀爬时的节奏感有所不同。

全身式坐带　　　　　　　　　半身式坐带

图 13-2-2　攀树运动常用安全坐带类型

（二）安全短绳

安全短绳是一种绳索两端装有锁扣可以连接坐带横向定位环,有机械或摩擦绳结装置能够自由调节绳圈大小的短绳。它能将攀树者固定在树上某一点进行作业,也能在攀树绳与绳索安装点垂直角度大于 45°时保障攀树者的安全(图 13-2-3)。

图 13-2-3　攀树运动常用安全短绳类型

（三）安全锁扣

安全锁扣广泛应用于需要联结生命保障装备（如绳索、安全坐带）和加载各种物件的场合，早在 1911 年德国慕尼黑消防局的消防员已经在使用"梨"状安全锁扣了（图 13-2-4）。

主锁

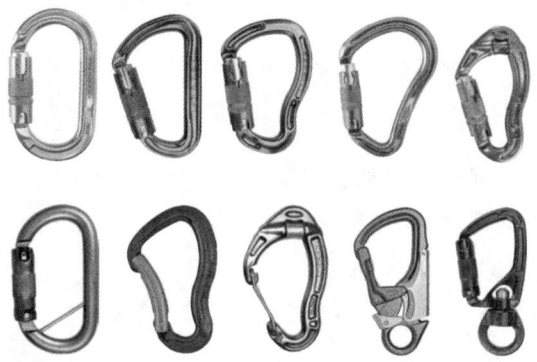

图 13-2-4　攀树运动常用安全锁扣类型

三、上升下降装备

（一）分力绳/双绳脚索绳（图 13-2-5）

分力绳是一根独立的短绳，它被用来替换以往传统攀爬系统中主绳连接坐带后被预留下来以摩擦结形式重新连接主绳的尾绳，分为单眼绳和双眼绳两种，两者都能承受 400 摄氏度的高温，主要用于打成摩擦结来连接主绳。双绳脚索绳是在静态双绳系统中运用双绳脚索技术时所使用的一根独立短绳。它分为双股和单股两种，与分力绳的材质相同，耐高温，用于打成摩擦结来连接主绳。

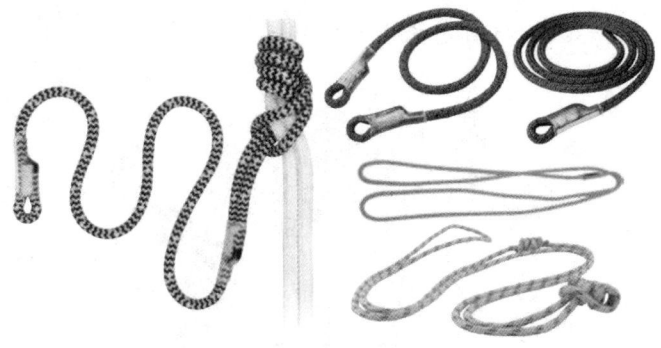

图 13-2-5　攀树运动常用分力绳/双绳脚索绳

（二）滑轮

滑轮是攀树运动中一种重要的上升、下降装备,广泛运用于改变绳索方向、减少摩擦、提高攀爬系统效率、高空溜索、提升重物、加载额外的攀爬系统和物件等活动(图 13-2-6)。

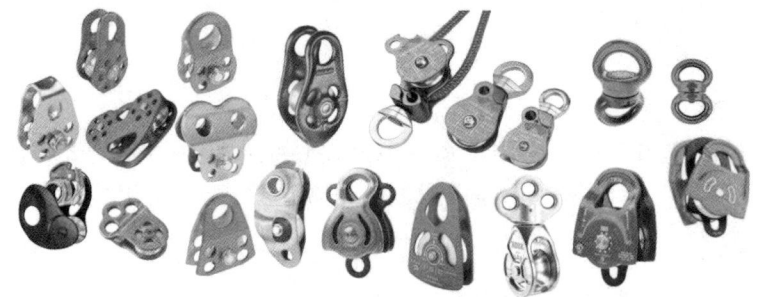

图 13-2-6　攀树运动常用滑轮类型

（三）上升器

上升器是一种依附于绳索的机械提升装置,分为手柄式、束胸式和脚踏式三种。上升器提供类似摩擦绳结的功能,但比摩擦绳结效率更高、更容易掌握(图 13-2-7)。

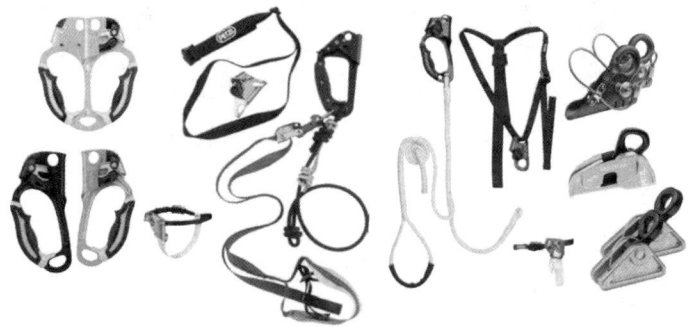

图 13-2-7　攀树运动常用上升器类型

（四）下降器

下降器是一种用于控制绳索垂降速度的金属器械,它采取增大绳索通过器械时的摩擦力的办法(绳索以内置或缠绕的形式)为攀爬者提供下降过程中的制动缓冲,攀树运动中下降器只在特定的攀爬系统(如静态双绳系统或单绳系统)或空中拯救任务中提供下降保护(图 13-2-8)。

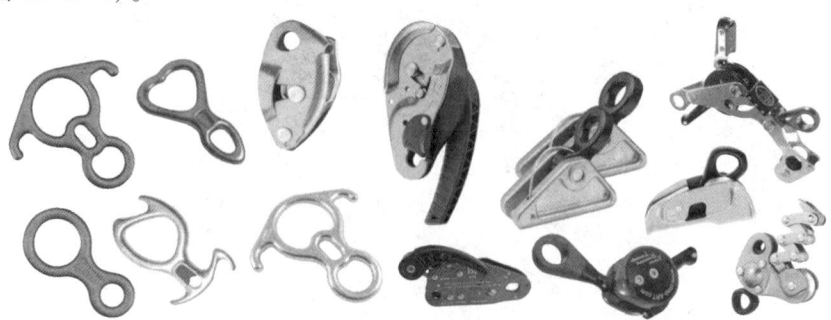

图 13-2-8　攀树运动常用下降器类型

四、绳索架设装备

绳索架设装备系统,能够帮助攀树者在保障人身安全和不破坏树木的前提下准确地将绳索设置到十几米高甚至几十米高的大树树冠层,以提供可靠的攀爬系统(图13-2-9)。

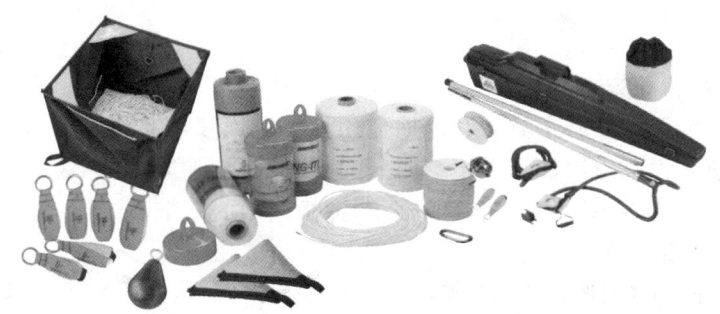

图13-2-9 攀树运动常用绳索架设装备

(一)折叠式绳筐

折叠式绳筐是攀树投掷绳收纳装备,它由防水、耐磨帆布材料和塑料杆制成。

(二)攀树投掷绳

攀树投掷绳是一根由聚丙烯或大利马(一种高分子量高密度聚乙烯)材质制成的直径在1.75~3毫米的牵引绳,抗拉强度为113~453千克,长度通常是45米并根据需要进行调节,最长可达304米。

(三)豆袋

豆袋由防水、耐磨防爆帆布制成,顶部有一个可以连接投掷绳的铁环,底部留有方便挂锁扣以牵引主绳的系带,而帆布袋里装着一颗颗实心的铅粒或者钢珠。豆袋根据重量不同,常用的规格在170克到500克不等。

豆袋结

(四)树皮保护装置

攀树运动依靠合适的树杈作为支点,以负荷整个攀爬系统和攀爬者的重量并提供必要的攀爬保护,攀树时要有树皮保护装置,下图是攀树运动常用的树皮保护器(图13-2-10)。

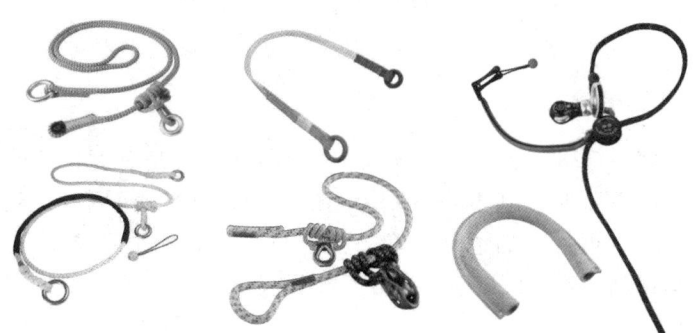

图13-2-10 攀树运动常用树皮保护器类型

第三节　攀树绳索架设技术

一、绳索架设前的准备

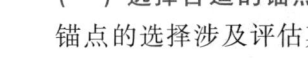

攀树绳安装

（一）选择合适的锚点

锚点的选择涉及评估其承重力和预期适用性。地面攀爬系统安装好后，需测试锚点的承重力。一般来说锚点需能承受至少两人的重量，主要锚点位置需要强大到足以承受横向和向下的负重受力，并能满足特殊作业和钟摆摆动的要求。

（二）选择合适的投掷位置

豆袋运动轨迹的攀升阶段直接影响着锚点的投掷难易和准确性，运动轨迹的下坠阶段决定着豆袋的落点区域。按照锚点树杈的设置高度不同，豆袋投掷时的最佳出手角度为55°~75°，通常在这一角度区间出手能大概率划出稳定和完美的抛物线，而较低的锚点高度出手角度也相对较小。此外，更为精确的投掷位置还要根据锚点树杈的开口方向，投掷路线上树枝和树叶的遮挡情况，以及落点覆盖区域进行微调，投掷落点要尽量避开车辆和人行道路、屋顶和玻璃门窗、水塘和积水区域、花坛和私人区域、电缆和高压电线等（图13-3-1）。

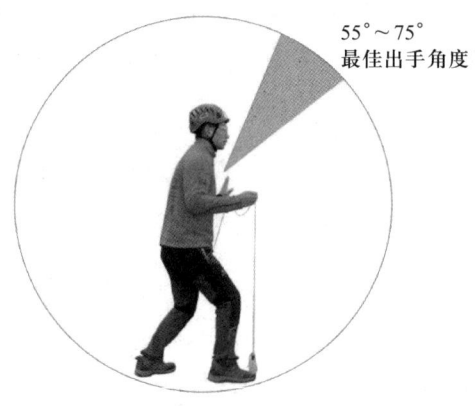

55°~75°
最佳出手角度

图 13-3-1　豆袋投掷最佳出手位置示意图

二、豆袋投掷的程序

抛豆袋

豆袋的重量一般在 228 克到 455 克不等，由于芯材主要是密度较高的铅粒，外加上豆袋投掷后运动轨迹的下坠阶段基本是不受控制的自由落体状态，因此，当豆袋被投掷到一定高度后便成了一个不可控制的危险因素。投掷豆袋通常需要两人以上协作完成，程序主要包括场地安全评估、穿戴个人防护装备、清场、投掷等一系列必要的安全措施。

三、绳索/豆袋投掷技术

攀树运动中用到的绳索/豆袋投掷技术大致可分为四种，分别为绳结投掷法、钓鱼式投掷法、摇篮式投掷法、器械投掷（Bigshot\弓弩\气枪）（表13-3-1）。

表 13-3-1　不同绳索/豆袋投掷技术的差异

豆袋投掷类型	最大投掷高度	精确度	技巧要求性	操控性	装备要求
绳结投掷法	7 米以下	高	高	中	低
钓鱼式投掷法	约 20 米	高	高	高	中
摇篮式投掷法	约 25 米	中	高	高	中
器械投掷 （Bigshot\弓弩\气枪）	30-50 米	高	低	高	高

（一）绳结投掷法

在专用投掷绳索和豆袋被广泛应用之前,绳结投掷法作为一种基本的绳索架设方法被攀爬者和树木工作者所采用。在树上使用安全短绳与主绳切换攀爬中常用此法。为方便投掷主绳,使用时,必须在主绳末端以相应的绳结进行有效配重,可以根据目的采用闭合式或开放式绳结法。根据抛设的高度和空间选择合适的绳结大小,手里留出适当长的绳子和绳结一起抛出。可采用钓鱼式、摇篮式和侧手式投掷法投掷绳结。绳结投掷法无法架设树皮保护器,但在攀爬条件简陋(缺乏专业投掷绳索和豆袋)或者需要迅速将绳索架设到较低树杈上的紧急情况下,绳结投掷法则是一种简便且行之有效的投掷方式图(13-3-2)。

图 13-3-2　绳结投掷法示意图

（二）钓鱼式投掷法

钓鱼式投掷是目前最流行也是极富技巧性的豆袋投掷方法,钓鱼式,顾名思义就是类似钓鱼时提拉鱼竿的手部动作,男性在投掷 18 米以下的树丫时使用这种方式可以获得较好的效果。它采用专用的投掷绳索和豆袋进行投掷,具有较高的准确度。为了使豆袋达到一定的树冠高度,攀爬者需要通过单臂和手腕的定向摇摆获取必要的势能,定向摇摆的幅度由目标锚点树杈的高度所决定目标较低时,以肘关节为轴,目标较高时以肩关节为轴,手臂做前后提拉摆动,手中投掷的长度与投掷高度成正比。在钓鱼式投掷法中,主要用大拇指、食指、中指来拾投掷绳,三根手指相对握拳抓投掷绳的方式使得绳索与手指的接触面更小、手指触感更加敏锐,定向摇摆时较易于掌握投掷绳长度和摇摆的节奏,在豆袋出手时也能很好地控制力度和方向,更为重要的是三指投掷能减少投掷绳索摩擦对手指的损伤(图 13-3-3)。

图 13-3-3 钓鱼式投掷法示意图

"三指式"方式可简要表述为"搭""勾""摁"三个步骤。首先,绳子搭在除拇指以外的手指第一指节横纹上,中指向前勾住投掷绳,中指往前缠绕投掷绳成 S 形,拇指指腹摁住食指上绳子,无名指和小指勾住绳子,手腕保持固定,与前臂保持一个平面摆动(图 13-3-4),此外,也有攀爬者在投掷绳上打上易结易解的滑结,这样容易抓握绳子,对操作熟练者来说收效非常不错。

 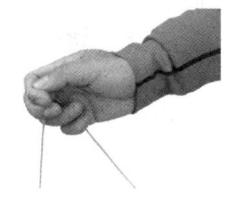 

图 13-3-4 "三指式"示意图

（三）摇篮式投掷法（图 13-3-5）

摇篮式投掷法较钓鱼式投掷法更加省力,其投掷绳索的方式是首先将连接豆袋一端的投掷绳对折形成一个绳耳;将绳耳引入豆袋的小铁环;非惯用手的食指的第一指节处勾起投掷绳索的绳耳,另一只的握法与钓鱼式投掷法一致。

摇篮式投掷法采用双手抓握投掷绳的方式,通过双臂有节奏前后一起摆动,来带动豆袋的定向摇摆获得势能,用力方式类似钓鱼式,屈膝蹬地伸髋,下肢力量传达到上身,上肢用到的肌肉群主要是胸大肌上束和三角肌前束,比单侧手臂用力的钓鱼式投掷力量更大,出手的位置较后,手上投掷绳的长度较长,摆动速度较高,手臂的位置以自然舒服为宜,过宽或过窄都会影响施力,出手时双手同时撒放送出投掷绳。

图 13-3-5 摇篮式投掷法示意图

（四）器械投掷法

器械投掷（Bigshot\弓弩\空气压缩枪）是一类采用专用投掷器械进行绳索架设的投掷方式，它的动力输出方式不依赖于人体运动做功来使绳索和豆袋获得上升的势能，而直接采用器械的弹性势能、压缩气体转化为动能推动豆袋上升。弹弓携带方便，力度调节便携，极限高度达 30 米，是被经常使用的器械。弓弩和空气压缩枪弹射力量较大，可将豆袋或投掷绳投掷得更高，且有一定杀伤力，在我国属于管制工具，需要向有关部门申请后方可使用。

四、绳索系统的架设及回收

绳索架设环节的主要内容包括根据当天攀爬活动类型和携带装备情况确定采用何种绳索系统及架设方式；根据锚点的位置和场地情况选择锚点固定方式或安装不同种类的树皮保护器，绳索架设的最终目的是为攀爬者架设适宜攀爬且方便可靠的绳索系统（表 13-3-2）。

表 13-3-2　不同绳索系统架设的差异

绳索系统类型	树皮保护装置	绳索滑动	力矩比	跨枝/夹枝	上树架设	防坠保护（副保）	架设效率	回收效率
静态双绳系统	可选	否	1：1	不允许	不需要	必须	中	高
动态双绳系统	必须	是	2：1	不允许	有时	无	低	低
单绳系统	可选	否	1：1	允许	不需要	可选	高	中
攀爬防坠系统	必须	是	2：1	允许	需要	无	低	低

不同的树皮保护器的安装方式、回收方式以及安装效率、回收效率有较大差别，攀爬者需要根据自身需要选择合适的树皮保护器（表 13-3-3）。

表 13-3-3　不同树皮保护器架设的差异

树皮保护器类型	安装方式	回收方式	借助投掷绳进行安装/回收
大小环树皮保护器	地面安装	地面回收	需要
扁带+双主锁保护器	树上安装	树上回收	不需要
管状树皮保护器	地面安装	地面回收	安装需要 回收不需要
带滑轮的树皮保护器	树上安装	地面回收	安装不需要 回收需要

（一）大小环树皮保护器

大小环树皮保护器是攀树运动中最常见也是被普遍采用的树皮保护装置。使用时，连接两铁环的扁带被设置于目标树杈上，攀爬主绳穿过两铁环，从而避免攀爬过程中因绳索移动产生的摩擦力对树皮造成损伤（图 13-3-6）。

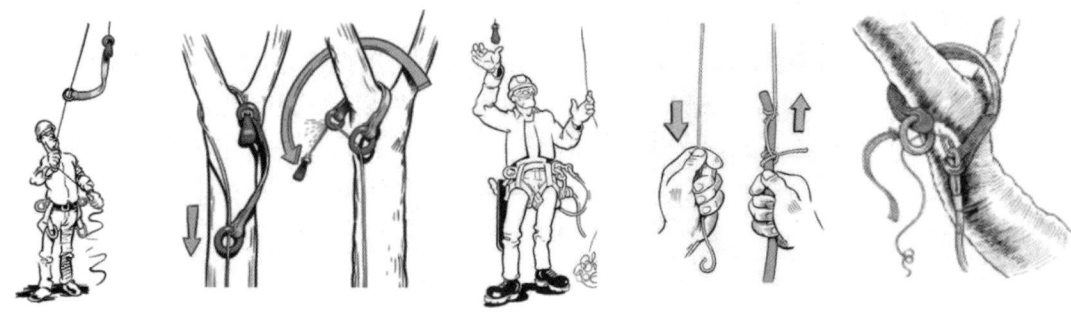

图 13-3-6　大小环树皮保护器安装示意图

抛豆袋-
挂树皮保
护器

（二）扁带+双主锁

扁带+双主锁保护器是一类特殊的树皮保护器类型,它的架设和回收都需要在树上进行,这种方式一方面给先锋攀登者带来很多装备携带和操作上的负担,另一方面也导致其安装效率、回收效率低。

（三）管状树皮保护器

管状树皮保护器是出现最早的专用树皮保护装置。它具有结构简单、廉价、轻量化、耐用性高、安装效率和回收效率高的特点。它是唯一一种可以在回收时允许从高空直接拽拉回地面的树皮保护器(图 13-3-7)。

图 13-3-7　管状树皮保护器安装示意图

第四节　攀树基础技能

熟练掌握各种树木攀爬技术、灵活运用各类攀爬装备,在树梢间自由地飞跃、穿梭、攀缘是每一个攀树运动爱好者的终极目标。

一、选择合适的绳索系统

（一）传统攀爬系统

攀爬的基
本原则

传统攀爬系统采用双绳技术,利用主绳一端连接坐带后形成的一段尾绳,重新打上摩擦绳结连接在另一端的主绳上并进行攀爬。它是一种经济和简便有效的攀爬方式,常用在应急自救(紧急情况时,配合被编成坐带的主绳一起使用)和攀爬物质条件有限的场合。这种攀爬系统中主绳同时被用作打摩擦绳结,其缺点是会缩短主绳的有效使用长度,经常使用还会过多磨损主绳特别是打摩擦绳结的地方,且不便于在攀爬时区分双绳(图 13-4-1)。

（二）现代分力绳攀爬系统

随着攀爬技术水平的进步，人们在以往传统攀爬系统的基础上开发出了现代分力绳攀爬系统。分力绳是一根独立的短绳，在攀树时被用作打成摩擦结来连接主绳并能承受400度的高温。分力绳不但可以替换掉以往那段被用作尾绳的主绳，同时分力绳也可以根据需要调节摩擦结的位置。此外由于分力绳的使用，使得主绳在连接坐带时多了一个可以自由拆卸的连接点，这样就给主绳增加了更多的功用（图13-4-2）。

（三）现代器械攀爬系统

现代器械攀爬系统是一类全新的攀爬系统，这种攀爬系统采用不同的金属铸件组合成精妙的抓绳装置，攀爬者可以根据需要通过控制抓绳金属构件调节器械对绳索的摩擦力，进而改善攀爬时的顺畅性和作业时的舒适性（图13-4-3）。

传统攀爬系统

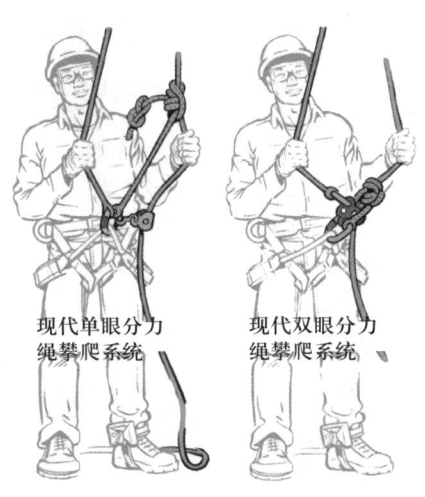
现代单眼分力绳攀爬系统　　现代双眼分力绳攀爬系统

现代器械攀爬系统

图13-4-1　传统攀爬系统　　　　图13-4-2　现代分力绳攀爬系统　　　　图13-4-3　现代器械攀爬系统

二、攀树运动上升技术

（一）身体推进法

身体推进法主要在绳索系统贴近树干的情况下使用，是攀爬者可以利用树干作为支点的上升方式。注意要运用躯体的核心力量而非手臂的力量来提升，当贴近树干时，攀爬者需要频繁运用顶髋的动作。其实质是身体重心以脚部为支撑点，由下至上地移动，动作开始前攀爬者身体姿态犹如弯弓状，重心位于脚部以下，动作结束后重心位置与脚部基本持平，身体姿态如同平躺或仰卧状并与树干基本垂直。

（1）动作要点：身体推进过程中，攀爬者需要身体自然放松，保持重心稳定，身体重心应位于腿环与腰环之间，脚面略高于头部，膝盖弯曲使其水平位置与前胸部位相近，这是身体推进法能否稳定、平衡、省力的关键（图13-4-4）。

（2）握绳方法：运用身体推进法上升时，手抓握绳索是维持攀爬者身体平衡的关键因素之一，此外，收绳和挕绳的动作都需要手的参与，所有攀树运动的握绳方法都建立在三指式握绳法的基础上（图13-4-5）。

（3）收绳动作：不同的攀爬系统收绳方式也不同，一般来说，树木攀爬者通常采用正

手脚推进法绳结打法

向收绳和反向收绳两种方式,掌握正确的收绳动作不但能够提高攀爬效率,而且可使攀爬者的上肢集中发力,避免小臂酸痛(图 13-4-6)。

错误示范　　　　　　　　　　　　　　正确示范

图 13-4-4　身体推进法示意图

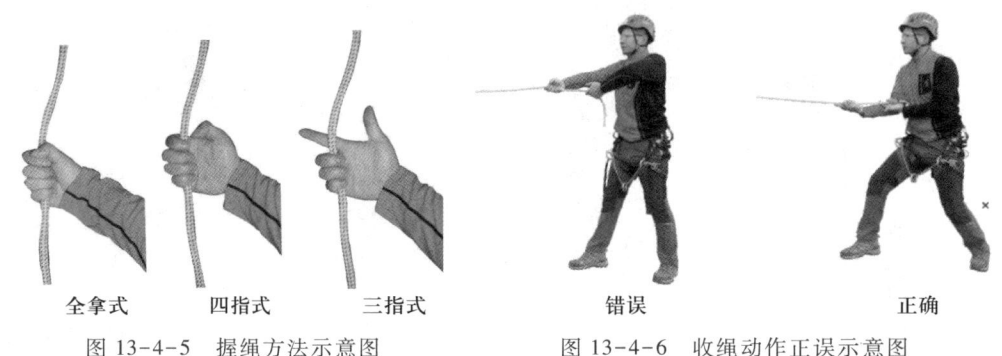

全拿式　　四指式　　三指式　　　　　错误　　　　正确

图 13-4-5　握绳方法示意图　　　　图 13-4-6　收绳动作正误示意图

（4）脚部动作:脚在贴近树干的身体推进法中起到平衡和获得稳定支撑点的作用。需要注意的是身体推进法的脚部动作更贴近于夹住树干而不是搂住树干。

（5）手脚协调:攀爬者基本上是以夹—拉—顶—推或夹—拉—顶—捋的方式沿树干上升。

（二）双绳脚索上升法（图 13-4-7）

（1）身体姿态:预备状态,攀爬者贴近主绳,右腿屈膝起,左腿支撑(支撑腿向上盘绳腿),上体保持正直;膝关节与腰腹高度一致。

（2）握绳方式:抓握双绳绳索时,小臂要求保持内旋,掌心一直朝向面部,同时两手应尽量靠紧以增强抓握感,女性攀爬者和手掌较小的攀爬者更应该如此。

（3）收绳动作:双绳脚索的收绳动作更多起固定和支撑的辅助作用,其收绳方式可以称为"洗脸式"收绳。

图 13-4-7　双绳脚索上升法示意图

（4）脚部动作：作为双绳脚索的标志性技术,脚索盘绳主要是依靠双脚调整登山鞋鞋面与主绳接触时产生的摩擦力来束缚住主绳,从而使攀爬者在主绳上获得稳定着力点。

（5）手脚协调：攀爬者基本上是以引—收—勾—盘—蹬—推的方式沿绳索上升。

三、攀树运动下降技术

下降技术是指树木攀爬者在遵循一定操作规范的前提下,通过调节主绳与下降制动器（摩擦结或器械）之间产生的摩擦力大小,来达到减缓并控制绳索下滑速度的技术。下降装置相当于闸门开关,其开合的轻重缓急与攀爬者操作的手法、身法息息相关。"平安""平衡""平顺""平稳"是下降过程应遵守的四个原则。

四平原则

（一）沿树干下降

收紧主绳,身体重量由枝干逐步转移到主绳上来,接着身体移出枝干,两脚分开约与肩同宽,双腿蹬直或者微屈蹬在树干上,再将双脚踩踏于树干表面停稳。调整身体姿势,使腰部以上挺直并与树干大致平行,腰部以下与枝干约成45°,引导手握住下降制动器,制动手向腰侧打开,虎口朝上轻握住主绳（图13-4-8）。

（二）沿绳下降

采取悬挂坐姿,身体自然放松,保持重心稳定,躯干部位适当前倾,双腿并拢,两膝微屈,腿部下垂,引导手握住下降制动器或8字环上方主绳,制动手虎口朝上轻握主绳置于背后并紧贴于臀部（图13-4-9）。

（三）下降路线规划

合理的下降路线能够使攀爬者尽量避开树上及地面的障碍物,提高下降过程的顺畅性和安全系数。着陆场地应该避开松软泥泞、凹凸不平、杂物较多的区域,根据着陆场地与树干的距离和位置关系选择可能着陆的方式。

（四）踱绳技巧

下降前攀爬者务必要确保攀爬系统还留存有足够的绳索长度使自己能够安全地重返地面,如果绳长不够又没有其他备份保护措施,则攀爬者下降到绳索末端后将面临下降制动器从绳尾脱出的风险（图13-4-10）。

双绳踱绳　　　　　单绳踱绳

图13-4-8　沿树干下降示意图　　图13-4-9　沿绳下降示意图　　图13-4-10　踱绳技巧示意图

（五）落地技巧

落地是整个下降技术中最为核心和重要的部分。落地时应注意：其一，身体接触到地面时重心应尽可能保持稳定，减少地面对关节、肌肉的冲击力，防止失速引发的坠落或骨折等伤害；其二，应尽可能避开树下松软泥泞、凹凸不平、杂物较多的区域，平稳地着陆在预定的安全区域。

四、枝上移动技术

枝上行走是一项非常有技巧的树上横向移动技术，该技术主要指攀爬者借助绳索系统从结构稳定的主干安全地移动到脆弱的枝干末梢部位，完成预定的作业任务再顺利返回的活动。技术的核心要点可以归纳为：其一，屈膝主动降低身体重心，通常身体重心越低越稳定；其二，合理通过脚与枝干的摩擦力来精确调节身体重心的位置，使身体的重力垂直通过脚下的枝干，因为物体重力作用线通过支点时其平衡状态最稳定；其三，灵活借助绳索系统、手脚与枝干建立动态的三点支撑（图 13-4-11）。

图 13-4-11　侧身交叉滑步示意图

【学 用 检 验】

1. 列举攀树运动常用的器材和装备。
2. 简述攀树运动上升和下降技术易犯的错误和改正方法。
3. 请为一个 20 人团队设计一次攀树活动方案。

【章前导言】

自行车是一种大众化的交通工具,其运动还是一项很好的健身方式。不论是城市休闲骑行,山地探险骑行还是公路竞赛骑行,自行车运动都以其环保、简便、经济的特性吸引着越来越多的爱好者。本章主要介绍自行车运动的分类、装备的构造及故障处理方法;自行车运动基本技术与训练;自行车团队骑行相关知识等。

【学习目标】

1. 了解自行车的基本结构。

2. 掌握自行车故障处理方法。

3. 掌握自行车运动的基本骑行技巧。

4. 了解自行车团队骑行手语。

第一节 自行车运动概述

一、自行车运动的发展

(一)国外自行车的发展

18世纪末,法国人西夫拉克发明了最早的自行车,这辆自行车是木制的,结构比较简单,既没有驱动装置,也没有转向装置,骑车人靠双脚用力蹬地而使车前行,改变方向时也只能下车搬动车子。1886年英国的机械工程师斯塔利,设计出了新的自行车样式,他不仅改进了自行车的结构,还改制了许多生产自行车部件用的机床,为自行车的大量生产和推广应用开辟了道路,因此被人们称为"自行车之父"。1887年,英国人劳森完成了链条驱动自行车的设计。同年,英国人邓鲁普研制出了充气轮胎。自此,自行车技术完成了商业转化,自行车被开始批量生产并投入市场。

1900年国际自行车联盟成立,此后相继举办世界自行车锦标赛(每年举行1次),世界和平自行车赛(环绕柏林、华沙、布拉格,共2 000多千米的多日赛),环法赛(环绕法国3 966千米的多日赛)。

(二)国内自行车的发展

我国的自行车运动在20世纪初期由欧洲传入,当时自行车主要作为交通工具使用。1915年,在有中国、日本、菲律宾参加的远东运动会上,我国选手获得了自行车项目的亚军。1952

年自行车项目首次列入中国全军运动会的比赛项目。从 1957 年起,我国每年都有全国性的自行车比赛。1959 年,我国自行设计并建成了中国第一座自行车赛场——龙潭湖赛场。1963 年中国自行车运动协会成立。1979 年加入国际自行车联盟。20 世纪 80 年代,我国引进国外科学训练方法,培养了一批优秀的自行车运动员。周素英在 1984 年取得场地世锦赛争先赛第三名,周美玲在 1990 年和 1991 年打破女子 1 千米世界纪录。2008 年奥运会中国选手郭爽在自行车场地赛女子争先赛中获得铜牌。随着我国自行车运动人口的增加、赛事活动的增长,自行车运动产业增长迅速。

二、自行车运动赛事

自行车运动的发展历史悠久,这离不开自行车赛事的推动,如今自行车比赛已成为全球性运动赛事,随着自行车赛事在全球范围内的普及,这些赛事已成为连接不同国家和地区、促进文化交流、推动经济产业发展的重要平台和手段。

(一) 自行车三大赛事

世界自行车三大赛事包括:环法自行车赛、环意大利自行车赛和环西班牙自行车赛。三大赛事分别环绕法国、意大利和西班牙进行。三大赛事历史悠久,分别开始于 1903 年、1909 年和 1935 年。其中环法自行车赛是公路自行车运动中规模最大、影响最广、水平最高的赛事之一。

(二) 世界自行车赛事

1. 世界自行车场地锦标赛

世界自行车场地锦标赛是自行车场地赛的最高级别赛事,每年举办一次,参赛选手们在室内自行车场馆中进行。比赛项目包括争先赛、凯林赛、团体追逐赛、团体竞速赛等。

2. 山地自行车世界杯

山地自行车世界杯是山地自行车领域的重要赛事。参赛选手们在蜿蜒、曲折的山地赛道上骑行,挑战极限。比赛分为越野赛、速降赛、耐力赛等多个项目。

3. 公路自行车世界锦标赛

公路自行车世界锦标赛是公路自行车领域的最高级别赛事之一,每年举办一次。比赛项目包括男子和女子的公路赛、个人计时赛等。

(三) 国内自行车赛事

1. 环青海湖国际公路自行车赛

简称"环湖赛"是国内最具影响力的大赛之一。其高海拔、长距离、多爬坡的特点,以及美丽的自然风光,被誉为亚洲顶级自行车公路多日赛,并且是世界上海拔最高的国际性公路自行车赛。

2. 环广西公路自行车世界巡回赛

是国内级别最高的职业自行车赛事。2017 年开始举办,这项赛事对于把广西打造成面向世界,尤其是面向东盟区域的赛事中心来说意义重大。

3. 环千岛湖国际公路自行车赛

是 2006 年开始创办,现已成为国内最高级别的业余选手参加的赛事之一。千岛湖被称为骑行天堂,拥有一条集山水和城镇、乡村、桥梁、隧道等景观于一体的环湖景观骑行主线路,是风景最好的自行车赛事之一。

三、自行车的分类

除了竞赛、娱乐和表演所使用的特殊自行车外,一般较常用的自行车可分成以下三大类:

1. 城市休闲车

城市休闲车兼具公路自行车的快速轻便与山地自行车的灵活稳定,既适用于在城市日常代步,也适合在节假日往返近郊进行休闲运动,成为深受都市人群喜爱的热门车款,如 YouBike 就属于城市休闲车。

2. 山地自行车

山地自行车是为在丘陵、小径、原野以及砂碎石等道路上顺利骑行而专门设计的一种车型。山地自行车车体架构结实坚固,为了增加抓地力,轮胎胎纹多为粗颗粒状样式,平把手设计保障其能在小径弯道间展现灵活的操控力;搭配 V 夹或油压式碟刹刹车系统,即使遇到泥泞路况,也能刹车自如,特别是在需要经常按压刹车的斜坡路段,只要轻松使力就能刹车制动,从而避免多次按压导致手酸或手麻的困扰。此外,山地自行车良好的避震系统既能满足挑战极限,追求刺激的需要,又为骑行者提供了一定的舒适性、稳定性和耐摔性。如今大受欢迎的山地车,以宽轮胎、低速传动装置、强力新式刹车(悬臂式及液压式刹车器)及改良式轻质车架和先进的避震材料系统等先进技术,不断改善其用户体验,吸引了越来越多的自行车爱好者(图 14-1-1)。

图 14-1-1 山地自行车

3. 公路自行车

公路自行车为了追求骑行时的速度感,以低摩擦阻力为设计特色,其以钛合金、碳纤维、高级铝合金等材料制成较轻的车体,轮胎较一般自行车细窄,高胎压设计适合骑行于路况较好的公路上。

四、自行车运动的车辆构造

为了更好地提升自行车运动能力,骑行者需熟悉自行车主要零部件,例如,上管、立管、前叉等。图 14-1-2、图 14-1-3 中标示的零部件名称是被大家所广泛采用的,不过个别零部件的叫法因地域、厂商的不同会有所差异,如"立管"也被称为"中管"。

公路自行车和山地自行车的构造区别来自不同的骑行场景和功能需求。公路自行车主要在平坦公路行驶,追求速度;而山地自行车则常应用于复杂山地路况,需要应对颠簸、障碍。所以在车架、轮组、变速系统、避震系统等方面,公路自行车和山地自行车有一定的区别。

1. 车架区别

从形状上看,公路自行车车架纤细、流畅,其设计目的是减少风的阻力,使骑行者能更快速地前进。例如,公路车架的管材多为扁形或水滴形,能让气流更顺畅地通过。而山地自行车车架比较粗壮结实,这是因为山地车要面对复杂地形,如崎岖山路、岩石、树根等带来的冲击,粗壮的车架可以更好地承受这些外力,防止车架变形或损坏。

图 14-1-2　山地自行车构造示意图

图 14-1-3　公路自行车构造示意图

　　在材料方面,两者虽然都使用铝合金、碳纤维等材料,但公路自行车更注重车架的轻量化。因为较轻的车架有助于在平坦路面上加速和保持高速。山地自行车车架在考虑重量的同时,更注重强度和韧性,以应对复杂山地环境中的各种冲击和碰撞。

　　从设计来讲,公路自行车的车架几何设计更倾向于让骑行者保持一个比较激进的骑行姿势,以降低风阻和提高踩踏效率。而山地自行车车架几何设计要保证骑行者在崎岖地形上有良好的操控性和稳定性,比如头管角度相对公路车更倾斜,使得操控更灵活。

2. 轮组区别

公路自行车的轮径通常较大,多为 700C(约 28 寸),大轮径能使每转一圈的距离更远,在平坦路面滚动效率高,更利于保持速度;轮圈较窄,外胎也窄且较为光滑,这样可以减少与地面的接触面积,降低阻力,提高速度;公路自行车为了减轻重量,辐条数量相对于山地车较少,并且会采用更轻的材料。

山地自行车的轮径一般是 26 寸,这种轮径在复杂山地路况下操控性更好,更灵活;轮圈相对较宽,外胎宽厚且花纹较深,能够给车辆提供更好的抓地力,以提高各种山地、泥泞等复杂路况的通过性和稳定性;辐条数量比公路车多,且粗壮结实,能承受更大的冲击力,以适应颠簸的山地环境。

3. 变速系统区别

公路自行车的变速系统通常更为简单高效,侧重在平坦路面实现精准、高效的档位切换,以适应平坦路面上的速度变化。其变速范围相对较小,主要应对平路及坡度缓和的上下坡,通常有 16 或 18 个档位,部分高端车型有 22 个档位。公路车的齿比设计倾向于让车手在平坦路面保持较高速度,追求踩踏效率。

山地车变速系统更为复杂多变,变速范围更广,一般有 18~30 个档位。主要为了适应山地复杂地形,如爬坡、下坡、跨越障碍等。低档位能提供强大的扭矩,方便爬坡,高档位则适用于高速下坡等情况,让车手可以灵活根据不同坡度和路况切换合适档位,并且山地自行车都配备强劲的刹车系统以确保在高速下坡时的安全制动。

4. 避震系统区别

公路自行车大部分不配备避震系统,以保持车身的轻量化和高速性能。部分公路车型为了应对不太平整的路面,会安装比较简单的避震前叉,这种避震行程较短,一般在 30 mm 左右,主要是为了提供一定的舒适性的同时不会过多影响骑行效率和速度。

山地自行车则普遍配备前叉避震和后避震(部分无后避震)系统,且避震系统比较复杂。它的避震行程较长,前叉避震行程可以达到 80~180 mm,部分全避震山地车的后避震行程也能达到类似长度。这是为了应对山地骑行中的大坑、巨石、树根等复杂障碍物和大落差地形,可以有效缓冲震动。山地车的避震系统在阻尼调节等方面更加精细,可以根据不同的骑行场景(如 XC 越野、AM 全山地、DH 速降等)进行调整,以提供合适的支撑性和舒适性。

第二节　自行车运动装备及常见故障排除

一、骑行者装备

(一)骑行头盔

根据使用者年龄的不同,骑行头盔分为:儿童头盔、青少年头盔、成人头盔。

根据用途的不同,骑行头盔又分为:山地车头盔、公路车头盔、城市车头盔、越野车头盔、计时车头盔(又称 TT 头盔)、降速车头盔。

（二）骑行眼镜

尽可能选购不仅能阻挡紫外线和强光照射,还能防风挡沙且具有夜视功能的眼镜。

（三）骑行服装

骑行服装大致分为骑行上衣、骑行裤、骑行外套、骑行配件等四大类,在选购骑行服时,不仅要精心考虑服饰的款式及色彩搭配,而且要注重服装的功能性面料。

（四）骑行服的外观特点

（1）骑行服的特点是紧身以降低风阻,考虑到前倾的骑行姿势,骑行服前襟短后襟长,前半面的材料偏向防风,后半面的材料透气。

（2）骑行服的后背和侧面都有一些小口袋,可以存放食物、手机、钱包等随身携带的小物品,让车友在骑行时也能够很方便地伸手取物。

（五）骑行裤

骑行裤的种类分为:1/2骑行裤(短裤)、3/4骑行裤(七分)、4/4骑行裤(全长)。骑行裤多为莱卡面料,具有高效的延展性和回弹性,可充分缓解运动疲劳,而且莱卡面料光滑的表面减少了腿部与骑行裤之间的摩擦,可以起到一定的保护作用。

（六）骑行外套

根据功能的不同,骑行外套可分为骑行夹克、骑行风衣、骑行坎肩和骑行雨衣等。

（七）骑行鞋

骑行鞋种类繁多,根据结构的不同,主要分为锁鞋型(适合骑车不适合走路)与非锁鞋型(骑车走路两用)。

（八）骑行手套

骑行手套可以增加握把的防滑性及吸震功能,也能减轻意外摔车时对手部的伤害。

二、骑行配件

骑行配件包括:水壶、码表、打气筒、照明设备等。

（一）骑行水壶

骑行水壶是骑行途中必不可少的装备之一,主要分为塑胶水壶和金属水壶两大类。

（二）自行车码表

码表和自行车运动有着密切的联系。自行车码表像人的眼睛,码表上的数据显示骑行者当前的身体状态,骑行者可根据码表上的数据科学地调整体能分配,以便最大限度发挥自身的优势。

（三）打气筒

打气筒是使用单向阀原理对车胎内空气进行补充的一种工具,是所有自行车运动必不可少的装备之一。

（四）自行车照明设备

安装的部位不同,照明设备的种类也不同。常见的自行车照明设备有以下几种:前灯、尾灯、辐条灯、刹车灯、气嘴灯、转向灯和把塞灯。

三、自行车常见故障及处理方法

（一）内胎破孔

车胎被扎或被外胎咬住都会造成内胎破孔。如果内胎破裂未超过1厘米,可以用补胎片和胶水修补,但如果超过1厘米,一般建议直接更换内胎,迫不得已的情况下可以用大号的补胎片修补,但是有条件的时候一定要及时更换,否则会造成极大的安全隐患。

（二）外胎割裂

在长途骑行和越野骑行中,外胎割裂的情况时有发生,如果不及时修补裂口,易致内胎从裂口挤出后破裂。可以用专用的修补片来修补裂口,也可以用医用胶布从轮胎内壁修补,注意修补时胶布的左右长度要超过裂口2厘米,然后以十字形贴布固定,这样才能承受来自各个方向的力。如果没有医用胶布,也可以从备用内胎上剪出一块儿贴在外胎上来修补应急,但这样承受不了较大气压。外胎用于承压和摩擦地面,一旦破损应尽量更换新胎。

（三）车胎扎钉

车胎扎钉是骑行中最常见的问题,车胎被扎钉后应第一时间将钉子取出,以防止内胎被多次刺穿。如果被扎孔数较少,可以用自带的补胎工具修补,或者直接更换内胎。但是要注意:取出内胎之后一定要对外胎内壁和外部胎皮进行细致检查,及时清理掉残留在外胎上的钉子,否则补好的内胎很快就会再次被扎破。

（四）链条脱落（俗称"落链"）或卡链

大部分的落链发生在骑乘的行进当中,如果变速器没有调整好,或是变速操作不当,导致链条脱离齿盘,就会造成落链。发生落链时,绝对不可以再踩踏,以免伤害齿盘或车架,甚至造成链条卡死。发生落链问题时,可以双手戴上手套或使用纸张、塑料袋,将链条拉到大盘下缘,接着倒转曲柄,链条就能回到正常位置。

（五）变速系统故障

环境中的污泥、细沙都是变速系统的隐形杀手。无论是变速线、前后变速器,乃至于变速会用到的大盘、飞轮等,都会因为这些环境所带来的伤害导致变速产生异音、换档不顺、卡档,甚至会产生无法变速以及链条断裂等问题。

（六）刹车故障

骑行中,刹车时的异音、与轮框干扰所致的震动等是较为轻微且易处理的刹车问题,可以解决;而较严重的刹车失灵或刹车制动丧失等问题则由刹车结构的老化、耗损甚至是刹车线的断裂所导致。

（七）螺丝松脱、松动

一辆自行车有上千个轴承、螺丝,以及卡榫在不间断地作业而确保骑乘的安全有效。若长期使用却不对其进行保养,就容易产生轴承变形、卡死以及垫圈老化或断裂等问题。此外,用来固定零件以及配件用的螺丝和卡榫也可能因为长期使用而同样产生变形、弯曲甚至无法固定的状况。平时在骑乘前,应该检查前后轮的螺丝是否锁紧,是否变形,各个部位的螺丝是否有松脱的迹象,若出现问题应及时维修。

第三节　自行车运动基本技术及训练

自行车运动作为一项体育与休闲运动,包括诸多技术,本节主要介绍以下几种最常用技术。

自行车运动技术及训练

一、远程骑行技巧

用脚的前 1/3 位置,即脚掌心前端踩在脚踏板中央,以平地路段每分钟 70~80 转,爬坡路段每分钟 40~60 转的速度骑乘,是最有效率也不容易疲劳的方式。

骑乘时应保持正确的姿势,长时间骑乘或是遇到不同坡度路段时,可以配合不同的踩踏方式,让腿部不同部位轮替施力和放松,从而延长骑乘时间,减少肌肉酸痛的发生。

二、常用踩踏法

（一）自由式踩踏法

自由式踩踏法,双脚随着踩踏踏板的动作,根据位置的变化调整踝关节的角度,注意保持双脚施力的方向与脚蹬旋转时所形成的圆周切线一致,这样既可以减少膝关节和大腿动作幅度,使得腿部肌肉保持放松,又可提高踩踏频率(图 14-3-1)。

（二）脚尖朝下踩踏法

脚尖朝下踩踏法指在踩踏的过程中,脚尖始终保持朝下。这种方式能够减小踝关节的活动范围,提高踩踏频率,不过此动作会让腿部肌肉一直处于紧绷状态,因此只适合短时间的冲刺加速,否则很容易感到肌肉疲劳(图 14-3-2)。

（三）脚跟朝下踩踏法

以脚尖朝上、脚跟下压 8~15 度的角度来踩踏的骑乘方式,这种踩踏方式主要用于过渡性调剂,即用于在骑乘途中腿部感觉疲劳又无法暂停休息时,它可以让肌肉在短时间内改变施力点,使酸痛部位肌肉放松(图 14-3-3)。

图 14-3-1　自由式踩踏法　　　　图 14-3-2　脚尖朝下踩踏法　　　图 14-3-3　脚跟朝下踩踏法

三、初学训练

在以休闲、锻炼为主要目的的骑行过程中,需要对踩踏的力度和频率进行适当控制,才能达到锻炼身体、愉悦身心的目的。理论上,最佳的踩踏方式是使双脚在踩踏过程中保证腿部接收到一定的力量反馈,但不能太多,长时间过大的踩踏力度会造成腿部关节的损伤。

（一）心跳与呼吸

除爬坡外,在平地骑行时应保持有力气谈话或唱歌。整个骑行过程要以适当的速度或节奏进行踩踏,每分钟最好能够踩踏 55~65 圈,若低于每分钟 55 圈,双腿肌肉就会累积乳酸,并感觉到酸痛;速度若高于每分钟 85 圈,则会使身体需氧量过高,呼吸会变得急促。

（二）利用变速器控制踏频

骑行时齿比的运用会直接影响到踏频,如果齿比太大,就造成踏蹬力度增加,从而影响踏频的提高,达不到目标速度;齿比太小,则踏频太快,会加重心肺负担。

（三）利用心率表进行踏频训练

职业车手在训练过程中最好佩戴显示踏频数据的心率表,这样可以随时控制自己的踏频,监测个人心率。

建议骑行者在训练过程中对踏频进行有针对性的训练,例如开始训练时,车手可以选择在比较平坦的路面上骑行,将踏频保持在每分钟70~90转,如此骑行1小时。通过一段时间的训练,就可以将踏频提高到每分钟80~100转并骑行1小时。

如果是为了竞赛而训练,那么不仅需要进行长距离的有氧训练——将心率控制在75%~85%的最大心率区间内,而且还需要进行80%~90%最大心率区间内的无氧训练。最大心率的估算公式:最大心率=220-年龄。例如20岁的年轻人,最大心率就是220-20=200。如果只是为了健身或减重,可将心率控制在最大心率的60%~70%即可。

四、上坡技巧

上坡时应把注意力放在呼吸上,保持平稳的呼吸,不要为了追求速度单纯地猛踩踏板。此外,膝盖应尽量向内靠近上管,将大腿和股外肌的力量充分利用起来,让骑行更省力。注意在长坡的上升过程中,不要轻易下车,否则重新启动会比较困难。

五、下坡技巧

下坡速度较快,很容易发生意外事故,必须全神贯注,两眼密切注视前方路面,以便随时应变可能出现的任何情况,也要有充分的自信心和勇气,以免过于紧张失去稳定性而失控。如果骑乘公路车,应握在弯把下方位置,这样刹车时比较有力,操控性也更佳;山地车则要注意上臂稍微弯曲以作上半身的缓冲,将身体的重心向后移,可以增加车子的稳定性,经过颠簸路面时,臀部可稍微离开坐垫,以减少震动时的冲击力道。

六、转弯技巧

转弯时,身体应和车身一样,保持一定的自然倾斜,倾斜的角度根据速度和弯道大小而变换,最好不要超过28°,否则有滑倒的危险。下坡转弯时,容易打滑摔车,因此在转弯前要先控制好车速,时速最好能降至20千米以下,进入弯道后将刹车放开,增加稳定性。左转时左脚在上方,右转时右脚在上方,转弯稳定性最佳。

第四节 自行车团队骑行

自行车团队骑行主要是指在公路或山路分为一列或两列的骑行。领骑车手须密切注视前方路况并打手势提醒后方跟随车手。领骑车手须不断进行轮换,轮换方法依据训练计划,有从"前"往"后"轮换和由"后"向"前"轮换。

骑行手语主要应用于团队骑行。由于前车遮挡,后方队员无法完全看清路面,领骑和前方队员就有必要通过手语来提醒后面队员。礼仪方面主要体现在团队骑行中相互打手势提醒,不恶意卡位阻挡、不恶意用肢体阻挡对手,公平竞争。

一、自行车团队市区骑行注意事项

(1)树立规范有序的骑行意识,不故意惹人注意,不做夸张动作,注意观察路况随时调整路线,以保障自身及他人的安全。

(2)专心骑行,集中注意力,骑行过程中不看手机,团队队员之间不相互攀谈。

(3)保持合理的骑行队列,避免并排骑行占用公用道路。

(4)礼让行人,在人多的地方不做按铃催促的不文明行为。

(5)尽量选择宽阔的道路,避免在人行道或楼宇间多次变道穿梭。

二、骑行手语

(一)骑行转向、前进、加速前进(图 14-4-1)

(1)转向。左转向——左手向身体左侧水平伸出,掌心向前;右转向——右手向身体右侧水平伸出,掌心向前。

(2)前进。单臂举起并前倾 60°,掌心向内。

(3)加速前进。单臂举起并前倾 60°,掌心向内,上下摆动。

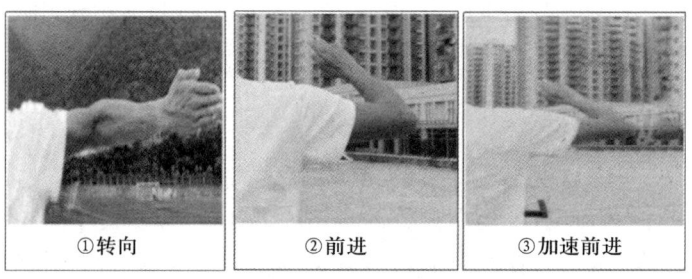

| ①转向 | ②前进 | ③加速前进 |

图 14-4-1 骑行转向、前进、加速前进示意图

(二)骑行减速慢行、停止、路面颠簸(图 14-4-2)

(1)减速慢行:单臂高举,掌心向前,表示前面有障碍,需要减速。

(2)停止前进:单手高举并握拳,表示需要立刻停止前进。

(3)路面颠簸:单手斜伸向地面,上下摆动做拍球状,示意路面比较颠簸。

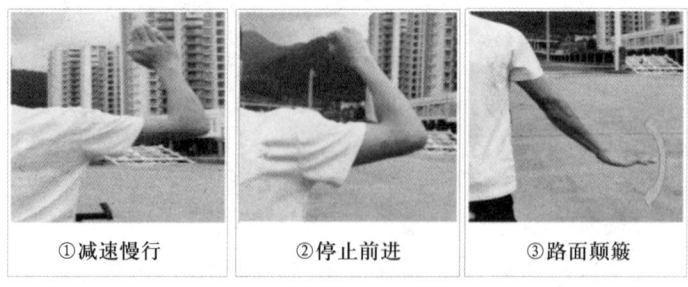

| ①减速慢行 | ②停止前进 | ③路面颠簸 |

图 14-4-2 骑行减速慢行、停止、路面颠簸示意图

（三）避让障碍、注意障碍、请后方超车（图 14-4-3）

（1）避让障碍：右手食指斜伸出，指向右侧地面，表示该处有障碍，提醒后方队员注意避让；若障碍在左侧，则伸出左手。

（2）注意障碍：右手手掌向地面斜伸出，表示右边路面有障碍，需要注意人、车；伸出左手则表示左边路面有障碍。

（3）请后方超车：单臂向下斜伸出，掌心朝前，前后摆动几下，示意后方队员超车。伸出左手即示意从左边超车，右手反之。

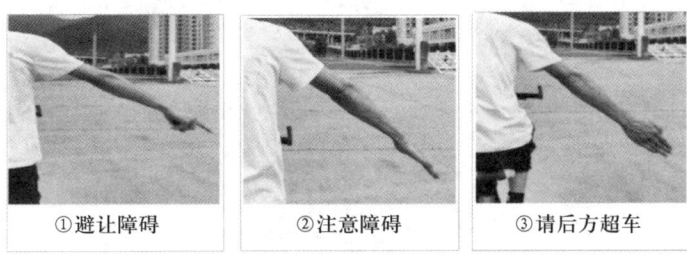

图 14-4-3　骑行避让、注意障碍、请后方超车示意图

（四）避让大型障碍物、更换领骑、保持队形（图 14-4-4）

（1）避让大型障碍物：右手伸向身后右侧，往左大幅度横向摆动，示意路面右侧有逆行车辆等大型障碍，队伍要向左侧靠避让。伸左手反之。

（2）更换领骑：右手在身侧，掌心向前快速前后摆动，提示要换人领骑。原领骑随后从队伍左侧退至队伍最后面，跟骑队员要迅速补上。

（3）保持队形：单手伸至身后，斜向下左右摆动，提示后方队员保持队形，跟骑在后。

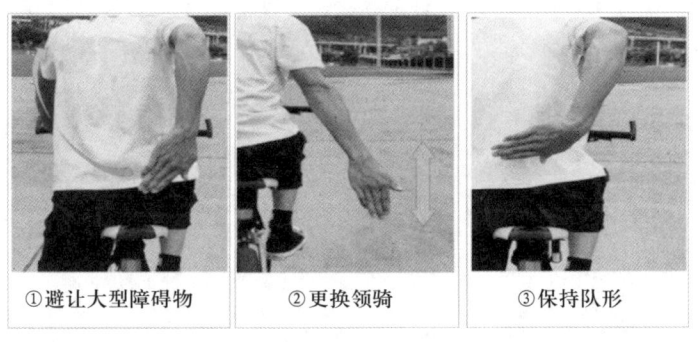

图 14-4-4　避让大型障碍物、更换领骑、保持队形示意图

（五）骑行单列并进、双列并进、提醒来车（图 14-4-5）

（1）单列并进：单手食指高举，表示要单列骑行。

（2）双列并进：单手两指高举成 V 形，表示要双列骑行。

（3）提醒来车：通过路口时，向来车方向水平伸出手，掌心朝向来车，提醒对方注意让行。

①单列并进   ②双列并进   ③提醒来车

图 14-4-5 骑行单列并进、双列并进、提醒来车示意图

【学 用 检 验】

1. 简述自行车运动初学者训练时应注意哪些事项？
2. 简述自行车运动基本技术。
3. 多人组队模拟演练骑行常用手语。

【章前导言】

"山登绝顶我为峰""无限风光在险峰"等著名诗句,都是古人对山峰美好的向往和描述。在现代,人们用登山运动表达对险峰奇山的向往。如今,登山运动已成为一种相当普遍的休闲活动。登山是人们为实现某种目的,使用体力、技术和装备器材战胜艰难险阻到达顶峰,实现人与山和谐共融的过程。本章主要介绍登山运动的起源与发展、群众性登山与高海拔登山探险等相关知识。

【学习目标】

1. 了解登山运动的发展历史、分类和价值,深刻领会登山精神。

2. 认识群众性登山与高海拔登山探险的辩证关系,提升风险的管控能力。

第一节 登山运动概述

一、什么是登山运动

登山运动是指徒手或借助装备从低海拔地区向高海拔山峰攀登的体育运动。从低山徒步攀登到高海拔雪山探险,人们总能寻找到适合自己的登山活动。尤其是以高海拔探险为目标的登山运动是人类探索精神和奋斗精神的象征,堪称户外运动项目中的皇冠(图 15-1-1)。

图 15-1-1 珠峰登顶合影

(北京大学山鹰社,拍摄于 2018 年 5 月 15 日)

二、登山运动的历史

（一）现代登山运动的起源与发展

1. 阿尔卑斯时代

现代登山运动起源于18世纪中期，1786年雅克·巴尔玛和麦客尔·加百利·帕卡德两人登顶了阿尔卑斯山区最高峰——勃朗峰，这一伟大的登顶拉开了现代登山运动的发展序幕，这一年也被认为登山运动的元年。由于现代登山运动兴起于阿尔卑斯山区，在世界各国，登山运动也被人们称为"阿尔卑斯运动"。世界上第一个国家性的登山组织——英国登山俱乐部，于1857年成立。这一时期阿尔卑斯山的20多座海拔4 000米以上的山峰大多被先后征服。1865年7月，英国登山运动员文陪尔等人登上了当时被认为无法登顶的马达布隆峰。至此，以阿尔卑斯山为中心的登山运动达到了顶峰，出现了所谓的"阿尔卑斯黄金时代"。

1890年7月，英国人马默里使用钢锥、铁锁和绳结从当时被认为不可登顶的线路——兹尔玛特山脊登上了玛达霍隆峰。之后，马默里通过使用技术装备，以不同的方式登上了阿尔卑斯山其他艰险的山峰。马默里将登山运动推向了一个新的高度，为现代登山运动开辟了一条新道路——技术型登山，促使登山运动进入了一个新时期，即"阿尔卑斯的白银时代"。

2. 喜马拉雅黄金时代

19世纪末，世界各地登山者开始以阿尔卑斯为中心，向南美安第斯山脉、北美落基山脉、亚洲的高加索地区以及非洲一些山脉进行探索。到了20世纪初，各国登山者开始向喜马拉雅山脉进军。

1950年6月3日，法国运动员莫·艾尔佐和勒·拉施那尔，首次成功地登顶海拔8 091米的安纳普尔纳峰。此后，各国登山队纷纷攀登8 000米以上山峰。1953年5月29日，英国登山队（新西兰人埃德蒙·希拉里和尼泊尔人丹增·诺尔盖）从南坡首次成功登顶世界最高峰——珠穆朗玛峰，创造了人类登山的历史。1964年5月2日，中国登山队成功登顶世界第十四高峰——希夏邦马峰（唯一完全坐落于中国境内的8 000米以上独立山峰），至此，14年里全世界所有8 000米以上独立山峰全部被人登顶，这个时期，人类的登山运动进入了一个重要发展阶段，即世界登山运动发展史上的"喜马拉雅黄金时代"。

（二）我国现代登山运动的发展

中国现代登山运动是新中国成立后，在"喜马拉雅黄金时代"逐渐发展起来的。1955年5月，中华全国总工会派出4名队员赴苏外高加索登山营学习，并成功登顶了团结峰（6 673米）和十月峰（6 780米）。1956年，中华全国总工会在北京西郊八大处举办了登山训练班，培训出了第一批登山运动员。1956年7月31日，中国和苏联联合登山队31人登顶了新疆帕米尔高原的慕士塔格峰（7 546米）。

1957年6月13日，中华总工会登山队6名队员成功登顶了横断山脉的贡嘎山（7 508.9米），这是中国登山运动员第一次独立组队的登山活动，同时也是首次独立登顶了7 500米以上的山峰。以成功登顶贡嘎山为标志，中国现代登山运动进入了蓬勃发展的新时期。

1958年，国家体委登山处和中国登山协会成立，标志着中国的现代登山运动已发展到一定的规模和水平。1960年5月25日，中国登山队3名登山队员（王富洲、屈银华、贡布)完成了人类首次从北坡登顶珠穆朗玛峰的壮举,为中国现代登山运动揭开了光辉的一页。

1964 年 5 月 2 日,中国登山队 10 名队员登顶希夏邦马峰,标志着世界上 8 000 米以上的山峰已全部被人类所登顶。1975 年 5 月 27 日,中国登山队 9 名队员再次登顶珠穆朗玛峰,并首次在珠穆朗玛峰峰顶竖立起了觇标,8 848.13 米的最新标高也被全世界普遍承认。女子登山运动员潘多成为第一位从北侧登顶珠穆朗玛峰的女子登山运动员。

党的十一届三中全会以来,我国登山运动与国际展开广泛的交流,开放山峰取得了很大的成效,主要表现在为国家创收外汇、增加经济收入、增加外国人对中国的了解、促进了中国人民与世界各国人民的友好往来、增进了国际友谊、推动了我国登山事业的发展。

进入 21 世纪后,我国的登山运动事业发展有了新战略,在保持高山探险运动水平的同时,以全民健身为指导思想,大力发展户外运动。目前,我国群众健身性登山大范围普及和开展,攀登高海拔山峰、攀登未登峰、攀登低海拔技术型山峰、大学生登山运动快速成长;阿尔卑斯式登山逐渐复兴,商业性登山快速发展。

三、登山运动的分类

登山运动可以有很多种分类方法,但与我们关系最密切的是按目的分类。

登山运动以活动目的不同大致分为两大类,一是以放松身心、休闲观光和强身健体为主要目的的群众性登山活动,二是以体验探险和挑战为主要目的的高山探险。

(一)群众性登山运动

群众性登山运动不受登山装备和技术等条件限制,具有明显的安全性、易行性和广泛性,一般是在海拔 3 500 米以下的山地进行。群众性登山运动,由于其适应面广,亲近自然,贴近现代生活等特点,已成为我国群众健身的主要方式之一。

(1)健身性登山:健身性登山是指在全民健身的指导思想下,以强健体魄、放松身心为主要目的,以徒步为主要运动形式,攀登有一定海拔落差山峰的群众户外登山活动。

(2)旅游观光性登山:旅游观光性登山是一种旅游观光、休闲度假和登山运动相结合的活动。20 世纪 70 年代初随着登山运动的发展而兴起。20 世纪 80 年代以来,西欧、美洲各国,以及日本、中国的港台,登山旅游活动非常活跃。我国闻名中外的"三山"(黄山、庐山、雁荡山)、"五岳"(泰山、衡山、华山、恒山、嵩山)、四大佛教名山(峨眉山、普陀山、九华山、五台山),以及其他雄伟秀丽的山峰,吸引了无数登山旅游爱好者。

(二)高山探险

高山探险是指攀登者徒手或使用专业装备器械,在海拔 3 500 米以上(西藏自治区范围内 5 500 米以上)进行的以攀登高峰为目的的登山探险活动。

高山探险主要分为:阿尔卑斯式攀登、喜马拉雅式攀登、混合式攀登等。

(1)阿尔卑斯式攀登:一种不依赖他人,完全或主要靠登山者自身力量从事攀登各种山峰的登山活动。它具有环保、自主、快速、高效、轻量化等特点。

(2)喜马拉雅式攀登:又叫交替上升式攀登或简洁式攀登,是指在登山过程中反复适应、修路、在各种高度建立营地并储备物资,多天完成登顶的登山运动。它具有节奏感强、机动性高、团队协作强、中型规模、重量化等特点。

(3)混合式攀登:攀登具有一定难度的山峰时,尽可能携带较少的装备,实现快速攀登的目标。这种攀登方式介于阿尔卑斯式和喜马拉雅式之间。

第二节 群众性登山运动

一、群众性登山运动的概述

（一）群众性登山运动的含义

群众性登山俗称爬山，通常指人们攀爬成熟景区或未开发景区但有一定保障的成熟传统线路，以放松身心、休闲观光和强身健体为主要目的的登山活动，大致分为两类：

一类是欣赏风景，观光旅游。登山者重点在于休闲、放松、度假，焦点在于欣赏自然界的风景，释放生活与工作的压力等。

另一类是锻炼身体、放松身心。登山者以一定的运动强度、负荷和运动量，进行徒步登山，体验运动健身的苦乐和可控程度内的探险。此类登山者的焦点在于内在心灵的历练，在于身体的锻炼。

目前我国群众性登山活动主要有 AA 制登山活动、自助登山、登山旅游、山地徒步穿越、登山健身大会、登山露营大会、主题性登山活动（图 15-2-1）等形式。

图 15-2-1 郊区亲子登山活动（钱俊伟摄）

（二）群众性登山和高山探险的关系

如果说高山探险是专业的、精英的登山活动的话，那么，群众性登山则是业余的、大众的登山运动，不受专业攀登技术、装备的限制，较之有明显的安全性和易行性，后者门槛低，只要能够徒步行走的人都可以选择适合自己的线路，参与其中。

群众性登山不需要与极端恶劣的户外环境做抗争，不需要承受高海拔的低温、缺氧、暴晒、暴风雪等挑战，更多的是在相对安全、环境优美、风险可控的山林自然环境中实施。

综上所述，群众性登山是高山探险发展的重要基础，高山探险是登山运动的品牌，对群众性登山运动的快速发展具有一定的引领作用；群众性登山属大众化活动，高山探险则属于精英运动。

二、群众性登山运动的价值

（一）促进登山者社会属性与自然属性的协调统一

参与登山活动凸显了一个人的社会性和自然性相互平衡和谐的一面。现代生活让人们充分体现了社会性，而出现了所谓"去自然性"的问题，因此个体就出现了自然属性与社会属性的失调和不平衡。当人们进入环境优美的山林中从事登山活动时，就可以暂时弱化社会属性，更好地彰显自然属性。因为在户外，在山野间，更多地要考虑人与整个活动环境的关系，全情投入其中，并学习如何保护环境的原生态，从而做到人与自然的和谐共处。

（二）培养终身体育习惯，推进全民健身

登山运动不同于其他体育项目，目标的选择是自由的，没有竞争，没有胜负，不需要对

抗对手、顺利登顶、安全下撤就是攀登的最大成功。因此,它是体能和智力并用,老少皆宜的终身运动。国务院印发的《全民健身计划》明确指出要因时因地因需开展群众身边的健身活动,大力发展健身跑、登山、徒步等群众喜闻乐见的运动项目。

(三)促进国民体质健康,降低医疗成本

经常参加登山活动,对人的视力、心肺功能、四肢协调性、体内多余脂肪的消耗,延缓人体衰老等方面均有巨大的益处,还可释放压力、缓解焦虑情绪。所以,大力开展群众性登山运动,可有效改善民众的体质健康,提升人力资源的价值,减少巨大的卫生资源消耗,具有一定的环保价值,有益于社会生态的良性循环。

(四)发挥青少年教育和延缓老龄化的社会功能

登山运动具有形式多样,内容丰富,体验感、探索性和团队协作性等特点,这些能很好地满足青少年猎奇、自我挑战、渴望成长的需求,能使青少年在真实的自然环境中得到启发和自我教育,从而解决当前青少年成长过程中的各种突出问题。

老年人通过群众性登山运动可以改善自身的健康状况,减少疾病发生率,延缓衰老速度,延长健康年限,提高整个社会的生产劳动能力,从而实现延缓老龄化的社会功能。

(五)培养环保意识,促进人与自然的和谐发展

当人类更多地徒步到大自然中,欣赏奇妙瑰丽的自然界时,更有助于人类理解自然,进而养成顺其自然、敬畏自然、自觉保持自然环境等环保意识和行为。徒步成为一种生活方式将是全社会低碳生活的实际体现。在登山运动中,登山运动者正是以"用双腿丈量地球,用心感悟生命"的理念诠释着人与自然的和谐发展。

三、群众性登山的组织管理

群众性登山运动虽然入门容易,但是要想持续性地保证安全,不仅需要必备的专业知识、技能和物资装备,还需要一系列科学合理的组织和管理保障。目前,群众性登山活动有多种组织形式,其中较为常见的是以网络或社交平台发起的 AA 制登山形式。保障群众性登山活动的顺利、安全进行,并且让参与者收获安全、快乐和友谊,通常要做好以下工作:

(一)登山活动的装备的准备

登山装备是登山活动中集体和个人所使用的专用装备、保障装备和日用装备的总称。登山装备与登山食品、燃料一起,构成登山活动的整个物资保证。一般来说,群众性登山属于一种大众登山,对装备的要求也较为简单,因此登山者可以根据登山活动的具体设计和安排,按照轻便、坚固、高效和多用的原则预先选择好必要的装备。

(1)露营装备:登山包、帐篷、天幕、防潮垫、露营灯、炊具、垃圾袋以及各种燃料等。

(2)技术装备:登山绳、登山杖、高度计、钢锥、锁具、保护器、冰镐以及其他技术装备等。

(3)通讯装备:对讲机、手机、卫星电话、旗子、手电筒、信号枪、求生哨、烟火等。

(4)个人装备:登山服装、登山鞋、高山靴、头盔、手灯、手套、墨镜以及个人卫生用品、常备药品等。

(二)群众性登山徒步行进技术准备

1. 选路原则

有大道不走小路、有路不开路、有梁不走沟。

2. 行进姿态

（1）平路：肩沉背挺，用腹部深呼吸，全脚掌触地，重心从脚跟过渡到脚尖。

（2）上坡：双脚呈八字，身体稍向前倾。

（3）下坡：重心放在后脚跟，同时降低重心。

3. 速度与休息

（1）速度控制在 90~110 步/分，上山 2~3 千米/小时，下山 3~4 千米/小时。

（2）每行进 40 分钟，可以休息 5~10 分钟。

（3）短暂休息时，可以控制在 5 分钟以内，不卸掉背包，以歇步姿势站着休息为主，调整呼吸。

（4）长时间休息时，可以控制在 10 分钟左右，并建议采用积极性休息。

4. 营养补充

（1）行进中，可根据实际情况及时补充水和糖。

（2）补水原则为少量多次，不渴先喝水，大口喝小口咽等。

5. 体能与风险

（1）上山容易下山难，上山累下山险。

（2）上山的体能消耗一般为下山的 2~3 倍。

（3）下山的风险一般是上山的 2~3 倍。

（4）走路不看景，看景不走路。

（三）周密的活动设计

群众性登山线路选择和设计，一定要根据相关资料和登山者实力进行科学评估、决策，这是顺利组织和实施登山活动的关键。通常来说，设定登山线路的难度系数时应考虑以下指标：路线的长度、距离，海拔上升高度，所需时间，所需装备，气候，所需技术，平均心率，人数规模，新老队员比例、年龄配比等。

（四）群众性登山活动组织流程

一般来说，群众性登山活动的组织流程包括以下几个方面：

（1）登山活动的发起：具有领队和向导资格的个人或组织发起活动，明确活动主题和目的，组织者负责选择线路、设计线路和拟订相关方案和应急预案等。

（2）线路的选择和行程设计：天气预报、具体行程安排、AA 制费用等。

（3）制订翔实的招募贴：招募人数与对象、注意事项、各职务认领等。

（4）公告注意事项：责任告知、知情同意书、免责声明、报名注意事项和装备清单等。

（5）活动执行，安全监控，撰写活动总结，发布照片，发表各种感想、线路经验和 GPS 轨迹等登山报告。

第三节　高海拔登山探险

在高海拔登山探险活动中，运动员面对的是高山缺氧、强风、低温、陡峭地形以及随之而来的各种困难、危险和其他不确定因素等。登山运动员除了在探险精神层面的准备之外，更需要攀登队员和组织者具备丰富的高海拔攀登的经验、体能、技术、战术和组织管理等综合能力（图 15-3-1）。

一、高海拔登山的基础知识

（一）高海拔登山的常识

高海拔登山运动是在海拔 3 500 米以上（西藏地区海拔 5 500 米以上）开展的。随着海拔的逐渐升高,会出现空气中的氧分压逐渐降低、太阳紫外线逐渐增强、气温不断降低等一系列自然环境状态的变化,登山队员会因机体对低氧环境的耐受性降低、缺氧等原因出现一系列自然生理反应,即所谓的高原反应。比较常见的高原反应主要有胸闷、气短、头痛、头昏、乏力、厌食、呕吐等。

图 15-3-1　攀登珠峰北坳
（北京大学山鹰社摄）

（二）高海拔攀登的装备知识

高海拔攀登是在特定的装备器材的辅助下进行的。主要装备大体分为御寒装备、露营装备、技术装备和保障装备等。

（三）运动训练

高海拔攀登的运动员只有进行专门的有针对性的体能和运动训练,才能在高海拔、低温低氧的环境中保持良好的运动攀登的状态。训练应以提高有氧代谢能力为主、提高无氧代谢能力为辅,同时加强核心力量,进行攀岩、攀冰和专业绳索技术等相关训练。

二、高海拔登山技战术

高海拔登山基本技战术包括绳结技术、保护技术、行进技术和战术、建营战术、分组战术、攀登战术、救援技术及其他相关保障技术。

（1）绳结技术:在攀登过程中,绳子要与保护装备、固定锚点等进行多种连接,以满足复杂攀登环境的需要,熟练掌握基础绳结的打法,并掌握应用环境及优缺点。如:"8"字结、布林结、蝴蝶结、双套结、平结、双渔人结、单结、桶结和意大利半扣等。同时攀登过程中的绳索管理也是必不可少的技能。

（2）保护技术:攀登离不开保护技术,无论是人工保护,还是通过保护点连接来完成的保护。熟练掌握"五步保护法"、攀登下方保护、攀登上方保护、放人下降保护等技术,遵循"独立、均衡、备份"的原则,根据不同环境、不同技术装备,安全、合理地建设保护站。

（3）行进技术和战术:包括独立通过、结组通过、修路通过、保护通过、交替保护、绕绳下降等技术。根据对地形和微地形(破碎石、雪坡、雪原、裂缝、刃脊、雪桥、冰岩混合地形、雪崩和冰崩区等)的判断,选择安全科学的行进通过技战术。综合考虑路线难度和强度,结合登山者能力和状态,选择科学合理的冲顶小组、冲顶时机、下撤策略等。

（4）建营战术:根据攀登山峰的具体情况、攀登的线路、营地的环境等来确定营地的建造位置。根据功能的不同和攀登线路的长短,可以建造过渡营地、大本营、前进营地、各高山营地、突击营地和临时营地等。

（5）分组战术:根据具体的攀登任务,进行合理的人员分组是保证攀登任务完成的关键。比如将队伍分为后勤组、宣传组、修路组、运输组、突击组、支援组和接应组等多个组别。后勤组一般具有丰富的攀登经历、优秀的组织和协调能力,高效地为队伍准备攀登所需物资。修路组是队伍的排头兵,要一直走在最前面,通常会选择一些技术较好、经验丰富和心理素质过硬的队员组成修路组。修路探险的未知风险大,要探索未知的路况,并根据对微地形的判断,采用不同的保护技术,完成路线绳的架设,雪锥、冰锥和岩石塞的固定等。运输组一般由体力较好的队员组成,尽管运输组的探路风险减少了,但是承担着燃料、食品、绳子、帐篷等物资的运输任务。突击组一般需要具备出色的体能、过硬的攀登技术和丰富的攀登经验,遇到突发状况时能迅速地做出正确的决策并采取有效的行动。支援组和接应组在登山的过程中扮演着重要的角色,不仅需要具备专业的技能、良好的体能和心理素质、团队协作和沟通的能力,还应当有较强的执行力,确保登山活动的安全顺利进行。

（6）攀登战术:攀登方式包括阿尔卑斯式、喜马拉雅式和混合式攀登等。

（7）救援技术:救援工作是攀登计划的重要组成部分。救援工作包括不同攀登小组的各个高山营地之间的相互接应,步话机的科学使用,裂缝救援、雪崩救援、突发性高原病的营救等。

（8）其他相关保障技术:包括后勤补给、装备使用和保养、医疗救援、通讯、环境维护等技术。

三、高海拔登山的组织实施

（一）团队组建

（1）登山队的组成:为了更好地完成攀登任务,在队伍组建初期,就需要根据队员的个人特点及攀登工作的实际需要进行职务分工,如确定总指挥、攀登队长、后勤队长、装备、后勤、通讯、摄影、摄像、队医、内务等人选。另外根据《国家登山管理办法》等相关的规定,还需要聘请专业的高山协作、高山向导等。

（2）登山队的纪律与文化。高海拔登山是一项高风险的户外活动,积极的团队文化和严明的纪律是确保队伍有序、安全攀登的重要因素。通过严明的纪律和向上的文化氛围,可以激发队员的潜能和热情,提高队伍的凝聚力和战斗力,从而顺利完成攀登任务。

（二）选山和审批

（1）选择山峰:在相关登山主管部门或专业登山团队的建议和指导下,组织者根据队伍的实力,判断选择所要攀登的山峰。选择山峰的主要指标有山峰所在地、山峰高度、攀登路线的难度、队伍的实力、攀登的季节、攀登的历史、山区的气象条件、进山的交通条件等。

（2）登山审批:《国内登山运动管理办法》明确规定,攀登西藏 5 500 米以上山峰和其他省、自治区、直辖市 3 500 米以上独立山峰的登山活动,应当向山峰所在地体育行政部门递交申请,获得批准后方可进行攀登活动。攀登 7 000 米以上的独立山峰,需获得国家体育总局的批准。

（三）集训

攀登队伍组建后,攀登雪山前,通常都要进行为期 2~6 个月左右的集中性训练和学习,为顺利完成攀登任务打下坚实基础。集训内容通常包括:

（1）登山基础知识的学习:知识培训主要包括登山运动的基础知识,攀登山峰的相关信息了解与分析,攀登计划与职务分工,团队组织纪律与团队文化等。

（2）体能训练:集中在有氧耐力、力量、速度、灵敏性、平衡性和心理素质的训练,通常采用常规运动训练、攀登训练和模拟训练相结合的方式实施。例如,集训队员1万米跑、攀岩、攀冰、负重徒步穿越、低海拔雪山环境拉练等。

（3）登山技术训练:重点围绕攀登与安全,对冰雪通过技术、攀登技术、保护技术、露营技术、绳结技术、救援技术、通信技术、后勤保障技术等诸多技术进行系统地学习和训练。

（四）攀登计划书的制定

攀登计划书制定前需要进行翔实的资料搜集和整理工作,计划一旦形成,将是后续具体实施登山活动的指导性文件。攀登计划书通常包括攀登定位、攀登计划、攀登原则、队伍组建、山峰概况、气候情况、攀登历史、装备清单、风险排查清单和风险应急预案、进山路线、进山地形及攀登路线、日程计划和组织纪律等。

（五）登山活动的实施

登山活动的实施会涉及前站、物资准备、交通、建设营地、高原适应、山峰和线路侦察、探路和修路、运输、通讯、医药、行军、冲顶、下撤、救援、摄影、摄像和记录等相关工作。

（六）登山活动的总结

登山总结不仅是对登山收获的总结,对登山得失的反思,对经验增长的超越,也是登山文学的重要体现手段,不仅可以弘扬积极向上的登山精神,而且可以给未来的登山爱好者提供更为丰富有益的山峰和攀登信息,为人们更好地开展登山活动做出应有的贡献。

四、高海拔登山的风险管理

高海拔登山探险是风险极高的户外运动项目。攀登活动的成功不仅在于成功登顶,还在于安全返回。而且,高山探险的所有理论、知识、技战术等都是紧紧围绕安全攀登展开的(图15-3-2)。

图15-3-2　珠峰大本营的登山遇难者纪念碑(钱俊伟摄)

高海拔登山探险经常能遇到诸如急性高原反应、雪崩、滑坠、失温、滚石、冻伤、坠入冰裂缝、雪盲、晒伤、迷路等危险情况。在攀登过程中,一个简单的失误就可能葬送生命,因此攀登者在训练中要严格要求自己,在进行攀登技术和战术决策训练时,争取做到零失误。此外,高山探险家们通过一次次不畏艰难险阻的攀登实践,总结出了许多宝贵的风险管理经验,其中就包括高山风险。高山风险主要包括以下三种:

（1）绝对风险:绝对风险是指对风险没有任何控制的极端情况,会产生最糟糕的后果。

（2）剩余风险:剩余风险是绝对风险得到合理有效控制后,依然存在的风险,但风险发生的程度可控。

（3）感知风险:感知风险是攀登者对风险的主观认识和感受。感知风险根据参与者的经验和性格,存在较大的个体差异。一般来说,当感知风险小于剩余风险时,攀登者会忽略真正风险,以致因鲁莽、大意等发生意外;当感知风险大于剩余风险时,则有可能会放大心理的恐惧感,以致因心理状态的失衡而发生意外。只有当感知风险等于剩余风险时才是最为理想的状态。因此,登山者要努力学习和积累经验,提高自己在登山探险过程中对可能发生的各种风险的预判和防范能力。

第四节 滑雪登山

一、项目概论

滑雪登山(ski Mountaineering)是从现代登山运动中衍生出来的运动项目,起源于欧洲的阿尔卑斯和比利牛斯山区。滑雪登山运动是以雪山综合攀登技术为主,滑雪为辅的一项冬季山地户外运动,包括雪地行走、攀登、结组、登山器械操作、下滑等多个元素。滑雪登山将登山运动和滑雪运动充分结合,要求滑雪登山参与者既要具备登山的技巧和体能,还要熟练掌握滑雪的各项技能。滑雪登山运动在欧洲阿尔卑斯和北美地区发展较成熟,欧洲地区参与滑雪登山的人口约为120万人。

国际滑雪登山比赛理事会(ISMC)成立于1999年,ISMC的成立取代了1988年在巴塞罗那成立的国际滑雪登山比赛委员会(CISAC)。2007年10月6日,国际登山联合会(UIAA)大会批准了新章程,设立了"单位会员"这一职位,由于这一变化,有必要组建一个独立的具有法人资格的国际竞赛联合会,命名为国际滑雪登山联合会(ISMF)。2008年,国际滑雪登山联合会(ISMF)正式从国际登山联合会(UIAA)独立出来,成为全面负责国际滑雪登山运动普及推广与发展的国际单项体育组织,是国际奥委会(IOC)的成员。滑雪登山项目曾经是第一届、第二届、第四届、第五届冬季奥林匹克运动会的正式比赛项目,后来因为种种原因而退出奥运舞台。2017年7月,国际滑雪登山联盟(ISMF)与国际奥委会宣布:滑雪登山项目被批准列为2020年洛桑冬季青年奥林匹克运动会的正式比赛项目,2021年7月,国际奥委会第138次全会表决通过滑雪登山成为2026年米兰冬奥会的正式比赛项目。

2004年,中国登山协会派出多名教练和队员前往西班牙参加第二届世界滑雪登山锦标赛,这是中国运动员首次亮相世界滑雪登山赛场。2007年,亚洲滑雪登山联合会(ASMF)成立,中国不仅是该联盟的成员国,还是三个发起国之一。从艰难起步,到星星之火,再到蓬勃发展,滑雪登山运动的不断发展壮大离不开一代又一代登山人的努力。中国登山协会(CMA)作为国际滑雪登山联合会(ISMF)正式成员单位,始终致力于宣传、推广这项运动,多次成功举办全国赛、亚洲赛以及国际赛事,搭建起完整的赛事层级体系。目前,滑雪登山项目的训练体系、竞赛体系、运动员管理体系、培训体系等都已比较成熟。

二、器材与装备

滑雪登山装备与普通滑雪装备有着明显的不同,最大的区别是滑雪登山拥有穿板向上爬升的装备:止滑带、具有上升行走及下滑的固定器、适合行走及下滑的雪靴。本节主要阐述滑雪登山运动的主要装备,一些辅助装备如手套、眼镜等可参考登山运动或滑雪运动装备。

(一) 雪靴(图15-4-1)

滑雪登山是一项既有穿板下滑,又有穿板爬升的运动,无论是上升还是下滑的技术动

作主要靠脚来完成,因此,滑雪登山所使用的雪靴具
有特殊结构。

滑雪登山雪靴有两个模式:行走模式和滑雪模
式。雪靴的后方有一个调节器,这种调节器有的是
一个垂直杠杆,有的是横向摆动的搭扣,调到行走模
式的时候脚后跟不会锁紧,雪靴的脚踝部分可以让
小腿前后移动,让脚面自由抬起,长时间行走和登山
时脚踝能保持一定灵活度。调到滑雪模式就跟普通雪靴没有太大区别,对脚踝和小腿都

图 15-4-1 雪靴

有很好的固定和支撑,让腿部的力量通过靴子直接传到雪板。另外,为了在陡坡背板攀登
时,脚底不打滑,雪靴底面一般都有弧形的设计来增加摩擦。

在过去的 10 到 15 年里,滑雪登山比赛装备中变化最大的就是滑雪靴。重量上从约
1.3 千克下降到 500 克,固定方式上雪靴前端固定变得更加灵活和方便,使攀登速度得到
大幅提高,同时显著提升了下坡的控制能力。雪靴重量的变化原因在于材料的变化,碳纤
维的广泛使用,使得雪靴越来越轻。雪靴的主要参数是硬度,硬度越高,传动性能就越好,
但是舒适度会降低,也需要更强大的腿部肌肉和滑雪技术来支撑。一般男性高水平选手
用的靴子硬度需要在 110 以上。试穿的时候,一般采用穿上内壳试整体的方式。在试穿
之前应该先选择靴子的脚板宽度,有窄、中、宽 3 类,可以根据自己的脚板宽度来选择、雪
靴长度选择,以直立状态下脚趾稍稍顶着靴子为标准,因为雪靴穿一段时间后会略微变得
宽大。

(二)雪板(图 15-4-2)

滑雪登山雪板的结构与普通滑雪板类同,基本可以分为板头、板腰、板尾、板面、板底、
板刃,但大众滑雪登山雪板要比普通滑雪板轻而宽,因为自然雪地积雪深厚且柔软,高山
滑雪板很容易陷入雪里无法滑行,滑雪登山宽而
轻的雪板可以更好地在自然雪地滑行和转向。
雪板基本上是由一个核心层,上下各覆盖一层合
成材料层,然后是板顶、板底,再加上边墙和金属
边缘。核心层是影响雪板强度和硬度的最主要
因素,除了木头之外,经常用到很多其他新型材
料,比如玻璃纤维、泡沫、凯夫拉、碳纤、蜂巢铝合
金、钛合金等。

图 15-4-2 雪板

除了大众滑雪登山雪板以外,还有专门的滑雪登山竞技雪板,其宽度、长度和重量由
国际滑雪登山联合会(ISMF)规定。现代大多数男子比赛所用滑雪板长 160 至 164 厘米,
板腰宽 65 毫米,重量约 750 克。女用滑雪板略小,长度约 150 至 154 厘米,重量约 700
克。滑雪登山的竞技雪板非常独特,因为这种雪板比较短,宽度较窄而且非常轻,很多比
赛用的滑雪板也是以顶端用来粘贴止滑带的槽口为特征,并且有一个小摇杆设计和一个
更宽的顶端来帮助提高下坡性能。

传统的滑雪登山雪板为双板,但是近年来逐渐出现可用来滑雪登山的单板。在上升
时可以从中间拆开,旋转固定器与板头对齐,一分为二用作登山模式。下滑时将两块板合
为一体形成单板,调节固定器可用作下滑。

（三）固定器（图15-4-3）

雪板固定器为雪板和雪靴提供连接,起到连接滑雪者身体和雪板的作用,滑雪登山者施于滑雪靴所有的动作和压力都通过固定器作用到雪板上。

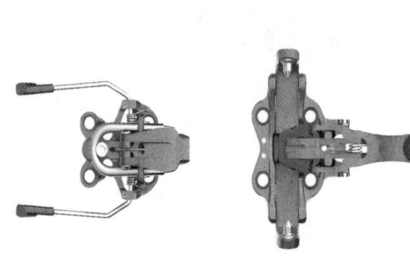

图15-4-3 固定器图

滑雪登山雪板固定器一般分为前固定器、后固定器。前固定器为撞针结构,当雪靴前端与之连接后可以上下旋转,前固定器连接后可以锁定。后固定器主要分为旋转式和拨片式,一方面可以在行走时打开脚后跟并且形成支撑,另一方面也可在下滑时固定雪靴进行滑雪。固定器可根据地形需求调整模式,有下滑模式和行走模式。行走模式一般又分平地、缓坡、陡坡三种模式,根据坡度调整不同的支撑高度,使人在爬坡时保持脚的水平状态,减轻疲劳。滑雪时,后固定器可以打开拨片或者旋转,将后固定器扣在雪靴里,前后形成固定,也可在压力达到了预设值的时候(如摔倒情况下)释放开,确保滑雪登山者在重落的时候,雪板和腿不相连,避免造成严重伤害,如骨折和韧带拉伤。

滑雪登山雪板固定器上的制动装置(雪耙)可以在板子脱落后让其停下来,在自然雪域中滑雪登山时建议使用板绳把板系在腿上,这样可以防止雪板进入积雪后丢失。

（四）止滑带（图15-4-4）

止滑带是贴在雪板底部的条状物,一个方向有摩擦,一个方向很顺滑,提供单向抓地力,用以帮助雪板在雪坡上行走,可以让雪板在雪地上向前或向上滑动,而不向后滑动。原始的止滑带是用动物毛皮做的,现在的止滑带绒毛通常用马海毛、合成尼龙或它们的混合物制成。

图15-4-4 止滑带

止滑带在使用时,一般前端要套入板头,后端要卡进凹槽,中间利用粘胶贴合板底进行连接,这样在穿板行走时止滑带不易脱落。竞技比赛用的止滑带没有尾部固定器,只用前端连接加底部粘合的方式固定在雪板下,方便行走时的安装和下滑时的摘除。

滑雪登山环境寒冷,止滑带有胶的一面很可能失去黏性,甚至被湿雪包裹,从雪板上脱落,绒毛面也可能在结冰的赛道上没有抓地力,导致行走时止滑带脱落发生危险。鉴于止滑带的关键作用,及其潜在的故障因素,止滑带的选择和保养都十分重要,长线路滑雪登山建议带止滑带胶、去冰装备和防雪板粘雪的雪蜡,以及备用止滑带。

（五）雪杖（图15-4-5）

雪杖的作用主要是在滑雪登山时用来支撑前进、控制平衡、引导变向等,在雪杖的

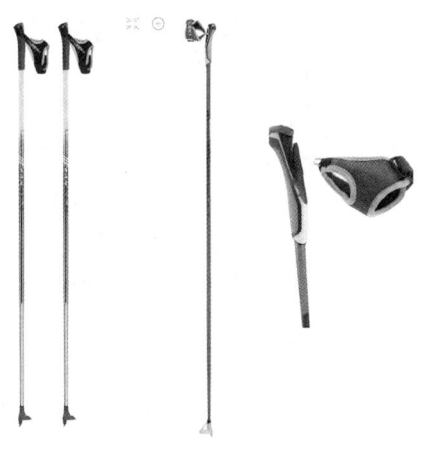

辅助下,滑雪登山者可以更方便地在雪地行走和滑行。它的结构一般包括:手柄、腕带、杖杆、杖尖、雪托和避震系统。在滑雪登山中,由于上坡行走和下坡滑行都需要雪杖,在下坡时,需要用更长的雪杖滑降,所以,滑雪登山需要可调节长度的雪杖。在竞技方面,为了更容易出入转换区,雪杖通常有坚硬且重量较轻的碳纤维手柄和适宜的腕带、更宽的雪托、更锋利的杖尖。

图 15-4-5 雪杖

(六) 背包(图 15-4-6)

滑雪登山背包是滑雪登山时用来装载物资装备的背囊,主要是背负雪板,并且在穿着和脱掉滑雪板的整个过程中不需要卸载背包。滑雪登山背包一般都有背负系统、装载系统和外挂系统。

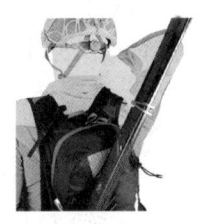

图 15-4-6 背包

背负系统提供舒适稳定的背负感受,保证身体灵活转动,适应滑雪登山运动。装载系统可携带衣物、水袋、头盔等。比赛用的背包在耐用性和外挂系统功能方面差别很大,有的背包可以 A 字形背携雪板,有的背包可以对角线形背携雪板,有的背包有冰镐背携系统,以应对难度较大的山路。

在安全方面,有的背包有专门的雪崩安全救援器材口袋便于快速取用,可以放雪铲、探杆、雪锯或其他救援装备。几乎所有的竞技背包都有一个用来装冰爪的单独的侧袋、一个装水袋的口袋和一个用来穿水袋软管的孔。

在背包空间大小方面,要考虑是单日背包还是多日背包,如果是单日背包,不仅要适用于单日的生活物资,还要考虑到有一些额外的空间来满足一整天的滑雪登山需求,较合适的容量一般为 15-20 升。

(七) 头盔(图 15-4-7)

滑雪登山头盔的主要功能是为滑雪登山者的头部提供防护,包括撞击防护和保暖防护。头盔一般包括:外壳、主体、内衬、调节器、固定装置和雪镜扣。

头盔外壳材料主要有两种:PC(聚碳酸酯)和ABS(工程塑料的一种)。PC 头盔一般比 ABS 头盔轻,价格也要比 ABS 头盔贵。头盔主体材质为 EPS(发泡型聚乙烯)。内衬主要是增加舒适感,材质为

图 15-4-7 头盔

海绵覆合各种布料,如起毛布、剪毛绒等。调节器调节头盔尺码大小。固定装置一般由织带和插扣组成,作用是把头盔固定在头上防止在运动时脱落。雪镜扣是为了固定滑雪镜。

除了材料、结构因素外,其他需要考虑的重要因素还有透气孔和护目镜。透气孔可以帮助头部保持清爽,但如果透气孔设置在头盔的前面,可能导致在护目镜上蒙上水汽,无法看清道路状况。头盔应该配有功能良好的护目镜系统,同时在护目镜系统中安装头灯。

(八) 雪崩安全器材(图 15-4-8)

在自然雪域进行滑雪登山活动或竞赛,还需要准备雪崩安全器材,因为自然雪域积雪较厚、地形复杂,最大的两种危险就是滑坠和雪崩冲击掩埋。

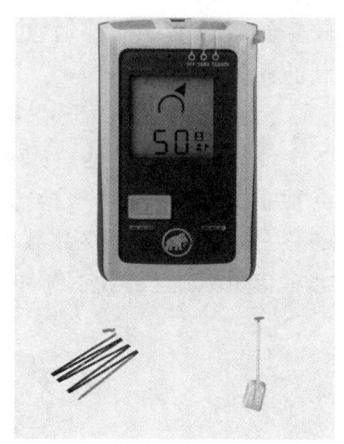

在自然雪域一旦发生危险,想要得到快速救援是非常困难的,预防和自救就显得尤为重要。雪崩安全器材也称"雪崩三件套":信号收发器(雪崩信号器)、雪层探测杆及雪铲。信号收发器(雪崩信号器)通过发射的无线电波,来搜寻定位被埋者的位置,不同品牌的收发器一般可以相互通用;探测杆,又称探针,一般为可折叠式样,携带、组装起来都很方便,主要用于探定被埋者的准确位置和深度,以大大减少挖掘量,争取宝贵的救援时间;雪铲用于铲除积雪、挖出被埋者,雪崩往往夹杂着比较硬实的雪块,在雪崩停止后大量动

图 15-4-8 雪崩安全器材

能会把崩雪紧紧压缩,形成坚硬的积雪堆,如果徒手来挖雪,效率极低,相比之下,用雪铲则事半功倍。在滑雪登山竞赛中,雪崩三件套是必须要准备的安全器材。

在此之外,还有一种安全自救器材为雪崩气囊包。这种背包可以在雪崩发生的前十几秒手动触发,产生一个极大的气囊,帮助滑雪登山者漂浮在雪流的表面,减少被掩埋的风险,并且能减少绝大部分来自后方对头部和颈部的冲击。根据一些研究和统计结果,使用雪崩气囊包可以让滑雪者在雪崩中的存活率提高 30% 左右。

三、项目分类

滑雪登山的分类也有很多不同角度,如根据不同的参与目的可分为自由滑雪登山、穿越滑雪登山、运动滑雪登山、竞技滑雪登山等。本书将重点介绍竞技滑雪登山项目,主要包括垂直竞速、短距离、个人越野、混合接力、团体赛。

(一) 垂直竞速项目

垂直竞速是单一的攀登项目,比赛线路内只有上坡,没有下坡,单独比赛,集体出发。垂直竞速赛通常包括 400~700 米的爬升。线路长度设置为 1.5~10 千米,整个比赛线路只设置有止滑带攀登赛段,不设置背板和下滑赛段。

垂直竞速项目以个人形式比赛,仅包含单次穿板攀登,不设置背板攀登和下滑部分。垂直竞速赛可以在雪道外进行,但只能沿着最小宽度为 2 米的隐蔽赛道进行。平均坡度至少为 15°,终点线后的区域必须完全平坦或缓坡,并且至少有 6 米宽。

垂直竞速赛,每个组别只有一场比赛,预赛即决赛,所有运动员最终成绩以实际抵达终点成绩的排名为准。每个组别单独排名。

(二) 短距离项目

短距离赛路线包括止滑带行进、背板行进和一段下滑。短距离赛线路短,运用技术全

面,且比赛全过程都在观众视线观察之内,比赛精彩刺激,具有极高的观赏性。短距离项目比赛中每位运动员需完成 70~80 米的海拔爬升,线路长度 600 米左右。比赛时间在 3 分钟至 3 分 30 秒。终点线被设置在一段蹬冰式滑行之后,这样运动员在冲过终点之前必须有一段蹬冰式的滑行,以确保比赛的安全和精彩。

短距离赛中的资格赛,运动员一般按顺序每间隔 20 秒出发,分别进行计时;淘汰赛中一般由 6 名运动员同时出发。

(三) 个人越野项目

个人越野赛就像马拉松一样,通常是运动员集体起跑,在没有任何外界援助的情况下独立完成比赛。该项比赛线路长、耗时多且地形复杂,对参赛者的体能和技术有较高要求。

个人越野项目整个线路需要至少 3 次上升,3 次下滑,累计爬升 800~1 600 米,线路长度设置为 10~30 千米。比赛时长通常在 1 小时 15 分钟至 1 小时 30 分钟。整个比赛线路中根据地形设置有不同的止滑带攀登、背板攀登和下滑三个赛段。几乎所有的比赛在路线中至少设置一个背板攀登的爬升赛段,在这个爬升过程中,运动员需要脱掉雪板,并将雪板固定在背包上。背板攀登的比赛线路通常短且陡峭,背板赛段路线大多设置在穿着雪板不可能完成的极端地势中。

个人越野赛,每个组别只有一场比赛,预赛即决赛,所有运动员最终成绩以实际抵达终点成绩的排名为准。每个组别单独排名。

(四) 混合接力项目

混合接力项目的比赛形式和短距离项目的形式有相似之处,但又有很大的不同。混合接力赛每个代表队最多可以组成 4 支队伍参加,每支队伍有 2 名队员(男女各一名组成)。混合接力赛的线路与个人短距离赛的线路相似,长度通常是短距离赛线路的两倍,累计爬升通常为 130 米到 160 米。国际滑雪登山联合会(ISMF)要求混合接力赛线路要有两个上坡和两个下坡,其中在第二个上坡时需要设置穿板行走和背板行走两个不同路段。

混合接力赛的资格赛中,所有队伍的男、女运动员分别按照短距离资格赛出场顺序间隔 30 秒出发,最终以每支队伍男、女运动员比赛成绩相加来进行排名;淘汰赛中,按照"女—男—女—男"的顺序进行接力比赛,每支队伍的每名队员需完成 2 次比赛路线。

(五) 团体赛

团体赛是滑雪登山比赛中的传统形式,在 21 世纪之前,大多数赛事都采用这种形式。当前,其他的比赛形式也都是由团队赛演变而来。设计团队赛的出发点是基于没有人能够独自在山中旅行的事实思考。

团体赛一般由 2 名同性别且属于同一类别的运动员组成。团体赛道通常包含约 1 800 米以上的累计爬升以及多个上坡和下滑(每次比赛约 5 个循环),线路长度设置为 10~30 千米,比赛时长通常在 2 小时至 2 小时 30 分钟。整个比赛线路中根据地形设置有不同的止滑带攀登、背板攀登和下滑三个赛段。

团队比赛中也包括背板攀登,在一些大型的赛事中,还会设置专业性更强的内容或冰川线路。在这些线路上,为了保证安全,队员们需要采用结绳攀登、冰爪攀登,这就使得滑雪登山比赛的难度增大,同时也增加了赛事的观赏性。

团体赛,每个组别只有一场比赛,预赛即决赛,在起点统一出发,同一个队伍的队员必须跟紧彼此,共同前进,比赛要求团队成员必须集体通过检查点(转换站)。

四、项目教学与训练

(一)穿板行走(图15-4-9)

1. 技术要点

(1)擦净雪板底部灰尘,将止滑带正确贴于板底,确保牢固、方向正确,防止脱落。

(2)滑雪板置于雪面,将雪靴前端与雪板前固定器连接,并进行锁定,将雪靴与雪板调整为登山/行走模式。

(3)交替式行走,行走时一支板下压承重,另一支板虚贴于雪面向前拖行。

(4)"Z字上升技术"来应对陡坡。Z字爬升时,根据陡坡程度,雪板前进方向与滚落线呈一定夹角,转向时,山上脚雪板先旋转移动到上坡另一侧,与山下脚雪板呈90度,然后过渡重心至山上脚,抬起山下脚雪板紧贴山上脚旋转置于雪面。

图15-4-9 穿板行走

(5)调节雪杖高度,使用时大臂与小臂呈85度左右夹角为宜。双手握雪杖,交替式插于雪面向前辅助推行。

(6)可根据坡度的大小调节后固定器支撑高度,坡度越大,支撑高度越高。

2. 教学要点

(1)止滑带要确保干净具有黏性,前后方向要对准,一般前后端要卡进凹槽或套入板头;确认止滑带居中贴在板底,没有遮住板刃。

(2)确保雪靴与雪板前固定器对应连接且牢固,并为锁定状态。没有雪杷的雪板需用挂绳将雪板与雪靴连接。

(3)身体微前倾,采用稳定的步幅与配速,以自然协调的方式交替使用雪杖。

(4)不要让小腿肌肉长时间处于拉紧状态,根据坡度的变换灵活调节后固定器的高度,每次踩地时,脚底支撑角度基本与水平线平行。

(二)背板行走(图15-4-10)

1. 技术要点

(1)打开雪板前固定器,将雪靴与雪板脱离。

(2)将雪板上的雪或杂物处理干净,板底相贴,上下对齐。将雪板至少两点固定在背包上。

(3)使用雪杖辅助撑地行走,缓坡可采用交替式,陡坡可同时先将两根雪杖置于身前,利用下压及向后的推力辅助爬升。

2. 教学要点

(1)两块雪板一定要贴紧,至少两点固定在背包上,确保牢固,在行走时不脱落。

(2)雪板上端点一般采用弹力绳配合挂钩固定,不宜太松,以免行走时晃动角度太大影响身体重心。

图15-4-10 背板行走

(3)背板行走时雪靴模式为登山/上升模式。

（三）穿板下滑（图 15-4-11）

1. 技术要点

（1）如果此时为穿板行走模式，先打开雪板前固定器，将雪靴与雪板脱离。

（2）将雪板调整为下滑模式，释放雪耙。

（3）将雪板底部的止滑带从头到尾揭除，揭除前清理浮雪与杂物。

（4）止滑带揭除后，带有粘胶一面对折相贴或使用专门的辅助贴皮，防止粘胶弄脏失效。贴好后折叠或缠绕收纳进背包，或者置于滑雪服内部，不可散落在外或在滑行时丢落。

图 15-4-11　穿板下滑

（5）将雪靴调整为下滑模式，锁紧锁扣。自后向前鞋尖下压踩入前固定器，再踩入后固定器。下滑时不要将前固定器的扳手锁定，以免发生危险时雪板不能从脚部脱离。

（6）使用滑雪回转技术下滑，不要速滑冲坡，注意躲避障碍物及危险地形。

2. 教学要点

（1）摘除止滑带前先调整雪板为下滑模式，并释放雪耙，以免雪板滑走。

（2）雪鞋踩入前固定后要上下抬脚后，再踩入后固定器，以此确保雪板前固定器撞针卡入雪靴前部卡槽。

（3）下滑时要使用回转技术控制方向与速度，保障安全。

（4）下滑时必须佩戴头盔。

（四）风险管理

（1）提前检查并正确佩戴装备，确保装备经过相关机构认证，并符合滑雪登山的要求。

（2）在自然雪山进行滑雪登山之前，可在人工雪场进行穿板行走、背板行走、穿板下滑技术的练习，但要确保经过雪场管理人员允许。

（3）在参与滑雪登山项目之前，可在人工雪场专门练习滑雪技术，一般须熟练掌握平行式滑行技术。

（4）在自然雪山进行滑雪登山项目，必须与专业导滑同行，并携带"雪崩安全器材"。

（五）课后测试

（1）回顾穿板行走、背板行走、穿板下滑各技术要点。分成三组，每组挑选其中一种技术进行分组演示，演示时其他两组进行观察与纠错。

（2）模拟短距离比赛，按照穿板上升、转换为背板上升、装换为穿板上升、装换为穿板下滑、蹬冰式通过终点的流程进行教学比赛，综合检测滑雪登山技术。

【学 用 检 验】

1. 请结合本章所学知识，制定一份群众性登山方案。

2. 请结合本章所学的安全知识和技战术，分析一起户外登山探险事故。

【章前导言】

山地越野跑是指在自然环境中进行的跑步活动,通常包括山地、森林、草原、沙漠、海滩等多种地形。山地越野跑不仅是对跑者耐力与速度的考验,更是一场技巧与策略的较量。在充满挑战的山野之地,跑者需在多变的地形中展现出超群的身体适应力和坚毅的心理素质。本章介绍山地越野跑的核心概念、关键技术,以及实用的教学策略。通过本章的学习,可以更好地掌握越野跑的要领,提升自身能力。

【学习目标】

1. 掌握山地越野跑的基本概念、起源发展及运动价值。

2. 学习并实践山地越野跑的技战术训练,提高越野跑效率和安全性。

3. 理解并掌握山地越野跑的教学方法,提升个人技能与指导教学能力。

第一节 山地越野跑概述

一、山地越野跑的起源与赛事发展

(一)山地越野跑的起源

山地越野跑的最早形式可以追溯到史前时期,当时人们为了狩猎、迁徙或战争等目的需要在野外进行长距离奔跑,这是生存的一部分,而非专门的体育活动。最早有记录的越野跑是11 世纪英国的 Fell Running,Fell Running 主要流行于英格兰北部湖区(Lake District)和苏格兰高地,在当地方言中,"Fell"指的是丘陵或山脉。这种跑步活动通常在山区进行,参与者需要克服复杂的地形和气候条件。

(二)山地越野跑赛事的发展

1. 国外赛事发展

19 世纪末 20 世纪初,越野跑比赛开始在欧洲和北美地区出现并逐渐发展壮大。例如加利福尼亚州的 Dipsea Race,从1905 年创办起就成为美国历史上最重要的越野跑赛事之一。这些比赛的距离通常不长,以单向爬升为主。20 世纪中期,随着越野跑在欧美地区的普及,其他国家和地区也开始举办越野跑赛事,例如日本富士山的越野跑赛事。

随着越野跑赛事的增多和规模的扩大,国际越野跑协会

(ITRA)等组织成立,为越野跑赛事的分类定级、规则制定等提供标准。世界各地开始涌现出众多著名的越野跑赛事,如 1974 年举办的西方 100 英里越野跑(Western States 100-Mile Endurance Run)简称"西部一百英里"、1995 年举办的法国环勃朗峰极限越野赛(UTMB)、2010 年举办的意大利巨人之旅越野赛(Tor des Géants)等。这些赛事以其独特的路线设计、高难度的挑战和壮丽的自然风光吸引了众多跑者的关注和参与,对全球越野跑运动产生了深远的影响,激发了世界各地举办长距离越野跑赛事的热情,进一步促进了越野跑运动的普及和发展。

2. 国内赛事发展

我国越野跑赛事发展历程促进了户外运动文化的兴起和体育产业的蓬勃发展。自 21 世纪初,中国越野跑赛事以小规模、地方性的活动为起点,参与者主要是户外运动和登山爱好者。随着全民健身政策的推动和户外运动文化的普及,越野跑赛事的数量和规模也逐年扩大,类型日益多样化、参与人数持续增长、国际化水平不断提高,吸引了越来越多的国际选手参与,同时也有更多的中国选手走出国门,参与国际级的越野跑赛事。

近年来,我国越野跑赛事的发展势头强劲,北京 TNF100、香港 100、崇礼 100、大五朝台之旅、黄山 168 和四姑娘山超级越野跑等赛事已经成为国内越野跑爱好者的热门选择,此外,UTMB(环勃朗峰超级越野赛)在中国设立资格赛,为国内跑者提供了通往国际顶级赛事的机会。这些赛事不仅为参与者提供了展示自我、挑战极限的平台,也极大地推动了中国越野跑运动的普及和发展。政府的政策支持和国内外品牌的资金投入也为越野跑运动的发展创造了有利条件,推动了体育与旅游的融合,提升了国民身体素质,对推动全民健身运动产生了积极影响。

二、山地越野跑比赛项目分类

《中国登山协会山地越野跑办赛指南、参赛指引》文件中将越野跑距离分为 S、M、L、XL 四个级别。

1. 短距离山地越野跑(S 级路线)

(1) S1 级路线:距离在 25 千米以内,海拔为 3 500 米以下的越野跑路线。属于初级难度级别,路线短,海拔起伏小,技术要求简单,适合初学者适应野外环境,学习越野跑的基本技巧。

(2) S2 级路线:距离在 25 千米以内,海拔为 3 500 米以上的越野跑路线。相比 S1 线路,跑者将面临更高的海拔和复杂地形,技术要求相对较高,适合有一定经验的跑者。

2. 中距离山地越野跑(M 级路线)

(1) M1 级路线:距离在 25~50 千米,海拔为 3 500 米以下的越野跑路线。适合具备一定越野跑经验和体能基础的人群参与,需进行充分的训练并准备合适的装备。

(2) M2 级路线:距离在 25~50 千米,海拔为 3 500 米以上的越野跑路线。路线对跑者的体能和耐力有了更高的要求,同时也考验了他们在高海拔环境下的适应能力,需具备良好的体能基础和一定的山地跑步技巧,以应对可能的高原反应和复杂的地形。

3. 长距离山地越野跑(L 级路线)

(1) L1 级路线:距离在 50~100 千米,海拔为 3 500 米以下的越野跑路线。路线适合经验丰富、体能较好的跑者挑战。需要具备良好的路线识别和自我管理能力。L1 级路线是参与者迈向更长距离越野跑的重要阶梯,有助于提升整体越野能力。

（2）L2级路线：距离在50~100千米,海拔为3 500米以上的越野跑路线。路线极具挑战性,对跑者的体能、耐力以及高海拔适应能力都有较高要求,不仅需要克服高海拔带来的氧气稀薄等困难,还需应对复杂多变的山地地形。

4. 超长距离山地越野跑（XL级路线）

距离在100千米以上（含）的超长山地越野跑路线。超过100千米的极限挑战路线,无论海拔高低,都是对跑者生理和心理极限的极大考验,适合顶尖越野跑者。

依据中国登山协会的规定,S2、M2、L2、XL比赛项目属于高危险性体育竞赛项目。商业性、群众性山地越野跑赛事仅能设置距离在50千米以内且海拔低于3 500米的比赛。

三、山地越野跑的器材与装备

在进行山地越野跑时,跑者应准备全面而专业的装备,以确保在复杂地形中的安全性和舒适度。同时,根据个人需求和天气情况,合理选择和搭配装备,以达到最佳的运动体验。

1. 背包类

（1）越野背包：用于携带所有必需品,如水壶、急救包、能量补给等。背包应轻便、耐用,并具备良好的背负系统,以确保长时间背负时的舒适度。

（2）腰包：可挂在腰间,存放一些小物品,如手机、钥匙等,以便随时取用。

2. 服装类

（1）冲锋衣：应对可能出现的极端天气,如雨水、大风等,保护跑者免受湿冷侵袭。

（2）速干衣裤：选择快干、透气、轻便的材质,有助于保持身体干爽,避免运动中的不适感。

（3）保暖衣物：根据天气情况,准备适当的保暖衣物,如保暖卫衣、羽绒背心等,以保持体温。

（4）越野跑袜：厚实的羊毛袜或专业越野跑袜,具备良好的吸汗、排汗性能,有助于保持脚部干爽,防止出现水泡和摩擦伤。

3. 鞋类

选择具备防滑、抓地力强的大底,以及良好的缓震和支撑性能的越野跑鞋,以确保在各种地形上的稳定性和安全性。

4. 导航与通信设备

（1）导航手表：具备GPS定位功能,可记录运动轨迹,监测运动状态,并在必要时提供导航指引。

（2）对讲机：在组队进行山地越野跑时,对讲机可确保队员之间的实时通讯,提高安全性和团队协作效率。

5. 补水与能量补给

（1）水壶/水袋：根据跑步时长和强度,准备足够的水或运动饮料,以保持身体水分平衡。

（2）能量补给：如能量胶、盐丸、小面包、坚果等,可根据个人喜好和需求进行选择,以在运动中及时补充能量。

6. 其他辅助装备

（1）登山杖：在复杂地形中，登山杖可提供身体的支撑和稳定性，有助于减轻腿部负担，提高跑步效率。

（2）防晒装备：包括防晒帽、太阳镜、防晒霜等，以减少紫外线对皮肤的伤害。

（3）急救包：包含创可贴、碘伏棒、云南白药、邦迪等急救用品，以备不时之需。

（4）头灯：在夜间或光线不足的情况下进行越野跑时，头灯可提供照明，以确保安全。

四、山地越野跑的价值

1. 身体素质提升

通过在不同地形上进行越野跑来提升跑者的心肺耐力、肌肉力量和身体协调性，为参与者提供一个全面的锻炼平台。

2. 心理素质锻炼

山地越野跑不仅仅是一场对体能的考验，更是一次对心理承受能力的严峻挑战。跑者在面对崎岖不平的复杂地形和变化莫测的极端天气时，能够锻炼培养坚韧不拔的意志力、自我激励的能力以及应对各种压力的策略。这种锻炼不仅能够提升他们在跑步过程中的表现，还能在日常生活中遇到困难和挑战时，帮助他们保持冷静、坚定和积极的态度，学会如何在逆境中寻找动力，如何在压力下保持专注，从而在心理层面上获得更强大的支持和力量。

3. 环保与自然教育

跑者在奔跑的过程中亲近大自然，感受到大自然的美丽与宁静，培养对环境的尊重和保护意识，这不仅是一种身体上的锻炼，更是一种心灵上的洗礼。跑者在体验大自然的同时，也在通过实践体验，增进对自然生态系统的理解。能够亲眼看到大自然的多样性和复杂性，感受到每一个生物和环境之间的紧密联系。通过这种亲身经历，跑者会更加明白保护环境的重要性，从而在日常生活中更加注重环保行为，为保护地球贡献自己的力量。

4. 社交与文化传播

山地越野跑赛事不仅仅是一项体育活动，它还具有浓厚的社交性质。在这些赛事中，跑者们不仅可以相互交流跑步的心得和经验，分享各自的训练方法和比赛策略，还能通过共同的运动爱好建立起深厚的友谊。这种友谊往往超越了比赛本身，成为跑者们生活中的一部分。同时，山地越野跑赛事的举办也有助于推广和普及户外运动文化，让更多的人了解和参与到这项运动中来。通过这些活动，不仅能够增强群体内部的凝聚力，还能促进不同文化背景的人们的交流与理解，从而丰富越野跑者的文化生活，推动多元文化的融合与发展。

第二节　山地越野跑技战术训练

山地越野跑的技战术训练是一个综合性的过程，旨在提高跑者的体能、耐力、技巧以及应对复杂地形的能力。在海拔较高的地区进行长距离跑步，需要运用到徒步、越野跑等技术，绝对不能忽视日常训练。山地运动中，体力会消耗会特别快，对人体耐力和意志也是一种考验。通过针对越野跑"特制"的基础性锻炼动作，可以增强锻炼者的心肺耐力、腿部肌肉力量,尤其是大幅提升核心肌肉群的力量,增强跑者信心。

一、山地越野跑的基本技术

(一)身体姿态

保持正确的身体姿态是山地越野跑的基础。主要采用身体微向前倾或正直的姿势。要尽量使身体的各部分(头、躯干、臂、臀、腿、足)的动作协调配合,双眼注视前方,手臂自然摆动并且善于利用跑中产生的支撑反作用力与惯性不断前进,使身体保持平稳,提高跑的效率(图16-2-1、图16-2-2)。

图16-2-1　平路跑步技术动作　　　　图16-2-2　平路持杖跑步技术动作

(二)呼吸控制

掌握正确的呼吸方法,保持呼吸节奏的稳定。深呼吸,用鼻子和嘴巴同时吸气,嘴巴呼气,以提高氧气摄入量。除了在跑中出现生理"极点"现象时可以变化呼吸的频率与深度(即用多呼气的方法提高气体的交换率)外,一般情况下应用自然、有适当的深度并有节奏的呼吸。体力分配应按选择的路段,或者按比赛的阶段(起点、途中、终点),或者以自身体能状况的不同确定。通过工作阶段(肌肉的紧张)和休息阶段(肌肉的放松)适时交替的方法,达到既跑得快,又跑得省力的目的。

(三)步伐调整

根据地形和速度的变化,灵活调整步伐。在上坡时,缩短步幅,增加步频;在下坡时,保持身体稳定,适当放大步幅,利用重力加速下坡,速度一般来讲不宜过快,过快或在途中加速太猛不仅会影响体力的正常发挥,而且会严重地影响判断力。有人曾做过实验:同样难度的数学题,在奔跑中需要用比在静止时多几倍的时间才能算出来;如果再加速,需要的时间不仅会更长,错误也会更多。根据实验证据表明,人感受的最适宜节奏是每分钟70~90次,过快的节奏不易感受,过慢则会起抑制作用。有节奏的动作不仅能节省身体能量的消耗,而且能达到最适宜的动作协调模式,协调而富有节奏的动作,能给人以轻松自如的感觉和美的享受。

(四)地形适应

1. 上坡技巧

在上坡时,身体重心前移,利用手臂的摆动带动身体前进。保持膝盖微弯,脚步稳健,避免过度用力导致肌肉拉伤(图16-2-3、图16-2-4)。

2. 下坡技巧

在下坡时,身体重心后移,保持身体稳定。利用重力加速,但避免过度跨步导致失去平衡。学会用前脚掌着地,减少膝盖的冲击(图16-2-5、图16-2-6)。

图 16-2-3　上坡技术动作

图 16-2-4　持杖上坡技术动作

图 16-2-5　下坡跑技术动作

图 16-2-6　持手杖下坡跑技术动作

3. 地形识别

熟悉不同地形的特点,如岩石、树根、湿滑地面等。在跑步过程中,注意观察地形,选择合适的落脚点,避免摔倒或受伤。

二、技术训练

越野跑时,由于地点和环境在变化,所以跑的技术也要因条件的改变而随之变化。下面介绍的仅是在几种常见地形上越野跑技术。

(一)跑坡训练

跑坡训练是山地越野跑中至关重要的部分,它不仅能增强力量,还能提高速度。训练时,可以采用间歇训练法,即上坡快跑后下坡慢跑恢复。训练强度可以逐渐增加,例如从12组×1分钟的上坡间歇开始,逐渐增加到8组×3分钟上坡。上坡时,要注意保持正确的跑姿,即身体前倾、胸部超过膝盖、膝盖超过脚趾、摆臂紧凑、高步频。下坡时,也要保持身体稳定,利用重力加速,但避免过度跨步和后仰。下坡是山地越野跑中相对较难的部分,需要更多的身体技巧配合。下坡时,要保持身体放松,肩膀不紧绷,重心适当往后放低。同时,要学会利用摩擦力让自己的速度稍缓,或加快步频来保持速度。此外,用前掌先着地的跑法更适应下坡,可以降低脚踝扭伤的概率。

(二)地形适应训练

山地越野跑中会遇到各种地形,如台阶、藤蔓、碎石等。要针对不同地形进行适应训练。

1. 台阶训练

练习上下台阶的技巧,如上台阶时女生可以一次跑两阶,男生可以一次跑三阶,这取决于个人的肌肉承受能力。下台阶时,视线要放在离前面三个台阶左右,以防跌倒。锻炼垂直移动能力,与间歇跑训练类似。利用上坡进行冲刺训练,心率保持在最大心率的80%~90%,下坡充分休息。

2. 藤蔓地形训练

在藤蔓地形中,要注意步伐和落脚点。最好踩在树根中间的一半,避免被绊倒。下坡时,尽量避开树枝,选择有树叶的地方,减少跌倒的风险。

3. 碎石地形训练

在碎石路况上,要挑选稳固的岩石行进,同时,要保持身体平衡,避免摔倒。

4. 核心力量训练

强而有力的核心肌群是征服坡度的最有力保证。因此,进行核心力量训练对于山地越野跑者来说至关重要。可以通过一些专门的训练动作来加强核心肌群,如平板支撑、俯卧撑、仰卧起坐等。这些训练不仅能提高核心力量,还能增强身体的稳定性和耐力。

5. 综合体能训练

除了上述针对特定地形的训练外,还需要进行综合体能训练,以提高身体的整体素质。这包括有氧训练(如长跑、游泳、骑自行车等)和力量训练(如深蹲、箭步蹲、引体向上等)。这些训练能够增强心肺功能、提高肌肉力量和耐力,为山地越野跑提供坚实基础。

三、战术训练

1. 平整道路跑

在平整道路上时,采用与中、长距离跑相同的技术,并尽量在路面平坦的地方奔跑;在草地上时,用全脚掌着地,同时留心向前下方看,以免陷入坑洼或碰在石头上。上坡时,上体应前倾,大腿高抬,并用前脚掌着地,小步跑上坡,遇到较陡的斜坡,可改用走步的方法或用之字形跑法(走法),必要时可用单手或双手辅助攀登。下坡时,上体应稍后倾,并以全脚掌或脚跟着地的方法进行,遇到较陡的下坡或坡面很滑的斜坡,可用侧脚掌着地,甚至蹲状并用手在体后牵拉(草、树)、撑(地)方式的行进,到达下坡的末端(一般 8~10米),顺坡势疾跑至平地。

2. 高处往下跳

从稍高的地方(1.50 米以下)往下跳时,可用跨步跳的动作:踏在高处的腿(支撑腿)必须弯屈,另一腿则向前下方伸出,跳下,两脚着地并屈膝缓和冲击。同时,在落地时,两脚应稍微前后分开,以便继续前跑。从很高的地方往下跳时,应设法降低下跳的高差,根据情况采用坐地双手撑跳下或侧身单手撑跳下的方法。落地时要注意两腿深屈。

3. 树林中奔跑

在树林中奔跑时,注意不要被树枝、树叶、藤蔓等剐伤,特别要防止被树枝戳伤眼睛,一般用一手或两手随时护住脸部。遇到小的沟渠、壕坑、矮的灌木丛或倒伏树木时,要增加跑速,大步跨跳而过;在落地的同时,上体稍向前倾,以便保护腰部便于继续前跑。在通过较宽的(2.5~4 米)的沟渠时,需用 15~25 米的加速跑,采用大跨步跳和跳远的方法越过。应注意做好落地动作,防止后倒。遇到大的倒伏树木、其他矮障碍物,可以用踏过它们的方法越过。

4. 遇到较高的障碍物

遇到较高的障碍物(不超过 2 米),如矮围栏、土垣等,可用正面助跑蹲跳和一手或双手支撑的方法翻越。通过独木桥等狭窄悬空的障碍物时,应采取使脚面外转成八字的跑法。如果这类障碍物很长,应平稳地走过。

5. 利用越野手杖奔跑

越野手杖用手臂力量辅助前进,适合初学者和对体力没有信息的跑者,高级跑者如果进行一日以上的越野也建议使用越野手杖。使用时轻握手把,将手杖先插入前方地面,脚踏在与杖之间的位置,将手杖放在身体核心旁边位置往下顶。越野手杖既可以用来缓解上坡的肌肉做功压力,也可以在下坡时降低冲击力。

综上所述,山地越野跑的技战术训练是一个全面而系统的过程。通过针对性的训练方法和合理的战术安排,跑者可以逐渐提高自己的体能、技巧和应对复杂地形的能力。

第三节　山地越野跑教学

山地越野跑教学以"健康第一、全面发展"为核心,具有体育教育、自然教育和思政教育等多重价值,通过教学增强学生体能、耐力和心理素质,提高其运动能力与健康水平,让学生在接触自然、挑战自我的过程中培养环保意识和社会责任感。

在理论和实践相结合的基础上,不仅强调基础理论的掌握、体能的提升以及技战术的学习,还注重团队协作、意志品质和文化交流的培养,通过不断提升学生对自然与社会的适应性,从而促进学生全面发展。

一、教学设计

教学设计是山地越野跑课程的基础。通过科学合理的设计,明确教学目标,优化教学流程,确保教学质量。

(一)教学设计原则

1. 以学生为中心

关注学生的个性化需求,设计差异化教学内容,以学生的身体素质、心理状态和技能基础为出发点,强调学习体验,激发学生的兴趣,以促进更有效的学习。

2. 理论与实践结合

理论部分强调概念理解与策略应用,实践部分注重技术掌握、身体素质和意志品质的提升,实现理论知识与实践技能相辅相成。

3. 循序渐进原则

逐渐深化教学内容设计,从基础体能逐步过渡到进阶技术,例如,先从平路跑步入手,再逐渐引入跑坡、地形适应等专项训练,通过阶段性任务帮助学生循序渐进地掌握越野跑基本技术、进阶技巧和比赛策略。

4. 安全性与可持续性

注重培养学生的安全和环境保护意识。在教学内容中设计山地越野跑的常见风险与应对方法,提高学生户外安全意识,同时融入环保理念,倡导"无痕山野",培养学生保护自我、保护自然的意识。

（二）教学目标

教学目标是教学活动的指引和评价依据,构成了课程内容和实施策略的核心框架。具体来说,涵盖认知、技能和情感三个层面:

1. 认知目标

通过课程学习,帮助学生系统了解山地越野跑的基本概念,包括定义与分类、起源与发展、特点与功能、潜在风险及应对措施、营养补给与身体恢复等理论知识;能够熟悉装备选择与使用方法,掌握路线规划技巧、战术安排原则及安全注意事项,并明确山地越野跑的体能要求与策略应用,为实践训练奠定理论基础。

2. 技能目标

通过实践训练,帮助学生掌握山地越野跑的基本技术,能够根据不同地形环境灵活调整跑步策略,提高身体协调性和运动耐力。熟练运用上下坡跑步技巧,如重心调整和膝关节保护,能够精准识别复杂地形（如碎石路、湿滑地面等）,并有效调整策略,安全高效地完成越野跑任务。

3. 情感目标

通过课程参与,帮助学生感知山地越野跑的独特魅力,在运动中获得积极体验与成就感;并培养其对自然的亲近与尊重,形成良好的环保意识与团队协作能力。同时,在克服挑战的过程中培养坚韧不拔的意志品质,激发勇于挑战自我、追求卓越的精神风貌。

（三）教学内容安排

1. 理论部分

理论学习是山地越野跑课程的重要环节,旨在为学生提供全面的知识体系支撑。通过学习,学生可以深入理解山地越野跑的定义与分类、起源与发展、特点及功能,熟悉赛事分类与规则、装备搭配原则与使用方法,掌握科学的训练与恢复策略,并了解常见风险及其应对措施,为后续的实践教学奠定坚实的理论基础（图 16-3-1）。

图 16-3-1　多媒体授课

2. 实践部分

开展多样化的训练模块,包括跑坡训练、地形适应训练及核心力量训练,全面提升学生在复杂地形中的应对能力。技术训练按课程阶段逐步递进:初级阶段以上坡与下坡技巧为主,中级阶段注重地形识别与步伐调整,高级阶段则强化长距离节奏控制与心理韧性训练。在战术训练中,通过设计模拟比赛,帮助学生深入掌握起跑策略、赛程体力分配及冲刺节奏的优化方法,全面提高实战能力（图 16-3-2）。

（四）教学计划

课程时间分配,理论学习占比 30%,实践训练占比 70%。

图 16-3-2　实践授课

实践模块划分,包括场地跑(人工铺装)、野外跑(自然环境)和模拟比赛,帮助学生逐步适应越野跑环境。

阶段目标:

第一阶段(1—4周):基础知识学习与轻强度训练。(如平路跑步技术)。

第二阶段(5—10周):专项训练,包含上下坡技术、核心力量练习及地形适应能力训练。

第三阶段(11—16周):综合能力提升,组织模拟比赛并进行教学反馈与总结。

(五)教学工具与资源

根据教学的现实条件与实际需要,检索网络教学资源,使用多媒体等方式辅助理论与技术教学;使用智能设备辅助,如使用智能运动手环或手表进行数据记录与分析(时间、轨迹、海拔、爬升与下降、速度、步频、心率);创建线上学习群组,学生可分享学习笔记与训练成果,巩固学习效果。

二、教学实施

教学实施需紧扣教学目标展开,充分体现互动性与实践性。实施过程中注重选择科学合理的教学方法,结合学生的实际情况采用分层指导、合作学习、情景教学等方法,提升教学效果。同时,现场指导强调教师的示范作用,通过及时反馈与纠错,帮助学生巩固技术动作,强化训练成果,为达成课程目标奠定坚实基础。

(一)教学方法

1. 讲解法

通过语言讲解山地越野跑的理论知识或技术动作的名称、特点、使用场景与注意事项,帮助学生建立理论认知。在理论课程中可采用多媒体讲授法,结合动画与视频展示越野跑技巧,将理论与案例相结合;使用比赛视频分析经典技术动作,如UTMB赛事的经典攀升场景。

2. 示范与练习法

教师先进行正确标准的动作演示,从完整示范到分解示范并结合讲解技术动作的重难点与注意事项,由于教学场景和地形的特殊性,还需要注意多方位、多角度进行演示;学生通过观察与模仿初步建立动作表象,练习形式可根据课堂人数进行集体练习或根据学生水平进行分组练习。

3. 情景教学法

设置不同地形的教学场景(如沙地、岩石坡等),让学生在真实环境中学习和适应。选择合适的户外环境作为教学场地,模拟赛事中的典型场景(如陡坡攀爬、碎石地形),帮助学生增强实战能力(图16-3-3、图16-3-4、图16-3-5)。

图16-3-3　沙地　　　　图16-3-4　岩石坡　　　　图16-3-5　碎石路面

（二）具体教学步骤

1. 热身阶段

进行关节活动和动态拉伸，重点关注膝关节和踝关节，以减少受伤风险。

2. 基础技能教学

包括上下坡技术、呼吸控制技巧（深呼吸与节奏保持）教学。

3. 专项训练

专项训练是提高学生山地越野跑能力的重要环节，旨在通过针对性的练习帮助学生掌握必要的技能和技术。通过分组训练，让学生在真实环境中体验不同的地形挑战，从而提升他们的体能和应对能力。

（1）跑坡训练：学生分组进行不同坡度的上坡和下坡跑步练习，调整呼吸与步频，逐步增强腿部力量和耐力（图16-3-6）。

（2）地形适应：设置碎石路、泥泞地和湿滑路段的线路场景，让学生学习落脚点选择与步态调整（图16-3-7）。

图 16-3-6　跑坡训练　　　　　　图 16-3-7　地形适应训练

4. 身体素质练习

为进一步提升学生的体能水平，课程应安排多样化的身体素质练习，涵盖力量、速度、耐力和灵活性训练。

（1）力量训练：力量训练包括使用哑铃、杠铃等器械进行抗阻练习，以增强肌肉力量和提高整体运动能力。同时，可以采用自身体重进行的俯卧撑、引体向上等训练，帮助学生在没有器材的情况下也能有效进行力量锻炼。

（2）速度训练：速度训练通过短距离冲刺和折返跑等方式进行，旨在提高学生的爆发力和反应速度。这类训练不仅可以提升短时间内的运动能力，还能增强学生在越野跑中的快速反应能力。

（3）耐力训练：耐力训练着重于长距离慢跑与间歇训练，帮助学生建立良好的心肺功能和耐力基础。通过定期进行训练，学生的心率恢复能力和整体耐力水平将显著提升，为进行更长时间的跑步活动打下良好的基础。

（4）灵活性训练：灵活性训练通过瑜伽和拉伸运动等形式进行，旨在增大学生的关节活动范围和肌肉的柔韧性。这不仅有助于提高运动表现，还能有效预防运动损伤，降低受伤风险。

5. 拉伸与放松

根据技术教学与身体素质练习的内容,有针对性地进行肌肉拉伸与放松有助于缓解肌肉紧张,减轻肌肉酸痛,还能提高肌肉的柔韧性和关节的活动范围。拉伸动作应涵盖主要的肌肉群,包括大腿、小腿、背部、肩膀和手臂。每个拉伸动作应持续 15 至 30 秒,确保动作平稳,避免弹跳,以免造成肌肉损伤。放松阶段,可以通过深呼吸、冥想或轻柔的按摩来帮助身体恢复平静状态,降低心率,促进血液循环,为下一次练习做好准备。

6. 总结与讨论

学习结束后,组织学生进行总结与讨论环节。首先,回顾本次教学的主要内容和目标,让学生反思自己的表现和进步;其次,鼓励学生分享个人感受和遇到的困难和问题,根据学生的反馈提供个性化的指导和建议。

（三）教学策略

教师应根据学生的不同水平和需求,灵活调整教学方法与内容。初学者应重点培养基础技能和安全意识;而对于具备一定基础的学生,可引入更复杂的越野跑路线和技巧训练。教师应鼓励学生自我探索和团队合作,通过小组竞赛或共同任务来提升参与度与学习兴趣。同时,教师需要定期评估教学效果,及时调整教学计划,以确保顺利实现教学目标。这种灵活的教学策略能够满足学生的个体需求,促进学生全面发展。

三、教学反馈

教学反馈是教学成效的重要保障,是评估教学效果与指导改进的重要环节。

1. 即时反馈

通过观察学生的动作表现,及时指出错误并示范正确技术动作。例如,当学生在下坡时重心过于前倾,教师可及时指出问题并示范如何调整重心以保持平稳。

2. 辅助反馈

运用教学辅助设备（如智能手表或手环）记录学生跑步数据,分析速度、心率等指标。

3. 自我评价

鼓励学生使用跑步日志记录训练感受与进步点,培养反思能力。在实践结束后组织学生分享心得,探讨改进策略。

4. 综合评估

（1）量化评估:结合跑步成绩、完成训练任务的效率和准确性给出量化评分,以学生完成特定训练任务的速度、精确度和体能测试结果为评估依据。

（2）质性评估:通过观察学生对技术的掌握程度以及对复杂环境的适应能力综合评定。

（3）模拟比赛测试:通过完整的比赛流程评估学生的体能、技能与战术能力,并给出详细点评。

四、教学注意事项

1. 安全保障

确保山地越野跑教学场地安全,同时提前了解天气状况,避免在恶劣天气条件下进行户外教学活动。在装备方面,要求学生穿着合适的运动鞋和服装,使用符合安全标准的越野跑装备。对于人员安全,教师需具备急救知识,确保在紧急情况下能够提供及时有效的救助,对学生进行安全教育,强调团队合作的重要性,确保每位学生在练习中都能相互照应。

2. 环境保护

在教学活动中融入环保教育,让学生认识到"无痕山野"的重要性,例如,如何妥善处理用过的补给品以及如何避免在跑步过程中对植被造成不必要的破坏。让学生亲身体验如何在享受山地越野跑的同时保护自然,鼓励学生参与环保劳动,以实际行动促进山地环境保护。

【学 用 检 验】

1. 简述山地越野跑在国内的发展历史和现状。
2. 为准备参加一场山地越野跑比赛,请为身边的一位伙伴制定一份山地越野跑训练计划。

【章前导言】

最早的皮艇是古代格陵兰岛的爱斯基摩人用兽皮、兽骨等材料制作而成的狩猎交通工具,他们称之为"Kayak"。它经历了从人类生存活动到休闲运动以及竞技运动的发展历程。2024 年,巴黎奥运会共设 10 个静水皮划艇比赛项目,6 个皮划艇激流回旋比赛项目。皮划艇运动是一项需要身体的精准控制力量的竞技运动,更是一项崇尚礼仪的休闲活动。

【学习目标】

1. 了解皮划艇运动的起源与发展。

2. 了解皮划艇运动的价值以及皮划艇运动的分类与场地。

3. 掌握皮划艇技术与教学的方法,能设计不同类别的皮划艇活动。

第一节　皮划艇运动概述

一、皮划艇运动的起源

皮划艇的出现最早可追溯到远古时代。皮划艇的原型是独木舟,英文称之为"Canoe",它是将独木挖空而制成的,是古人为了克服山川、河流的阻隔,用于生产生活的水上交通工具。

随着生产的发展和社会的进步,独木舟已逐渐被其他现代化的船艇所替代,但是在世界上一些偏僻地区,独木舟仍然具有其独特的价值。

二、世界皮划艇运动的发展

皮划艇作为人类突破自然屏障的工具,一直伴随着人类文明的进步与发展,这些古代用于狩猎、捕鱼、运输的皮划艇经过漫长岁月的洗礼逐渐发展成现代人进行旅游、探险和体育运动的工具。

1865 年,苏格兰人约翰·麦克格雷戈以独木舟为蓝图,仿制了一条小船,标志着现代皮划艇运动的开端。1866 年,麦克格雷戈主持成立了皇家皮艇俱乐部,促使皮划艇运动进入萌芽发展时期。1867 年,皇家皮艇俱乐部举办了第一届皮划艇比赛,此后皮划艇运动在世界范围逐渐兴起。到 19 世纪末,皮划艇运动已经成为欧美各国广泛开展的一项体育运动和赛事。

在皮划艇发展的进程中,人们不断对皮艇的形状进行改造,德国人赫曼将皮艇制成鱼形,提高其划行速度。英国造艇家弗龙德加长了船体,不仅提高了速度还减小了划行的阻力。1923 年,丹麦、瑞典、奥地利等国组成了一个工作委员会,规定了艇的长度为 5.2 米,宽度为 0.52 米。1964 年,国际皮划艇联合会为了使艇的设计标准化,制定了"无凹面"的规则。随着科技的进步,人们又设计了菱形皮划艇、玻璃钢艇和可折叠艇,大大促进了皮划艇运动的发展。

竞技皮划艇项目的发展是伴随着皮划艇制作的技术、工艺的发展而不断前进的。在 1936 年的柏林奥运会上,皮划艇被列为奥运会正式比赛项目,共进行了 9 个项目的比赛,分别是男子 1 000 米单人皮艇、双人皮艇、单人划艇、双人划艇,10 000 米单人皮艇、双人皮艇、双人划艇以及可拆卸的 10 000 米单人皮艇和双人皮艇。1945 年,伦敦奥运会增加了 10 000 米单人划艇和女子 500 米单人皮艇,项目总数达到了 11 项。1960 年,罗马奥运会首次增加了接力比赛;1972 年,激流回旋障碍赛作为皮划艇项目新的分支项目出现在慕尼黑奥运会上。2024 年巴黎奥运会,奥运会共设 10 个静水皮划艇比赛项目、6 个皮划艇激流回旋比赛项目。

三、我国皮划艇运动的发展

早在 2 000 多年前,我国就有了与皮划艇运动十分相似的"划龙舟"比赛。20 世纪 30 年代,现代皮划艇运动传入亚洲,然后在我国的广东、上海等地开展起来。1958 年在武汉举行的全国七城市划船锦标赛上,皮划艇被列为正式比赛项目。之后,皮划艇运动在全国蓬勃发展。2002 年,在韩国釜山亚运会上,中国皮划艇男女项目共获得 8 枚金牌,取得历史性突破。在 2004 年第 28 届雅典奥运会上,孟关良与杨文军获得男子双人划艇 500 米冠军,开创了我国皮划艇运动发展的新纪元。在 2024 年第 33 届巴黎奥运会上,我国分别夺得男、女双人皮艇 500 米金牌,并刷新多个项目纪录,开启了皮划艇运动的新篇章。

我国民间皮划艇运动经历了从无到有的发展历程,其发展是同竞技项目发展息息相关的。据不完全统计,上海、杭州、宁波、广州、福州等全国各地已经建立起 300 余家皮划艇俱乐部,参与水上运动的人数达 10 万人。

自 2014 年起,国务院等部门先后发布了《关于加快发展体育产业促进体育消费的若干意见》《关于加快发展健身休闲产业的指导意见》《水上运动产业发展规划》《户外运动产业发展规划(2022—2025)》等文件。在这些政策的支持与推动下,集竞技、休闲、娱乐、健身于一体,融智慧和勇气于一身的皮划艇运动必将快速发展。

四、皮划艇运动的概念与分类

皮划艇运动是参与者用桨划动特制的舟艇进行竞速或者休闲的运动。目前皮划艇运动主要由静水皮划艇、皮划艇激流回旋、皮划艇马拉松、皮艇球、风帆皮划艇、龙舟、新兴组合等项目构成。

(一)静水皮划艇

皮划艇静水比赛项目是运动员在有标记的直线航道上进行皮艇和划艇比赛,以尽可能短的时间划过一段设有清晰标志的无障碍航道,是一项节奏性很强的速度性运动项目,赛道距离(直线距离)有 200 米、500 米、1 000 米等。静水皮划艇项目分别设有单人、双人、四人皮艇比赛,单人、双人、四人划艇比赛。

1. 皮艇比赛项目

皮艇为封闭式船只，可乘 1 名、2 名或 4 名人员，参与者坐在艇内划水，用脚操纵机械舵来控制艇身，皮艇用双叶桨推进，所用的划桨两头均有桨片，因此，要以相同的动作在左右两侧不断地重复进行对称式划桨，可以把划桨的一个循环动作分为桨叶入水、拉桨、出水、复位四个分动作。

2. 划艇比赛项目

划艇为开放式船只，是由一名或多名参与者划动的轻而窄的敞舱船。参与者前腿成弓步，后腿跪着，两手握一支单面桨，在艇的一侧划水。划艇只能用单叶桨推进，划桨动作是单边划行，一个完整的划桨动作分为入水、拉桨、操向、出水、恢复和稳定等几个阶段。

（二）皮划艇激流回旋

皮划艇激流回旋项目是在固定的有流速的河道上进行的，途中需越过人造的障碍门。激流艇相对于竞速的艇来说短而宽，但其稳定及灵活性更强。激流回旋运动员必须佩戴安全帽、穿救生衣，用防水围裙围住艇舱口，同时用桨和身体控制方向和保持平衡。如果舟艇倾覆，选手可以用桨压水并转腰使舟艇再翻转过来。奥运会比赛项目包括男子／女子单人皮艇、男子／女子单人划艇、男子／女子极限皮艇 6 个项目。

激流回旋比赛通常在人工制造的航道中进行，运动员必须在最短的时间内控制赛艇通过包含 18～25 个水门的赛道，同时要避免因错过水门或触碰门杆被罚分，考验运动员的专注力、反应力和技术。极限激流回旋比赛是所有激流运动项目的结合，由四组选手同场竞技。

皮划艇激流回旋是竞速类项目，选手在规定的航道内穿越或绕过规定的障碍到达终点，以时间短者为胜。皮艇运动员使用双叶桨。

（三）皮划艇马拉松

皮划艇马拉松是对参与者战术、运动能力和耐力的综合考验，一般标准的比赛距离为 500 米至 3.4 千米，有的皮划艇马拉松赛长达几十千米，这种比赛往往要分几个阶段，用几天来完成。

（四）皮艇球

皮艇球是一项观赏性很强的皮艇运动。比赛场地大小和比赛用球都与水球比赛相同，因此常常在人工游泳池内进行。比赛双方各有 5 名运动员划 5 条皮艇，桨手的桨不仅用来划船，还可以协助两手停球、运球和抢截球。

（五）风帆皮划艇

风帆皮划艇是按照箱形规则设计的，最大长度为 5.2 米，最小宽度为 0.5 米，最大风帆面积为 10 平方米，航行总重量最小为 50 千克。

（六）龙舟

龙舟是船上画着龙的形状或做成龙的形状的船。龙舟主要分为 12 人龙舟、22 人标准龙舟、传统龙舟。

（七）山地户外运动挑战赛等新兴组合

以极限探险为雏形的山地户外运动挑战赛等新兴组合赛事适合在地形复杂多样的山地、丘陵、江、河、湖等地进行。

第二节 皮划艇运动场地与器材

一、皮划艇运动场地

（一）静水皮划艇

奥运会静水皮划艇项目的比赛赛道长 1 400 米（直线距离），宽 120 米，最小深度为 2 米，比赛采用 9 条航道，每条航道至少宽 9 米，第一条航道距离河岸边的最大距离为 50 米。岸是缓和的防浪斜坡，由大石块或其他特殊材料建成网状，以便波浪翻滚不至溢出河堤。水面设置一条专用通道，让参赛者进入比赛区或训练区。

（二）皮划艇马拉松

根据国际皮划艇联合会的最新规定，皮划艇马拉松的标准距离为 26~30 千米，但实际的比赛距离或长或短。比赛可在河流、湖泊或是水库等场地进行。

（三）皮划艇激流回旋

皮划艇激流回旋比赛赛道长度约 300 米，最多设置 25 个门（其中最少应包含 6 个逆水门）。水门有两种颜色，绿色代表顺水门，红色代表逆水门。运动员碰一个门扣 2 分，漏一个门扣 50 分（以秒为计分单位）。

（四）皮艇球

皮艇球比赛区域为长方形，长 35 米，宽 23 米，球场四周应有一米以上无障碍的空间。比赛区所有水域水深至少 90 厘米。此外，比赛区上方必须有至少 3 米高的无障碍空间。若有天花板，则高度至少 5 米。一般情况下，一场比赛分上、下两个半场，每半场为 10 分钟。

（五）风帆皮划艇

风帆皮划艇一般在开放水域进行，但是偶尔也出现在水库和城市内湖等风浪相对较小的水域。

（六）龙舟

龙舟比赛常设在静水区域，航道宽度相同，航道线与起航线和终点线垂直。场地赛道根据参赛队数和场地条件而定，一般设 4 或 8 条航道，每条航道的宽度至少 12 米。

（七）桨板

桨板适合在安全的江、河、湖、海水域进行。比赛距离在 200 米以上。目前，国际皮划艇联合会设置的比赛距离为 3 千米和 19.5 千米。

（八）山地户外运动挑战赛等新兴组合

随着社会的发展，皮划艇越来越贴近人们的生活，我们经常可以看到作为休闲体育项目的皮划艇出现在河流、湖泊、运河、海洋等任何有水的地方。

二、皮划艇运动器材

（一）器材规格

皮艇项目通常以其英文名称"Kayak"的第一个字母 K 为代表，根据艇上运动员的人数分为单人、双人、四人皮艇，分别以 K1、K2 和 K4 表示。划艇项目以其英文名称"Canoe"

的第一个字母 C 为代表,根据艇上运动员的人数分别以 C1、C2 和 C4 表示。

皮艇和划艇的横切线和艇体的纵切线应保持中凸并延续,甲板上的任意水平点必须低于前座舱的边缘,具体规格见表 17-2-1。

表 17-2-1　皮划艇的规格(最大长度、最轻重量、舰宽)

皮划艇比赛项目						
规格	单人皮艇	双人皮艇	四人皮艇	单人划艇	双人划艇	四人划艇
最大长度/厘米	520	650	1 100	520	650	900
最轻重量/千克	12	18	30	16	20	30
艇宽/厘米	51	55	60	75	75	75

皮艇每条艇只能装一支舵,若因加舵而加长了船体的长度,则 K1、K2 的舵叶最大厚度不得超过 10 毫米,K4 不得超过 12 毫米。

划艇必须沿其纵轴线对称建造,不得设置舵或任何导航装置。C1 和 C2 艇可以完全敞开,最小敞开长度为 280 厘米,船的边缘(船舷上缘)可沿整个限定的敞开处向船内延伸,最多向船内延伸 5 厘米。舟艇最多可有三个加固条,每个加固条的最大宽度为 7 厘米。

C4 艇可以完全敞开,最小敞开长度为 390 厘米,船的船舷上缘可沿整个限定的敞开处延伸,最多在船上延伸 6 厘米。舟艇最多可有 4 个加固条,每个加固条的最大宽度为 7 厘米。

(二) 皮划艇结构

1. 皮艇

皮艇一般分为休闲皮艇和竞技皮艇。休闲皮艇有相对固定的尺寸,经常出现在个人休闲活动和山地户外运动挑战赛当中(图 17-2-1)。而竞技皮艇通常是在竞技规则的许可范围之内,根据运动员的身材量身定制的(图 17-2-2、图 17-2-3)。

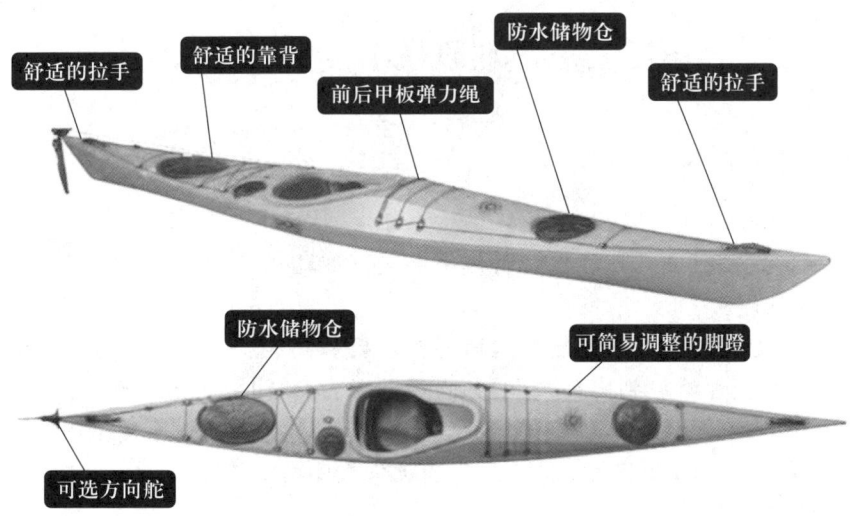

图 17-2-1　休闲单人皮艇

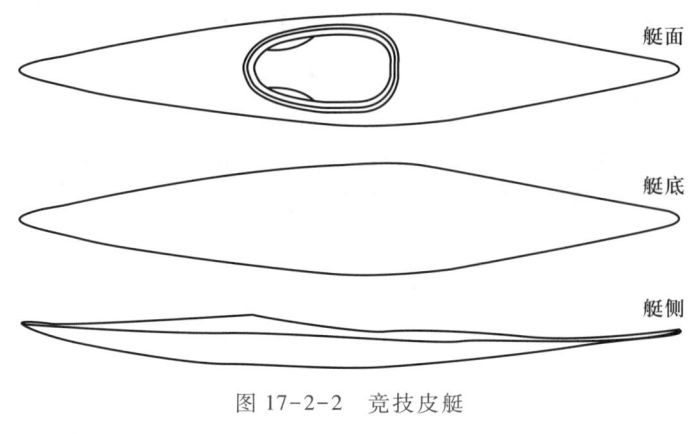

图 17-2-2　竞技皮艇

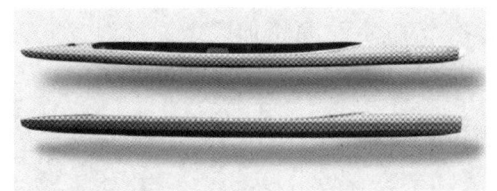

图 17-2-3　皮艇桨叶

2. 划艇（图 17-2-4、图 17-2-5）

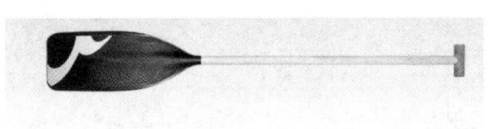

图 17-2-4　竞技划艇　　　　　　　　　图 17-2-5　划艇桨叶

第三节　皮划艇基本技术与教学

一、皮艇基本技术

（一）进出皮艇

进出皮艇时需找到支撑点以保持身体平衡，避免艇翻弄湿衣服。

1. 在较高的码头上艇

较高的码头是指码头高于皮艇的舱口栏板。要从高码头上船，先应使皮艇在水里并且与码头平行，再把船桨放到码头边上，和码头平行。上艇时，面朝皮艇坐在码头上，把脚放进艇里，弯腰，臀部提起，收腹，使臀部正好在座舱上。接着重心慢慢下滑进入座舱，把腿伸进去，同时双手在码头上保持平衡。出艇动作次序与上艇相反。

2. 在较低的码头上艇

较低的码头是指码头低于皮艇的舱口栏板或者与之持平。上船时，先把皮艇放进水里，和码头平行，把船桨垂直放在皮艇舱口栏板的后面，再把船桨伸出去，保证桨叶的 2/3

部分都伸在码头上面,桨叶平放在码头上。然后手掌朝船尾伸出双手,一只手放在码头上面,另一只手同时抓住船桨和舱口栏板,注意不要把自身体重压在船桨上面。这时面向皮艇,蹲下身子,坐在船舱边上,依次将两脚伸进船舱,同时用码头和皮艇作为支撑以保持平衡。出艇动作次序与上艇相反。

双人皮艇上下船的基本动作与单人一致,唯一不同的是,前舱队友先进艇,后入队员应该保持先入队员和舟艇的稳定,防止翻艇落水。

（二）皮艇移动

1. 单人皮艇移动

移动单人皮艇最好将其扛在肩上。要扛起皮艇,首先应抓住船舱位置,把皮艇抬起来,放在肩膀上,而这时艇尾仍然在地上,接着身体稍微前倾,把皮艇稳稳地扛起来。船桨可以找同伴传递或者弯腰用脚快速挑起。

2. 双人皮艇移动

双人站在同一侧的前后两端,外侧手抓住艇上的把手,将艇抬起,并将艇贴近身上,然后进行移动。

（三）皮艇基本技术

皮艇技术主要包括选桨、握桨、艇上坐姿、划桨等系列动作技术,此外还有呼吸、起航、途中、冲刺以及多人艇的配合等技术。

1. 选桨

划艇者双手正握桨杆,对称地置于头顶,上臂与双肩呈一条直线,肘关节成90°,这时两手距离桨颈15厘米左右,再加上两端桨叶的长度即为该划艇者较适宜的桨长。

另外一种选桨的方法是划艇者站立在平地上,让桨竖起向上,举起单臂用食指和中指勾住桨叶的顶端,即为适合自己的桨长。

2. 握桨

划艇者可以用右手控制转桨,左手成空握,当然也可反之。即一只手位置固定不变以旋转桨叶,另一只手只有拉浆时才用力。

3. 艇上坐姿

划艇者应坐在艇舱内的中心线上以求更好地保持艇的平衡。两膝屈成120°至130°角,蹬住脚蹬,两腿外展成O型,腿部顶到艇舱内侧使艇受力,上体躯干前倾5°～15°,身体重心应落在艇的重心上或者重心偏前一点,这是根据划艇者的不同体重而定的。划艇者自然正坐于艇中,头部正直,颈部放松,两眼平视前方。这一坐姿有利于上体转动和两臂用力。

4. 皮艇前进

皮艇划桨是以左右两侧相同的动作交替反复循环划动的,这要求划艇者动作高度协调、连贯而富有节奏。为了更好地理解动作过程,我们把划桨的一个循环动作分成四个阶段来说明。

（1）桨叶入水:以右桨划水为例,当桨叶入水时划艇者上体应围绕身体纵轴最大限度地向异侧（左侧）转动,肩轴与躯干一同转动约70°,右膝弯曲使臀部稍向前移动,而左膝微伸。这时右肩下斜,右臂充分前伸,右前臂和手成一条直线,左手在头旁,距左耳20～25厘米（图17-3-1）。

桨叶入水时贴近艇体。臀、胸、肩、臂肌肉均紧张收缩,左脚撑住脚蹬板,桨叶与水面

前划桨

成 40°~50°角,入水点应超过自己的脚尖。桨叶入水发力于腰部,同时转体蹬腿开始直臂拉桨。入水阶段桨叶的运动方向是向前、向下、向外的。

图 17-3-1 入水

（2）拉桨:抓水之后紧接着是拉桨,两者之间是连贯的,力的传递是自抓水开始一直到拉桨结束。拉桨时,腰部发力,躯干加速用力向右牵拉转动。右脚撑住脚蹬板,产生推艇向前的感觉,左臂屈臂支撑,左手高于下颌,大致与眼齐平。右臂直臂拉桨,因螺旋桨的作用而使得桨叶向后外方与艇的纵轴线大致成 36°角。拉桨过程中桨柄与水平面齐平。桨叶面则尽可能地与艇舷保持 80°~90°角,参与者可以根据自己的水感,不断寻找静水,使桨叶有相对稳定的入水点(图 17-3-2)。

图 17-3-2 拉桨

（3）桨叶出水:桨叶划水至髋部结束,紧接着出水,桨颈与水面成 130°~145°角,右臂屈臂提肘,稍转动手腕同时向上转桨,桨叶外缘领先出水。出水动作应该迅速,桨叶应该少带起水花。这一阶段是划桨动作中要求速度最快的阶段,可以说艇速越快,出水越快。

（4）复位:右桨出水后与左桨入水前的过渡阶段,大部分肌肉是处于放松状态的。整个划桨动作是一次连贯、协调、稳定的周期性运动。

划动皮艇时,应掌握一定的节奏,即控制好皮艇一个动作周期内各阶段速度或者力量的比例,这种比例是有规律的。一个动作周期中包括支撑期和无支撑期,可以分为入水、拉桨、出水和恢复。其中,入水在一个周期中占 30%,拉桨占 45%,恢复占 25%。动作节奏是技术合理性、正确性的重要标志之一。

5. 皮艇后退、转弯与停止

（1）后退:后退的技术原理与前进基本一致,只是行进方向不一致。首先应保持正确的坐姿,然后将桨由后往前推并且保持两侧受力均衡,艇就能直线后退了(图 17-3-3)。

（2）转弯:转弯分为正桨转弯和倒浆转弯(图 17-3-4),正桨转弯就是按照前进的方向,两侧受力不均衡使船转弯。例如,向右侧转弯时,左侧桨受力大一些,右侧桨受力小一些;倒浆转弯则相反,往哪侧转弯,则同侧的桨要向前推。若担心艇往后走,另外一侧可以给一个向前的划动力。

后划桨

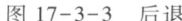

图 17-3-3　后退　　　　　　　　　　　图 17-3-4　倒桨转弯

（3）停止：在停止皮划艇时，把桨叶放到臀部后面，角度与水面垂直或者稍微前倾，手握的动作不变，把桨埋进水里，轻轻前推桨叶的背部。这个过程持续一两秒钟，然后再在另外一侧重复同样的动作，直至艇完全停下。

二、划艇基本技术

（一）选桨及握桨

单人划艇与双人划艇所使用的桨的长度是不同的，单人用的桨与参与者的身高相等。双人划艇桨的长度一般选择与参与者眉梢齐平即可。握桨时上手（推桨手）正握桨把，下手（拉桨手）握在距桨颈 15~20 厘米处。

（二）艇上跪姿

划艇项目的参与者在艇内成跪立姿势，以保持良好的稳定性。一般而言支撑腿的脚，跪腿的膝和脚置于钝角三角形的三个顶点上。身材高大或者体重较大的参与者，应该跪在重心偏后的位置；体重较轻的桨手重心应该在靠前的位置。

（三）划桨

划桨技术可分为固定髋技术和转髋技术，而转髋技术又可分为向前后移动以及自身移动。无论哪种技术，目的都是快速、平稳地推进划艇。

划桨是在一侧以相同的动作，交替反复循环划动，要求参与者动作高度协调、连贯而富有节奏。具体而言，划桨主要包括以下几个阶段：

1. 入水

入水是从桨叶尖端接触水面到桨叶全部浸入水中的阶段。这一阶段是力量传送的重要部分。参与者上体躯干前倾，转体伸肩，扭紧躯干，使背部靠近划桨的一侧，两臂伸直，抬高推桨的肘部，使拉桨的肩向前，推桨的肩稍后移，肩耸起，肘关节微屈，手在头上方将桨杆以与水平面约 45°的夹角插入水中。

2. 拉桨

桨杆入水后，推桨手迅速向前推并撑住以使桨叶抓住水。此时拉桨手的肩后移，利用转体和抬体的力量以直臂的方式向后拉桨。从入水到拉桨，应将身体的重量压在桨上。

3. 操向即转拨桨

单人划艇运动中，由于参与者始终在一侧划桨，力的作用会使艇产生转动，因而在每划一桨结束后，应该用"J"形划法来控制艇的方向。参与者推桨手下压，转动"T"形桨把，拉桨手的手腕内转上提，顺时针转动桨杆，将桨叶面转到与艇的纵轴线成 30°~40°。

4. 出水

操向动作结束后,两臂继续向上向前提桨,使桨叶迅速从水中提出。此时桨叶的运动方向向前、向上、向外。

5. 恢复(回浆)

桨叶出水到下次桨叶入水之间,桨叶不在水中的阶段即回浆阶段。桨叶出水后,参与者上体挺直,开始转动上体,并把桨继续向前上方推送。这一阶段肌肉应放松。在恢复阶段的最后,参与者全身肌肉再次进入紧张状态,屏住呼吸,准备下一次桨叶入水。

三、呼吸、起航和冲刺技术

(一) 呼吸

划皮艇时,呼吸的频率取决于参与者肺部的工作效率。在艇上,身体的姿势使人呼吸不畅,因此必须用胸腔做深呼吸,身体过分前倾或者膝关节收得过高就不能进行深呼吸。为了保证呼吸自由,在短距离的激烈冲刺中应该保持下颌向上翘起,因为通过鼻子呼吸可以使吸入的空气加热、过滤并且湿润,为身体提供更多优质的氧气。

划艇的桨频较低,与呼吸较容易配合,通常在桨叶出水到下一次入水前,强调肌肉的放松和呼吸。而且在摆桨的最后阶段,桨手开始屏气,以保持肌肉的紧张,为抓水做准备。

(二) 起航

起航的目的是将艇速尽快提高,起航的基本技术如下:

1. 准备姿势

入水姿势,桨叶接近水面或者插入水中。

2. 快速启动

听到出发信号后,桨手应该迅速蹬腿、转体、拉桨发力。前 4~6 桨衔接要快,做到动作稳、桨入水深,第一桨入水柔、拉桨狠。

3. 加速划

启动后,注意加桨频,加力量,力争在较短时间内使艇速达到最快。做到桨频高、艇速快、划幅短。

4. 途中划

当艇达到最大速度时,迅速转入途中划。此时,桨频应该减慢,但是拉桨力量应该加大,节奏要明显,艇速不变。总之,应该达到"三度",即深度、幅度、加速度。划艇第一桨有可能使艇向右或者向左旋转,因此在起航的时候,应该将自己的艇头略微向第一桨边偏约 15°。划艇的参与者要根据自己划左右桨的特点来确定船首的方向,划左桨的参与者将艇头略向左偏,划右桨的参与者将艇头向右偏。

(三) 冲刺

冲刺技术包括临近终点的加速划技术和冲线技术。加速划技术与起航技术类似,主要通过缩短划桨的非支撑阶段的时间,提高动作速度和桨频来提高艇速。冲刺时,则要求参与者利用艇身比人体轻的特点,使自己身体后仰,用力蹬艇向前。

四、皮划艇教学方法

皮划艇的教学过程要处理好人、水、器材三者的关系。根据水上运动的特点,教学要注意:上艇之前要掌握游泳技术,要强调对器材的爱护和保养,要学会对翻艇的处理。

（一）皮划艇的教学方法

教学组织工作包括讲解、示范、练习和反馈。为了上好每一次教学课，教师备课时应该考虑以下几点：充分利用堂课时间，使每个参与者都有足够的练习时间；选择练习的内容针对性要强；要选择有效的教学方法和手段；预见可能出现的各种错误和问题。

（二）皮艇教学步骤

1. 基础知识教学

首先应该向初学者讲述皮艇运动的一般知识，带领初学者观看完整示范动作，观摩欣赏运动录像，主要目的是让初学者对皮艇有个全面的认识。

2. 陆上模仿练习

首先，应该做好握桨练习。双手持桨，两臂屈肘上举，将桨放在头顶上，两肘成90°。其次，掌握正确的坐姿。初学者自然坐在板凳上，上体前倾2°~5°。最后，模仿转体动作。两手持桨放在颈后，上体围绕身体纵轴做左右转动，动作幅度逐渐增大。

3. 划桨池练习

在桨池练习，一般可以将整个划桨周期分为五个阶段。

第一，准备姿势时，前伸手臂自然向前伸展、伸直，肩部放松。

第二，桨叶入水时，入水点要远，不能越空，不能溅起水花，桨叶面要正确对水。

第三，转体用力拉桨时，同侧脚撑住脚踏板，要有桨在水中抓住水而蹬船向前的感觉。

第四，回桨出水时，桨叶转成由外侧边缘出水，动作要迅速、轻快。

第五，推桨时，手在眼睛的高度或者稍低处向前支撑推出，用力不能过快、过猛，要与拉桨手配合，协调用力。

4. 上艇练习

学习上下艇的练习方法；也可坐在双人艇的2号位置上，由经验丰富的教练或者资深运动者带着划；紧接着可以在单人艇上熟悉水性，体会如何使用桨控制艇的平衡以及如何使用桨使艇前进或者后退。

经过以上练习，初学者已经基本掌握船桨的性能，可以尝试从封闭水域到开放性水域的练习了。

（三）划艇的教学步骤

划艇是采用单边划桨，学习前首先应该确定初学者是在右边还是在左边划桨。一般情况下，可以按照以下情况选择左、右桨手：个子高大、体重大的初学者应该在右边划桨，个子中等、体重较轻的初学者应该在左边划桨。

划艇的教学原理与皮艇类似，首先应使初学者掌握基本原理，然后进行必要的示范和运动录像讲解。

划艇教学开始时，应该先掌握握桨方法和跪立姿势。

1. 握桨

拉桨臂握桨杆，推桨臂正握桨臂，两手都不要握得太紧，要稍微放松，两手的距离随着人的身高和桨长而变化，一般来说两手距离大约为1米，个高的远一点，个矮的近一点。

2. 跪立姿势

先在陆上训练，将垫子放在板凳上，按照划艇姿势跪在垫子上。跪立时大腿垂直垫子，小腿稍微向内偏，脚尖着地，支撑腿脚掌着地，稍微向内偏，大腿与小腿的夹角成钝角，保持膝部舒服。

3. 模仿练习

划艇的划桨动作是不对称的,由五个部分组成,各部分之间彼此连贯。模仿练习一般在陆上或者划桨池内进行。划桨动作分为插桨、拉桨、出水、恢复和单人艇的操向。

(1)插桨:以右桨手为例,右臂(拉桨臂)伸出,左臂稍微在头上方,两手轻松握桨,肩和躯干转向左边,几乎是背对拉桨边,上体前屈,桨叶与水面成锐角。

(2)拉桨:两臂伸出插桨以后,躯干和肩转动,并开始向后运动。拉桨的力量向后,拉桨的力量来自肩部,并通过手臂传递到桨上。

(3)出水:拉桨的动作在腰部结束,此时桨已空载,参与者两臂向上提起,将桨叶从水中抽出。

(4)恢复:这是出桨动作的继续,桨叶一旦离开水,就用推桨臂向艇中心转动桨柄,让桨叶边向前顺着艇的前进方向。同时腰和肩转动,躯干前屈,拉桨臂伸直摆动桨向前,推桨臂微屈过头,手腕逐渐转动桨柄,桨叶又处于与艇的轴线垂直的位置,随后便插桨,开始下一个动作循环。

(5)单人艇的操向:划桨出水时,上手按照顺时针的方向转拨 30°~40°,好像要将水从艇边推走,实际是调整航向,回到直线上。

4. 水上练习

在板凳上或者划桨池中掌握基本动作以后,就可下开阔水域练习。首先,应使学生熟悉水性,战胜风浪;其次,在水中强化插桨入水、拉桨等一系列动作;最后,不断练习使划行动作熟练且有节奏。

五、皮划艇安全

皮划艇运动虽然具有安全便利的优势,但在不正当操作方式下仍存在不可预知的风险,这就需要提前学习皮划艇运动可能面临的风险和危害,当操艇者在水上时,需要时刻保持谨慎的安全意识。具体来说,参与者应遵循以下安全原则:

第一,不要酒后划船。

第二,无论何种情况,下水划艇前,都要穿着救生衣。

第三,选择专业的运动服装。

第四,要选择和运动者水平相匹配的水域地点。

【学用检验】

1. 简述皮划艇运动的起源与发展历程,提炼皮划艇运动的特点与价值?

2. 作为休闲体育项目,你觉得皮划艇可以与拓展训练结合形成新的活动形式吗,为什么?

3. 在开展皮划艇活动中,有哪些安全问题需要我们注意?

第十八章

飞盘运动

【章前导言】

飞盘运动起源于 20 世纪中期,最初是一种简单的娱乐活动,逐渐发展为集休闲、竞技与团队合作于一体的体育项目。飞盘运动倡导公平、公正、开放、诚信、拼搏和团队合作的精神,通过飞盘运动学习,学生不仅可以提升身体素质,还能增强自信心和领导力,培养学生的勇敢、专注能力以及团队协作能力,帮助学生更好地融入团队,学会与他人合作,共同进步。

【学习目标】

1. 了解飞盘运动的起源与发展。

2. 掌握团队飞盘、掷准飞盘、躲避飞盘基本技术与飞盘精神。

3. 通过飞盘运动的学习,能有效组织飞盘活动。

第一节 飞盘运动概述

一、飞盘运动的起源与早期发展

飞盘运动的起源可以追溯到公元前 8 世纪的古希腊。当时,古希腊人通过投掷圆盘类的坚硬物体来打猎或者进行军事训练,直到 20 世纪初,才产生了用于休闲娱乐的飞盘运动。20 世纪初,美国一家叫作弗里斯比(Frisbie)的餐厅制作的比萨深受周边大学生的欢迎,用餐结束后,学生们经常通过相互投掷圆形的外卖比萨盘来进行娱乐。由于比萨盘上印有"Frisbie"的标志,所以学生们会在投掷时大喊"Frisbie"来提醒其他人注意躲避,"Frisbie(或者 Frisbee)"一直沿用至今。美国西海岸的发明家莫里森制作出了世界上第一个塑料飞盘,当时称为冥王星浅盘(Pluto Platter)。1955 年,美国玩具制造商威猛奥将莫里森招至麾下,正式在流水线生产塑料飞盘玩具,并将其销往全球。塑料飞盘的产生使得飞盘的飞行更加稳定,飞行距离更远,飞行轨迹更加丰富,从而提升了飞盘的可玩性,极大丰富了飞盘运动的玩法。1967 年,威猛奥公司成立了国际飞盘运动协会(IFA),作为公司的飞盘运动推广部门,通过赞助飞盘赛事和飞盘运动员来推销自己的飞盘产品,在获得销量的同时,大大促进了飞盘运动在全世界尤其是在北美和欧洲的发展。

二、世界飞盘运动的发展

20 世纪 60 年代末,飞盘运动开始从娱乐向竞技转变,1967

年,美国新泽西州的一群高中生借鉴橄榄球的规则制定了一套用于飞盘竞技的规则,并创造了"团队飞盘"(Ultimate Frisbee)这一运动形式,这套规则结合了足球、橄榄球和篮球等多项运动的特点,并以团队合作和策略性为核心,奠定了现代飞盘运动的发展基础。

20世纪70年代,飞盘运动逐步走出校园,进入了更广阔的社区和国际竞技舞台。1975年,首届世界飞盘锦标赛在美国举行,这是飞盘运动迈向国际化的重要一步。1976年世界职业掷准飞盘协会(PDGA)成立,之后,欧洲、亚洲等地区开始推广飞盘运动,并吸引了越来越多的参与者。

进入21世纪,飞盘运动逐渐发展为一项全球性的体育项目,于2001年被世界运动会纳入正式比赛项目。世界飞盘联合会(WFDF)成立后,负责制定规则、推广运动以及组织国际赛事。2015年正式成为国际奥林匹克委员会(IOC)成员。

三、我国飞盘运动的发展

我国飞盘运动的发展最早可以追溯到20世纪80年代,飞盘作为一种新颖的休闲道具,首先被外国留学生、驻华外籍人士以及归国留学生带入,主要集中在北京、上海、广州等经济文化较发达的城市。20世纪90年代,飞盘运动逐渐从一种休闲娱乐活动转变为一种具有组织性的运动。一些由外籍人士和本地爱好者开始组建小型飞盘俱乐部。

进入21世纪,飞盘运动在中国进入了快速推广阶段。这个时期,飞盘俱乐部的数量显著增加,北京、上海、广州等地的俱乐部开始组织区域性的飞盘联赛。

2004年,中国团队飞盘代表队首次参加了亚洲飞盘锦标赛。这是中国飞盘运动迈向国际化的重要一步,极大地提升了国内飞盘爱好者的竞技水平。

2010年以后,飞盘运动在中国迎来了蓬勃发展时期。得益于国家对全民健身的倡导和支持,飞盘作为一种简便易行的户外运动,逐渐走进大众视野,活跃的高校群体更是为飞盘运动的发展注入新的动力。特别是2019年后,在全国飞盘推广委员会的推动下,更让这项运动的发展步入高质量发展新阶段。2022年,我国正式将飞盘运动列入义务教育阶段课程,成为青少年体育教育的重要组成部分。

四、飞盘运动的概念与分类

(一)团队飞盘(ultimate frisbee)

团队飞盘是一项避免身体接触、鼓励运动员通过自我裁定来开展的飞盘竞赛项目,官方比赛所用飞盘重量为175克。比赛在一块100米长、37米宽的草地上进行,场地每边各有一个37米宽、18米长的得分区。比赛由各支队伍进行攻防对抗,每队有7名队员在场上,分为公开组(男女均可参加无性别比例要求)、女子组和混合组(有男女比例要求),其中混合组场上必须至少有3名女队员在场。每一方队伍防守一个得分区。如果一方队员在对方防守的得分区中成功接住飞盘,就得一分。

(二)掷准飞盘(disc golf)

掷准飞盘是近年发展较快的新兴运动之一,非常容易上手且趣味性极高。无论是高水平的专业比赛,还是集体出游的休闲体验,掷准飞盘都将带给选手极佳的运动和观赏体验。规则玩法与高尔夫球类似,但跟高尔夫球用球杆将球打入球洞不同,掷准飞盘使用塑料飞盘,掷准飞盘场地通常在具有各种不同地势的景区或公园内,树木和坡道对飞盘形成自然障碍。掷准飞盘场地利用率高,对场地改造小、可最大限度地保留和保护自然风景。

掷准飞盘比赛形式分为个人赛和双人赛,其中双人赛又分为好盘坏盘、轮流投掷等不同的竞赛形式。

(三) 躲避飞盘项目介绍

躲避飞盘比赛是一项以安全为优先的运动,具有多变的竞赛规则,结合了躲避球赛的部分规则及飞盘运动的投掷动作与飞盘的飞行规则,无论是幼儿园的小朋友还是成年人均可以一起享受掷盘乐趣。躲避飞盘运动使用以尼龙加泡棉材质制作的飞盘,安全性高。场地尺寸 9 米×18 米,与排球场大小相同。整个比赛场地分为内外场,双方在一开始可以自由安排内外场人数,但外场至少有一人。一方将对方内场队员全部击打出局或比赛结束后,内场存活人数较多的一方获胜。

(四) 飞盘勇气赛 (Guts)

飞盘勇气赛是一项高速运动,在这项运动中,选手以最快的速度来掷出飞盘。比赛形式为每队 5 人,有两条平行的线、对方线长 15 米,两条得分线之间距离为 14 米。双方队员站在得分线后,交替地将飞盘掷向对方,攻破对方得分线,和接住对方掷来的飞盘防守自己的得分线,当防守方没有接住进攻方掷出的合规盘,则进攻方得 1 分;当进攻方接盘违规时,防守方得 1 分;当飞被接住时,双方均不得分。首先获得 21 分的队获胜。

(五) 飞盘运动其他项目

1. 回收飞盘赛

回收飞盘赛包括回收计时赛和回收距离赛两项。选手判断风向,以一定的角度将飞盘用力掷向空中,之后判断飞盘的运动轨迹并在其落地之前单手将飞盘接住。在回收计时赛中,选手的目标是使出盘和接盘之间的时间最大化;在回收距离赛中,选手的目标是使投掷点和接盘点之间的距离最大化。

2. 飞盘掷准赛

飞盘掷准赛要求选手将飞盘精确地掷入距离地面 1 米的 1.5 米×1.5 米方形的目标筐。一共有 7 个不同方向、不同距离的目标筐,选手在每个目标筐有 4 次投掷机会,一共 28 次(图 18-1-1)。飞盘掷准赛的世界纪录是 28 投 25 中。

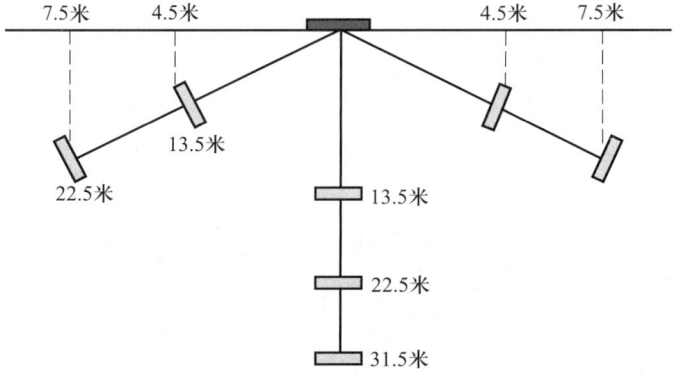

图 18-1-1　掷准赛场地俯视图

3. 飞盘掷远赛

飞盘掷远赛指选手在规定的一条线后将飞盘尽可能远地掷出。选手有 5 次尝试的机会,其中飞盘落地点与投掷线距离最远的一次即为最终成绩。

4. 飞盘越野赛

飞盘越野赛指选手从起点开始,携带2个或3个飞盘交替掷出,使飞盘从指定方向绕过障碍,经多次投掷后使飞盘通过终点。选手将飞盘掷出后,奔跑至飞盘的停留处后方可投掷另一个飞盘,之后捡起飞盘奔向下一个投掷点,以此类推。选手的目标是用最短的时间完成比赛。飞盘越野赛一般在开放的公园中进行,赛道长度从200米到1 000米不等。

5. 双人飞盘赛

双人飞盘赛中,每个队中两位队员分别站在两个13米×13米的区域内,两个区域相距17米。比赛开始时双方各持一个飞盘,同时掷向对方的区域,在区域内接到对手掷来的飞盘后,须在接盘处再次投掷,如此往复。得分方式有以下几种:当飞盘在对方区域内触地,并停留在其中,得1分;当对方两名队员同时持有两个飞盘,得2分;当飞盘在区域外触地,对方得1分。

6. 花式飞盘赛

用飞盘表演创造性、艺术性和运动性的动作是花式飞盘的精髓。在花式飞盘赛中,运动员将体操和舞蹈与飞盘的传接相结合来进行表演。可以一个人完成,也可以两人一队,使用一个或多个飞盘配合音乐完成精心排练的表演。

花式飞盘由最初简单的背后接盘开始,逐渐发展出了更多观赏性极高的动作与组合,如指尖延迟、胯下传接、上下抛盘、绕胸转盘等。表演时长为3~5分钟,评委根据难度(10)、艺术表现(10)和完成度(10)来进行评分,得分高的队伍或个人获胜。

第二节　团队飞盘

一、团队飞盘的器材与场地

(一)器材

团队飞盘运动对器材的要求较为简单,团队飞盘的国际标准重量为175 g(+/−3 g),直径为274 mm(+/−3 mm),高度是32 mm(+/−2 mm)(图18-2-1)。材质通常为高质量的耐用塑料,这种标准飞盘设计精确,能够在空中保持良好的稳定性和飞行轨迹,适合进行长距离投掷和精确传递。角标是由八个色彩鲜艳的柔性物体(如塑料角标)标记争夺区域和得分区域的角落(图18-2-1)。

①　　　　　　　　②

图18-2-1　国际标准团队飞盘

（二）场地

团队飞盘的比赛场地有严格的标准规定，以确保比赛公平、规范，同时为运动员提供最佳的竞技环境。

（1）场地尺寸：标准团队飞盘场地为一个矩形，长度为 100 米，宽度为 37 米。在场地两端，各设有一个 18 米长的得分区。砖头点是中心区中两条交叉的 1 米线的交叉点，它与得分线距离 18 米，与两条边线距离相等，且距离相近得分线的距离等于得分区的长度（图 18-2-2）。

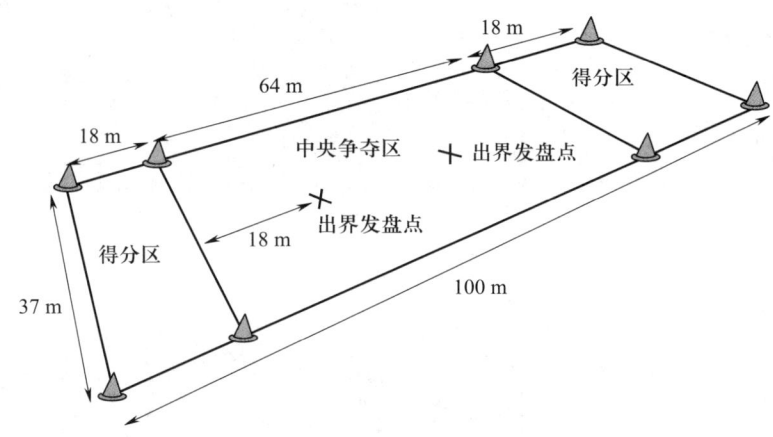

图 18-2-2　场地示意图

（2）场地标志：场地的边界和得分区需用非腐蚀性材料进行清晰标记。标记线宽为70 毫米至 120 毫米之间。对于正式比赛，在边线至少 3 米之外的位置，须要设置一条限制线。比赛时，所有参赛队伍必须站在此限制线之外。在第一条限制线之外至少 2 米的位置，须要设置第二条限制线。比赛时，除了官方允许的工作人员，所有不相关人员和器材都应当在第二条限制线之外。

（3）场地表面：场地表面通常为天然草坪或人工草皮，但也可在沙滩或其他适合的空地上进行。比赛场地需要保持平整，以减少运动员受伤的风险。

（4）场地环境：团队飞盘是一项户外运动，适合在开阔的空间进行。比赛场地应尽量避免存在妨碍飞盘飞行的障碍物（如树木、电线等）。对于正式比赛，还需要考虑风速和天气因素对比赛的影响。

二、团队飞盘的基础技术

（一）正手传盘的技术要领

1. 正手握盘

正手传盘是团队飞盘比赛中重要的基础动作之一，握盘的舒适与否会影响正手传盘的质量。握盘时，将飞盘放置于虎口位置，用虎口和大拇指夹紧飞盘的外沿，拇指指向飞盘的中心；中指压在飞盘的内沿上，食指与中指并拢或分开，以控制飞盘的平衡。双手持盘来进行调整，找到最适合自己的握盘方式（图 18-2-3）。

2. 正手传盘

正手传盘时，握盘手同侧的腿向身体侧面迈出，成侧弓步，同时保持身体平衡，重心降低，控制在身体中轴线上。手臂既不要完全伸直也不要贴住身体，肘部靠近身体但不要碰

正手传盘

到身体,肩膀略微下沉。运用手腕和小臂的甩动来发力,出手时飞盘外侧可以略微向下倾斜,以保持飞盘平稳飞行。在发力过程中,尽可能减少手臂动作,用身体的核心力量提升手腕甩动的力度,从而增强传盘的力度。正手传盘比较难掌握,建议从短距离的传盘开始练习,逐渐熟练后再拉长距离(图 18-2-4)。

①　　　　　　　　　　②

图 18-2-3　正手握盘示意图

①　　　　　　　　　　②

图 18-2-4　正手传盘示意图

(二) 反手传盘的技术要领

1. 反手握盘

首先用持盘手的手掌贴住飞盘的外沿,其余四指以握拳的姿势放在飞盘的底部,食指要同时接触飞盘的边沿及底面,将大拇指放在飞盘正面的凸起纹路上并向下压。双手持盘进行调整,找到自己最舒适的握盘方式,握盘既不要太紧也不要太松,保证可以控制飞盘平行于地面即可(图 18-2-5)。由于每个人的手掌大小不同、手指粗细也有差别,所以不存在一种完全适合所有人的握盘方式,但握盘时要关注两个点:一是手掌要紧贴飞盘边缘,以保证对飞盘的控制;二是要能把飞盘端平,手腕和前臂呈一条直线。

2. 反手传盘

反手传盘是飞盘运动最重要的基本技术,是参与所有飞盘运动的基础动作,也是团队飞盘比赛中最容易掌握、运用最广的技术动作。

在进行反手传盘时,要始终保持飞盘和前臂在一个水平面上。握盘手同侧的腿向反方向斜前方迈出,身体略微侧向迈腿方向。重心放低,保持在身体中轴线上,身体稳定,看向传盘方向。手臂自然弯曲,不要将飞盘抱在怀里。准备传盘时,持盘手的肩膀对着传盘目标,传盘过程中当胸口正对目标时将飞盘掷出。掷出飞盘时,手腕旋转发力,随即产生

反手传盘

制动,使飞盘旋转起来。旋转速度越快,飞盘的飞行越稳定。整个传盘动作要连贯,腿、核心、手臂要协调发力,同时整个传盘过程中保持视线在传盘目标上。可以运用臀部的力量来使飞盘掷得更远(图18-2-6)。

①　　　　　　　　　　②

图 18-2-5　反手握盘示意图

①　　　　　　　　　　②

图 18-2-6　反手传盘示意图

（三）其他传盘技巧

1. 锤子传盘（过顶传盘）

锤子传盘(过顶传盘)在比赛中可以从防守队员头顶将飞盘传给队友,能起到很好的破防作用。握盘方式与正手握盘相同,飞盘底面向上,非握盘手一侧的肩膀正对传盘目标,将飞盘举过头顶,用手臂将飞盘从身体后方向前掷出,出手点位于头前方45度处,出手时抖动手腕,使飞盘旋转起来,手臂随挥,指向传盘目标,使其平稳地落入接盘人手中。

2. 内弧线传盘

内弧线传盘可以有效地避开防守队员,达到很好的破防效果。另外,在有风的天气里,内弧线传盘可以使便飞盘飞行得更稳定。

相比普通传盘,内弧线传盘时肩膀要下沉更多,握盘时,飞盘的外边缘要略微向下,同时降低出手点,同握盘手的反方向出手并做随挥动作。出手要低,飞盘的前端略微向上翘起,使飞出去的盘可以在飞行过程中抬升,从而使接盘人更容易接到。

3. 外弧线传盘

外弧线传盘可以使飞盘绕过防守队员,让接盘队员有更好的角度接住飞盘。出手时,飞盘的外边缘要向上一定的角度,出手点略高于内弧线传盘。因为向上的角度决定了飞盘在飞行中的角度,所以可以通过控制出手角度来控制飞盘的空中弧线。身体保持平衡,

其他传盘
技巧

同时降低重心。

风的大小对外弧线传盘有很大影响,可以在有风的天气多进行练习,观察风对传盘的影响并作出调整。

4. 升空盘

升空盘在面对有风的天气、区域防守以及紧逼防守时可以达到很好的效果。传盘时出手点尽可能地放低,最好低至可以感受到地面的草,用最大的力量来转动手腕,使飞盘更快地旋转。出手时,飞盘的前端略微向上抬升,并用大拇指向下压,尽量控制飞盘飞向接盘人胸口的位置。

5. 推盘

推盘可以用于一些普通传盘难以达到效果,如超短距离的传盘、接盘后不停顿直接传盘等。运用推盘时,采用反手传盘的握法,将食指放在飞盘的外沿,向要传盘的方向甩动手腕,以顺时针方向使飞盘最快旋转,感受到飞盘从食指滚出去的感觉。推射式传盘难以对抗较大的风力,所以在逆风时要谨慎使用这项技术。

6. 反手的低位传盘

在有风的天气或者面对正面防守时,降低出手点会有很好的效果。出手的脚步动作要连贯利落,比正常转盘的步幅更大,非轴心脚呈90度。出手点要低至手接触到草地,采用类似升空盘的传盘方式,飞盘的前端略微向上翘起。

7. 正手的低位传盘

正手的低位传盘正面防守时可以达到较好的效果,适用于有风的天气以及短距离的传盘,在比赛中非常实用。在进行传盘时尽可能地压低身体的重心,放低手和肩膀的位置,轴心脚的脚尖正对传盘方向,非轴心脚的脚尖指向身体外侧,出手点可以低至出盘时能感受到地面的草为佳,用力甩动手腕,使飞盘尽可能快地旋转。

8. 反手的高位传盘

反手的高位传盘可以越过防守人进行传盘,多运用在中短距离的传盘中。传盘的出手点要在胸口以上,多运用手腕的力量让飞盘旋转起来,尽量减少手臂动作。飞盘的前端与地面保持平行或略微向下倾斜,以保证飞盘的直线飞行轨迹,完成传盘动作时要保证胸口面对传盘目标。由于出手点高,飞盘更容易受到风力的影响,所以在有风的天气要慎用这项技术。

9. 正手的高位传盘

正手的高位传盘可以使传盘人越过防守人进行传盘,在短距离的传盘中,有很好的破防效果。在传盘之前要略微调整握盘姿势,使手掌向前,并更用力地握盘使发力更加顺畅。传盘的出手点在胸口以上,传盘时用手腕的力量带动手指用力拨动飞盘,使飞盘更快地旋转。飞盘的前端与地面保持平行或略微向下倾斜,以保证飞盘的直线飞行轨迹。由于出手点高,飞盘更容易受到风力的影响,所以在有风的天气要慎用这项技术。

10. 反手长传

反手长传需要比较大的发力空间,在发力时,肩膀位置略低于正常反手传盘,保持飞盘和小臂平行以内弧线的角度将飞盘掷出来,获得更多向前的动力。出手点在腰部附近,用臀部和肩膀带动身体发力,出手后继续完成随挥动作。

11. 正手长传

正手长传的隐蔽性和速度要远高于反手,更适合快节奏的比赛使用。但发力和控制比较困难,需要更多的练习。在进行正手长传时,虎口要夹紧飞盘,拇指要比正常正手传盘更用力地压住盘面,以增加手部与飞盘的摩擦力,从而更好地将力量传导到飞盘上。手臂尽量远离身体,拉长力臂。飞盘的前端要略微抬升,以保证飞行的高度,但不能过高,过高的正手传盘会使飞行轨迹难以判断,增加被对方防守拦截的可能性。要利用核心的力量,通过转髋、挺髋的动作增加飞盘向前的冲力,使飞盘飞得更远,出手后继续完成随挥动作。

(四)接盘

1. 双手拍接

双手拍接是最稳妥的接盘方式,也是初学者应该最先掌握的接盘动作,一般在飞盘飞向接盘人腰部以上、肩膀以下的位置时采用这种接盘方法,要求接盘人双手平行,掌心相对,五指尽量张开,以扩大接盘面积。传盘的惯用手放在上面,以方便在接盘后快速转换成传盘动作。接盘过程中,注意力集中,始终注视飞盘,调整身体姿势,使胸部和飞盘垂直,接住飞盘后将飞盘贴近身体,进行缓冲保护(图18-2-7)。

接盘

图 18-2-7 双手拍接

2. 握接

在团队飞盘比赛中,当防守人和接盘人距离比较近时,要采用握接的接盘方式,以保证在防守人防守到位之前接到飞盘,一般在飞盘高于接盘人肩膀或者低于接盘人腰部时使用。握接包括双手握接及单手握接,采用握接时,手臂尽可能地向前伸展,迎向飞行中的飞盘,飞盘高于肩膀时,手掌向下,拇指在飞盘底部;飞盘低于腰部时,手掌向上,拇指在飞盘正面,注意力集中在飞盘上,冲刺跑向飞盘。当双手碰触到飞盘时,用力握住飞盘,先保证将飞盘控制在手中,再考虑下一步的传盘动作(图18-2-8至图18-2-11)。

图 18-2-8 高位双手握接

图 18-2-9 低位双手握接

图 18-2-10 高位单手握接

图 18-2-11 低位单手握接

三、团队飞盘的基础配合

（一）人盯人防守

1. 防持盘人

对持盘人的防守是团队飞盘防守中最重要的部分。只有做好对持盘人的防守,让持盘人无法以最舒服的角度传盘,其他的防守策略才能发挥作用。在防守持盘人时,面对防守人,用脚尖着地,提升移动速度,降低重心,臀部下沉,背部保持一条直线,同时保持平衡。双手保持晃动,干扰持盘人的传盘选择,通过脚步移动来保持对持盘人的压迫。减少上身的转动,不要轻易受到持盘人假动作的干扰,保持住防守位置。最重要的并不是打断对方的传盘,而是让他将盘传向我方希望的方向(图18-2-12)。

图 18-2-12　防持盘人

防守过程中要注意以下几点,避免违例:

（1）和持盘人保持一个飞盘以上的距离。

（2）不可以用手故意遮挡对方的眼睛。

（3）双手手掌的连接线不可以穿越持盘人的核心位置(不可以环抱对方)。

（4）双脚的连接线不可以穿过对方的轴心脚。

2. 防跑动队员

防守跑动中的对方队员,阻止他们轻松接到飞盘或是得分,这既需要有良好的防守意识,也要掌握一定的防守技巧。在站位时,和对手保持一定的距离,建议这个距离为伸手能够碰到对方但又不会造成身体接触的距离,同时降低重心,做好启动的准备。跟随对方进行移动,始终保持开始时的距离,不要让对方摆脱自己,做好随时飞扑出去断盘的准备,即使本身并没有尝试或者练习过飞扑的动作,但准备姿势会给予对手压力,同时给予自己信心。时刻关注(或者让场下的队友提醒)对方持盘人的位置,更好地判断飞盘有可能会从哪个角度向自己防守的队员飞来。

不要过度追求将飞盘抢断,首要任务是阻止对方获得好的接盘机会或是在最有进攻威胁的位置接盘。当有百分之百的把握可以断盘时,可以抢断飞盘并转换进攻,如果对方成功接到了飞盘,要立即转变为防盘人的动作姿态,阻止对方打出连贯的进攻配合。

3. 逼向防守

逼向防守是团队飞盘比赛中很常用的一项防守策略,也是很多防守战术的基础。它通过限制进攻方的传盘方向和空间,逼迫进攻方只能向场地的一个方向或一个区域传盘,从而达成既定的防守策略。在具体执行时,防盘人要站在持盘人的一侧,切断持盘人本侧传盘的机会,注意观察持盘人的肩膀,以应对持盘人的假动作和出盘。靠近对方传盘手的前场防守队员将精力集中在防守某一块区域上,和防盘人形成配合,挤压对方的传盘和跑位空间。针对灵活交换、逼向防守对策的队伍,场上队员需要随时交流逼向的位置和方向,场下队员要提醒场上队员需要防守的位置和空间(图18-2-13)。

（二）局部基础进攻配合

1. 斜插直传

斜插直传是两人破防推进的最有效进攻方法。在对方防守出现失位或通过假动作晃开防守队员获得斜插跑位的机会时,向持盘人前方沿进攻方向的路线进行跑位,从而达到成功推进进攻距离的目的。斜插直传经常用于传盘手之间的快速推进或是在边线进攻时进行快速推进。斜插直传,队员之间需要提前进行眼神交流,同时观察防守队员站位。跑位队员启动时运用一些小的假动作迷惑防队员,获得斜插的空间,快速跑出身位。传盘队员需要平稳出盘,向跑动队员的跑动路线进行传盘,让跑动队员可以保持冲刺状态接盘。出盘时机与跑位时机需要完美契合,这样才能获得最好的进攻效果(图18-2-14)。

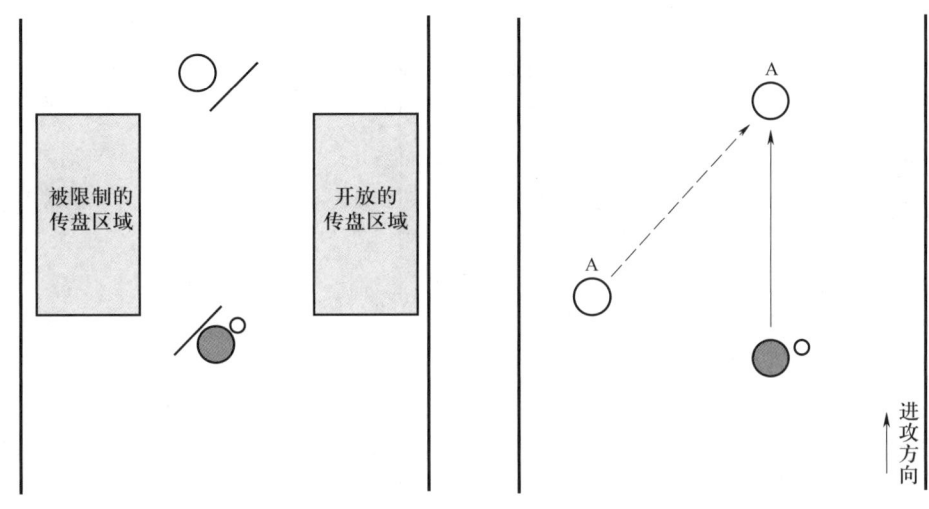

图18-2-13　逼向防守的占位及空间　　　　　图18-2-14　斜插直传

2. 下底接盘

下底接盘,是比赛中可以最大限度地推进进攻距离的一种方式,也是直接得分的最快方式。队员在进攻时须观察防守队员的站位,如果防守队员失去防守下底的位置,可以果断做出下底跑位。所有的跑位都要与队友进行战术交流,这样才可以把跑位的攻击性发挥到极致(图18-2-15、图18-2-16)。

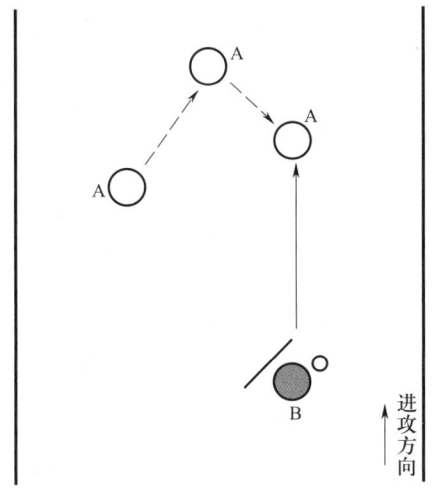
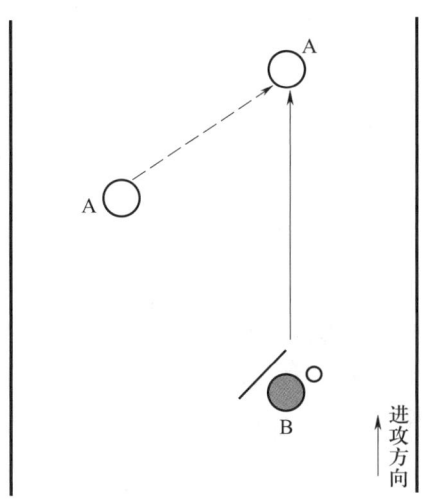

图18-2-15　进行一次变向后再上切　　　　　图18-2-16　摆脱后直接下底接盘

3. 双人推进

双人推进,是指比赛中两个队员甩开防守队员,在对方防守落位前通过快速传接盘向前推进的方式。这种推进方式在短时间内可以快速推进一定的距离,从而打乱防守方的防守阵型,甚至可以直接得分(图 18-2-17)。特别注意在推进过程中走步问题。因为推进速度快,往往在接到盘的同时要进行传盘动作,轴心脚的建立以及出盘均在一瞬间,所以需要脚步和传盘协调一致,有节奏地快速推进。

4. 横传

进行横传时,迈步要尽量伸展,使出手点远离防守人,这样可以拥有更好的传盘角度。握盘动作及握盘时飞盘的位置要调整到可以快速将飞盘掷出。如果接盘的队友是静止状态准备接盘,那么传出去的飞盘要比平时更快,以防止被防守队员看破意图中途拦截。在无法向前传盘时要尽早寻找横传的机会,避免计数快接近 10 而没有机会出手造成被动甚至失误(图 18-2-18、图 18-2-19)。

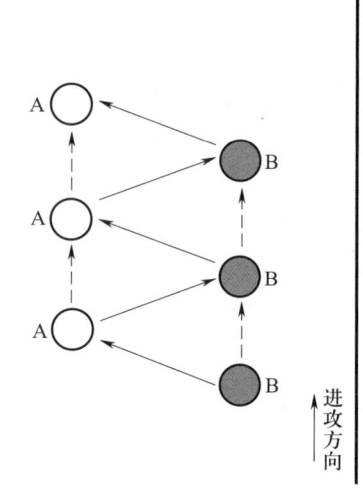

图 18-2-17 双人推进

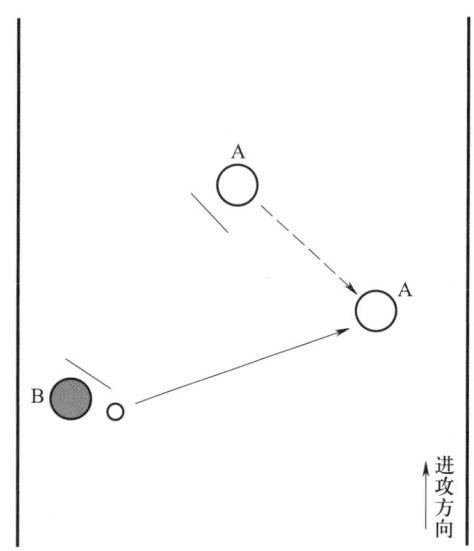

图 18-2-18 直接横传给队友

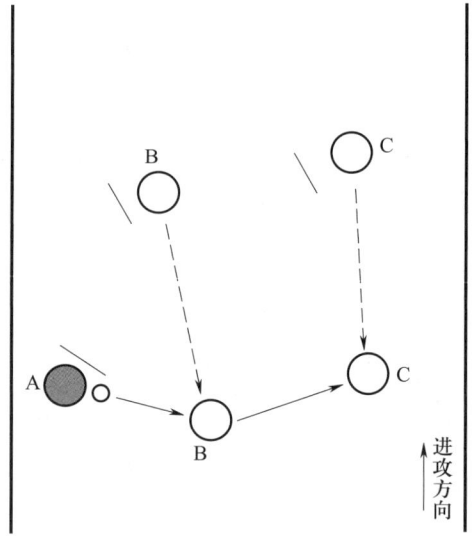

图 18-2-19 通过中间队员进行二次转移

飞盘运动是一项团队运动,无论进攻与防守,场上队员之间的配合都十分重要。以上所提的是基础的两人或多人的攻防区域配合,可以在此基础上学习更多的高阶战术配合,如区域防守、竖排进攻、横排进攻等。

第三节 掷准飞盘

掷准飞盘(又称飞盘高尔夫),是一项以高尔夫运动形式为基础(GOLF 由 Green,Oxygen,Light,Friendship 四个词汇的首字母缩写构成,意思是"绿色,氧气,阳光,友谊"),以飞盘为载体,集亲近自然、健身休闲、竞技娱乐于一体的新型运动项目。掷准飞盘的规则与高尔夫运动类似,旨在以最少的投掷次数将飞盘投进目标框内,选手需要根据不同的场地设计、天气状况等因素选择不同飞行指数和材质的飞盘及投掷方法进行投掷,以达到预期的飞行轨迹和落点。

一、掷准飞盘的器材与场地

(一)器材

掷准飞盘核心器材主要包括飞盘和目标筐,同时可以根据比赛的需求选择其他辅助装备。

1. 目标筐

目标筐是掷准飞盘的重要设备,用于标志球洞的位置。目标筐一般由金属制成,包括一个悬挂有链条的环状篮筐,用于接住投掷的飞盘。篮筐直径约为 60 厘米,高度约为 1 米,安装在地面上或固定在移动底座上(图 18-3-1)。

图 18-3-1　目标筐

2. 飞盘

掷准飞盘使用专用飞盘,通常比团队飞盘更小、更重,以适应远距离投掷和精准度要求。飞盘的重量范围通常为 140 克至 180 克,不得超过200 克,直径为 20 厘米至 40 厘米。

根据不同的功能需求,掷准飞盘分为三种主要类型:

(1)掷远盘(driver):适合远距离投掷,飞行速度快,轨迹稳定。

(2)推进盘(mid-Range):用于中距离投掷,飞行精确且灵活性更高。

(3)敲杆盘(putter):用于短距离投掷或将飞盘推进目标筐,飞行稳定,易于控制。

3. 飞行指数

为了让玩家拿到一个新盘就知道它是什么飞行轨迹、适合什么样的情形、需要使用什么技术动作,绝大部分的飞盘厂商会使用"飞行四指数系统"来表现掷准飞盘的特性。四个指数分别指的是:速度、滑行、侧倾和下坠(图 18-3-2)。

(1)速度:速度指的是掷准飞盘克服空气阻力的能力,也就是我们常说的"破风"能力。速度值从 1 到 15,数值越高的飞盘破风能力越强,飞得更远的潜能越大。

图 18-3-2　掷准飞盘上的飞行指数

（2）滑行：滑行指数是影响飞盘在现实环境中飞行所产生升力大小的重要参数。滑行值是掷准飞盘的一个内在属性，它表现的是飞盘提供升力能力的大小。数字从 1 开始，数字越大升力越大，数字越小升力越小。

（3）侧倾：侧倾描述的是飞盘在高速状态下表现出来的稳定性。侧倾是飞盘在高速运行中所表现出来的一种固有属性，所有的飞盘都会侧倾，而侧倾值所描述的就是飞盘的稳定性。侧倾值从 -5 到 1，数值为 1 的飞盘最稳定（most overstable），从高速阶段到下坠阶段都保持着朝一个方向运动的趋势；数值为 -5 的飞盘最不稳定（most understable），高速阶段容易发生侧倾，向着和下坠方向相反的方向运动。

（4）下坠：下坠用于描述飞盘下坠时拐弯的趋势。数值从 0 到 5，以右手反手出盘为例，数值越大的盘下坠时向左切入的角度越大，数值为 0 的盘下坠时左切的角度很小或没有。

4. 辅助器材

（1）计分卡：用于记录每位选手在各个目标筐的投掷次数。

（2）标记盘：掷准飞盘规则规定，当飞盘在场内确定了位置之后，选手可以选择使用迷你标记盘紧贴着飞盘，放置在飞盘与目标连线的前方地面上来标记投掷点。或者当遇到出界等需要改变投掷点的情况时，选手可以使用标记盘来标记投掷点。比赛使用的迷你标记盘必须符合相关规定：直径为 7～15 厘米，高度不超过 3 厘米，材质为塑料、金属或木质（图 18-3-3）。

图 18-3-3　标记盘

（3）飞盘服装：掷准飞盘除了是一项竞技体育运动外，还是一项高雅的社交活动。规则规定：若选手穿着不符合着装要求将被视为违反比赛礼仪的违例行为。着装要求中有禁止光脚比赛，上衣必须盖过上胸、不得穿 T 恤入场，可穿速干、冰感及其他高性能的面料制作的圆领、V 领上衣等。

（二）场地

掷准飞盘的场地具有高度的灵活性，通常布置在自然环境中，如公园、森林、山地或校园开放空间。

1. 开盘区

开盘区为盘道开始的地方，也是选手第一次投掷（开盘）时的地方。开盘区最好是由水泥或沥青等硬质材料搭建的台面，理想的尺寸为 1.8 米×3 米。开盘区为周围没有突出的石块或者树根的平整表面，长短根据地势加长或缩短。除了硬质台面或塑胶的开盘区，其他种类开盘区的前沿必须通过画线或者标志物间的"假想线"标示出来。

2. 掷准目标

虽然任何被标记的物品或标杆都可以当作掷准飞盘比赛的目标，但是目标筐（筐加链条）永远是最佳选择。大部分掷准飞盘场地设置 9 个或 18 个筐，也可设置 12 个、24 个或 27 个筐，筐的数目通常为 3 的倍数。目标筐分为场地级目标筐、便携式目标筐、训练用目标筐等。

3. 盘道

盘道，即为飞盘飞行的道路，由开盘区开始，到掷准目标结束。好的掷准飞盘场，需平衡好长短不同的各种形状道路以及上坡下坡等盘道之间的关系。

大部分新建的掷准飞盘场地会设计两组对应不同难度盘道的开盘区(对于同一个开盘区来说,可以设置不同的盘道和目标筐的位置来区分难度;对于同一个目标筐来说,可以改变盘道和开盘区的位置来调整难度),以满足不同水平玩家的需求。四个玩家水平[金阶(高级)、蓝阶(中级)、白阶(初级)、红阶(入门级)]所对应的场地设计要求有明确的划分。向公众开放的掷准飞盘场地通常结合了蓝阶和白阶,或者蓝阶和红阶的盘道及开盘区,以满足大部分飞盘玩家的需求。一些掷准飞盘配套产业发达的地方会有包含金阶盘道、开盘区、最长、最有挑战性的掷准飞盘场,以满足高水平玩家的需求;即使是在这些高级场地里,也可以结合一组短距离的盘道和开盘区来满足低水平和入门水平的玩家。

二、掷准飞盘的基本技术

(一)投掷技巧

1. 握盘

握盘是掷准飞盘运动中最基本的一项技术,握盘的方法对飞盘投的方法、出盘的角度、出盘的方向、对盘的控制以及发力模式的影响非常大。初学者刚接触掷准飞盘的时候,抓握飞盘时会十分不自然,这属于正常现象。当持续练习几周之后,异物感会逐渐消失,握盘动作会更加自然、有力。初学者也可以和同伴一起进行一些团队飞盘的传接盘练习,这不仅对握盘有益,对飞盘飞行轨迹的判断和飞行角度方向的控制都大有益处(图18-3-4)。

①　　　　　　　　　②

图18-3-4　握盘示意图

(1)握盘的标准:双手是和飞盘紧密连接的部位,每个人手的大小手指的长短、握力的强弱、发力习惯都不一样。所以并没有一个适合所有人的标准握盘姿势。初学者应该多尝试不同的握盘方法,甚至可以放弃使用了很久的握盘方法去寻找更好的,直到找到一个舒服、盘面控制强、稳定的握盘方法。

(2)握盘的力度:对于反手的开盘和中距离投掷,握盘的力度应适中,不能太小也不能太大。因为反手的投掷模式保证了飞盘足够的旋转,通常没有必要像团队飞盘那样靠手腕发力增加旋转(特别是在大力开盘的时候使用手腕会增加手腕受伤的概率),而是让高速的飞盘自然挣脱手的束缚飞出,此过程中手也不用刻意张开。握盘力度过小会导致出盘过早,力度过大则会导致出盘过晚或出不了盘,也会导致肌肉过早疲劳,影响运动表现。

（3）握盘的变式：握盘方法多种多样，这些方法可以从控制最大量到控制最小量进行排列。玩家应掌握不同的握盘变式，这样可以根据实际情况选择不同的握法，如投掷的远近变化情况、下雨天飞盘湿滑情况、障碍物情况、自身力量控制情况等。

2. 反手开盘

反手开盘是将飞盘在身体与持盘手异侧掷出的一种投掷方法，也是掷准飞盘中最常用的投掷方法。反手投掷的身体运作模式决定了它可以更自然地发力，所以在需要集中更多力量的开盘中多会选择以反手的方式进行开盘。

（1）交叉步：在比赛中经常可以看到运动员在开盘的时候会助跑一段距离来让盘获得更大的动能，这种助跑技术叫交叉步，在助跑时用交叉步不仅可以保持平衡，同时可以将全身各部位发力的时机连接起来。交叉步是自然地将身体置于强势体位，将髋部向后转，同时保持向前的张力，从而更高效地将力从地面传导到飞盘上，让飞盘飞得更快更远（图18-3-5）。

图18-3-5　反手交叉步开盘演示

交叉步从面向投掷方向开始就建立向前的趋势，以右手开盘为例。第一步，左脚向正前方踏一步，获得一个初始动能，同时脚尖指向左前方，为侧身做准备。第二步，侧身的同时将右脚向左脚的正前方或者偏左的位置踏出，脚尖朝向和左脚一致。第三步，左脚向后踏出交叉步。第四步，踏出支撑脚，脚尖朝向与目标方向垂直。

（2）上半身动作：身体在走交叉步的时候一直保持着向前的张力，直到最后一步。最后一步踏出的同时，肩部向后转，髋部也会自然地向后转。身体完美配合的表现是：当最后一步支撑脚站稳时，我们的盘离身体最远。在此过程中，身体持续向前运动，肩部后转，将盘向后送，这样会形成飞盘相对地面静止不动的现象。之后髋部向前转，带动肩部，将盘顺势前拉，最后完成出盘。

（3）跟随动作：跟随动作可以防止受伤，其在任何运动中都至关重要，如网球选手击球后并不会将球拍停下，而是继续引拍，力量大的选手甚至需要绕头一圈来做缓冲。开盘时会在身体各处产生很大的扭矩，我们要把力发完而不是用我们的关节来承受这些扭矩。同时，一个好的跟随动作可以用来控制飞盘飞行路线，提高投掷的准确度。

上身跟随动作。出盘时不要收力，将力发完全。出盘之后，手臂跟着身体旋转半周缓冲。出盘后保证手臂不高过肩膀，出盘模式通过身体来调整，而不是通过手臂。

下身跟随动作。交叉步的最后一步踏实，为全脚掌触地发力。发力时将脚尖自然抬起，将重心转移到脚后，身体以脚后跟为轴心转动。出盘后前脚脚尖指向前方，全脚掌支撑。

3. 推进

推进盘的技术动作与开盘动作十分相似,可以加入交叉步变成一个小幅度的开盘动作;也可以站定投掷,变成开盘动作的最后一步。

(1)站立式:在推进盘中,可以根据需要选择握盘方式,从扇形握法到强力握法,甚至各种变式都可以成为选择的目标。

动作要点:刚入门的新手玩家很难掌握交叉步的节奏和时机,可以先从站立式开始学起。在站立式中不需要助跑,双脚比肩略宽,侧对着目标站定。双肩的连线对着投掷方向。开始时,注视着目标,前侧肩膀随着身体重心后移向后转。之后,向前转髋,重心前移,用手肘引导将飞盘前拉,这里可以想象成是在肘击前方的墙壁。最后,不要收力,做一个漂亮的跟随动作,将力全部发完。

所有的右手反手掷出的飞盘在最后都会有向左下坠的趋势。为了使飞盘平稳地滑行至目标下,需要让盘高过手肘,在出盘时给它加一个微微上斜的角度。

(2)其他方式:只要控制好力度,掌握使用方法,理论上任何出盘角度和投掷方法都可以用于推进盘。例如,短距离助跑的反手、正手、滚地盘、高空盘等。

4. 正手

正手是将飞盘在身体与持盘手同侧边掷出的一种投掷方式。正手可以使飞盘的旋转方向与反手截然相反,且飞盘飞行轨迹与反手的呈镜面效果。若同用右手投掷,反手掷出的盘最后会向左下坠,而正手掷出的盘会向右下坠。因正手投掷时视线可以一直停留在目标上,不需要偏离,所以可以获得比反手投掷更高的准确性。在现在的掷准飞盘比赛中,这些特性使得正手好的运动员可以在赛场上取得更大的优势,正手的重要性也越来越凸显出来(图18-3-6)。

图18-3-6 正手出盘

(1)准备姿势:侧身站立,双肩连线对着目标,持盘手在后,非持盘手在前。前脚指向目标方向。重心降低,上身保持直立,使身体处于强势体位。正手与反手不同,需要通过手腕的抖动给盘增加足够的旋转,手腕持盘向后弯至最大幅度,这样可以更好地向前抖腕发力。整个投掷过程中,持盘不宜过高或过低,以在手肘与肩膀之间为宜。飞盘运行轨迹应为一条直线,该直线与身体距离适中,身体处于可控、易于发力的位置。

(2)后引过程:手肘向后抬起,将飞盘后引至运行直线后端,肘关节不要伸直,保持自然弯曲,同时重心移至后脚。

(3)出盘过程:重心前移至前脚,向前转髋转身,使原本朝着侧面的身体转向目标方向。随着身体向前转,用手肘引导力的走向,让手肘先向前超过身体平面。手肘超过身体平面时,盘的位置还在身体平面后。之后将手肘伸直,同时手腕向前发力出盘。手腕的发力应该在同一平面上,翻腕会导致飞盘出手后不稳而抖动,影响盘的速度和方向。

(4)跟随动作:正手与反手不同,不能够有太大的跟随动作,否则会导致出手不够干脆,发力不够完全,以及翻腕。应该有意识地将手停在出盘点,这样才能控制好方向和力量,使出盘之后的动作自然发生。

5. 敲杆

敲杆是指在目标筐近处,将飞盘掷入目标筐中的投掷动作。敲杆是掷准飞盘运动中最重要的一环,对于高水平运动员来说,成绩的好坏往往取决于敲杆的好坏。敲杆可以说是运动员在技术上的竞争,更是在心理上的博弈。

对于敲杆、开盘,甚至其他所有掷准飞盘的技术动作来说,专一性和稳定性都是最关键的。敲杆的方式也是因人而异、多种多样。无论什么风格,一位优秀运动员的敲杆动作是相对固定的。运动员可以携带一包掷准飞盘,他们的掷远盘和推进盘有很多种,但是肯定只有一种用来敲杆的敲杆盘。所以不管什么风格,适合自己的、专一稳定的敲杆方法才是最好的(图 18-3-7)。

图 18-3-7　敲杆

掷准飞盘的敲杆方法主要分为三种:推式敲杆、加转式敲杆和混合式敲杆。推式敲杆主要是用身体重心变换的力,使盘从由上往下的角度进筐。加转式敲杆主要用手腕和手臂的力使盘笔直地进筐。混合式敲杆则是介于推式敲杆和加转式敲杆之间的一种敲杆风格。

(1)准备动作:一个好的准备动作是完成好的敲杆的前提,也应该是相对固定的。标定投掷点、确认风向、握盘、站位、深呼吸放松、心中模拟飞盘飞行轨迹……每个练习者都应该有一套自己的切实有效的准备流程,并且始终如一。其中,与技术动作相关的一些要点可以直接影响到敲杆的质量:

采用扇形握法或一些其他变式,不建议使用强力握法来敲杆。

身体正对着目标,前后脚站位。可以稍微侧身,找到舒服的站位。前后站位可以更简单有效地做出重心向前向后转移的动作,集中全身的力量完成敲杆动作。

上身直立,可以保证各部位向前运动的时机一致。注视目标,将手臂伸直后自然放松,指着目标瞄准,这么做可以提升敲杆的准确度。

(2)下摆:敲杆动作类似于一个钟摆运动,持盘下摆时乃至出盘之后,飞盘始终在身体中线移动,在推式敲杆的下摆过程中,手肘基本不动,在加转式敲杆的下摆过程中,为了更好地集中手臂发力,通常会手肘微曲,下摆至腰间的位置。

(3)重心后移:在飞盘下摆的同时将身体重心移至后脚,同时保持上身直立。

(4)出盘:当飞盘下摆至最低点时,身体重心移至前脚,同时快速地沿着原下摆轨迹向前出盘。整个下摆到出盘的过程应由慢到快,一气呵成。出盘之后,手始终指着目标,这样做可以保证飞盘在出盘过程中始终沿身体中线运动,笔直飞向目标,大大提升敲杆的准确度。

(二)路线选择

在掷准飞盘比赛中,路线选择犹如一场战略博弈,选手需要综合考量地形、风向、地貌以及障碍物分布等众多因素,在脑海中迅速规划出最优的飞行路线。在地形复杂的场地,如山地地形,选手需要根据山坡的坡度、高低起伏以及山谷的走向来确定飞盘的飞行路线。上坡时,飞盘的飞行高度和力量需要适当增加,以克服重力影响;下坡时,则要注意控制飞盘的速度和下降角度,防止飞盘因速度过快而失控。风向是影响飞盘飞行路线的另一个关键因素,顺风时,选手可以利用风力的推动作用,适当减小投掷力量并调整飞盘的飞行角度,使其借助风力飞得更远;逆风时,则需要加大投掷力量,并降低飞盘的飞行高度,以减少风的阻力。面对不同的地貌和障碍物,选手更要具备敏锐的观察力和快速的决策能力。例如,当遇到一片树林时,选手需要在瞬间判断出树林中的可穿越间隙,并根据间隙的位置和大小确定飞盘的飞行角度和力量,同时还要考虑飞盘在穿越树林过程中可能受到的树枝干扰,预留一定的调整空间。

此外,要想飞盘飞出自己想要的飞行路线,可采取弯盘、倒盘、滚盘等投掷技术:

(1)弧线盘:在比赛中需让飞盘转弯飞行从侧方避开障碍物。飞盘之所以能转弯飞行,完全由释盘时的左右倾斜角度来控制,即欲使其右时则出手刹那将盘之右缘压低、左缘翘高;欲使其左弯时则反之。熟练弯盘投掷技巧在掷准飞盘比赛可大大提高获胜概率,尤其在曲折复杂且多障碍的地形,利用弯盘技巧往往可以节省好几杆。

(2)颠倒盘:投掷通常是遇到障碍时才使用,顾名思义是让飞盘倒着飞的投法。倒盘投掷方法有四五种之多,而在掷准飞盘比赛中最常使用正手握法的倒盘投法。倒盘投掷因障碍的状况不同,因而有以下三种倒盘脱困投掷技巧。一是高降倒盘。盘由上方通过障碍,当前面的障碍较高时,若用正手或反手投出可能产生效果不好,此时就要应用高降倒盘来飞越并降落在障碍物的后方。二是弯降倒盘。盘由两侧弯过障碍,当前面的障碍太高连高降倒盘都难以通过时,可应用弯降倒盘由两侧通过障碍。以右手持盘为例,要右弯时须以正手的握盘方式投掷;欲左弯时则须以反手的握盘方式来投掷。三是滑降倒盘。盘由下方滑过障碍,一般用于穿越上方被挡住而下边尚有空间的障碍,此时投掷的高度较低,但投掷的力道并不减弱,让盘面与地面平行继续向前滑行。

(3)滚盘:滚盘在掷准飞盘比赛中是时常被运用的投掷技巧,最常用于障碍区的脱困,而在下坡又兼地面平坦且较为坚硬或草地平整的盘洞时,采取滚盘技巧往往比掷远要远。因为飞盘的构造重量大多在盘面,当以盘边着地滚动时,自然会往盘面方向弯曲,所以投滚盘时不能让飞盘与地面呈90度滚动,而是要让盘身略向盘底方向倾斜,如此才能呈现直线的滚动。

三、掷准飞盘的战术

(一)路线选择战术

1. 避开障碍物

根据目标筐周围的地形特点,选手需要在投掷前仔细观察场地,选择最佳路线,避开障碍物(如树木、河流、灌木)。确保飞盘在安全范围内飞行,避免进入复杂区域,增加额外投掷次数。

2. 评估投掷风险与收益

根据目标筐与障碍的相对位置,决定是否采取进攻性投掷。例如:当目标筐被水障碍或高大树木遮挡时,可以选择较为保守的短距离投掷,以降低失误风险。

3. 利用地形优势

在场地具有下坡、顺风等有利条件时,可以选择更大力度的投掷,以借助自然因素增加飞盘的飞行距离。

(二)投掷类型选择战术

1. 掷远盘投掷策略

在距离目标筐较远的第一投时,选手通常使用掷远盘。这种投掷需要最大力量与速度,以确保飞盘尽可能接近目标筐。但需要注意控制方向,避免过大偏差。

2. 中距离推进盘调整策略

中距离盘用于调整投掷路线,选手需要根据第一投后的飞盘落点进行精准的修正,确保第二投可以为敲杆盘创造良好的投掷位置。

3. 敲杆盘精准投掷

在目标筐附近时,选手需要使用敲杆盘进行精准的短距离投掷。敲杆盘投掷时力量适中,避免飞盘弹出目标筐。同时注意出手角度,保持稳定性。

第四节　躲　避　盘

躲避飞盘是一种以安全为先的运动,有多变的竞赛规则,结合躲避球赛的部分规则及飞盘运动的投掷动作与飞盘的飞行而衍生出来的新兴运动。躲避飞盘赛使用尼龙加泡棉制作的飞盘,安全性高。

一、躲避盘的器材与场地

(一)场地

躲避飞盘的比赛场地必须是平整的地面,木地板或者草地最佳,为保证参赛选手的安全,不建议在水泥地上开展比赛。场地长 18 米、宽 9 米,中场线将其划分为相同大小的两块,中场线必须向外延长 2 米以上边线内的场地为内场,边线外的场地为外场,外场无边界。场地线宽为 5~10 厘米,碰触到场地线即视为越线(图 18-4-1)。

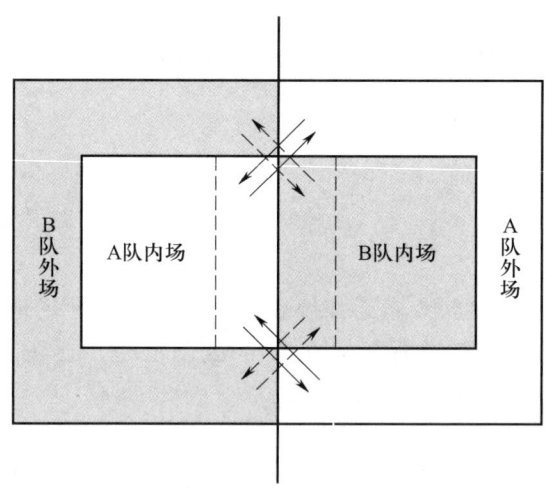

图 18-4-1　躲避飞盘的比赛场地

场上选手分为内场选手和外场选手,站位如图 18-4-1 所示。教练席设置在离边线至少 3 米远的位置,面积不得大于 2 米×2 米。比赛过程中教练不可以使用任何设备,只可以通过手势和语言对场上队员进行指导比赛场地必须醒目标注边线和内外场区域。布置推荐使用标准化的躲避飞盘场地线,也可以使用与地面紧贴的场地地胶、安全的与地面紧贴的警戒线或是直接使用油漆在地面上画出场地。场地边线外 3 米内不可以有任何物体以及除裁判和外场选手外的任何人员。

（二）器材

躲避飞盘：正式比赛必须使用经过官方认证的躲避飞盘，根据参赛选手的年龄段使用对应尺寸的比赛飞盘。躲避飞盘比赛专用盘的直径为 16 厘米（水平一、水平二组）、23.5 厘米（水平三、水平四组）、27 厘米（水平五组及以上），由尼龙和泡棉制作。躲避飞盘的重量应该在 80 克到 95 克之间，边缘厚度为 2 厘米，高度为 4 厘米，赛事主办单位可以指定使用经过认证的比赛飞盘（图 18-4-2）。

图 18-4-2　躲避飞盘

一场比赛中仅使用一个躲避飞盘，且只有在躲避飞盘发生损坏到无法使用的情况下才可以使用其他比赛飞盘进行替换。

二、躲避盘的基本技术

1. 投掷技术

避盘的投掷讲究速度和精准度，选手需要通过手臂的挥动和手腕的发力，快速将飞盘投向目标。常用的投掷方式包括正手投掷和反手投掷，关键在于调整力度和角度，使飞盘的飞行轨迹难以预测。

2. 接盘技术

躲避盘的接盘需要反应迅速、动作灵活。选手可以使用单手接盘或双手接盘，根据飞盘的速度和方向灵活选择，以确保稳妥接住飞盘并快速进入下一动作。

3. 躲避技巧

躲避盘运动的核心是躲避对方投掷的飞盘。选手需根据飞盘的轨迹迅速移动身体，利用侧闪、蹲下、跳跃等动作避开飞盘。同时保持注意力集中，随时准备反击。

4. 团队配合

躲避盘是一项团队运动，选手需与队友保持默契配合，通过传递飞盘和协同防守形成战术优势。队员之间的相互掩护和传盘时机的掌握至关重要。

5. 身体协调与移动

躲避盘强调全身的协调性和快速移动能力。选手需在跑动中完成投掷、接盘和躲避动作，保持平衡并提高灵活性，以适应比赛的高强度节奏。

三、躲避盘的战术

1. 快速出手与精准投掷

快速出手是躲避盘比赛中的关键战术，旨在利用时间差打对方一个措手不及。投掷者需要在接到飞盘的瞬间迅速观察场上局势，选择目标并果断出手。快速出手的同时，精准投掷也至关重要。为了提高命中率，可以瞄准腰部以下位置。

（1）对手的下半身（更难闪避的位置）。

（2）对手正在移动的方向（利用惯性预测）。

（3）对手的"盲区"，即其视野未覆盖或身体后方的区域。

2. 假动作与心理干扰

假动作是躲避盘战术中的一大利器,用于迷惑对手、干扰其判断。常见的假动作包括:

(1)假投掷:挥动手臂做出投掷动作,但在最后一刻停住或改变方向。

(2)假传递:将飞盘交给队友时假装投掷,吸引对方注意力,为队友创造进攻机会。

(3)通过眼神、身体重心的倾斜暗示攻击方向,然后突然改变目标或速度。

这种战术的关键在于迅速转换动作,让对手在短时间内无法作出准确判断,从而增加进攻成功的可能性。

3. 区域控场与分散站位

在躲避盘比赛中,场地的空间利用和站位安排对战局有决定性的影响。

(1)进攻站位:队员应以"扇形"或"分散式"分布在场地内,通过多角度投掷形成交叉火力,使对手难以同时应对多个方向的攻击。这种站位可以有效压制对方的活动范围。

(2)防守站位:防守时,队员应保持一定的间距,避免被对方一轮进攻同时命中多人。同时,后排队员可以作为"观察手",帮助前排队员判断飞盘轨迹并及时提醒。

区域控场还包括对边界的利用。队员可以将对手逐渐逼向场地边缘或角落,限制其行动范围,并通过集中火力将其淘汰。

4. 优先打击策略

在比赛中,对手的战斗力并非均等,因此"优先打击策略"是一种高效的战术选择。

(1)核心选手优先打击:观察对方队员中投掷精准、移动灵活或传递能力强的核心选手,集中投掷火力将其淘汰,从而削弱对方整体实力。

(2)保护队友优先打击:当己方队员面临被攻击的风险时,可以优先攻击对方投掷者,为队友争取时间。

(3)心理战术优先打击:瞄准对方心理承压能力较弱的选手进行攻击,通过淘汰或连续投掷增加对方团队的心理压力,打乱其战术部署。

5. 团队协作与角色分工

躲避盘是一项高度依赖团队配合的运动,团队协作能够放大个人能力。常见的团队战术包括:

(1)掩护与牵制:一名队员主动吸引对方注意力或攻击,牵制住其投掷方向,为其他队员创造攻击机会。

(2)协同防守:队员之间应保持防守联动关系,当一名队员被攻击时,其他队员需迅速支援或反击投掷。

6. 体力与节奏管理

躲避盘比赛往往节奏快、强度高,合理分配体力是保持长期竞争力的关键战术。

(1)进攻节奏:在进攻中,队员可以选择持续高压策略(快速投掷、轮番进攻),迫使对方疲于躲避或出错;也可以选择间歇性进攻,伺机而动,保存体力。

(2)防守节奏:在防守时,通过轮换移动或调整站位减缓对手的进攻节奏,避免因连续防守导致体力消耗过大。

7. 场地利用与位置控制

(1)逼入死角:通过投掷和站位限制对手的行动范围,将其逼入场地角落或边线,减少其可选路线,从而提高攻击命中率。

（2）制造空当:通过快速移动和传递飞盘创造空当,使对方难以有效防守,为进攻提供有利条件。

【学 用 检 验】

1. 简述飞盘运动的起源与发展历程,提炼飞盘精神的特点与价值。

2. 团队飞盘、掷准飞盘、躲避盘各有特点,你认为这三种运动分别适合面向哪些群体开展?

3. 在开展飞盘运动过程中,有哪些安全问题需要我们注意?

【章前导言】

营地教育是相对学校教育和家庭教育而言的一种社会教育模式,它起源于美国,至今已有 150 多年的历史。最初以徒步、登山、划船、游泳等项目为主,目的是培养青少年的野外生活技能。随着参加露营的青少年人数的增多,开展营地团队活动的数量也日益凸显。同时,户外营地教育开始将具有挑战性、带有探险性质的团队体验活动作为营地活动的首要内容。户外营地教育以素质教育为基础、能力培养为核心,通过体验式教育"从做中学"的经验学习模式,让青少年从活泼有趣且富有挑战性的营地活动中,体验生活中各种知识的运用;通过营地指导员的带领,在营地活动中磨炼意志,增强自信,提升青少年与人沟通和相处的能力,更好地帮助青少年突破舒适区,不断挑战自我,培养良好的品格,享受成长的乐趣。本章主要介绍了户外营地教育的兴起与发展、户外营地教育的教学技巧、户外营地教育课程设计与组织等内容。

【学习目标】

1. 了解户外营地教育的起源与发展历程。
2. 学会使用户外营地教育的教学技巧与实践方法。
3. 学会户外营地教育的科学设计与组织策略。

第一节　户外营地教育概述

户外营地教育就是带领青少年在大自然营地中进行徒步、登山、攀岩、划艇、举办营火会等活动,运用多种教育形式对青少年进行引导和教育。营地教育现已成为一种社会教育模式,是学校教育和家庭教育的最佳补充。

户外营地教育就是一种把丰富多彩的户外体验汇聚起来的体验式教育模式,是发生在由参与人员、活动空间、大自然所组成的临时性的"体验式"社区中,并且是"户外活动—文化体验—旅行—教育"汇聚起来的共同体。正因如此,户外营地教育以亲近自然、培养能力、鼓励探索、促进友谊和丰富人生为基本宗旨,强调以体验式学习的方式,从跨学科的综合知识角度出发,使青少年在实践中充分理解所学,并将各科知识融会贯通。在营地,教师不是主导者而是引导者,营地教师和营员之间是平等和互助的师生关系,这种关系有助于培养营员健全的人格,使营员能够推己及人地理解他人感受,建立与他人的顺畅沟通,发展良好的团队合作能力。

一、户外营地教育的兴起与发展

(一)国外户外营地教育的兴起与发展

户外营地教育起源于美国。有组织的营地活动可以追溯到弗雷德里克·冈恩(Frederick W.Gunn)和他的妻子阿比盖尔(Abigail)在华盛顿和康涅狄格州经营的男子私塾校外教学活动。

最初的户外营地教育以徒步、登山、皮划艇、游泳等户外运动为主,以培养青少年户外生活技能为中心。美国、俄罗斯、加拿大、新西兰、日本等国家户外营地教育的发展较为成熟,在部分国家,户外营地教育已被正式纳入常规教育体系。

在许多国家,户外营地教育都有政府的强力支持。目前俄罗斯户外营地教育较为普及,每年有 55 000 个营地为 600 万青少年提供服务。澳大利亚的户外营地教育与学校教育联系紧密,政府立法规定学校必须组织每位营员每年参加一周的户外营地活动。英国把户外营地教育视为一种让师生充分参与课堂活动的方法,并且成立了户外运动委员会。加拿大的户外营地教育已经成为加拿大教育的重要组成部分。日本文部省从 1984 年开始推行"自然教育事业",使户外营地教育发展更为迅猛。

(二)国内户外营地教育的兴起与发展

在我国,户外营地教育是学校教育和家庭教育的有益补充。户外营地教育既是一种具体的教育教学形式,更是带有新意的一种教育教学主张和思想。我国的户外营地教育发展分为三个阶段:

1. 引入阶段(中华人民共和国成立至 20 世纪 80 年代)

中华人民共和国成立初期,中国共产主义青年团中央委员会(以下简称"团中央")组织中国少先队员参加苏联的夏令营活动。少年儿童的夏令营,开始成为国际青少年文化交流、互动的主要手段。随着社会的发展,户外营地教育在国内受到越来越多的关注。

2. 成长阶段(20 世纪 80 年代至 21 世纪初)

中国登山协会自 1986 年开始开展青少年登山夏令营活动,经过 30 年的发展,逐步将全国青少年登山、攀岩、户外夏(冬)令营打造成经典的青少年活动品牌,多年来受到社会各界的广泛好评。

2004 年年初国家体育总局建设了一批青少年户外体育活动营地,标志着我国青少年营地的发展逐步走向成熟。2007 年中共中央。国务院印发了《关于加强青少年体育增强青少年体质的意见》,在此文件的指导下,国家体育总局、团中央、教育部都高度重视青少年户外体育营地活动,将其视为实施阳光体育运动的重要途径。2008 年年初,国家体育总局明确提出户外体育营地是青少年体育工作的两大重点之一,户外营地活动就以青少年宫和学校等为依托迅速发展起来。政府及社会各界将对青少年身心健康的重视提到了前所未有的高度,各级政府越来越清楚地认识到青少年体育活动是增强青少年体质的有效手段,进一步促进了青少年户外体育营地的快速发展。

3. 发展阶段(21 世纪初至今)

进入 21 世纪,我国户外营地教育迎来一个历史性的发展机遇。2014 年 4 月 13 日,"户外营地教育破题中国教育改革——首届中国国际营地教育大会"在北京举行,世界各国的营地教育代表达成共识"一次特别的夏令营活动有可能改变孩子的一生"。随着户外营地教育的快速发展,市场对营地指导员的需求也不断增长。为培养户外营地教育者,2016 年 5 月 26 日,由中国登山协会主办的"首期全国青少年户外营地指导员师资培训班"在北京怀柔国家登山训练基地开班。近年来,我国从多个层面支持户外营地产业发展,包括政策保障、课程开发、风险管理、营地建设、示范活动推广以及国际交流等,为营地教育的可持续发展提供了坚实基础。同时,互联网平台的应用进一步扩大了营地教育活动的影响力。户外营地教育的蓬勃发展,不仅丰富了青少年教育形式,还为其提供了培养综合能力和品格的广阔舞台。随着社会对素质教育的重视,户外营地教育将在未来发挥更重要的作用。

二、户外营地教育的特征

(一)挑战探索性

挑战探索性是户外营地教育的主要特征。人类天生就有追求新挑战、探索新事物和环境的内在驱动力。营地教育的教学内容和形式紧密结合营员勇于探索、冒险、敢于挑战的心理特征,营员通过个人努力和团队合作,在共同完成挑战项目的过程中,提供了解自我的机会,从而刺激个体成熟,获得成就感、认同感与创造力。

(二)自主实践性

与其他教育活动相比较,营员在户外营地生活中具有更大的自主实践性。在户外营地教育活动中,营员是主体,教师的主要任务是给予指导和帮助。在使营员有计划、有步骤地开展活动时,教师可给予营员较多的选择活动和自己设计、组织、主持开展活动的机会,发挥他们的自主性,使营员在学习活动中学有所乐、学有所得,增长才干。

(三)自然启发性

户外营地教育是一种全身心的体验。自然界中花草树木、山水景观组成了充满吸引力的教学环境,营员能在大自然构成的课堂中得到更多的启发和收获。在大自然中进行各种活动,特别是在户外营地教育中创设探索活动,可以更加有效地提高参与者的活动体验。

(四)灵活丰富性

户外营地教育活动内容丰富、项目众多、形式多样、空间广阔,因而具有显著的灵活性和丰富性。具体表现为,教学内容、教学方法、组织形式新颖、生动,价值取向和教学目标鲜明,教学实施的手段灵活多变、讲究实效。此外,户外营地教育除了教育模式灵活丰富外,它不对营员的教育结果进行刻意操控,注重强调营员体验感,追求在体验过程中的个人获得感。

三、户外营地教育的价值

首先,户外营地教育不是单纯的娱乐或游玩,其目的是培养孩子的社会认同与情感认知,是一段高质量、个性化的,并改变生活的经历。户外营地教育过程中的记忆和经验将影响孩子的一生。其次,相对于学校教育和家庭教育而言,户外营地教育在培养营员实践动手能力、自主生活能力、创新能力、自我保护能力、社会责任感、应用型知识的学习、习惯养成等方面发挥着重要作用。因此,户外营地教育课程的设计要以促进青少年的全面发展为核心目标,为青少年发展提供所需要的内容。

营地教育
的价值

第二节　户外营地教育的教学技巧

户外营地教育的教学技巧是教师在营地中顺利完成营地课程的活动方式,它帮助教师将户外营地教育的理论与实际相结合,进而实现营地课程的教学目标。户外营地教育作为一种开放的体验式教学,在教学难度上明显高于其他常规教育,因此掌握一定教学技巧尤为重要。下面介绍户外营地教育中几个较为经典的教学技巧。

一、全方位价值契约

在营地课程刚开始进行团队建设时,营员们需要一个融入的过程,它可以引导所有营员根据本次活动的个人目标、团队目标和行为表现建立一个大家共同遵守的契约,这个契约就是"全方位价值契约"。

（一）全方位价值契约的概念

全方位价值契约(full value contract 缩写"FVC")是户外营地教育最基础也是最经典的教学技巧之一。全方位价值契约包含六大基本要素:

1. 第一个要素:在当下(be here)

在当下是指营员能在团队中感受到自己的存在。营员在团队中的投入状态是不尽相同的,有的是"身体"在,"心"不在;有的则是"身心"都参与到其中,能与大家产生更深入的"连接",并将自己展现给所有人。教师应该重视每位营员的感受,让所有人都参与其中,避免营员出现无聊甚至厌烦活动的情绪,引导他们参与其中。要学会调动营员的积极性,让部分营员从以自我为中心走向与他人沟通。

2. 第二个要素:安全(be safe)

安全是在"安全感与信任"条件下的身体安全和心理安全,教师要思考如何能为营员带来安全感? 如何通过活动与营员建立信任关系?

3. 第三个要素:诚实(be honest)

教师要仔细观察每一位营员,引导营员诚实地表达自己的感受及想法,引导营员从自我怀疑走向自我认可。更多地给予自信心不强的营员以鼓励,促进营员的全面发展。

4. 第四个要素:目标(set goals)

目标的含义是想要达到一定的境地或标准,在活动中如果不设立明确的目标,活动将会变成无关紧要的事。户外营地教育活动应以注意体验感、参与感为目的,关注营员全方位发展。

5. 第五个要素:互相关照(care for self and others)

人与人之间的相互照顾与友善的言语更容易产生信任关系,在户外营地教育中要学会与人相处,共同进步,相互成长。

6. 第六个要素:放下与前进(let it go and move on)

"放下"是每个人都需要学会的,只有摆脱不必要的包袱,才能更好地前行。

【拓展阅读】

户外营地活动范例——心手相连

物资：大白纸、彩笔。

规则：整个大的团队在分成若干个小队后，各小队的营员围绕着大白纸站好；每位营员选出自己喜欢的颜色的彩笔后将双手放在大白纸的外沿，要求所有人的手都必须连接在一起；用选好的彩笔采用左右手互画的方式，将刚才连接好的手掌顺着手指画出来；这时大白纸的外沿上就出现一圈紧紧相连的手掌，下面每位营员将自己的名字写在左手掌，将营地活动的目标写在右手；在大白纸的中间营员们将想好的队名和代表队名的图标（LOGO）画在中间，注意队名需要积极正向；这时大白纸的中间与外围就都画好了，整个大白纸上还有两片空白的区域，靠近中间的左侧与右侧，分别是口号与目标，这两个内容相辅相成，都需要积极正向并赋予寓意。

全方位价值契约内容在该活动中可以链接的要素：

（1）在当下。营地教师在组织营员进行心手相连制作时，要注意营员的参与度，观察每个人在细节上的用心程度，适当给予鼓励和引导，增强营员的投入度。

（2）目标。在心手相连活动中，由起初手掌上的个人目标，再到由活动和规范组成的团队目标，团队目标包含个人目标，个人目标尊重团队目标，目标与目标之间相互支撑共同进步。

（3）互相照顾。在制作"心手相连"的过程中，教师要善用正向的词语影响营员，积极培养营员相互帮助的习惯。

（二）全方位价值契约的要点

1. 注重全员参与

营员之间相互交流的基础是制定大家认可的契约，这是打破陌生关系最好的方式。为了履行契约，营员们相互支持、相互监督。如果有某位营员没有参与其中，那么整个团队的活动效果就会大打折扣。教师应该正向引导营员商讨出团队与个人都认可的契约，鼓励营员表达自己的意见。

2. 使用正向语言

在商讨契约时，引导营员使用正向语言。正向约定是一种有深度内涵的表达方式，不用"禁止""不准"等词，鼓励营员用"我们要""我们可以"的语境去构建契约。这样营员就可以在契约中化被动为主动，从被动接受管理到主动与教师配合。

3. 注重营员主动性

营员在营地活动的初期一起讨论建立契约，可以加快团队的成长速度，引导活动目标的方向。契约是营员主动承诺并希望达成的，而不是教师希望和提前定好的规定。

4. 内容涵盖广泛（个人目标、团体目标、行为表现）

有效的学习环境可促进学习者学以致用。营员相互商讨的契约中既反映了营员的个人意志，也代表了团队的整体意志，既包括营员的个人目标，也代表了团队的整体目的。营员们在完成个人小目标的同时也完成了团体的大目标，这正是全方位价值契约帮助团体达成目标激发个人潜质的有效方法。

5. 具有成长性

契约一旦建立,并不是所有的内容都是一成不变的,它是伴随着营员的成长而共同成长的。在每一次反思环节中,营员都要回顾契约中目标的达成情况,并根据实际情况再次补充与调整。

二、基于选择性的挑战

基于选择性的挑战是指营员可以选择支持他们最佳学习效果的难度,而不是一味地追求高难度挑战。它将难度选择权交给营员自己,在完成挑战的过程中,营员们将学会如何做出积极的决策以及如何在伸展区进行安全的探索。基于选择性的挑战将帮助营员成为终身学习者,避免挑战过度而进入恐慌区。

(一) 选择性挑战的概念

选择性的挑战(challenge by choice,缩写为"CBC")是户外营地教育经典的教学技巧之一,它强调的是目标的设定而不是挑战的难度,因为一个人的目标比他的能力更重要。从英文字义上讲,challenge 的意思是"挑战",by choice 表示可以选择。其中必要的元素是挑战,可以选择的只是挑战的程度,营员可以根据自己的身心情况去决定挑战的程度,但并不代表可以不挑战。例如,在攀岩活动时,可让营员根据自身体能选择挑战的难度。目标由营员自己定,确定后开始挑战,无论是轻松达成,还是无法达成,都是好结果。首先,营员对自己制定的目标不会有抵触心理;其次,得到的结果可以作为分享时的内容。

(二) 基于选择性挑战的要点

1. 营员有选择权利

CBC 提供给营员他们希望的挑战时间、挑战方式、挑战难度以及需要的帮助。如,营员没有做好心理准备最先面对挑战(营员选择的挑战太轻易或太难完成再次调整后的反思)、循序渐进地增加挑战难度,以达到找寻自信的效果。

2. 营员不可借选择权利而不参加活动

部分营员可能会有很多理由不参加活动而在一边观望,但这并不是基于选择性挑战的初衷,这样会使营员脱离群体,无法从活动中获得经验。团队尊重个人的选择,个人同样要尊重团队的选择,即便在团队中担任不活跃的任务,也要与团队共同进退。

三、5F 动态引导反思技巧

引导反思作为一种发展营员思考能力的重要手段,是将营员在活动中习得的经验通过引导反思的技术,透过观察、反思、归纳与日常生活中的实践相结合,最终达到学以致用的内化效果。

(一) 5F 动态引导反思的概念

5F 为 fact(事实)、feeling(感受)、finding(发现)、future(未来)、freedom(自由)5 个单词的首字母缩写。这一技术是英国学者罗尔(Dr.Roger)把反应(reflection)、处理(processing)、解说(debriefing)三者融合而发展出的一套引导技巧。

(二) 5F 动态引导反思的要点

事实(fact)是人的经历、意识到的事实或脑海中的印象。在提问营员之前也可以先自问"我对这次经历的印象是什么？认识到了什么？学习到了什么",然后由营员依次发言后,思考其他人是如何看待这个问题的;最后,让营员思考如何才能从中获取价值。

感受(feeling)是经验中产生的感觉和情绪。同样在问营员前也可以问问自己"这次体验中我有哪些情绪与直觉?有哪些是强烈的?是否回忆起其他经验?有哪里相同哪里不相同",这些问题可以帮助营员建立连接,找到共同点与同理心。

发现(finding)是经过深度挖掘得到的原因、解释和相关结论。可以提问:"结果为什么是这样?为什么你会这样认为?我们本次学到了什么?有没有新的发现?还可以如何去解释?"

未来(future)代表在后面发展的多样性上,包括计划、行动、决策、设想。可以提问:"如果再遇到这种情况我们要怎么做?有没有新的计划去解决问题?怎样才能做得更好?"

自由(freedom)代表营地与现实是存在差距的,我们只是简化现实,而不是真正的现实。所以教师在进行引导提问时不应被现实所困,可以打乱提问的顺序、时间与地点——只要是遇到合适的引导契机,就可以自由地开始。

在 5F 理论应用中事实与感受是故事,发现与未来是学习、成长与变化。

基本提问顺序是:事实、感受、发现、未来、自由。可在这个顺序的基础上合理地自由组合,避免让营员觉得可预测而乏味。

四、漏斗引导技巧

漏斗提问法也是众多引导技巧中较为重要的方法。

(一)漏斗引导技巧的概念

漏斗引导技巧分为六个漏斗,依次为回顾、回忆、感受、总结、应用、承诺。漏斗引导技巧以营员为中心、以体验式学习圈为逻辑,引导营员关注学习经验,并逐步转化到生活中付出实际行动(图 19-2-1)。

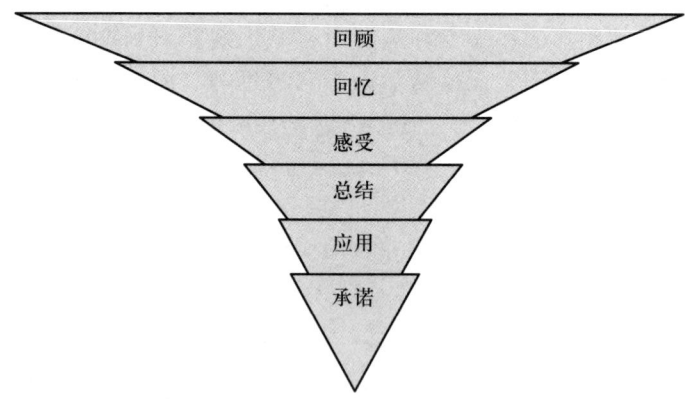

图 19-2-1 漏斗引导技巧概念图

(二)漏斗引导技巧的要点

漏斗引导技巧如表 19-2-1 所示。

表 19-2-1　漏斗引导技巧要点

漏斗的层次	引导重点	具体操作
回顾	回顾及明确重要的内容	刚才都做了什么？
回忆	回溯、记忆关键时间	在活动中你遇到了什么情况？ 当时看到了什么？ 听到了什么？
感受	陈述感受	你们的感觉如何？ 是否有意见被忽视的情况？怎样的感受？ 观察到了哪些正向的感受？
总结	总结学习心得	在小组讨论后可以得出哪些学习要点？ 从这些活动体验当中学到了什么？
应用	将所学应用于生活学习等其他方面	在生活中有没有遇到过这种情况？ 最近可能发生这样的情况会是在什么时候？你又会做出怎样的反应？
承诺	促进改变行动	通过今天学习到的知识，你会如何改变自己？ 计划一下首先要改变哪些方面？

很多技巧通常是要根据营员和事情实际情况灵活应用的，这就要求教师不仅要有理论方面的知识储备，还需要大量的实战经验。只有完全了解营员的情况，并学会建立与营员的信任关系，才能将教学技巧应用好。

第三节　户外营地教育课程设计与组织

一、户外营地课程设计与组织流程

营地教育是一个复杂、系统的工程。在营地教育活动中，营地指导员的作用不仅仅是在课程中开展活动及引导学生思考，还包括对团队的了解、活动计划的准备，以及课后的反思、总结，并为下次课程提供参考。户外营地教育最基本的引导模式就是通过一系列经过安排的活动，引导学生通过连续的体验、反思、内化、应用，将团队推向高峰，而且一次比一次有更好的表现和体验。

一个好的课程计划，有助于课程的顺利、圆满进行。欧美国家、我国香港及台湾地区，通常采用"APPLE"原则组织设计户外营地课程。APPLE 的内容包括：

① A——assess 评估；② P——plan 规划；③ P——prepare 准备；④ L——lead 引领；⑤ E——evaluate 评价。

（一）评估

评估是营地指导员在课程正式开展之前，对课程目标、学生状况、课程开展方式，以及营地工作者的能力进行评估，为下一步课程规划提供参考依据。

1. 评估的范围

课程评估涵盖很多方面，涉及营员、营地指导员、营地、器材等。

（1）团队情况：通常情况下，参与营地教育的团队可分为一般团队和特殊团队。由彼此不熟识的人员临时组成的团队为一般团队。由学校组织的团队或培训机构组织的团队为特殊团队。

针对一般团队，可以进行以下几方面的调查评估：

① 营员的年龄、性别。

② 营员的来源、分布情况。

③ 营员的兴趣。

④ 营员参与课程的意愿（主动还是被动）。

⑤ 团队的构成，是成熟的团队还是由素不相识的营员临时组成。

⑥ 营员有无参与营地教育的经验。

针对特殊团队，除了上述对营员的基本情况进行调查评估外，还可以进行以下几方面的评估：

① 营员之间的熟悉和默契程度。

② 对待课程的兴趣。

③ 按在原学校的熟悉团队开展课程还是打散组建新团队。

④ 学校或机构的介入程度（有无学校老师参与、老师是充当营员还是充当观察员）。

（2）课程目标：对于一般团队，可以从以下几方面评估：

① 课程的主题。

② 主办单位的期望值和学生的期望值。

③ 家长的期望值。

④ 大家的期望值是趋于统一还是比较分散。

对于学校团体，还应该考虑：

① 课程和学校常规教育的关联度。

② 家长对课程的认识、接受程度。

（3）课程规模：欧美户外营地教育开展得比较早，其营地活动，特别是暑假期间的户外营地教育活动往往都有较大的规模。对营地指导员来说，对所要开展的营地教育规模进行评估是课程顺利开展的关键。具体来说可以包括以下内容：

① 参与营员的规模（总人数）。

② 需不需要分组及分组情况。

③ 营地指导员参与课程情况，每个老师带多少组。

④ 营员较多时，分组进行活动还是集中活动。

⑤ 课程人数及分组的选择，如何与课程目标相结合。

⑥ 对于中途有营员退出的预案。

（4）课程周期：课程开展时间不同，课程安排、教学深度会有所不同，营员的学习效果，营员之间的配合情况也不尽相同。针对课程目标和营员的期望值，对课程周期进行评估也相当重要。课程周期可从以下几方面进行评估：

① 课程周期是否适当。

② 可以应用的课程素材、想法和实际的活动。

③ 对于学校团队，在常规教育所进行的学期中间开展营地课程，对课程周期有何要求。

（5）课程开展的环境：户外营地教育是一项以户外、以自然为主体教育环境的教育方式，课程开展的环境容易受到天气变化等因素的影响，这也成为营员、主办单位、学校和家长所关心的因素。课程开展的环境可以从以下几方面进行评估：

① 开展课程的场所（室内、室外）。

② 活动空间大小情况。

③ 课程受外界干扰情况。

④ 小组间有无彼此干扰情况。

⑤ 应急准备（因人多场地不够、天气影响）。

2. 评估方法

评估是完成课程目标的重要前提，如果课程不经过评估而直接进行，会出现很多意想不到的状况，比如安全问题、课程的顺利程度等，严重时甚至导致课程失控。评估时可以通过问卷调查、实地考察、口头面谈、经验交流和分享等方式，获取和分析有关的资料。

（二）规划

认真、细致、充分地评估是保证课程品质的前提，根据评估结果思考、安排、规划课程是课程顺利实施的重要步骤。

1. 课程规划的内容

（1）根据课程目标和团队的期望值，制定达成这些目标的活动计划。管理学大师彼得·德鲁克（Peter Drucker）提出的"SMART 原则"，为目标的设定提供了依据。"SMART 原则"包括以下内容：

① S：明确性（specific）。即目标不能虚泛，用具体的语言清楚地说明要达成的目标。明确的目标几乎是所有成功活动的共性特点。很多活动不成功的重要原因之一就因为目标定得模棱两可，或没有将目标有效地传达给相关参与者。

② M：可度量性（measurable）。指目标应该是明确的，而不是模糊的。应该有一组明确的数据作为衡量目标是否达成的依据。

③ A：可实现性（attainable）。即目标要能够被参与者接受，不能设置那些不能完成目标。

④ R：相关性（relevant）。指整个课程中单个活动目标与其他活动目标的关联情况。如果实现了某个活动目标，但该目标与其他活动的目标完全不相关，或者相关度很低，那这个活动的目标即使被达到了，意义也不是很大。

⑤ T：时限性（time）。指活动目标的完成是有时间限制的。如果没有时间限制，目标就不能高效、有计划地完成，反而可能会因设定的完成周期过长，导致拖沓、轻视，最后可能无法完成目标。

（2）决定破冰活动和正向行为约定建立的方式，主要考虑以下几个方面：

① 课程时间的长短。如果时间短，破冰和正向行为约定就不能花太长时间，也不能太复杂。

② 课程的目的。破冰活动最好结合课程目的来安排，这不仅是简单的团建，而且是营地教育顺利进行的开始。

③ 场地空间的调整安排。大部分破冰活动都需要比较灵活的空间。

（3）课程中活动的数量，以及活动与活动之间的衔接。

（4）确定每个活动所占用的时间，分配活动本身及分享所占用的时间。

（5）对于长时间,需占用多个课时的课程,应分多个阶段进行,并确定每个阶段的重点。

（6）安排好课程结束前的收尾活动,以便在学习后期也能创造高潮。

（7）如何引导营员为学习过程做记录? 如何记录所需要的设备和器材?

（8）分组进行,器材是否足够? 如果轮流使用,如何安排流程?

（9）天气状况不佳时,活动的替代和应急方案。

（10）营地指导员在课程中的教学风格。

2. 课程规划的原则

（1）趣味性:户外营地课程需要团队和小组营员的广泛参与。营员的积极参与是实现课程效果的关键。因此,在课程规划时,需要设计一些能给营员带来"能量"并且能引起学生兴趣的活动。特别是周期比较长的课程,活动的趣味性能保持学生的兴奋点,提高营员的参与程度和讨论程度,达到良好的学习效果。

（2）多样性:课程中活动的设计要丰富、多样。除了计划在课程中实施的活动,还需要设计一些备用活动作为出现突发情况时的应变工具。这些备用活动必须是营地指导员在任何状况下,都能带领营员顺利开展的活动。

（3）可调整性:规划只是一个课程开展和事前准备的依据,要保证规划的可调整性。如果课程进行中发现规划存在问题,或者是和课程目标有距离,可根据课程实际情况进行调整。

（三）准备

规划完成后,在课程正式执行前,应依据规划内容做好课前准备。准备工作包括:① 场地准备;② 课件准备;③ 道具准备;④ 营地指导员与团队、团队小组之间的沟通了解;⑤ 应急预案;⑥ 医疗准备。

（四）引领

引领是课程实施的正式阶段。良好的引领是课程按照规划进行的保障。美国资深探险教育引领者建议营地工作者在引领的过程中随时思考:我现在做的这件事的目的是什么? 我有答案吗? 它是好的答案吗? 如果答案让你满意,那表示你的引领很有道理;如果答案让你高兴,那表示你的引领很有效率。引领的关键是自我检讨,注意发生了什么事情,问你自己为什么正在做这件事,接着对你的观察及你的答案做出反应。实践中,引领的过程包括:

（1）创造适当的情境来激发学生的学习潜能。

（2）说明活动规则及监督有无犯规,决定可容许的犯规程度,以及避免危险的发生。

（3）观察及记录团队如何达成任务以及他们进步的过程。

（4）在协助团队成长的前提下,决定是否需要介入,何时介入以及如何介入。

（5）对活动进行回馈分享,引领学生彼此分享经验,然后有所收获。

（五）评价

评价对于营地教育本身和营地指导员来说是一项非常重要的工作。一个好的评价,不仅可以让营地指导员对课程本身有充分的回顾和总结,而且可以为以后的课程积累经验,让营地指导员在以后的课程中能有更好的表现。评价也有助于营地指导员对自身进行剖析和总结。营地指导员可以通过学生的反馈、自我反省以及工作伙伴的观察来进行评价。

评价分为引导技巧的评价和整体课程规划设计的评价。前者是对引导技巧的总结，后者是对规划方式的总结。

综上所述，"APPLE"原则的五个步骤涵盖了现代户外营地教育中所需要进行的所有工作。按这种方式进行课程设计、准备和实施，可以让课程变得高效、简便，容易操作、容易实施和调整。

二、户外营地教育课程要素

（一）设定课程主题

户外营地教育课程的首要任务是根据课程设计流程确认课程主题，课程主题要依据需要解决的问题来确定。例如对青少年进行自然教育，就需要在自然教育的范畴内确定一个自然教育的主题。此外，课程主题要明确和清晰还要根据主题类别进一步精确和细化。如"疯狂原始人"等是属于自然教育类别的课程主题。常见的户外营地课程类别有自然教育类、户外登山类、水上安全类、野外生活类等。

一个好的课程主题对开展营地教育有很重要的意义。具体表现在：第一，便于家长和营员理解。课程的主题能让家长明确自己给孩子购买的是什么产品，孩子也能清楚地知道自己所需要完成的内容是什么。第二，要恰当地表达课程的主题。主题是对课程内容的概括，具有向营员和家长传递课程思想，吸引参与者进入活动情景的功能，主题鲜明的课程能提高参与者的主动接受度，提高课程的教育质量，促进户外活动的顺利开展。

（二）明确课程目标

1. 课程目标的概念

课程目标是户外营地课程的核心，是一切户外教学活动的出发点和归宿。它是营地教育工作者在教学活动之前对教学效果的预测，也是营员参与营期体验后的收获。想要准确理解教学目标的含义，需注意以下两点：

（1）课程目标的行为主体是营员，不是户外教师。户外营地教育最重要的理念是体验式教育，营员是课程的主体，营地教育活动的最终目的是促进营员的身心发展。户外教师在教学中充当引导者、促进者。因此，在设计课程目标时，描述的不应该是"户外教师做了什么"，而应该是"营员能够做什么"。

（2）课程目标强调学习的结果，而不是学习过程。户外教师在设计课程目标时应强调营员学会了什么，而不应是营员在营期生活中将要做什么。例如，有的户外教师将课程目标设计为"营员将学习户外绳结双套结并实际应用"，该目标就是从营地教育过程的角度设计的课程目标，混淆了课程设计和课程目标的区别，课程目标应该从营员体验学习结果的角度去设计，恰当的表述应该是"营员能够熟练地打出户外绳结双套结，并实际应用到简易担架制作中。"

2. 课程目标的设计

课程目标的实现有赖于课程目标设计的科学性。科学恰当的课程目标可保证营期教育工作有条不紊、循序渐进地进行，从而取得良好的课程效果；相反，不当的课程目标会对营期的教育工作起到消极的负面的影响，阻碍教学工作的顺利进行。

（1）课程目标设计的依据：课程目标必须依据课程主题规定的教学总目标、课程主题的性质特点以及营员的实际情况来确定。

① 课程目标必须依据课程主题规定的教学总目标来确定：课程目标是一个完整的系

统,它一般由课程总目标、营期课程目标、课程目标、单元目标组成,各个组成部分彼此影响。户外教师通常需要设计的是具体的营期教学目标、课程目标和单元目标。课程总目标和课程目标之间是一般目标与特殊目标、上位目标和下位目标的关系。特殊目标是一般目标的具体化,下位目标是上位目标的具体化。因此,在设计具体的课程目标时,必须使之与课程总目标保持方向上的一致、内容上的统一,并推动和促进教学总目标的实现。

② 课程目标必须依据课程的主题性质特点来确定:不同的课程主题有不同的特点,由于它们在知识技能类型、教学方式、能力培养等方面存在差异,因此它们对营员在营期中的学习结果的要求也必然不同。例如,自然教育类的"森林里的梵高"这一课程主题,主要是让营员在自然环境里体会著名画家文森特·梵高的艺术境界,是将自然教育和美育相结合,这类主题课程要求营员达到打开五官上的体验、激发创新思维的目标;户外登山类的"小小火炬手"这一课程主题,主要是让营员通过野外生活和登山技能的学习,感悟勇往直前的攀登精神,达到让营员理解、记忆和应用相关攀登精神的目标。

③ 课程目标必须依据营员的实际情况来确定:营地教育的主体是营员,课程目标的实现有赖于营员在课程项目中的参与度和实际操作,这就要求户外教师必须依据营员的认知水平、需要、兴趣、性格特征等因素去设计合适的营地课程目标。营地课程目标定得过高,超出了营员的"成长区",会使营员产生挫败感,失去参与营地课程的积极性,最终导致课程目标无法实现;相反,营地课程目标定得过低,不具挑战性,在营员的"舒适圈"内,将无法调动营员的学习兴趣,即使达到课程目标也不能促进营员的发展,这类营地课程目标也就形同虚设、毫无意义。

(2)课程目标设计的原则:营地课程目标的设计不但要建立在科学的基础之上,也需要遵循以下原则。

① 整体性原则:营地课程目标是一个上下贯通、有机联系的整体,它们由课程总目标即教学目的决定。教学目的作为纵贯营地课程全局的一种指导思想而存在,它把握着各个营地课程的发展趋势和总方向。但由于它是一种高度概括的原则性规定,它对营地课程的指导作用不够明确具体,因此,需要制定具体的营地课程目标来对实际的户外营地教育活动加以指导和规定,以便层层贯彻和检验。

② 层次性原则:户外营地教育是一种循序渐进的教育活动,课程的难度也是层层深入,逐步进行。营地课程目标的设计一定要充分考虑到营地教育内容的前后连贯性以及营员身心发展的阶段性特征,这样制定的营地课程目标既能够符合科学教学的客观规律,又能够顺应营员的"成长区"。

③ 灵活性原则:营地课程目标虽然是户外教师在营员参与营期之前预先设定的,但户外教师可以根据实际情况灵活地对其进行调整和变化。在实际的教学过程中,户外教师可以根据营员的个性特征、学习需要以及具体的教学情景,因地制宜,随机应变地对事先确定的营地课程目标做适当的调整,特别是在户外教学环境中,随时可能发现一些教学"点"和教育时机,户外教师要灵敏地捕捉教学灵感适时对教学目标进行调整与更改。

④ 可操作性原则:可操作性原则是指营地课程目标在实际的营期教学过程中是明确具体的、可观察的、可评测的。为了保证营地课程目标的可操作性,必须确保营地课程中教学目标表述的科学性。教学目标的表述包括行为主体、行为动词、行为条件和表现程度四个要素。户外教师必须运用准确的语言对这四个要素进行完整的阐述。只有教学目标的设计具有可操作性,才能实现营地课程目标在营期课程教学中的导向功能、激励功能和

测评功能。

（3）营地课程目标设计的步骤：在了解了设计营地课程目标的设计依据以及设计课程目标必须遵循的原则之后，就可以按照这些原则去设计一些营地课程目标。一般来说，营地课程目标的设计要按照以下的步骤进行。

① 钻研课程标准，分析课程内容：钻研课程标准、分析课程内容的目的是确定为达到营地课程目标而必须学习的知识项目，厘清户外营地教育的知识体系和技能体系。知识体系和技能体系是指各个知识点、各项户外技能之间的相互关系，即知识、技能结构。知识体系和技能体系的确定要根据户外营地教育课程标准、相关教材资料的内容来确定。

② 了解分析营员：了解分析营员是确定营地课程目标的重要环节。特别是在户外营地教育中，营员年龄、认知水平、户外经验等都有一定的差异，在确定营地目标之前一定要充分了解营员的综合信息。了解分析营员可从以下几方面入手：第一，了解营员已有的知识经验、户外经历中哪些可以成为营员学习新知识、新技能的生长点；第二，根据营员的认知水平区分教学内容的难易程度，从而确定在教学内容中，哪些内容营员通过自学就可掌握，哪些内容需要户外教师稍加引导和说明，哪些内容是营员学习的难点，需要户外教师对其进行加工处理，点拨引导；第三，了解营员的兴趣爱好，选取相应的教学方法，设计教学过程，从而增加营期活动过程中的兴奋点，促使教学目标的实现。

③ 根据营地教育课程要求，对营地教学内容进行分类：厘清营地教育课程体系和技能体系并对营员已有的知识技能和经验进行分析以后，下一步就是确定课程的要求，并根据课程要求对课程内容进行分类。一般可分为三步进行：

第一步，从营地课程体系中确定哪些内容是需要营员掌握的。

第二步，在所确定的营地课程内容中引出相对独立的成分，即营地课程内容的某一单元，这些单元应该包括知识、技能和态度等方面的课程内容。

第三步，确定单元课程内容中的重点、难点以及易混易错点。首先，户外教师可先找出教学的知识、技能点，将其作为营地课程目标的重点内容；其次，户外教师可以用图标或者知识树的形式将重难点表示出来，从宏观上把握重难点。

④ 列出准确的课程目标：户外营地教育课程与其他课程不同的是，其他课程只需要概括性的课程目标，扼要地对教学目标进行概括性的表述就行。营地课程需要准确的课程目标，在一个营期中，需要精准地找出本营地课程的目标是什么，有的课程目标不够清晰明了，会导致整个营期中营员的收获很少，户外教师教学的逻辑混乱。准确的营地课程目标能够很清楚地说明在本单元的课程中，营员在知识、技能和情感上要达到什么程度和水平，能使户外教师在实际的课程操作中有抓手。

（三）营地课程内容

1. 营地课程内容的含义

营地课程内容是指营地中各项活动和科目中特定的事实、观点、原理和问题，以及处理它们的方式。可从以下三方面来理解营地课程内容：

（1）营地课程内容即教材：教材是营地课程内容，但是教材并不完全等于营地课程内容，因为营地课程内容包含的直接经验、情感经验是教材难以再现的。户外营地教育在国内还处于起步发展的阶段，专业教材少，教学时多借鉴国外户外营地教育较为成熟的资料。优点是能够让营员所学的营地课程成系统，具有很强的逻辑性，也为户外教师在设计营地课程时提供了参考。但这一优点，很容易受到营员兴趣不足和家长不看好的影响，不能得到充分的体现。

（2）营地课程内容即学习经验：这一观点是在对上一种观点进行批判和反思的基础上形成和发展起来的。营地课程内容即教材的观点过于重视固定的知识而轻视了户外教师与营员。而营地课程内容即学习经验的观点，特别强调营员自身的体验与感受，认为即使营地课程设计得再好，在实施的过程中也很难达到预期的课程目标，只有那些真正为营员所经历、体验和感受的东西才是真的营地课程。以体验式教育为特色的户外营地课程主要通过营员的自我感受去学习和增长自己的经验。也就是说，同一营期同一个单元的课程内容让同一个户外教师去带领营员，每个营员所学到的东西是不一样的。所以，决定营员营地课程目标能否达到的不是教材而是营员，知识技能只能是"学"会的，而不是"教会"的。

但是这一观点也有一定的瑕疵，"学习经验"通过什么样的方式获得，教育会发生在营期中的任何时刻，户外教师如何把握住教育时机并且做出恰当的教育行为，这些都对户外教师提出了较高的能力要求和经验要求。

（3）营地课程内容即学习活动：鉴于以上两种观点各有利弊，且非此即彼，所以，又出现了将以上两种观点相融合的说法，即营地课程内容即学习活动，这种观点认为，通过学习活动来完成户外营地教育教材和知识技能经验的融合，既突出了理论方面的系统性和逻辑性，又强调了营员的体验及感受。

但这种观点也有不足：一是对"学习活动"的界定模糊不清，二是对营员个体的"内心活动"难以评价。

2. 营地课程内容选择的依据

（1）营地课程目标：户外营地教育不同于其他的课程，户外营地教育有很强的开放性和包容性，无论是水上的项目、登山类的活动、自然教育、历史文化和民风民俗教育等都能成为营地课程内容，并且这些内容给营员带来的影响和教育也各不相同，也就是每个营地课程的目标不一样。营地课程目标作为课程编制过程中的首要组成部分，对营地课程内容的选择起着重要的指导作用。营地课程内容的选择必须依据营地课程目标，即有什么样的营地课程目标，便有什么样的营地课程内容。

（2）营员的需要、兴趣与身心发展水平：营地课程的主要功能就是促进营员身心的发展，因此，营地课程内容的选择应该关注营员的需要、兴趣及身心发展水平。营员的兴趣及需要能有效提高营员的学习效率；营员的身心发展水平在某种程度上决定着课程内容的深度、广度、难度。

（3）社会发展：营员个体的发展总是与社会的发展交织在一起的，教育的目的就是将受教育者培养成社会需要的人，户外营地教育是家庭教育、学校教育和社会教育的有效补充，能够培养出快速匹配社会发展的人才，为营员未来活动做准备也是户外营地教育的目标之一。因此，在选择营地课程内容时，就必须考虑社会现实与未来社会发展的需要，为营员将来能够在社会中找到自己的位置服务。否则，通过营地课程内容培养出来的营员，离开营地和学校后并不能成为社会所需要的有用人才。

（4）科学文化知识：我国户外营地教育正处于起步阶段，各方面的要求和标准都将逐步完善和优化，营地课程内容也将逐渐地丰富和科学化。营地课程内容的基本要素是知识和技能，因而，营地课程内容的选择必须考虑人类科学文化知识和技能本身的特点及其发展趋势。营地教育知识和技能本身的性质正在发生着变化，已经由客观性、普遍性、积累性慢慢转变成文化性、境域性、价值性。在选择营地课程内容时,必须考虑到知识技能的及时更新。

（四）营地教学方法

营地教学方法的选用,既要参照"教必有法"的原则性,又要掌握"教无定法"的灵活性,争取做到将两者有机结合。值得注意的是,任何一种具体的营地教学方法,都必须将启发式作为根本性指导方法。只有做到这一点,营地教育才能真正卓见成效。

（1）讲授法:又称讲演法,是户外教师通过口头语言向营员系统连贯地传授各种知识技能的教学方法。包括讲解、讲读、讲述、讲演、讲评五种形式。讲授法一般用于营员在某项知识或技能体验之后,户外教师通过讲授法向营员传授正确有效的知识技能,讲授法较适用于年龄段偏大的营员。

（2）谈话法:也叫问答法,是户外教师根据营员已有的知识和经验,通过师生间问答而使营员获取知识的一种方法。它是一种有着悠久历史、行之有效的方法。谈话法能够让户外教师知道营员已有的经验和基础,能够科学合理地设置教学目标。使用谈话法时,户外教师一定要认真拟定谈话提纲,观察营员的状态,在谈话的过程中发现营员的问题,并给出适当的提示和指导,让营员能够在谈话结束后针对自己的问题进行有效的学习和补充。

（3）演示法:是指户外教师在课程教学中配合讲授或谈话,通过展示实物、教具或进行示范而使营员在观察中获取知识的方法。演示法在户外营地教育的教学方法中非常重要和常用。可以通过情景模拟的形式,对所要教学的内容进行有趣的演示,演示不是简单地用实物说明,需要通过故事或者线索来分层次、有目的的演示。营员能够快速地通过演示学到一个知识点和一项技能。

（4）参观法:是户外教师紧密配合教学,组织营员到一定场所进行直接观察、访问而获得知识或验证知识的方法。参观法在营地教学方法中非常重要,营员能够根据自己的观察、体验和了解来收获和验证技能和知识点,户外教师针对性地引导和讲解就能让营员对知识点和技能进行学习、修正和强化。

（5）实验法:是营员在户外教师的指导下,利用一定的仪器设备,采用特定的实验方法而进行独立操作,在观察研究中获取直接经验、培养技能技巧的方法。在户外营地教育中实验法能够让营员获取直接经验,在达到预期的实验结果后,能够增强营员的自信心。营员在实验法中能够积极地投入,主动地思考,户外教师在营地教学方法中,应该多采用实验法去让营员获得知识和技能。

（6）练习法:是指营员根据老师的布置和指导,通过一定时间的练习,有意识地重复完成某一项活动,借以巩固知识、形成技能技巧的方法。在户外营地教育中,很多课程内容需要营员多次练习和巩固,例如绳结、滑雪技能等,户外教师需要有目的地让营员对某个知识点和技能进行强化练习,以达到教学目标。

（7）实习法:是户外教师指导或带领营员根据营地课程目标,组织营员在相应的角色中从事一定的实习实践工作,在具体的操作过程中综合运用理论从而掌握知识、形成技能技巧的方法。在营地教学方法中,较多使用角色扮演的方法让营员进行实践,例如城市生存活动,可让营员扮演一个推销货物的销售员,促使营员主动和他人交谈并且掌握谈话的技巧。在这个过程中,营员能够快速有效地掌握知识、形成技能技巧。

（8）讨论法:是在户外教师的引导下,以小组或者个人的形式围绕某一课题各抒己见、相互启发并进行争论、讨论,以提高认识或者解决问题的方法。在户外营地教育中,讨论随时都在发生。户外教师可以预先安排值得营员讨论的主题,然后引发他们讨论。营员讨论的过程也是激发营员思维和兴趣学习的过程,户外教师需要合理地引导和把握讨论的方向,最好是让营员自己讨论出正确的结果。

【学用检验】

1. 简单说明 APPLE 原则的内容。
2. 请结合实际设计一份户外营地课程方案。

第二十章
其他时尚类户外运动

【章前导言】

时尚类户外运动是指在户外进行,以时尚休闲、拓展能力和挑战体能为目的的一类新兴体育运动。这类运动不仅注重运动本身,还融入了形式时尚、富有青春气息和潮流感的生活方式,成为现代年轻人表达个性、追求健康的重要途径。本章主要介绍溯溪运动、探洞运动、运动风筝和持杖健走运动。这些项目兼具功能性与美观性,了解与参与此类户外运动可以激发学生对户外运动的兴趣、增强身心健康以及社会适应能力。

【学习目标】

1. 了解溯溪运动的概论、器材与装备、技术、教学与训练。

2. 了解探洞运动的起源、装备、技巧和考虑因素。

3. 了解运动风筝的概述、价值、构成、放飞技巧、基本动作和注意事项。

4. 了解持杖健走运动的简介、场地与器材、基本技术、体能素质练习与注意事项、规则。

第一节 溯溪运动

一、溯溪运动概述

溯溪通常指的是自下而上地沿着峡谷或溪流,通过身体或借助必要的技术装备克服地形上的各种障碍,溯水之源而登山之巅的户外探险活动。溯溪是从登山运动中演化而来的户外运动项目,融合了徒步、登山、攀岩、游泳、绳索技能、野外求生等多项户外运动技能,且需视地形情况进行技术性攀登。因地形复杂、技术多元、装备多样使得溯溪充满各种挑战。

(一)溯溪运动的起源与发展

溯溪(river tracing)运动最早起源于欧洲的阿尔卑斯地区。20世纪70年代,我国台湾地区首先开展溯溪运动,但后因某些原因出现短暂消沉期,90年代又方兴未艾。21世纪,大陆地区开始逐步在沿海发达地区开展溯溪运动。溯溪活动过程中包含诸多休闲娱乐元素,逐步发展为大众夏季最喜欢的户外运动项目之一。

(二)溯溪运动的分类

溯溪是一项融合了徒步、登山、攀岩、游泳、绳索技能、野外求生等综合性较强的户外活动。溯溪运动因地形的不同、所需

的技术及运动技能的不同,使其富于变化而魅力无穷,同时也使得溯溪分类方式不同,但总的来说有以下几种分类方式:

1. 完全溯溪与段落溯溪

依据溯溪线路完整程度的不同,溯溪分为完全溯溪与段落溯溪。

(1)完全溯溪:沿着峡谷或溪流从下游追溯源头或直溯顶峰的溯溪方式,这种挑战难度较大,但给溯溪者带来的有价值的体验和成就感也是最大的。

(2)段落溯溪:选取峡谷或溪流的某一段而非全程进行溯溪的活动,可以自下而上也可以自上而下,难度系数比完全溯溪低。

2. 技术性溯溪与非技术性溯溪

根据溯溪活动所需要携带或借用的装备、参与者是否具备一定的绳索技能,溯溪分为技术性溯溪与非技术性溯溪。

(1)技术性溯溪:需要携带或借用一定的技术装备、具备相应技能才能完成的溯溪活动,这种溯溪活动线路通常会有坡度较大的上升或下降,需要借助技术装备方可完成,也要求参与者具备一定的绳索技能,如上升技术、下降技术等。

(2)非技术性溯溪:不需要携带或借用一定的技术装备,只依靠自身或队友间的帮助就可完成的溯溪活动,这种溯溪活动的线路相对比较简单,无坡度较大的上升或下降。

3. 研究性溯溪与休闲性溯溪

根据目的的不同,溯溪分为研究性溯溪与休闲性溯溪:

(1)研究性溯溪:基于某种目的而进行实地调研时所进行的溯溪活动。这种溯溪活动所选择的峡谷或溪流通常都是未有人迹,无参考资料的地区,因此需要进行周密计划。

(2)休闲性溯溪:无任何研究性目的,参与者因兴趣爱好,在保证安全的前提下所进行的溯溪活动,这也是目前国内比较流行的溯溪方式,其目的主要是休闲放松、愉悦身心、感受自然、交友等。

4. 初级、中级、高级溯溪

根据高度、难度的不同,溯溪分为初级、中级和高级三个级别。

(1)初级:行程在500米以下,海拔高度差200米以下,往返时间1天或1天半以内,地势无较大起伏,强度及危险性较低,适合新手或青少年参与的溯溪活动。

(2)中级:行程为500~2 000米,海拔高度差为200~500米,需要2~3天完成,线路较为复杂,可能包含:深潭、瀑布、悬崖等,有一定难度和危险性,对参与者心理及技术有一定要求。

(3)高级:行程在2千米以上,海拔高度差500米以上,需要4~5天,线路中有大瀑布、深潭、悬崖,难度大且具有较高危险性,需要具备娴熟技术,一般是体能、技术较高的专业人士参与的。

二、溯溪运动的器材与装备

溯溪活动所选择的峡谷或溪流都有各自的地形情况,因此,溯溪装备与器材并没有严格的固定要求。溯溪作为登山运动演化而来的一项运动,所使用的装备大都是登山运动装备,但也包含溯溪专用装备,如溯溪鞋、救生衣、防水袋等。溯溪装备主要包括非技术性个人装备、技术性个人装备、攀升技术装备、下降技术装备等(表20-1-1)。

表 20-1-1　溯溪运动常用主要装备

序号	分类	名称	规格或要求	作用
1	非技术性个人装备	安全帽	经过 CE 或 UIAA 安全认证	避免滑倒、遇到落石时保护头部
2		救生衣	CE 认证	下水时保障安全
3		速干衣	速干面料	快速排湿,保持体温,避免感冒
4		护膝/腿	大小适合个人	避免杂草树枝割伤、岩石磕碰,防止蚊虫叮咬
5		溯溪鞋	防滑鞋底、排水面料	防滑、排水、排泥
6		防水包/袋	容量合适	保持物品、物资、衣物等干燥
7		登山杖	长短适合个人	减轻足部与膝盖压力、保持身体平衡
8		潜水服	大小适合个人	保暖,避免感冒
9	技术性个人装备	安全带	经过 CE 或 UIAA 安全认证	通过主锁、绳子等连接保护溯溪者
10		主绳		用于攀登、下降时通过主锁连接对攀登者起保护作用
11		主锁		用于连接绳索、安全带及下降器、上升器等
12		辅绳		比主绳更细更软,做抓结或牛尾,建保护站
13	技术装备	上升器	经过 CE 或 UIAA 安全认证	攀登时起保护作用
14		下降器		下降时起保护作用

注:下降器通常选择 8 字环或牛角 8 字环。

三、溯溪运动基本技术

（一）无技术装备溪谷行进技术

1. 行走技术

与户外徒步技巧类似,根据个人状况分配好体能,保持适当的速度,把控好自己的节奏,尽可能匀速行进。

2. 石堆穿越技术

由于雨水冲击与沉淀,溪流滚石遍布,稍有不慎就会出现摔伤、崴脚等情况,因此在落脚前应多加试探,看准、踏稳,以免因踩踏活动的石块摔倒甚至跌至急流。

3. "三点式"攀登技术

在向上攀登时与攀岩技术类似,利用身体四肢中的三点固定,使身体保持平衡,另外一点向上移动,在向上攀爬时不仅可以借助岩石还可以抓藤蔓、树根、树干或路绳等。

4. 涉水渡河技术

溪流徒步是溯溪行进时最重要的技术之一,难易程度因溪流的深度、宽度及水流速度而决定。要选择水流较缓、深度较浅的位置行进或渡河,行走时降低重心,身体面向上游侧跨,踩稳、走稳,还可以借助登山杖与双脚形成三个支点缓慢行进。

5. 绕行技术

当遇到较大的瀑布或绝壁时,尽可能选择绕行技术,即从侧面或周围较缓的山坡绕过去。但需要注意的是避免偏移既定路线导致迷路。

（二）溯溪的绳结技术

在溯溪运动中常使用的绳结技术主要是抓结技术,目的是在上升或下降时起保护作用,如单耳(克式)抓结(图 20-1-1)、双耳(法式)抓结(图 20-1-2)普鲁士抓结(图 20-1-3)、贝克曼抓结(图 20-1-4)。

图 20-1-1 单耳抓结　图 20-1-2 双耳抓结　图 20-1-3 普鲁士抓结　图 20-1-4 贝克曼抓结

（三）溯溪的上升技术

在溯溪途中,常遇到爬坡路段,某些路段可以通过手抓树根、岩石或路绳等直接攀登,但面对高难度及危险路段时就需要利用技术或器械上升。本章节讲的上升技术主要是用在陡坡或危险路段,通过器械辅助,人可直立或半直立行走的技术。

1. 上升器攀登技术

利用上升器进行辅助上升的技术,即推动上升器,尽量依靠双脚行进,上升器只是起到辅助作用(图 20-1-5)。

2. 抓结上升技术

利用抓结代替上升器辅助上升的技术,抓结更简单,但在使用时需要注意使用的辅绳要比主绳更细、更软,连接绳结是双渔人结(图 20-1-6)。

（四）溯溪的下降技术

下降或溪降是溯溪运动尤其是休闲娱乐溯溪活动最常见的环节之一,具有一定的挑战性和刺激性,此时就需要用到下降技术。

1. 下降器下降技术

下降器有多种,其制动原理也不同,常用的下降器有 8 字环与 ATC,但 ATC 等管状下降器可能会因绳子湿水膨胀导致卡绳引发危险,所以不建议使用。而常用的 8 字环也会因绳子湿水打滑造成卡绳导致危险,因此溯溪建议使用牛角 8 字环(图 20-1-7)。

2. 意大利半扣下降技术

意大利半扣(图 20-1-8)下降技术指的是在没有下降器的情况下,使用意大利半扣代替下降器下降的技术,这里需要注意的是主锁需是 H 型锁。

图 20-1-5 上升器　图 20-1-6 双渔　图 20-1-7 牛角　图 20-1-8 意大利
　　使用图　　　　人结　　　　8 字环　　　　半扣

四、溯溪的教学与训练

（一）绳结教学

1. 绳结教学要点

溯溪活动中使用的绳结技术与绳索技术中用到的绳结基本一致,常用的绳结主要是抓结——单耳(克式)抓结、双耳(法式)抓结、普鲁士抓结、贝克曼抓结、意大利半扣等,绳结具体打法参考第三章绳结技术。

2. 注意事项

（1）基本要求是牢固、简单易行、结拆方便。

（2）绳结打好后需检查是否正确,否则需要解开重新打结。

（3）绳结在使用过程中应避开岩缝、尖石等。

（二）上升技术教学

1. 上升器上升教学要点

上升器分手柄式上升器、胸式上升器、脚式上升器、简易上升器等。本节上升器教学主要是手柄式上升器。需注意的是上升器通常要求绳子直径范围为 8～13 mm,使用方法如下(图20-1-9):

（1）打开上升器金属咬合器,将绳子扣入咬合器,用主锁在刺轮上方将上升器与主绳一同扣住。

（2）将辅绳主锁扣入上升器下方孔中,另一端与安全带连接后即可上推前推上升器向前或向上攀登。注意如若要过结点,则需先将上升器上端辅绳主锁取下扣入下一段,再拆下上升器重新安装于下一段。

（3）拆上升器,取下上升器上端主锁后,拨开扳机后从绳上取下即可,注意上升器不推送不要离结点过近,否则咬合器难以打开。

2. 抓结上升教学要点

抓结主要是代替上升器,在向上行进时起到保护作用,具体使用方法如下(图20-1-10):

（1）将抓结绕于主绳上。

（2）再用辅绳或牛尾(编带)通过主锁与安全带攀登环连接。

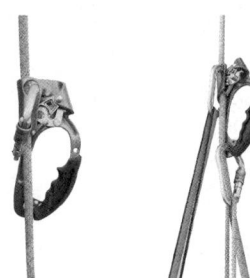
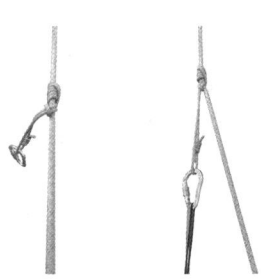

图 20-1-9　手柄式上升器使用方法　　　图 20-1-10　抓结上升

3. 风险管理

（1）此练习以安全完成为主要目的,场地选择不宜过分追求陡峭,有一定坡度使上升器或抓结受力即可。

（2）使用上升器时注意刺轮不要卡到手指,需多次提醒与监控。

（三）下降技术教学

1. 下降器下降教学要点（图 20-1-11）

（1）将下降器与主锁、主绳、安全带连接。

（2）使用 8 字环下降时，要保证至少有一只手紧握 8 字环出绳端（制动端），另一只手可扶助 8 字环上端的绳索以减少摆荡。

（3）绳子置于制动手一侧。

（4）双脚开立，略比肩宽，使身体呈三角形；脚掌尽可能多地与坡面接触，膝盖微曲，上半身保持直立，头微后仰。

（5）下降时脚蹬岩壁或坡面交替向下，保持匀速下降，切忌猛蹬岩壁速降，同时必须保证时刻有一只手紧紧抓住制动端，另一只手可扶住上端绳子保持身体平衡。

2. 意大利半扣下降教学要点

当没有下降器时可以使用意大利半扣进行下降，但要注意的是主锁须是 H 型锁，且制动端的绳子要处于锁门异侧（图 20-1-12）。下降时身体姿态与动作与下降器下降技术动作基本上一致。

①　　　　　②　　　　　③

图 20-1-11　下降器下降方法　　　　图 20-1-12　制动绳处于锁门异侧

3. 风险管理

（1）此练习可以在缓坡或人工岩壁进行练习。

（2）正确穿戴好保护装备，如安全帽、安全带等。

（3）下降前必须再次检查下降系统的连接，如锁门、安全带腰环是否在胯骨上方，主带是否系紧等。

（4）下降过程中，注意双腿夹角、制动手位置，初次练习时可在上方额外增加绳索连接保护器的方式做副保，或下方有人拉绳做下方保护。

第二节　探　洞

一、探洞概述

探洞，即洞穴探索，它和攀岩、攀冰、速降、溪降这些单项的风险性技术运动一样，从登山运动逐渐发展而来。

我国早在三国时期，东吴孙权就曾派人在太湖边探测过一个洞穴，当时奉命探测的人在进入洞穴 17 千米后,出于恐惧终止了探洞。而在北宋时期,王安石也在《游褒禅山记》中提到了其探洞的经历,"余与四人拥火以入,入之愈深,其进愈难,而其见愈奇"。此外,我国历史上详细记载的洞穴探险始于明代徐霞客。徐霞客先后考察了 300 多个洞穴,并在《徐霞客游记》中有详细描述,因此他被全世界公认为探洞者鼻祖。1984 年贵州省地理学会建立了我国第一个洞穴组织—洞穴专业委员会。

二、探洞装备

探洞作为一项集挑战性、刺激性于一体的户外运动,对装备的选择与配备有极高的要求。以下是对探洞所需装备的详细解析,涵盖基础装备、照明与通信设备、安全装备以及其他辅助工具。

(一) 基础装备

(1) 探洞服:探洞服是探洞者的基本防护装备,需具备耐磨、保暖、防水等功能。耐磨材质能够有效抵御洞穴内岩石的摩擦,防止衣物损坏。保暖设计能在湿冷环境中保持体温,防止因寒冷导致身体不适。防水功能则能防止地下水或滴水渗透,保持身体干燥。此外,探洞服应贴身但不紧绷,便于活动,且色彩鲜艳,便于同伴在昏暗的洞穴环境中识别。

(2) 头盔:头盔是探洞时保护头部安全的关键装备。应选用质轻、抗震强度大、通风良好的头盔,并配备合适的防震内套,以减轻头部受到的震动伤害。头盔内部应有舒适的衬垫,减少长时间佩戴的不适感。同时,头盔上可配备头灯或头灯支架,以满足照明需求。

(3) 探洞鞋:探洞鞋需具备高帮、厚底、防滑等特点。高帮设计能有效保护脚踝免受扭伤。厚底设计能应对洞穴内尖硬的石头或岩块,提供稳定的支撑。防滑设计则能在湿滑的地面上保持稳定行走。

(4) 手套:手套能有效保护手部免受洞穴内尖锐岩石或植物的划伤。探洞时应选择耐磨、防滑且保暖的手套,以便更好地抓握绳索或其他工具。

(二) 照明与通信设备

(1) 照明设备:照明设备在探洞过程中至关重要。建议携带多个独立的照明工具,如头灯、手电筒等,并备足备用电池。照明设备应具备防水、防摔等功能,以确保在恶劣环境下的可靠性。

(2) 通信设备:由于洞穴内手机信号往往无法覆盖,因此需携带对讲机等通信设备。对讲机应具备足够的通讯距离和电池续航能力,以便在紧急情况下与队友或外界保持联系。

(三) 安全装备

(1) 安全带:安全带是连接探险者与绳索的重要装备。应选用探洞专用安全带,这种安全带结构简单、体积小、穿戴舒适,且符合安全标准。安全带应具备足够的强度和耐磨性,以确保在紧急情况下能有效保护探险者。

(2) 绳索:绳索是探洞时不可或缺的安全保障。应选用高强度、低延展性的静力绳,直径一般在 8~10 毫米。绳索应定期检查和维护,确保其安全性和可靠性。同时,应携带足够长度的绳索,以应对不同深度的洞穴探险。

(3) 上升器与下降器:上升器和下降器是用于在绳索上攀爬或下降的设备。应选用操作简便、安全可靠的产品,并在使用前进行充分练习和熟悉。上升器通常包括胸式上升器和手持上升器,下降器则常用带掣自锁下降器。

（4）锚点设备：在洞穴内设置锚点以确保绳索的稳定性至关重要。锚点设备包括膨胀钉、岩楔等，应根据洞穴的地质条件选择合适的锚点设备。同时，应携带扁带等辅助装备，用于连接锚点和绳索。

（四）其他辅助工具

其他辅助工具有地图与指南针、急救包、食物与水、牛尾绳与桶包等。

三、探洞技巧

掌握探洞技巧是确保探洞活动顺利进行的重要保障。以下是对探洞技巧的详细介绍，涵盖基本技能与高级技巧。

（一）基本技能

（1）绳索操作技巧：探洞时，绳索操作是基本技能之一。应熟练掌握各种绳结的打法，如八字结、双套结等，以便在紧急情况下迅速固定绳索。同时，要学会使用上升器和下降器在绳索上稳定攀爬或下降的方法。

（2）洞穴导航：在洞穴内，导航是确保探险方向正确的关键。应学会使用地图和指南针确定方向，并在洞穴内设置标志物以便返回时识别路径。此外，要留意洞穴内的地形特征和水流方向等自然标志来辅助导航。

（3）自我保护：在探洞过程中，应始终保持警惕，注意自我保护。遇到危险地形或障碍物时，要灵活应对，避免受伤。同时，要定期检查装备状况，确保装备的安全性和可靠性。

（二）高级技巧

（1）洞穴攀爬与穿越：在探洞过程中，攀爬和穿越是不可避免的。应学会利用绳索、锚点等设备辅助攀爬和穿越。在攀爬时，要保持身体重心稳定，利用手脚和绳索的协同作用进行移动。穿越狭窄或复杂地形时，要采取合适的姿势和动作以避免受伤或卡住。

（2）应对复杂地形与障碍物：洞穴内地形复杂多变，可能遇到各种障碍物。应学会识别并避开潜在的危险区域，如松动的岩石、湿滑的地面等。在遇到难以通过的障碍物时，要灵活运用绳索、锚点等设备辅助通过或寻找其他可行路径。

（3）团队协作：探洞活动往往需要团队协作才能完成。团队成员之间应保持良好的沟通与合作，共同制定探险计划和应对策略。在探险过程中，要相互扶持、互相鼓励，共同克服困难和挑战。

（4）单绳技术：单绳技术是一种高效的洞穴探险技术，包括单绳上升和下降。应熟练掌握 SRT 技术的基本操作和注意事项，如锚点的设置、绳索的保护、下降和上升的技巧等。通过掌握 SRT 技术，可以更加安全、高效地进行洞穴探险。

第三节　运动风筝

一、运动风筝概述

运动风筝又称为特技风筝、双线风筝或复线风筝。它是伞翼飞机和传统单线风筝二者结合的产物，能在空中做出各种各样的特技动作。和中国传统风筝相比，运动风筝的造型非常简洁,大多为三角形和滑翔翼形,以玻璃钢或碳棒钢为骨架,使用降落伞材质的布料缝制而成,色彩鲜艳夺目。

（一）运动风筝的起源与发展

风筝的起源可以追溯到我国东周春秋时期的中国,相传是墨子费时三年用木头制作了一只“木鸢”,这是人类最早的风筝起源。后来鲁班用竹子改进材质,使风筝变得更加轻盈且耐用。在东汉时期,蔡伦改进造纸术后,坊间开始用纸制作风筝,称为“纸鸢”。南北朝时期,风筝开始被用于传递信息,成为一种实用的工具。隋唐时期,由于造纸业的发达,民间开始用纸裱糊风筝,放风筝逐渐成为一种流行的户外活动。

公元 1889—1907 年,莱特兄弟发明飞机时,他们为了控制飞机可前后运动,发明了附属左右的三个轴承。1901 年莱特兄弟自制了一只双线风筝,以双线操控双翼,进而发现风筝产生的升力,使风筝可随双线操控飞行翼时转变飞行方向,并造出一架滑翔机,证明了飞行的可能性,此双线实验风筝经近代的设计演变为现代运动风筝。

风筝作为新兴的户外运动项目,与传统风筝不同,运动风筝不仅有单线的,还有双线的、四线的,可在空中做一些动作。如水平移动、俯冲、绕八字、转圈等,即用两条或多条拉线控制风筝,双手操控,左旋、右旋、升降等各种特技动作全靠手腕和手臂的技巧来完成。运动风筝既可单人玩也可做团队特技表演,放飞者有驾驭风的感受。由于其具有较好的观赏性、互动性、老少皆宜等特点,现代运动风筝比赛在国内风筝赛事中已经成为一项很重要的比赛项目。

（二）运动风筝价值

运动风筝不仅能锻炼人的体质,还能活跃思维,提升想象力,陶冶情操,还具有很好的社交功能。具体表现在以下方面:

（1）健身价值:放飞运动风筝能够有效治疗腰肌劳损、腰椎间盘突出,也可增强腰背肌力,对四肢力量、心肺功能能起到很好的锻炼效果。

（2）健脑价值:运动风筝的放飞需要大脑注意力高度集中,需要技巧与判断力进行脑手配合,能很好地锻炼大脑思维能力。

（3）社交价值:团体运动风筝的放飞需要很好的团队配合能力,可以提高社会适应性,促进团队合作精神和心理健康。

二、运动风筝的构成

（一）尺寸与材质

运动风筝大小各异,一般来说,尺寸越小速度越快,动作越灵活。骨架材质一般有碳素杆、玻璃纤维杆和树脂杆三类。运动风筝的面料多为防撕格子布,PC31、PC40 两种面料也被经常用来作为制作运动风筝。除此之外,运动风筝的连接需要各种部件和固定帽等构成(图 20-3-1)。

（二）运动风筝的组装

运动风筝的组装相对简单,下面以双线风筝为例进行展示,主要步骤如下:

第一步,连接上下横杆:把上边杆和下边杆连接起来,左右两边做同样动作(图 20-3-2)。

第二步,固定牵引绳:把牵引绳绑在翼尖件的圆孔内,缠绕两圈后拉紧,盖上固定帽,左右两边做同样动作(图 20-3-3)。

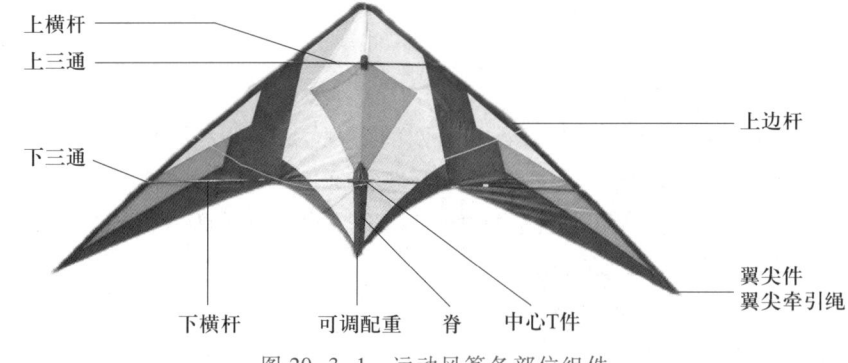

图 20-3-1 运动风筝各部位组件

图 20-3-2 连接上下横杆

图 20-3-3 固定牵引绳

第三步,固定上横杆:将上横杆连接左右两处上三通(图 20-3-4)。

第四步,连接下横杆:提起牵引绳末端,将两根下横杆与左右两侧的下三通连接,并通过中心固件固定(图 20-3-5)。

第五步,安装支撑杆:将两侧的支撑杆与对应的支撑件分别连接并固定(见图 20-3-6)。

图 20-3-4 固定上横杆

图 20-3-5 连接下横杆

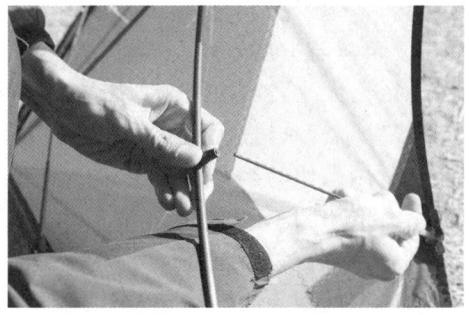

图 20-3-6 安装支撑杆

第六步,连接风筝线:将两侧牵引绳末端分别与风筝线线头以 8 字结的方式相连接(图 20-3-7)。

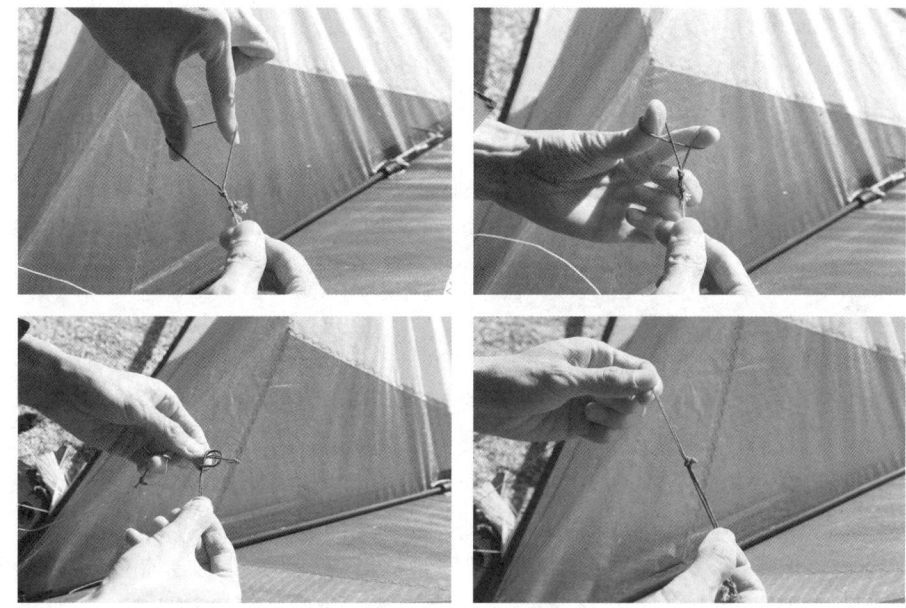

图 20-3-7　连接风筝线

第七步,拉开风筝线:展开线板,将风筝线完全拉直,保持两线水平平行,之后将两侧风筝线末端与布带拉环以 8 字结的方式连接(见图 20-3-8)。

第八步,准备起飞:将两环分别套于双手手腕,握紧风筝线拉直,双线置于胸口正前方(图 20-3-9),此时风筝大概与地面呈 60 度角,蓄力瞬间向下向后一拉,风筝起飞。

图 20-3-8　拉开风筝线

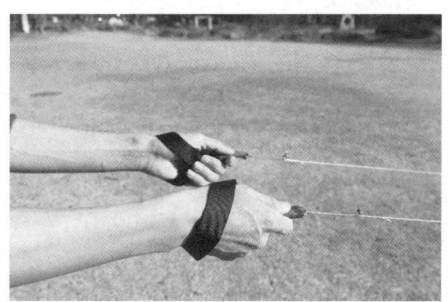

图 20-3-9　准备起飞

三、运动风筝放飞的基本动作

(一) 停止

(1) 向右(左)平飞,风筝快不受力时,单手拉放飞线将风筝调正,双手控制放飞线,使风筝落地(平落)。

(2) 向下飞,风筝快不受力时,单手拉放飞线将风筝调正,双手控制放飞线,使风筝落地(平落)。

(二) 猛地停止

向右(左)平飞,风筝快不受力时,单手拉放飞线将风筝调正,同时双手控制放飞线,适当前行,控制风筝悬空静止飘浮。

停止

猛地停止

（三）向侧面滑行

向右平飞，风筝快不受力时，单手拉放飞线将风筝调正，同时双手控制放飞线，使风筝左向平移飘飞。重点在正立平移飘飞。

（四）半回旋

风筝正立，拉左手，风筝头偏转至 11 点到 10 点之间时，瞬间顿拉右手（动作幅度适当大些，可体会风筝在空中翻转程度和手上力度的关系）。顿拉后瞬间做反射性回手，让风筝线变松，以便有足够的空间让风筝做向左的半回旋动作。

（五）飘

1. 趴地一飘

双手同时向后拉线（不要做成顿拉，只要平拉即可），待风筝翻转后，不要再用力拉线（双手不要再有动作，并根据风筝的翻转情况稍有前放动作），风筝翻平后稍过水平面时（风筝头要处于稍高些的位置），以适当速度向后退行（风力允许的情况下也可不后退）。

2. 向下飞一趴一飘

向下飞时，向前走，双手同时向后拉至腰间稍过即可；脚步可配合前移，同时双手迅速前放，完成趴的动作；再双手同时向后拉线，待风筝翻转后，不要再用力拉线（双手不要再有动作，并根据风筝的翻转情况稍有前放动作），风筝翻平后稍过水平面时，两手可有短暂控制动作；再两手向后顿拉，随即两手前放，待风筝平趴以后，再两手同时向后拉线如此反复。

3. 做到一半时一飘

关键在于半回旋做到一半（风筝扣转 180°，风筝背面朝向人体）时，双手同时前放，并随即向后拉线，形成飘的动作。

（六）半轴翻

（以从右向左平飞为例）：做半回旋动作，在风筝整体向后转 180°以后，两手迅速前放，待风筝头的指向与人体朝向一致时，两手后拉，完成半轴翻。

（七）倒旋

向下飞，完成趴一飘，形成飘动作，左手向后拉（不是顿拉，拉的力度和幅度可大些，以便体会动作），同时右手配合左手动作适当前放，左手在向后拉后瞬间做反射性回手，让风筝线变松，以便有足够的空间让风筝做回旋动作；每转 360°时再顿拉一次，如此反复。

（八）煎饼

（1）风筝正立于地面，双手同时慢慢向后拉，让风筝往前倾。当风筝前倾过垂直面（一般以前倾 45°~60°为好）后，双手瞬间往身后顿拉，顿拉之后双手马上往前回手，好让风筝有足够的空间往后躺仰。

（2）当风筝躺仰至超过水平面时（超过的程度要稍稍大一些，这样便于体会动作，也不至于把风筝平向地拉回来），右手向后拉（左手配合右手动作进行适当前放），再回到原位，风筝自然会躺着旋转。

（3）旋至 360°时，双手同时向后拉（也可单拉左手后，右手立即配合左手后拉，形成两手向后拉。这两种方法可根据个人习惯自行挑选），风筝即会向下运动，重新正立于地面。做煎饼动作时，想在完成一个煎饼动作中做两个甚至多个连续的平转时，风筝躺仰程度必须要大些。

四、运动风筝放飞技巧及注意事项

（一）运动风筝放飞技巧

运动风筝的放飞在传统风筝的基础上进行改进，突破了单调、无刺激性的玩法，利用两条线连接风筝，施放时借着这两条线来改变风筝两侧承受的风压，借以产生拉力和改变飞行方向，风筝便可在空中随着放风筝者的控制或快或慢地自由转向，进行多变的表演，具体来讲，运动风筝的放飞有以下基本步骤：

1. 放飞前的准备

首先选择一个合适的地点，找一个干净宽阔的运动场地，广场或海滩等，没有建筑物、树木、电线，并选择一个合适的天气。将风筝组装好后，将两根线套在风筝上，利用一把小螺丝钉或者帐篷的地钉准备架设风筝。在架设风筝时，用它将把手固定在地上，顺着风吹的方向将线完全松开。架设风筝，将其连接到线上。将风筝放在两个翼尖上，将机头向后倾斜。拖动风筝，使线绷紧，风筝仍然向后倾斜。风会将风筝推向地面，此时撤回把手。

放飞前的
准备

2. 放飞的基本步骤

拿起把手，弯曲手肘，将绳子拉到身前，将手臂猛地向下向后拉，然后向后退一步，不要将手臂放在头顶上，如果风有点小，轻轻地向后走同时要注意身后的情况。当控线的双手平行用力时，风筝会一直向前直线上升，左臂后拉向左旋转，右臂后拉向右旋转，由于控线的双手用力的程度不同，还会出现不同的情况（图20-3-10）。以右手为例，当右手稍向后拉时，风筝向右做横扫飞行；适当加大力度时，风筝会向右下或垂直

图20-3-10　运动风筝的手持方式

放飞的基
本步骤

飞落；进一步加大右手力度，风筝会以顺时针旋转，风筝旋转后两线相缠，这时控制风筝的线绳仍然是左拉向左，右拉向右。缓慢用力，风筝运动的轨迹为弧线形，瞬间加力，风筝的运动呈棱角状。

3. 运动风筝降落的基本技巧

运动风筝不像传统风筝那样收线降落，而是以风的大小来做迎风降落和侧风降落。迎风降落——缓缓控制拉线，让风筝飞至离地面一至两米，将风筝机身拉正，人向前移，使风筝失去动力，有种空飘的感觉就可徐徐降落。侧风降落——在风力强时，可将风筝拉至风向的侧面，降低高度，缓缓斜降。

降落的基
本技巧

4. 放飞后的处理

（1）安全回收风筝：在结束放飞时，采取适当的方法安全回收风筝，避免风筝失控或坠落造成损坏。回收过程中注意控制线绳的力度和速度，确保风筝平稳降落。

（2）检查风筝状态：在回收风筝后，仔细检查风筝的各个部件是否完好，如骨架是否变形、布料是否磨损等。如有需要，及时对风筝进行维护和保养。

（3）妥善保管风筝：将风筝存放在干燥、通风的地方，避免长时间暴露在阳光或潮湿环境中。定期对风筝进行清洁和保养，延长其使用寿命。

（二）放飞过程中的注意事项

（1）注意飞行方向：在放飞过程中，注意观察风筝的飞行方向，避免与建筑物、树木等障碍物相撞。及时调整飞行方向，确保风筝在安全的飞行轨迹上。

（2）保持注意力集中：在放飞过程中，保持注意力集中，随时观察风筝的状态和周围环境的变化。避免在放飞过程中分心或与他人交谈，以免发生意外。

（3）避免危险动作：避免进行过于危险或复杂的飞行动作，如疾速俯冲、快速爬升等。遵守飞行规则，不与其他风筝或飞行物发生碰撞。

（4）留意周围人群：在放飞过程中，留意周围人群的动态，避免风筝线缠绕到他人或造成其他安全隐患。如有需要，及时提醒周围的人注意风筝的飞行轨迹和线绳的位置。

第四节　持杖健走

一、持杖健走概述

（一）持杖健走运动的起源与发展

持杖健走（亦称越野行走、北欧行走等），起源于北欧芬兰，由滑雪运动演变而来。2000年，国际北欧行走协会（简称INWA）在芬兰赫尔辛基成立。2003年，国家体育总局体育科学研究所率先将持杖健走运动引入中国，在国际北欧行走协会的指导下，持杖健走运动于2005年正式在中国推广。目前，全世界已有四十余个国家和地区，近1 500万人参与到该项运动中，尤其是在芬兰、德国、奥地利和瑞士较为普及。目前，中国有近百万人参与到持杖健走运动中。

（二）持杖健走运动的分类与价值

1. 持杖健走运动的分类

持杖健走运动的分类方式较多。按照运动方式可分为平路行走、山地行走、持杖跑和手杖操等；按照比赛项目可分为户外穿越、场地接力、手杖操规定动作和自编动作等；按照比赛分组（年龄、性别等）可分为少年组、青年组、中年组、老年组或男子组、女子组等。

2. 持杖健走运动的价值

持杖健走运动通过使用两支手杖，促使上肢也参与到行走或跑的过程中，不仅能够减轻腰椎和膝关节的压力，在运动中保护膝盖，延缓骨骼衰老，强化脊柱的灵活性，还可以在运动中提高锻炼者有氧健身和肌肉耐力，促进心肺功能提升，有效预防心血管疾病。持杖健走运动相较于健步走和跑步而言，运动强度适中，安全系数较高，娱乐性强，健身效果明显，得到不同群体的认可和积极响应。

二、持杖健走场地与器材

（一）持杖健走运动的场地

充分利用阳光、水、江、河、湖、海、沙滩、田野、森林、草原、丘陵和沙漠等自然环境资源，进行持杖健走运动场地的开发与设计，也可以根据锻炼、教学或比赛需要选择在城市、公园或校园等适宜环境中开展。地形地貌和气候温度特征对于比赛路线的制定影响较大。常见的户外穿越比赛路线距离一般为 5 千米、10 千米或 20 千米等,场地接力比赛主要以环型场地为主;手杖操比赛场地选择宽敞、明亮、通风的室内体育场馆为宜。

（二）持杖健走运动的器材

行走手杖是该项运动的必备装备。主要分类方式有:

1. 按结构分类(图 20-4-1)。

按结构分为固定长度手杖与可调节长度手杖。固定长度手杖整体性好,材质相对更轻。缺点:第一,携带不便。第二,不同使用者身高不同,手杖高度不同,不适合一副手杖多人使用。可调节手杖有两节杖、三节杖、五节杖等。相同的材质,节数越多,重量越大,杆体强度越低。若使用碳含量 90% 以上的碳纤维合成物来制作杆体,虽然成本稍高,但可以有效地解决不同身高多人使用和杆体重量的问题。

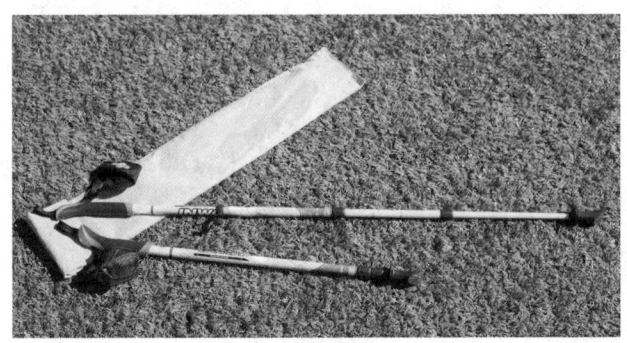

图 20-4-1　越野行走手杖

2. 按杆体的材质分类

按杆体的材质来分,主要有碳纤维合成物杆体和铝合金杆体两种。

碳纤维合成物杆体是由碳纤维和玻璃纤维合成物制成,根据碳纤在杆体中的含量,分成不同碳含量的手杖。例如碳含量 20%,碳含量 90% 等,含碳量越低,杆体越软,强度越差,安全性就越差。含碳量越高,杆体越轻,杆体越硬,强度越大,越不易折断。

铝合金杆体是由高级铝合金制成。单节杖和两节杖的强度都很大,相比同款含碳量低的碳纤维合成物材质手杖,重量较轻。缺点是杆体的弹性不如碳纤维合成物的杆体。铝合金两节手杖的性价比很高,重量轻、强度大,可调节、价格低、安全性好,适合入门级运动参与者。

（三）手杖的高度调节

手杖以身高的 66% 为好,或在戴好腕带后,小臂与地面平行或稍低既可。上臂和小臂的夹角为 90 度,这是健身走所需要的高度,若是做手杖操和比赛,还需做些调整。做手杖操使用时,调高 5 厘米,比赛使用时,可适当调低 3 至 5 厘米(图 20-4-2)。

调整手杖的腕带。腕带分左右手。需要调整腕带的松紧度时,用力拉起手柄顶端的腕带环,拉开锁紧装置,调整腕带松紧度后,把锁紧装置压回。调整时要注意连接手柄的两根尼龙带的长度:有腕带搭扣一侧的尼龙带要比没有腕带搭扣一侧的尼龙带短,长短的比例为 5:3(图 20-4-3)。

图 20-4-2　行走手杖的使用　　　　　图 20-4-3　行走手杖腕带

三、持杖健走运动基本技术

持杖健走主要的运动方式有平路行走、山地行走、持杖跑和手杖操等。

（一）平路行走

持杖健走
姿势

手掌虚握手杖,持杖两臂平行摆动,上臂前摆,肘部稍弯曲,手腕高度约在肚脐;后摆手推至体侧时,手臂伸直,以肩为轴后摆推过臀部,继而推至体后,手掌上翻,使手臂与手杖成一条直线,手臂回摆时,大臂带动小臂,手杖杖尖自然离地。双脚不可同时离地,前摆腿支撑与地面垂直时,有蹬直动作。手杖向斜后方 45 度推地用力,双杖双脚交替触地,身体重心稍前倾。加大步幅,人体髋关节连线与肩关节连线形成一个夹角,每走一步,腰部就会产生扭动,保持自然、流畅、平顺、身体重心起伏小的状态（图 20-4-4）。

（二）山地行走

缓坡上山时身体前倾,手臂用力向后推地。手臂可交替前摆,也可同时前摆,用手臂的力量减轻腿部的负荷。缓坡下山时双腿稍弯,身体稍后倾,步幅减小,重心在腿与双杖之间。陡坡上山时手杖放在体前更高的地面或台阶上,保证不打滑后,在后腿蹬地的同时,利用手臂压手杖的反作用力,引身体向上,可以两支手杖交替在前,也可以同时在前。当身体上移,手杖的支撑点在身后时,可将身体前倾,手臂弯曲,手掌与手杖垂直,利用腕带下推至手臂伸直,推动身体向上攀登。陡坡下山时手杖放在下面的地面或台阶上,手臂伸直与手杖成一条直线,手掌与手杖垂直,保证杖尖不会打滑后,身体重心前移,使手臂分担大部分体重后,再迈腿下行。手杖可交替支撑,也可同时支撑（图 20-4-5）。

图 20-4-4 平路行走姿势　　　图 20-4-5 山地行走姿势

（三）持杖跑

持杖跑是持杖健走的辅助运动方式,分为健身跑和比赛跑两种。形式可分为平地跑、山地跑、沙地跑等。技术动作为双手手掌握紧手杖,双脚交替跑步。健身跑可用于体能锻炼,进行短距离跨步跑时,步幅尽量大,锻炼手臂和下肢力量。比赛形式为100 米上坡跑,坡度不超过 30 度(图 20-4-6)。

（四）手杖操

手杖操即身体各部位在双手持杖的前提下进行协调配合,共同完成的运动,手杖操使身体活动的部位更充分,它的创编要充分利用手杖的支撑、杠杆、联动和手杖花的四大功能和作用,以达到对人体的各个肌肉、关节和韧带起到充分热身作用为目的,促进参与者的身心健康(图 20-4-7)。

图 20-4-6 持杖跑姿势

图 20-4-7 手杖操

四、持杖健走体能素质练习与注意事项

（一）持杖健走运动体能练习

持杖健走运动参与者需要具备较好的身体素质，包括速度、力量、耐力、柔韧性和协调性等。

1. 速度素质练习

通过短距离高频率踏步、短距离加速走、长距离的大步快走，结合适当的速度，增加步频步幅。

2. 力量素质练习

通过深蹲、单腿蹲、腿举等练习，增强腿部肌肉的力量，特别是大腿和小腿肌肉，这对于提高持杖健走速度至关重要。通过平板支撑、仰卧起坐、俯卧撑等练习，加强核心肌群的力量，有助于保持身体平衡和稳定，从而提高持杖健走效率。

3. 耐力素质练习

采用短距离（如 200 米、400 米）的全力快速走，间歇时间控制在一定范围内，以提高速度耐力。在一段距离内（如 1 000 米）进行多次全力持杖健走，每次之间休息一段时间，逐渐提高速度和耐力。

4. 柔韧和协调等练习

通过拉伸、瑜伽等方式，提高身体的柔韧性和灵活性，有助于在持杖健走过程中保持正确的姿势和减少受伤的风险。通过平衡练习、协调性游戏等方式，提高身体的协调性和平衡能力，有助于在持杖健走过程中保持稳定和速度。

（二）持杖健走运动注意事项

（1）根据气候和地理环境情况，准备舒适的具有防风、防晒、防冻、防水和防滑等功能的户外运动装备。

（2）充分做好运动前的热身准备活动，避免运动损伤的发生。

（3）根据个体、技术动作与项目竞赛特征，科学合理制定心理和体能训练计划并实施。

第五节 野战运动

一、野战运动概述

（一）野战运动的起源与发展

野战运动是参与者手持发射器，利用激光或者塑料弹囊（彩弹、水弹）作为传输介质，在跑动中依靠发射与接收激光或塑料弹囊（彩弹、水弹）的方式模拟子弹发射与击中的结果，利用计算机辅助对结果进行统计分析并在一定时间内完成模拟军事攻防对抗的运动。这项运动源于畜牧业管理，管理者为了更好地管理各种牲畜，发明了一种可以发射彩色小弹球的气枪来给牲畜做标记。后来，一些放牧者闲暇时在牧场玩起了追逐射击游戏，不幸被彩弹射中并留下彩色印记的人被称为"阵亡者"，没有被射中的则是"幸存者"，野战运动由此演化而来。后经逐步完善和规范，形成了较为职业化的场地、器械和竞赛规则。

2012 年 4 月,国家体育总局制定的《中国野战运动竞赛规程》出台,野战运动项目呈现蓬勃发展的态势,各地高校纷纷将其引进大学体育课程体系,标志着我国野战运动真正实现了从民间娱乐、游戏活动到规范化体育项目的升级转型,并最终发展成为深受大众喜爱的新兴户外运动项目。

(二)野战运动的价值

野战运动是一项集体力、智力、娱乐于一体的新兴绿色大众运动项目。它不仅具有竞技激烈、惊险的特点,而且在社会体育、学校体育、国防体育、体育旅游及素质教育等方面发挥着独特的作用,同时,因其不受性别、年龄、场地、气候等限制,已成为深受广大群众喜爱的一项全民健身户外运动。

野战运动不是简单的体力运动,它融合了跑步、跳跃、攀爬、射击、识图用图等运动元素,需要手脑高度配合才能达到运动要求,它直接训练人的速度、耐力、爆发力和平衡性。这种运动会对脑神经产生强烈刺激,使大脑神经细胞的工作能力增强,神经系统的兴奋性和灵活性得到改善,会显著增强脑细胞的活力。

二、野战运动的分类

(一)野战运动的分类

野战运动按照介质分为激光、彩弹、水弹等几种(表 20-5-1)。

表 20-5-1　各种介质野战运动设备对比

项目	激光	彩弹	水弹
弹数限制	弹药数目是根据任务需要而设定的,手动数字填充	开始时有装弹限制,用完后必须再次手工填充	开始时有装弹限制,用完后必须再次手工填充
有效射程	400 米	30 米	30 米
创伤危险	无伤、无痛,被击中后会有振动、闪光与声音提示	有创伤,被击中时非常疼痛,会在身体上留下青紫瘀痕	无伤,被击中时非常疼痛,会造成肉体的肿痛
特殊护具	无,可以选配自己喜爱的战斗装备上"战场",对服装无污染	必须使用特殊头盔、防护眼镜与防护服(妨碍视线,不能与自己的装备搭配),对服装有污染	必须使用防护眼镜,有时需要戴防护手套等,对服装无污染
射程限制	只要是在射程内就能射击	为了防止造成严重创伤,5米内不允许射击	为了防止造成严重创伤,5米内不允许射击
作弊漏洞	电子系统的自动化判定功能保证公平性,一旦生命值为零,枪就无法使用了	除非裁判管理严格,否则作弊频繁	除非自觉遵守规则,否则作弊非常频繁,很难管理与裁决胜负
环境污染	完全无污染	弹囊与有色染料,降解需要时间,会造成一定程度的污染	弹丸降解需要时间,会造成一定程度的污染
有关规定	治安法规暂无相关规定	按照相关治安法规要求需要报批,并接受公安机关管理	治安法规暂无相关规定

（二）野战运动竞赛的种类

1. 个人赛

野战运动个人赛要求选手依据地图信息和比赛要求,选定最佳路线,双手持枪,快速寻找目标、锁定目标、精准射击,完成全部射击目标后到达终点,用时最短者获胜。

2. 双人挑战赛

双人挑战赛由两名选手组成,队员可以是男女搭配,也可以同是男队员或同是女队员,通常以队员间的协同能力和默契程度作为组队依据。双人挑战赛要求两人在竞赛规程规定的有效时间内,共同、依次完成规定的障碍穿越科目——匍匐前进、绕桩曲线跑、翻越障碍墙、翻越单边桥、绳网攀爬、跨越壕沟等后,进行有效射击。整个任务完成时间短者获胜。通常,双人挑战赛由三个障碍科目和一个射击科目组成,障碍科目可根据比赛场地条件任意选择组合,射击科目则需在随机速射靶和飞碟靶之间选择一项进行。

3. 团体对抗赛

团体对抗赛由 5 名队员组成,队员可以是男女搭配,也可以同是男队员或同是女队员,通常以比赛战术要求结合队员特点作为组队依据。团队对抗赛的胜负标准依次为:在规定的时间内率先攻占对方"司令部"即先击中对方终点目标控制器;如果在规定时间内双方都未能攻占对方"司令部",一方队员全部"阵亡"则另一方获胜;如果双方均未全部阵亡,夺旗一方即击中中心点控制器一方获胜;如果在规定时间内双方都未能攻占对方"司令部",双方均未全部阵亡,均未夺旗,剩余人数多者获胜,剩余人数相同则生命值多者获胜;如果根据上述条件均无法分出胜负,则由主裁判根据场上优势情况裁定胜负,裁定的依据为双方的主动进攻情况、技战术运用情况。

三、野战运动常用的射击姿势

（一）持枪射击姿势

野战运动的持枪射击主要有卧姿、立姿、跪姿三种姿势。

1. 立姿射击（图 20-5-1）

在野战运动中,立姿射击是相对较难的射击姿势。立姿射击时,后腿处于近乎绷直的状态,用来阻止上体后仰。立姿射击的要点是:

（1）枪托顶肩要顶实,在胸肌和三角肌之间的位置。

（2）射击手的大拇指在停靠槽上方,指向目标。

（3）肩部重心投影位置在胯之前（身体前倾）,托枪手一侧的腿前伸,压低,保持弹性。

（4）左脚在左,右脚在右。保持重心在两脚之前。

2. 跪姿射击（图 20-5-2）

跪姿射击姿势:肩部前倾,双腿呈弓箭步跪姿,重心偏向前方。以右手扣扳机为例,左腿作为前腿,完全屈膝弯折。右腿向后推出,前脚掌着地支撑。这种姿势提供了一个稳固的射击基础。

3. 卧姿射击（图 20-5-3）

卧姿射击预备姿势是在身体比较稳定的条件下进行的。以右手掌托枪为例,右肘向右前方伸出着于垫上,前臂与地面的夹角不小于 30 度,上臂与地面的夹角应保持在 45 度左右。以枪托抵于左肩窝,紧靠锁骨,左手握把（枪颈）,肘着于垫上。贴腮时头部正直向下,颈部放松。

图 20-5-1　立姿射击　　　　图 20-5-2　跪姿射击　　　　图 20-5-3　卧姿射击

（二）野战运动的瞄准技术

瞄准是野战运动射击的核心技术。所有瞄准讲究"三点一线",即靶心、准星与缺口三个点的位置,看过去是一条直线。激光发射器的缺口是一个比较大的圆圈,准星是一个比较小的圆圈。

四、野战活动注意事项

（1）不得将手插入口袋,防止活动人员不慎摔倒时发生意外伤害。

（2）如果"阵亡",必须立刻摘下头盔,退出战区,到指定区域集合待命,不得在战区内逗留。

（3）选手既已"阵亡"就请保持沉默,不得以任何形式向其他人员通报对方情况,不得向队友通风报信。

（4）不得使用任何物品遮盖激光接收器。

（5）禁止任何形式的肉搏、肢体冲撞,包括手抓对方枪管。

（6）不得攀爬任何树木或危房,严禁故意毁坏、损坏场地内的任何设备、设施、植被或惊扰动物。

（7）禁止在活动中使用或仿制对方的识别标志以混淆身份。

（8）在设备的电源接通后严禁插拔联机。

【学 用 检 验】

1. 运动风筝放飞如何选择场地?

2. 如何控制运动风筝转向?

3. 溯溪活动有哪些技术? 每种技术的操作要点是什么?

4. 探洞运动的装备准备需要注意什么?

5. 持杖健走运动对参与者身心健康有哪些促进作用?

6. 简述野战运动的价值。

参 考 文 献

［1］王文生,鹿志海.户外运动［M］.北京:高等教育出版社,2014.

［2］杨汉.山地户外运动［M］.武汉:中国地质大学出版社,2006.

［3］鹿志海.体育健康·新兴体育类运动［M］.北京:北京出版社,2024.

［4］国家体育总局青少年体育司.营地山地户外运动教程［M］.北京:高等教育出版社,2014.

［5］国家体育总局青少年体育司,中国登山协会.营地指导员基础教程［M］.北京:高等教育出版社,2018.

［6］李元,董范,周云.户外运动风险管理［M］.武汉:中国地质大学出版社,2019.

［7］刘仁仪.运动环境生理学［M］.武汉:中国地质大学出版社,2023.

［8］王翔,彭光辉,梁方勇.定向运动［M］.2版.北京:高等教育出版社,2009.

［9］张惠红,陶于.定向运动与野外生存［M］.2版.北京:高等教育出版社,2011.

［10］刘华荣,秦长胜,刘转青.户外运动组织与管理［M］.2版.武汉:中国地质大学出版社,2020.

［11］国家体育总局职业技能鉴定指导中心.户外运动［M］.北京:高等教育出版社,2012.

［12］鹿志海,李相如.徒步运动手册［M］.北京:金盾出版社,2014.

读者意见反馈

　　为收集对教材的意见建议,进一步完善教材编写并做好服务工作,读者可将对本教材的意见建议通过如下渠道反馈至我社。

咨询电话　　400-810-0598
反馈邮箱　　gjdzfwb@ pub.hep.cn
通信地址　　北京市朝阳区惠新东街 4 号富盛大厦 1 座
　　　　　　高等教育出版社总编辑办公室
邮政编码　　100029